EL LIBRO DE ORO
DE LA
SABIDURÍA

EL LIBRO DE ORO
DE LA
SABIDURÍA

3 000 años de reflexiones
sobre la vida

Buenos Aires • Madrid • México • Miami • Santiago de Chile

EL LIBRO DE ORO DE LA SABIDURÍA

READER'S DIGEST

DIVISIÓN DE LIBROS EN LENGUA CASTELLANA

Director: Gonzalo Ang
Editores: Beatriz E. Ávalos, Irene Fenoglio, Esthela González,
Irene Paiz, Arturo Ramos Pluma, Myriam Rudoy, Iván Vázquez
Asistente: Ma. Teresa Cava

COLABORADORES:
Diseñadores: Rafael Arenzana, Ma. del Carmen Benítez
Investigadores: Joaquín Amado, Julieta Arteaga, Mónica Bernal, Irma Cantú, Laura
Manríquez, Honorata Mazzotti, Josefa Vázquez, Elizabeth Wocker, Hersilia Woolfolk
Correctores: Sergio Fernández, Noemí Novell, Rosario Ortiz, Patricia Straulino
Indexador: Víctor Manuel Fichtl
Ilustraciones de las biografías: Nora Souza
Ilustraciones de los capítulos: Zuemmy Antón

•

D.R. © 1997 Reader's Digest México, S.A. de C.V.
Av. Lomas de Sotelo 1102
Col. Loma Hermosa, Delegación Miguel Hidalgo
C.P. 11200 México, D.F.

ISBN 968-28-0240-7

Editado en México por Reader's Digest México, S.A. de C.V.

Impreso en México • Printed in Mexico

1E0397LA

"Ya se han escrito todas las buenas máximas. Sólo falta ponerlas en práctica."

BLAISE PASCAL

Índice

Qué es la sabiduría

*L*a sabiduría es definida por el Diccionario de la Lengua Española
como la "conducta prudente en la vida". Y la prudencia es una
"virtud que consiste en discernir y distinguir lo que es bueno
o malo para seguirlo o huir de ello";
es también la templanza, la cautela, la moderación, la sensatez
y el buen juicio. Esta conducta es inseparable de la filosofía, definida
etimológicamente como "el amor a la sabiduría".
Diversas son las hipótesis que tratan de explicar el origen
de la filosofía. Pero, sin duda, una de las más sugestivas
es la que presentamos a continuación.
Fue escrita por Julián Marías, uno de los filósofos españoles
de mayor prestigio en nuestros días, discípulo de Ortega y Gasset,
miembro de la Real Academia Española y autor de innumerables libros.
El ensayo se publicó en Madrid en 1982, dentro del título
Los estudios de un joven de hoy,
de la Editorial Fundación Universidad-Empresa.

La filosofía

Los padres, los amigos, los maestros, la gente de la calle, nos van mostrando el mundo desde que nacemos. La madre pone el pecho en la boca del recién nacido, y éste chupa, se alimenta; y recibe al mismo tiempo una caricia. Lo viste, lo arropa, y el niño vive esas prendas como abrigo. Agitan ante él un sonajero, le presentan una muñeca, y aparece ante él el juguete. Le impiden acercar la mano a una llama, o se quema con ella, y entran en el horizonte de su vida la prohibición, el dolor, el peligro. Intenta el niño levantar una mesa, y descubre el peso —y la impotencia—. Se da un golpe contra la pared y cuenta con la resistencia de las cosas. Lo amenazan jovialmente y aprende a distinguir entre lo serio y la broma. Le cuentan cosas, y descubre que antes que él había otros, y sucesos que no eran suyos. Le prometen algo, y se pone a esperar en el futuro. Lo elogian o le regañan, y el niño empieza a darse cuenta de que hay lo bueno y lo malo, la aprobación y la desaprobación. Le reprochan haber hecho algo que no ha hecho, y tropieza con la injusticia. Lo engañan, y ve que junto a la verdad, en la cual vivía sin saberlo, hay la falsedad o la mentira. Empieza a explorar la casa, el jardín, las calles del pueblo o de la ciudad, el campo, y ve que hay "más allá", que el mundo es abierto, dilatado, desconocido, atractivo, peligroso, hermoso o feo. Distingue muy pronto dos formas de los "otros": hombres, mujeres; y muy poco después una tercera forma: los "semejantes", los niños, a diferencia de los "mayores".

Le hablan y oye hablar. Distingue las voces, y los tonos, y sabe cuándo se dirigen a él o no. Le gustan más o menos: se siente atendido, acariciado, mimado, reprendido, olvidado. Va entendiendo "de qué se trata"; luego, lo que se dice. Conoce algunas palabras, y otras no; adivina su significado unas veces, otras quedan oscuras. Empiezan a "enseñarle" cosas: a andar, a comer, a vestirse, a pronunciar, a mover las manos, a jugar, a hacer las cosas "bien", a saludar, a contar, luego a leer, a escribir, a rezar, a callarse, a esperar, a obedecer, a resignarse. Y luego, noticias, informaciones, ritos, ciencias.

Casi toda la vida va regida por esas formas que nos han sido "inyectadas" por los demás, conocidos o desconocidos, sobre todo al verlos vivir ante nosotros. Estamos en la creencia de que las cosas son "así", de que hay que hacer tales o cuales cosas, de que podemos contar con ellas de cierta manera. Nuestros deseos, nuestros proyectos, nos llevan a hacer algo de acuerdo con esas líneas de conducta. Solamente cuando tropezamos con algo imprevisto, cuando las cosas no se comportan como esperábamos, cuando nos faltan, cuando alguien se enfrenta con nosotros, no podemos seguir viviendo espontáneamente. Nos paramos. ¿A qué? A pensar.

Lo primero que hacemos es ver si alguien sabe qué hay que hacer. Si no lo encontramos, recordamos lo que *sabemos*, lo que hemos aprendido, los conocimientos adquiridos, para ver si nos sirven, si nos permiten salir del apuro. Un tercer paso es tratar de conseguir más conocimientos, preguntar a otros maestros, otros libros, otras ciencias.

Pero puede ocurrir que, entre tantos saberes, nos encontremos perdidos, en la duda. No sabemos qué hacer, no sabemos qué pensar. Ha aparecido ante nosotros algo *nuevo*, con lo cual no contábamos. O lo que creíamos o pensábamos choca con lo que vemos; ¿cómo decidir? O, finalmente, sabemos muchas cosas, estamos rodeados de objetos, recursos, aparatos, pero nos preguntamos: ¿qué es todo esto? ¿Qué sentido tiene? ¿Qué es esto que llamamos vivir, y para qué, y hasta cuándo? ¿Y después, qué podemos esperar?

El nacimiento de la filosofía

Cuando el hombre primitivo estaba agobiado por las dificultades, cuando le era difícil seguir viviendo, comer, beber, abrigarse, calentarse, defenderse de las intemperies, de las fieras, del miedo a lo desconocido, no tenía respiro para hacerse esas preguntas. No sólo cada día, cada hora tenía su afán. Y no sabía casi nada. Pero cuando, al cabo de los siglos, el hombre consiguió alguna riqueza, cierta seguridad, instrumentos que le permitieron desarrollar una técnica, noticias y conocimientos, cuando su memoria no fue sólo la suya y la de sus padres, sino la de la tribu o la ciudad o el país —una memoria histórica—, cuando hubo autoridades y mando y alguna forma de derecho y estabilidad, consiguió el hombre holgura, tiempo libre, se pudo divertir, cantar, tocar algún instrumento, bailar, componer versos, dibujar o esculpir, levantar edificios que no eran sólo cobijo, sino que debían ser hermosos, inventar historias, y a veces representarlas. Y entonces, en esa vida más compleja, más atareada y a la vez con más calma, sintió la sorpresa, la admiración, el asombro, la extrañeza: ante lo bello, lo magnífico, lo misterioso, lo horrible. Y empezó a lanzar sobre el mundo una mirada abarcadora, que en lugar de fijarse en tal cosa particular contemplaba el conjunto: y al entrar en sí mismo, al *ensimismarse* —como decimos con una maravillosa palabra en español—, empezó a atender al conjunto de su vida y a preguntarse por ella. Así nació, seis o siete siglos antes de Cristo, en Grecia, una nueva ocupación humana, una manera de preguntar, que vino a llamarse *filosofía*.

Hay un paralelismo entre lo que ocurrió a la humanidad entonces y lo que ocurre al hombre y a la mujer cuando llega a cierta altura de su vida. Todavía es mayor el paralelismo si se piensa que no todos los pueblos han cultivado la filosofía, y que sólo algunos hombres se hacen esas preguntas. Los demás siguen viviendo sin claridad, o se contentan con la certidumbre que da la acción, o aquella otra en que se está por una creencia, o con otra distinta que dan los conocimientos, las ciencias particulares, que nos enseñan tantas cosas. Hoy, tantas que *nadie* las sabe, que, por tanto, funcionan para cada hombre como otra forma de creencia: *creemos* que se saben todas esas cosas, que las sabe la *ciencia*. Pero, ¿quién es la ciencia?

Para que alguien se haga las preguntas de la filosofía hace falta que se den varias condiciones. 1) Que se sienta *perdido*, que no sepa qué hacer o qué pensar, que no sepa *a qué atenerse*. 2) Que los conocimientos particulares no lo saquen de su duda, no le den una certeza suficiente, porque lo que necesita saber es qué es todo esto, quién soy yo, qué será de mí. 3) Que tenga la esperanza de *poder encontrar* respuesta a esas preguntas, de poder salir él mismo de la duda. Lo cual quiere decir: 4) Que suponga que esas preguntas pueden tener respuesta, que tienen sentido. Y finalmente: 5) Que el hombre perdido y lleno de dudas tiene algún medio de interrogar a la realidad y obligarla a manifestarse y responder, a ponerse en claro, a manifestar la verdad. Ese medio es lo que se suele llamar *pensamiento* o *razón*.

La vida humana

Pero resulta que eso tan extraño, complejo y misterioso que llamamos filosofía se parece mucho a lo que todos los hombres hacen todos los días desde el principio del mundo. Por lo cual, tal vez no sea tan extraño, y desde luego es algo muy propio del hombre.

Yo me encuentro en el mundo, rodeado de cosas, haciendo algo con ellas, *viviendo*. Cuando caigo en la cuenta de eso, llevo ya mucho tiempo viviendo, es decir, que mi vida ha empezado ya, no he asistido a su comienzo. Entre las cosas que encuentro está mi propio cuerpo, que se presenta como una cosa más, que me gusta más o menos, que funciona bien o mal, que no he elegido. Es cierto que me acompaña siempre, que lo llevo siempre "puesto", que lo que le pasa me interesa y me afecta, que por medio de él veo, toco, me relaciono con todas las cosas; que porque él está aquí estoy yo aquí, y que gracias a él cambio de lugar. Y también encuentro eso que llaman las "facultades psíquicas": la inteligencia, la memoria, la voluntad, el carácter. A lo mejor mi inteligencia es buena para algo, pero mala para otras cosas; o recuerdo bien los versos y mal los números de teléfono; o tengo voluntad débil, o mal genio. Nada de eso he elegido, nada de eso soy yo, sino que es *mío*, como el país o la época en que he nacido, la familia a que pertenezco, mi condición social, etcétera.

Con todo eso que encuentro a mi disposición, bueno o malo, tengo que hacer mi vida, tengo que elegir en cada momento lo que voy a hacer, quién voy a ser. Lo más grave es que la parte más interesante del mundo no está presente, no dispongo de ella, porque lo que elijo es quién voy a ser *mañana*, y el mañana *no existe*; existirá... mañana; es el *futuro*. Y el futuro es inseguro, incierto, está oculto.

¿Qué hacer? ¿Qué elegir? ¿Qué camino tomar? No tengo más remedio que tratar de ver *juntas* todas mis posibilidades, para poder elegir entre ellas. Y, ¿cómo elegiré? Depende de *quién quiero ser*, de mi *proyecto*. Es decir, que tengo que imaginarme primero como tal persona, como tal hombre o mujer, y ese proyecto imaginario es el que, ante las posibilidades que tengo ante mí, decide. Dicho con otras palabras, para vivir tengo que ponerme ante todo a *pensar*, a imaginarme a mí mismo y ver *en su conjunto* el mundo. Por eso, el gran filósofo español José Ortega y Gasset hablaba de la *razón vital*, sin la cual no puedo vivir, porque sólo puedo vivir pensando, razonando.

Vemos ahora que la filosofía no es más que hacer a fondo, con rigor, con un método adecuado, eso que todos hacemos a diario para poder vivir humanamente. Los individuos y los pueblos y las épocas que filosofan viven con mayor claridad, no se dejan arrastrar, saben lo que hacen, tienen una iluminación superior a los demás. Y tienen también la audacia de creer que ellos mismos pueden *intentar* buscar la verdad, orientarse por sí mismos, cumpliendo las reglas del método, del camino que puede conducir a ese descubrimiento. La consecuencia es que el que filosofa pretende ser más *él mismo*, más de verdad, ser lo que se llama más *auténtico*.

La historia de la filosofía

Es larga y compleja la historia de la filosofía. Iniciada en Grecia a fines del siglo VII o a comienzos del VI a. de C. (Tales de Mileto, Anaximandro, Anaxímenes, Parménides, Heráclito, Empédocles, Anaxágoras, Demócrito, Sócrates), llevada a su perfección por Platón y Aristóteles, desarrollada luego, en Grecia y en Roma (Séneca, Marco Aurelio, Plotino), cristianizada luego, sobre todo en San Agustín, y en la Edad Media (San Anselmo, San Buenaventura, Santo Tomás de Aquino, Escoto, Ockam), sin olvidar a los judíos (Maimónides) o musulmanes (Avicena, Averroes, Abenjaldún), continuada en el Renacimiento por Nicolás de Cusa, Luis Vives, Erasmo, Giordano Bruno, llevada a nuevo esplendor por Descartes, Spinoza, Leibniz, Bacon, Locke, Hume; renovada por Kant, Fichte, Schelling, Hegel; transformada en varias formas por Kierkegaard, Marx, Comte, Nietzsche, Dilthey; con grandes figuras en nuestro siglo como Husserl, Bergson, Whitehead, Unamuno, Croce, Ortega, Jaspers, Marcel, Zubiri, Wittgenstein y tantos otros, esa historia ha sido vista a veces como una *historia de los errores* de la mente humana; pero no es así.

Hay una continuidad y coherencia en la historia de la filosofía, que hace que los verdaderos filósofos se entiendan, aunque cada uno tenga que formular el problema a su manera propia, desde su punto de vista personal, que no excluye forzosamente los otros, porque las perspectivas reales son muchas y complementarias. Un gran filósofo dijo: "Todo lo que un hombre ha visto es verdad". Quería decir que la falsedad viene sólo de lo que cada uno *añade* a lo que verdaderamente ha visto; y ahí es donde puede producirse la contradicción y la discordia. La historia entera de la filosofía es el camino de la mente humana para conocer la realidad, para aproximarse a ella y descubrirla, rectificar los errores e integrar la visión personal con las de los demás.

La visión responsable

Ante una cosa, el filósofo no se pregunta, como el científico, por sus propiedades particulares —mineral, vegetal, animal, cuerpo celeste, hecho psíquico o histórico, forma social o política, ley, enfermedad, obra literaria o artística, etcétera—; se pregunta por *lo que tiene de realidad*, es decir, por el tipo de realidad que le corresponde. No es lo mismo una piedra o un pino o un caballo, o bien el número 7, o el triángulo isósceles, o la raíz cuadrada de 2; o una sirena o un centauro; o un soneto; o Don Quijote; o Cervantes; o Dios.

El filósofo se pregunta cuál es el puesto que en la realidad tiene cada uno de esos objetos, dónde hay que ponerlo, cuáles son sus atributos y su manera de comportarse y cómo se lo puede conocer. Y tiene que preguntarse igualmente por la realidad en su conjunto, por su estructura, las jerarquías o grados de realidad que hay dentro de ella, las relaciones o conexiones entre todas las cosas que son, en un sentido o en otro, *reales*.

Se puede pensar que la filosofía es muy difícil, que no se puede comprender, que sólo muy pocas personas la entienden. No es así; hemos visto que en el fondo es lo que todos los hombres hacemos todo el tiempo; si es así, ¿cómo no vamos a comprender eso que sin darnos cuenta hacemos?

Cuando se es muy joven, no se comprende la filosofía, pero no porque sus razonamientos sean muy complicados —los de las matemáticas suelen ser más difíciles— sino porque el niño no ve el *problema*, no ve en qué consiste la pregunta. Cuando se llega a la primera juventud se puede entender, y el joven que "ve" la filosofía suele entusiasmarse. Los discípulos de Sócrates y Platón eran muchachos muy jóvenes. Y es mejor acercarse a la filosofía con frescura, con *inocencia*, sin saber nada, dispuesto a abrir los ojos y mirar.

La única dificultad que tiene la filosofía es que tiene una estructura, un orden, distinto del que tienen otras ciencias, por ejemplo la matemática. Esta tiene una estructura *lineal*: si un libro de matemáticas tiene veinte teoremas, necesito entender los tres primeros para entender el 4º, pero *no necesito saber el 5º*; cada uno se apoya en los anteriores, pero no en los posteriores, y se estudian y aprenden linealmente. En la filosofía, las verdades se apoyan unas en otras, mutuamente. Si se lee la primera página de un escrito filosófico, no se la comprende íntegramente; al leer la segunda, la primera empieza a aclararse, y así sucesivamente; la comprensión total de la primera página no se logra hasta que se ha llegado a la última. Esta estructura *circular* (o espiral) es lo que se llama *sistema*: un conjunto de verdades, cada una de las cuales está sostenida y probada por todas las demás.

Por esto es un error, cuando se lee un libro filosófico, no pasar del principio hasta haberlo entendido perfectamente: no se entenderá nunca. Hay que seguir, recibiendo nuevas aclaraciones a medida que se avanza, *hasta el final*. Las iluminaciones se van sucediendo, se van viendo nuevas conexiones, se descubren relaciones inesperadas, y por eso la lectura de un libro filosófico es apasionante, como la de una buena novela.

Esta comparación no es injustificada: la filosofía es una *teoría dramática*, una aventura humana, del hombre que filosofa creadoramente o del lector que revive esa teoría. No se entiende nada humano más que contando una historia, y la filosofía tiene ese elemento dramático o novelesco, que la hace plenamente inteligible. La dificultad de la filosofía reside en esa estructura: una vez reconocida y aceptada, resulta ser lo *verdaderamente inteligible*; lo que de verdad se comprende; a su lado, todas las demás formas de intelección carecen de última claridad.

A la filosofía le corresponde la *evidencia*. Nada es filosóficamente entendido si no se ve que es así, que tiene que ser así. Y esta evidencia tiene que renovarse en cada momento, si se trata de una comprensión filosófica. Supongamos que un profesor demuestra perfectamente en la pizarra que los tres ángulos de un triángulo valen dos rectos, o el teorema de Pitágoras, o la regla de la división. Al cabo del tiempo operamos sin vacilar aplicando aquellos conocimientos. Si se nos pregunta por qué es así, por qué aquello es válido, contestaremos que "está demostrado", que un profesor nos lo demostró de manera concluyente cuando estudiábamos en el colegio o el instituto. No nos acordamos de la demostración, pero recordamos perfectamente que el profesor la dio de manera convincente. ¿Vale esto en filosofía? No. Esa evidencia tiene que estar renovándose en cada instante, tiene que estar presentando sus títulos de justificación; no se puede aceptar nada por autoridad —ni siquiera por el *recuerdo* de la evidencia, por la evidencia pasada—, sino por la *evidencia actual*.

Por eso la filosofía puede definirse como la *visión responsable*: es una visión, algo que en cada momento se está viendo; pero no basta; es una visión que se justifica, que muestra sus razones, que "responde" de lo que ve y responde a las preguntas.

Las preguntas radicales

La filosofía se hace las preguntas *radicales*, aquellas que necesitamos responder para estar en claro, para saber a qué atenernos, para orientarnos sobre el sentido del mundo y de nuestra vida, para saber quiénes somos y qué tenemos que hacer y qué podemos esperar, qué será de nosotros. Entre muchas certezas y conocimientos, necesitamos una *certidumbre radical*, tenemos que buscarla, si queremos vivir como hombres, lúcidamente, y no a ciegas o como sonámbulos.

Se dirá: ¿Es que podemos alcanzar esa certidumbre? ¿Es posible ese saber superior y más profundo, ese núcleo del pensamiento filosófico que se llama *metafísica*? No sabemos si es posible: sabemos que es *necesario*, que lo necesitamos para vivir.

Las ciencias son diferentes. Un problema científico que *no tiene solución* no es un problema. En filosofía, no. En primer lugar, porque no se sabe si acaso pueda tener solución con otro método, planteado de otra manera mejor; en segundo lugar, porque la filosofía no *necesita tener éxito*: tiene que enfrentarse con sus problemas, no puede contentarse con eliminarlos. Es la condición de la vida humana; el hombre no necesita tener éxito, le basta con *intentar hacer*, lo mejor posible, lo que debe hacer. La filosofía no puede *renunciar* a sus problemas fundamentales, porque entonces renuncia a sí misma, deja de ser filosofía (es lo que le pasa a gran parte de lo que hoy se llama "filosofía").

No hace falta ser un filósofo creador, original, para tener acceso a la filosofía. El que lee filosóficamente a un filósofo, o lo escucha, *repiensa* su filosofía, se la apropia, la hace suya. Repite dentro de sí mismo el movimiento mental que llevó al filósofo a preguntarse algunas cosas, que lo condujo, con un método riguroso, de evidencia en evidencia, a ciertas visiones: soluciones o un nuevo planteamiento más adecuado del problema.

El filósofo es un hombre audaz, que se atreve a enfrentarse con la realidad, interrogarla, levantar el velo que la cubre y tratar de ponerla de manifiesto, hacerla patente. Por eso, la tentación del filósofo es la soberbia. Pero si es un verdadero filósofo, tendrá que llegar a una profunda humildad: primero, porque tendrá conciencia de que la realidad es problemática, que ninguna verdad la agota, que cuando dice "A es B", no quiere decir "A es B *y nada más*", sino que su propia visión se podrá y deberá integrar con otras, que no se excluyen forzosamente; segundo, porque lo que hace no es dictar a la realidad cómo es o debe ser, sino al contrario: ver cómo es, reconocer que es así, aceptarlo. La filosofía requiere el valor de enfrentarse con la realidad —toda realidad, sin amputaciones ni exclusiones, en todo su problematismo—, pero significa la aceptación de la realidad, el sometimiento a una verdad que el filósofo no produce ni impone, sino descubre.

Los otros conocimientos, las otras ciencias, la experiencia de la vida, las crisis históricas, todo eso lleva al hombre a algunas preguntas esenciales que van más allá, que no tienen respuesta práctica ni dentro de cada una de las ciencias positivas. Hay problemas que no tienen su lugar en la física, la psicología o la historia; pero son problemas para el físico, el psicólogo o el historiador, para el hombre que cada uno de ellos es (como para el hombre de la calle). Esas mismas ciencias plantean un problema que excede de ellas mismas: ¿cuál es su puesto en el conjunto del saber? Y ¿cuál es la realidad de su objeto? El físico estudia la naturaleza, la mide, descubre sus leyes; pero no se pregunta qué es la naturaleza o por qué hay naturaleza. La pregunta por la realidad histórica no es tema de la historia. Las ciencias particulares dan por supuesto su objeto (por eso se llaman ciencias *positivas*), pero *el hombre* no puede dar nada por supuesto si quiere tener una última claridad. Esa es la función, la exigencia de la filosofía.

Por otra parte, la filosofía no empieza nunca en cero. No sólo parte de innumerables noticias, experiencias, conocimientos, sino que descansa sobre un subsuelo de creencias, se inicia en una situación social, histórica, personal que condiciona el horizonte de los intereses, las curiosidades, las inquietudes; que hace que el filósofo mire en una u otra dirección, que eche de menos claridad sobre unas cosas y no sobre otras. La filosofía tiene siempre, para emplear una expresión de Ortega, una "prefilosofía" que normalmente olvida y deja a su espalda.

Hay que aclarar esta importante cuestión. La idea de una filosofía sin supuestos, que no parta de otros saberes, que empiece en cero, como antes dije, es completamente ilusoria. Pero si la filosofía olvida todo eso, no tiene plena realidad, no se aclara sobre sí misma, no es estrictamente filosófica. Tiene que contar con todo eso que es su punto de partida y que la condiciona, pero tiene que *dar razón* de ello, es decir, justificarlo filosóficamente. Nada de eso será filosofía hasta que la filosofía lo absorba, ilumine, justifique, y así lo eleve hasta el nivel de la filosofía misma.

En este sentido, toda filosofía es *histórica*, está "a la altura del tiempo", es la propia de cada época. Y no puede olvidar que lleva *dentro* todas las demás del pasado, que *ha llegado* a ese nivel, en un proceso sin el cual no se la podría entender. La filosofía no es separable de su historia, pero ésta remite al presente: nos obliga a hacer filosofía, porque todas las demás, del pretérito, no nos sirven, no son suficientes, porque están pensadas en situaciones distintas de la nuestra, porque no se enfrentan, al menos de manera adecuada, con *nuestros problemas*, aquellos que nos obligan a filosofar. La filosofía del pasado no queda arrumbada o rechazada: queda absorbida, incorporada en la actual; el filósofo filosofa con todos los demás que lo han precedido, y no puede reducirse a ninguno.

La verdad de la vida

"Una vida no examinada (es decir, sin filosofía) no es vividera para el hombre", decía Platón. "Todas las ciencias son más necesarias que la filosofía —decía

Aristóteles—; superior, ninguna." La filosofía "no sirve para nada", y por eso no sirve a nadie: es la ciencia de los hombre libres. "Si la sabiduría es Dios, el verdadero filósofo es el amador de Dios", decía San Agustín. Y Spinoza la ve como *amor Dei intellectualis*, "amor intelectual a Dios". Y Ortega, en su primer libro, definía la filosofía como "la ciencia general del amor".

Esa conexión entre amor y filosofía es esencial, porque la filosofía busca la conexión general de todas las cosas —eso es precisamente la razón—, y eso es obra de amor. Por eso la filosofía consistió, desde el principio, en la máxima *dilatación* del espíritu, hasta llegar a preguntarse por el *todo*. ¿Qué es *todo* esto? Por este camino se llegó a descubrir la *naturaleza*, más allá de cada cosa, y como principio de explicación de ellas (la naturaleza *de las cosas*). La idea cristiana de creación llevó a ver el mundo como *criatura*, con una realidad fundada en la de Dios creador. La evidencia del carácter único e irreductible de eso que llamamos "yo" llevó al pensamiento moderno (Descartes y sus continuadores) al *idealismo*, a la afirmación del yo pensante como la realidad primaria, de quien serían "ideas" todas las cosas. Pero nuestro tiempo ha visto que, si bien es verdad que nada puedo saber sin mí, sin ser yo testigo de lo demás, yo no me encuentro nunca solo, sino rodeado de cosas, en un mundo, haciendo algo con él, algo que se llama *vivir*. Y al vivir encuentro, de una manera o de otra, *todo lo que hay*, presente y manifiesto o latente y oculto, accesible o inaccesible, desde mi propio cuerpo y las cosas que me rodean hasta Dios, del cual encuentro en mi vida al menos la noticia o revelación.

Finalmente, la creencia cristiana de que el hombre está hecho "a imagen y semejanza" de Dios lleva a pensarlo filosóficamente como *persona* y no cosa, como un *quién* y no un *qué*. Y como, según la revelación cristiana, "Dios es amor", esto nos lleva nuevamente a la interpretación del hombre como una realidad amorosa, y vuelve a introducir la noción del amor en la filosofía.

Pero no puede olvidarse que *nada es filosofía hasta que ha sido pensado y justificado filosóficamente*. De las otras ciencias, de la experiencia de la vida, de la religión vienen *estímulos* para pensar en ciertas direcciones, para hacerse cuestión de ciertos temas; pero nada de eso es todavía filosofía. Y la certidumbre que el hombre tiene a veces por otros caminos, que le viene de otras fuentes —por ejemplo la fe— no es una certidumbre filosófica, elaborada y justificada rigurosamente por el hombre que filosofa.

La filosofía es el descubrimiento de un horizonte de preguntas ineludibles. Volverse de espaldas a ellas es renunciar a ver, aceptar una ceguera parcial, contentarse con lo penúltimo. Significa, pues, la filosofía un incalculable enriquecimiento del mundo. Es además una disciplina moral: la exigencia de no engañarse, de no aceptar como evidente lo que no lo es. (Sin que esto quiera decir que hay que rechazar lo que no es evidente, porque muy pocas cosas lo son.) Es, sobre todo, una llamada a la lucidez, a ese "señorío de la luz sobre las cosas y sobre nosotros mismos", de que hablaba Ortega. Y con ello, *una llamada a la autenticidad, a la verdad de la vida*, a ser cada uno quien verdaderamente pretende ser. El último fruto de la filosofía es la aceptación del destino libremente elegido, eso que se llama vocación.

Sabiduría de todos los tiempos

La parábola de la verdadera ciencia de la vida

Cuentan que en una ciudad entre las ciudades, donde se enseñaban todas las ciencias, vivía un joven que era hermoso y estudioso. Y aunque nada faltara a la felicidad de su vida, le poseía el deseo de aprender siempre más. Un día, merced al relato de un mercader viajero, le fue revelado que en cierto país muy lejano existía un sabio que era el hombre más santo del Islam y que él solo poseía tanta ciencia, sabiduría y virtud como todos los sabios del siglo reunidos. Y se enteró de que aquel sabio, a pesar de su fama, ejercía sencillamente el oficio de herrero, que su padre y su abuelo habían ejercido antes que él. Y cuando hubo oído estas palabras entró en su casa, cogió sus sandalias, su alforja y su báculo, y abandonó inmediatamente su ciudad y sus amigos. Y se encaminó al país lejano en que vivía el santo maestro, con objeto de ponerse bajo su dirección y adquirir un poco de su ciencia y de su sabiduría. Y anduvo durante cuarenta días y cuarenta noches, y después de muchos peligros y fatigas, gracias a la seguridad que escribióle Alá, llegó a la ciudad del herrero. Y al punto fue al zoco de los herreros y se presentó a aquel cuya tienda le habían indicado todos los transeúntes y luego de besarle la orla del traje, se mantuvo de pie delante de él en actitud de respeto. Y el herrero, que era un hombre de edad, con el rostro marcado por la bendición, le preguntó: "¿Qué deseas, hijo mío?" El otro contestó: "¡Aprender ciencia!" Y el herrero, por toda respuesta, le puso entre las manos la cuerda del fuelle de fragua y le dijo que tirara. Y el nuevo discípulo contestó con el oído y la obediencia, y al punto se puso a estirar y aflojar la cuerda del fuelle, sin interrupción, desde el momento de su llegada hasta la puesta del sol. Y al día siguiente se dedicó al mismo trabajo, así como los días posteriores, durante semanas, meses y todo un año, sin que nadie en la fragua, ni el maestro y los numerosos discípulos, cada uno de los cuales tenía una tarea tan ruda como la suya, le dirigiesen una sola vez la palabra y sin que nadie se quejase ni murmurase de aquel duro trabajo silencioso. Y de tal suerte pasaron cinco años. Y un día el discípulo se aventuró muy tímidamente a abrir la boca, y dijo: "¡Maestro!" Y el herrero interrumpió su trabajo. Y en el límite de la ansiedad, hicieron lo mismo todos los discípulos. Y el herrero en medio del silencio de la fragua, se encaró con el joven y le preguntó: "¿Qué quieres?" El otro dijo: "¡Ciencia!" Y el herrero dijo: "¡Tira de la cuerda!" Y sin pronunciar una palabra más, reanudó el trabajo de la fragua. Y transcurrieron otros cinco años, durante los cuales, desde por la mañana hasta por la noche, el discípulo tiró de la cuerda del fuelle sin interrupción y sin que nadie le dirigiese la palabra ni una sola vez. Pero cuando alguno de los discípulos tenía necesidad de un informe acerca de algo, le estaba permitido escribir la demanda y presentársela al maestro por la mañana al entrar en la fragua. Y sin leer nunca el escrito, el maestro lo arrojaba al fuego de la fragua o se lo metía entre los pliegues del turbante. Si arrojaba al fuego el escrito, sin duda era porque la demanda no merecía respuesta. Pero si colocaba el papel en el turbante, el discípulo que se lo había presentado encontraba por la noche la respuesta escrita por el maestro con caracteres de oro en la pared de su celda.

Cuando transcurrieron diez años, el viejo herrero se acercó al joven y le tocó en el hombro. Y por primera vez, desde hacía diez años, soltó el joven la cuerda del fuelle de la fragua. Y descendió a él una gran alegría. Y el maestro le habló diciendo: "Hijo mío, ya puedes volver a tu país y a tu morada llevando en tu corazón toda la ciencia del mundo y de la vida. ¡Pues todo eso adquiriste al adquirir la virtud de la paciencia!"

Y le dio el beso de paz. Y el discípulo regresó iluminado a su país, entre sus amigos, y vio claro en la vida.

LAS MIL Y UNA NOCHES

La alegría y la tristeza

Nunca creas feliz a nadie que esté pendiente de la felicidad. Se apoya en una base frágil quien pone su alegría en lo adventicio: el goce que viene de fuera, a fuera se irá. Por el contrario, aquel que nace de uno mismo es fiel y firme, y crece, y nos acompaña hasta el fin.

Lucio Anneo Séneca

La alegría

Si eres pequeño, alégrate; porque tu pequeñez sirve de contraste a otros en el universo; porque esa pequeñez constituye la razón esencial de su grandeza; porque para ser ellos grandes, han necesitado que tú seas pequeño, como la montaña para culminar necesita alzarse entre colinas, lomas y cerros.

Si eres grande, alégrate, porque lo inevitable se manifestó en ti de manera más excelente, porque eres un éxito del artista eterno.

Si eres sano, alégrate; porque en ti las fuerzas de la naturaleza han llegado a la ponderación y a la armonía.

Si eres enfermo, alégrate; porque luchan en tu organismo fuerzas contrarias que acaso buscan una resultante de belleza porque en ti se ensaya ese divino alquimista que se llama el dolor.

Si eres rico, alégrate, por toda la fuerza que el Destino ha puesto en tus manos para que la derrames...

Si eres pobre, alégrate; porque tus alas serán más ligeras; porque la vida te sujetará menos; porque el Padre realizará en ti más directamente que en el rico el amable prodigio periódico del pan cotidiano...

Alégrate si amas; porque eres más semejante a Dios que los otros.

Alégrate si eres amado; porque hay en esto una predestinación maravillosa.

Alégrate si eres pequeño, alégrate si eres grande; alégrate si tienes salud; alégrate si la has perdido; alégrate si eres rico; si eres pobre, alégrate; alégrate si te aman; si amas, alégrate; ¡alégrate, siempre, siempre, siempre!

AMADO NERVO

[...] aquellos a quienes la hartura da indigestiones están tan enfermos como los que el vacío les hace morir de hambre. No es mediana dicha en verdad la de estar colocado ni demasiado arriba ni demasiado abajo; lo superfluo torna más aprisa los cabellos blancos; pero el sencillo bienestar vive más largo tiempo.

WILLIAM SHAKESPEARE

Alondra de mi casa,
ríete mucho.
Es tu risa en los ojos
la luz del mundo.
Ríete tanto
que mi alma al oírte
bata el espacio.
Tu risa me hace libre,
me pone alas.
Soledades me quita,
cárcel me arranca.
Boca que vuela,
corazón que en tus labios
relampaguea.

MIGUEL HERNÁNDEZ

Aunque un hombre sea débil, la alegría lo hace fuerte.

MARY A. SULLIVAN

Como grata lluvia de verano, el humorismo puede limpiar y refrescar de pronto a la tierra, al aire y a tu propio ser.

LANGSTON HUGHES

Confórmate con tu suerte, es el secreto de la dicha.

ESOPO

El hombre más dicha alcanza obrando el bien, cuando de día en día en el camino de virtud avanza.

DANTE ALIGHIERI

El verdadero júbilo es cuando sientes que podrías tocar una estrella sin ponerte de puntillas.

DOUG LARSON

Esté siempre alegre. Ninguna senda será más fácil de seguir, ninguna carga más ligera de llevar, ninguna sombra del corazón y de la mente más fácil de eliminar, que para una persona decidida a sentirse alegre.

WILLITTS

La gente buena, si se piensa un poco en ello, ha sido siempre gente alegre.

ERNEST HEMINGWAY

La prueba más clara de sabiduría es una alegría continua.

MICHEL DE MONTAIGNE

Las grandes alegrías, como los grandes pesares, son silenciosas.

SHAKERLEY MARMION

Los chistes no son cuestión de risa para el cerebro. Son una especie de válvula de escape que nos permite pensar lo impensable, aceptar lo inaceptable, descubrir nuevas relaciones, adaptarnos mejor y conservar la salud mental. Además son divertidos. Sin ellos probablemente seríamos una sociedad aburrida y sosa, atrapada en un mundo áspero demasiado serio para soportarlo.

RONALD KOTULAK

Más allá de la Tierra, más allá del Infinito, busqué el Cielo y el Infierno. Mas una voz grave me dijo: "El Cielo y el Infierno están en ti".

OMAR KHAYYAM

¿Cómo estáis quejoso del bien que os ha sucedido, si el no haberlo merecido os hace más venturoso?

JUAN RUIZ DE ALARCÓN

¡La alegría y la paz valen millones, es un lujo que pocos quieren darse, no las vendamos por una cólera que nos desgarrará el ánimo y las entrañas! Hay que defender nuestro buen genio, sentir que somos luz y estamos encargados de iluminar a los que andan ciegos de amargura.

EMMA GODOY

Día de sol: hay una mariposa en cada flor...

JOSÉ JUAN TABLADA

Prefiero un necio que me alegra a una experiencia que me amarga.

WILLIAM SHAKESPEARE

La felicidad

"Cada uno es heredero de sí mismo", escribió Rabelais refiriéndose a las calendas griegas. Pues bien, hemos llegado a ellas. Ahora nada es como era. Ahora se nos plantea el gran problema: Estamos solos y hemos de elegir. Somos, en teoría, libres; somos, en teoría; amos de nuestro destino; tenemos que buscar nuestra propia identidad a través de nuestras particulares experiencias. Tal es nuestra necesidad primera; ser uno mismo. Y es mejor que lo seamos sin auxilios ajenos, tan mediatizadores. Ser uno mismo y ser feliz: qué proyecto de vida. Quizá la fuente de la felicidad, si es que la tiene, esté en nuestro interior. Quizá consista en preservar el propio yo, no otro, y no en ser nunca otro por bueno que parezca. Quizá consista en aceptarse reflexiva y dócilmente tal como se es, y desplegarse.

ANTONIO GALA

La felicidad no consiste en vivir sin problemas, sino en saber vivir; es el encuentro con lo mejor de uno mismo, el arte de sacarle a la vida el máximo partido posible.

ENRIQUE ROJAS

Alguien dijo que quien requiere, para ser dichoso, determinada persona o determinado objeto, ignora qué es la felicidad. Pero quien confronta, solo, una situación difícil mientras ejecuta una tarea necesaria o habitual con ánimo amoroso y tranquilo, algo sabe de lo que es la felicidad.

GWEN CUMMINGS

Apiádate de quien asegura haber hallado la felicidad. Envidia a quien la busca para abandonarla apenas la encuentre. Porque la única felicidad consiste en esperar la felicidad.

MUCHARRID-AL-DIN SAADI

Aún no se ha demostrado bien si la felicidad se compone de los bienes que tenemos o de los que creemos tener.

ALPHONSE ESQUIROS

Con la felicidad ocurre como con los relojes: los menos complicados son los que menos se estropean.

SÉBASTIEN ROCH NICOLAS CHAMFORT

Cuando más felices son los tiempos, más pronto pasan.

PLINIO EL JOVEN

Cuando reflexiono, cosa que hago frecuentemente, sobre la felicidad de que he disfrutado, a veces me digo a mí mismo que si se me ofreciera de nuevo exactamente la misma vida, la volvería a vivir de principio a fin. Todo lo que pediría, sería el privilegio de un autor que corrigiera en una segunda edición algunos errores de la primera.

BENJAMIN FRANKLIN

Cuanta más gente encuentro, más feliz soy. Con la criatura más insignificante, uno aprende, se enriquece, saborea mejor su felicidad.

SAMUEL BECKETT

El arte de la felicidad
La felicidad no depende de lo que pasa a nuestro alrededor, sino de lo que pasa dentro de nosotros; la felicidad se mide por el espíritu con el cual nos enfrentamos a los problemas de la vida.
La felicidad es un asunto de valentía; es tan fácil sentirse deprimido y desesperado.
La felicidad es un estado de la mente. No somos felices en tanto no decidamos serlo.
La felicidad no consiste en hacer siempre lo que queremos; pero sí en querer todo lo que hagamos.
La felicidad nace de poner nuestros corazones en nuestro trabajo y de hacerlo con alegría y entusiasmo.
La felicidad no tiene recetas; cada quien la cocina con el sazón de su propia meditación.
La felicidad no es una posada en el camino, sino una forma de caminar por la vida.

ROGER PATRÓN LUJÁN

El deseo y la felicidad no pueden vivir juntos.

EPICTETO

El hombre que dice que no ha nacido feliz podría, por lo menos, llegar a serlo por la felicidad de sus amigos o de cuantos le rodean. La envidia le impide este último recurso.

JEAN DE LA BRUYÈRE

El mundo está lleno de gente que, al buscar una felicidad espectacular, desdeña la satisfacción.

DOUG LARSON

El que quiere ser feliz... cambia poco de lugar y ocupa poco sitio.

BERNARD LE BOVIER DE FONTENELLE

El reloj no existe en las horas felices.

RAMÓN GÓMEZ DE LA SERNA

El zar y la camisa

Un zar, hallándose enfermo, dijo:

—¡Daré la mitad de mi reino a quien me cure!

Entonces todos los sabios se reunieron y celebraron una junta para curar al zar, mas no encontraron medio alguno.

Uno de ellos, sin embargo, declaró que era posible curar al zar.

—Si sobre la tierra se encuentra un hombre feliz —dijo—, quítesele la camisa y que se la ponga el zar, con lo que éste será curado.

El zar hizo buscar en su reino a un hombre feliz. Los enviados del soberano se esparcieron por todo el reino, mas no pudieron descubrir a un hombre feliz. No encontraron un hombre contento con su suerte.

El uno era rico, pero estaba enfermo; el otro gozaba de salud, pero era pobre; aquél, rico y sano, quejábase de su mujer; éste de sus hijos; todos deseaban algo.

Cierta noche, muy tarde, el hijo del zar, al pasar frente a una pobre choza, oyó que alguien exclamaba:

—Gracias a Dios he trabajado y he comido bien. ¿Qué me falta?

El hijo del zar sintióse lleno de alegría; inmediatamente mandó que le llevaran la camisa de aquel hombre, a quien en cambio había de darse cuando dinero exigiera.

Los enviados presentáronse a toda prisa en la casa de aquel hombre para quitarle la camisa; pero el hombre feliz era tan pobre que no tenía camisa.

LEÓN TOLSTOI

En este mundo, la felicidad, cuando llega, llega incidentalmente. Si la perseguimos, nunca la alcanzamos. En cambio, al perseguir otro objeto, puede ocurrir que nos encontremos con ella cuando menos lo esperábamos.

NATHANIEL HAWTHORNE

En mi opinión, la mayoría de las personas tienen un concepto poco realista de la felicidad, pues invariablemente emplean la fatal conjunción condicional "si". Les oímos decir: Yo sería feliz si fuera rico; o: si esa mujer me amara; o bien: si tuviera yo talento, o (el "si" más popular) si tuviera buena salud. A menudo, tales personas alcanzan su objetivo, pero entonces descubren otras circunstancias condicionales.

Por mi parte, yo amo la vida, para bien o para mal, incondicionalmente.

ARTHUR RUBINSTEIN

En toda clase de bienes, poseer es poca cosa; gozar es lo que hace a uno feliz.

PIERRE AUGUSTIN CARON DE BEAUMARCHAIS

Felicidad: hacer lo que se desea y desear lo que se hace.

FRANÇOISE GIROUD

Feliz el que, alejado de negocios,
como en remoto tiempo los morales,
paternos campos con sus bueyes ara
y no rinde a la usura vasallaje;
ni le despiertan los clarines bélicos
y evita igual del Foro las intrigas
que del rico soberbio los umbrales.

HORACIO

Gran ciencia es ser feliz, engendrar la alegría,
porque sin ella, toda existencia
es baldía.

RAMÓN PÉREZ DE AYALA

Gran parte de la felicidad del hombre consiste en estar solo cuando se desea, donde se desea, pero después de sus reflexiones solitarias, encontrar un alma afín con quien compartir sus ideas.

FERNANDO RODRÍGUEZ SIFONTES

He descubierto el secreto de la felicidad: es el trabajo, con las manos o con la cabeza. En cuanto tengo algo que hacer, se abre el tiro de la chimenea, empieza a salir el humo y me siento feliz.

JOHN BURROUGHS

Hemos de tratar de ser felices, aunque sólo sea por poner el ejemplo.

JACQUES PRÉVERT

La felicidad consiste en continuar deseando lo que se posee.

SAN AGUSTÍN

La felicidad consiste en tener buena salud y mala memoria.

INGRID BERGMAN

La felicidad es más intensa cuanto menos extensa.

ROBERT FROST

La felicidad ininterrumpida aburre: debe tener alternativas.

MOLIÈRE

La felicidad no es el objetivo de nuestra vida, sino la consecuencia de cómo vivimos. La felicidad, como nuestra propia sombra, huye cuando vamos tras ella, y nos sigue cuando caminamos hacia el sol y la verdad.

DARÍO LOSTADO

La felicidad no es una estación a la que se llega, sino una manera de viajar.

M. RUNBECK

La felicidad persigue siempre a la persona que se siente agradecida para con su Dios, tranquila con su conciencia, de buenas con sus amigos, encantada de su trabajo y con su cuenta bancaria en orden.

CITADO EN *Science of Mind*

La felicidad sólo es saludable para el cuerpo, pero es el dolor el que desarrolla las fuerzas del espíritu.

MARCEL PROUST

La felicidad sólo puede ser hallada en el interior.

EPICTETO

La felicidad y la desgracia sólo provienen de nosotros mismos.

MENGZI

La felicidad, a menudo, se cuela por una puerta que inadvertidamente dejamos abierta.

JOHN BARRYMORE

La gente más feliz parece ser la que no tiene motivo especial para ser feliz, salvo que lo es.

WILLIAM RALPH INGE

La juventud me resulta mucho más cercana ahora que cuando yo era joven. Quizá porque ya no veo la felicidad como algo inalcanzable. Ahora sé que la felicidad puede ocurrir en cualquier momento y que no se debe perseguir.

JORGE LUIS BORGES

La naturaleza de las cosas ha dispuesto éstas de modo que, para vivir bien, no hace falta gran aparato: cada cual puede hacerse feliz a sí mismo. Poca importancia tiene lo que da la fortuna, y apenas puede hacernos vencer de un lado o de otro: ni lo favorable exalta al sabio ni lo adverso le deprime, pues el sabio se ha esforzado siempre en confiar principalmente en sí mismo, y es en sí mismo donde busca toda alegría.

LUCIO ANNEO SÉNECA

La verdadera felicidad cuesta poco; si es cara, no es buena.

FRANÇOIS RENÉ DE CHATEAUBRIAND

La verdadera felicidad, no importa con quien la vivas, es la de vivir tu vida sin contradicciones en tu mundo interior.

LUIS SPOTA

La vida más feliz es la de ser inconsciente a sus infortunios. Ha de llegar el día en que conozcas lo que valen el placer y el dolor.

SÓFOCLES

Nadie es feliz durante toda su vida.

EURÍPIDES

Ningún hombre es feliz a menos que crea serlo.

PUBLIO SIRO

No dependas de ningún otro, solamente apóyate en ti mismo... la verdadera felicidad nace de la confianza en uno mismo.

Las Leyes de Manú

No está en nuestras manos el ser ricos, pero sí el ser felices. Además, las riquezas no son siempre un bien, sobre que suelen ser poco duraderas. En cambio, la felicidad que proviene de la sabiduría dura siempre.

EPICTETO

No hacer nada es la felicidad de los niños y la desgracia de los ancianos.

VÍCTOR HUGO

No hay felicidad que no tenga su pero.

BENITO PÉREZ GALDÓS

No se puede ser feliz solo. Mas para ser feliz no basta serlo con otro con quien la relación sea interesada. Es menester hacer feliz desinteresadamente por lo menos a otro.

JOSÉ GAOS

No son la riqueza ni el esplendor, sino la tranquilidad y el trabajo los que proporcionan la felicidad.

THOMAS JEFFERSON

Nunca somos tan felices ni tan desdichados como nosotros creemos.

FRANÇOIS, VI DUQUE DE LA ROCHEFOUCAULD

Sé feliz. Es la única manera de ser sabio.

GABRIELLE C. COLLETTE

Si el hombre no quisiese otra cosa que ser feliz, lo lograría con facilidad, pero quiere ser más feliz que los demás, y esto es ya muy difícil porque cree que los demás son más felices de lo que realmente son.

CHARLES DE SECONDAT, BARÓN DE MONTESQUIEU

Una de las diferencias entre la felicidad y la sabiduría es que quien se cree el más feliz de los hombres, en realidad lo es; pero quien se considera el más sabio, por lo general es un tonto de capirote.

CHARLES CALEB COLTON

Solo seremos felices cuando cobremos conciencia de nuestro papel, aunque nos corresponda el más oscuro. Solo entonces podremos vivir en paz y morir en paz, porque quien da un sentido a la vida da un sentido a la muerte.

ANTOINE DE SAINT-EXUPÉRY

Yo aconsejaría a las almas nobles que refinasen el sentimiento todo lo posible en lo que respecta a sus propias cualidades o a sus actos, y en cambio, conservasen gustos poco exigentes para lo que disfruten o lo que esperen de los demás; sólo una cosa encuentro difícil: la posibilidad de este equilibrio. Pero caso de haberla, harían a los demás felices y lo serían ellos mismos.

IMMANUEL KANT

¿Qué cosa es la felicidad? Un poquito de amor, un poquito de salud y un poquito de dinero.

MANUEL GUTIÉRREZ NÁJERA

¡La felicidad es un pájaro azul que se posa en un minuto de nuestra vida y después levanta el vuelo, y Dios sabe en qué otro minuto se volverá a posar!

CARLOS ARNICHES

Hay personas en este mundo que son alegres y parecen poseer más energía que el resto de nosotros. Esto es porque no la desperdician en represión y autocontemplación.

ERICA JONG

La alegría compartida es una alegría doble.

JOHN RAY

Cada día me parecía como un tesoro, como algo inapreciable. Empecé a darme cuenta de ello y entonces me acostaba lleno de alegría y me levantaba más feliz todavía.

FEDOR DOSTOIEVSKI

Cuando estemos confundidos por lo que sucede en el mundo, podremos lograr una renovada sensación de seguridad si miramos la luz que brilla en los ojos de un niño feliz y confiado.

H.H.

Cuenta tu jardín por las flores,
no por las hojas caídas.
Cuenta tus días por las horas
doradas,
y olvida las penas habidas.
Cuenta tus noches por estrellas,
no por sombras.
Cuenta tu vida por sonrisas,
no por lágrimas.
Y para tu gozo en esta vida,
cuenta tu edad por amigos,
no por años.

ROGER PATRÓN LUJÁN

En su rápida marcha a través de Alemania al final de la Segunda Guerra Mundial, las fuerzas aliadas registraban las granjas en busca de francotiradores. En una casa abandonada que era casi un montón de escombros, los exploradores, equipados con linternas eléctricas, encontraron el acceso al sótano. Allí, sobre una pared a punto de derrumbarse, una víctima del Holocausto había grabado con sus uñas una estrella de David y, bajo ella, con tosca escritura, este mensaje:

Creo en el Sol... aun cuando no brille;
creo en el amor... aun cuando no se manifieste;
creo en Dios... aun cuando no hable.

ROBERT SCHULLER

En una escuela infantil para ciegos, un muchachito preguntó a la maestra si se aproximaba una tormenta, pues había escuchado un trueno. Temerosa de que fuera a asustarse el niño, le respondió que no creía que se tratara de una tempestad muy fuerte.

—¿Habrá relámpagos? —insistió el pequeño alumno.

Ella lo abrazó para tranquilizarlo y le dijo:

—¿Por qué lo preguntas?

—Porque es lo único que veo en el mundo —explicó el jovencito— y me parece hermoso de veras.

R.N.

Entre el infierno y la vida doméstica no hay más que una diferencia de grado. Pero el grado puede ser sobre cero. Todo depende. El optimista ve el vaso medio lleno; el pesimista lo ve medio vacío.

ROSARIO CASTELLANOS

Hay que quemar los libros; hay que dar a la vida
un brebaje de olvido y un brebaje de amor;
reclinarse en el hombro de una ilusión perdida,
despertar de esta brusca pesadilla dolida,
Y ver la aurora rústica de una vida mejor...

SALVADOR NOVO

Me siento muy feliz al ver salir el Sol cada día. Me regocija estar presente. Lo que deseo lograr con las obras de mi vida es que declaren júbilo. Me agradaría dedicar ese día, cualquier día, a gozarlo a mis anchas.

JAMES DICKEY

Nada en la vida es tan irremediablemente trágico. Hasta una lágrima, al resbalar por la mejilla, hace cosquillas.

FABIO GUSTAVO SANDOVAL

Tenga gozo en su corazón; sea feliz en su cuerpo entero; tenga en plenitud la vida.

SABIDURÍA SUMERIA

Todo el mundo es extraño y maravilloso para unas pupilas bien abiertas.

JOSÉ ORTEGA Y GASSET

Una corona de espinas no es más que una corona de rosas cuyas rosas han caído.

ROBERT DE FLERS Y GASTON DE CAILLAVET

Vale más sembrar una cosecha nueva, que llorar la que se perdió.

ALEJANDRO CASONA

El placer

El alma para amar ha sido creada,
mas se complace en cosas pasajeras,
cuando por los placeres es llamada
Vuestra aprehensión convierte en
verdaderas
las ilusiones, que al deseo incitan,
y el ánimo seducen placenteras.
Si se recogen los que así se agitan,
inclínanse al amor de la natura,
y el amor y el placer juntos palpitan.
Después, cual viva llama que en la
altura
se mueve por la esencia que la
asciende,
a donde más en su elemento dura:
así el deseo el alma noble enciende,
y en movimiento espiritual se exulta
y en busca de lo amado, vuelo
emprende.

DANTE ALIGHIERI

El gozo mutuo y callado los unía y
hermoseaba. También ambos
parecían acabar de conocerse, y tener
sueños para la vida venidera. Estaban
hermosos hasta sus nombres y se
complacían en decirlos solamente.

ARTURO USLAR PIETRI

El ingrato corazón olvida, cuando
está en los deleites de la vida, que
los sepulcros necesitan flores.

FERNANDO CELADA

El placer es felicidad de los locos.
La felicidad es placer de los sabios.

JULES BARBEY D'AUREVILLY

El placer es para las mujeres lo
que el sol es para la flor: disfrutando
moderadamente la embellece, la
remoza, la perfecciona; pero si lo
hace con exageración la marchita, la
deteriora, la destruye.

C. COLTON

Los placeres son para pasar por
encima de ellos rozándolos. Se
asemejan a terrenos pantanosos por
los que se debe caminar ligeramente,
sin osar hundir los pies en ellos.

BERNARD LE BOVIER DE FONTENELLE

Ningún placer dura lo suficiente.

PROPERCIO

No muerdas el cebo del placer
hasta no estar seguro de que no
oculta un anzuelo.

THOMAS JEFFERSON

Dijo el Rabí de Koretz: "Todos los
placeres, inclusive los más pequeños,
proceden del Paraíso. Sin embargo,
cuanto más gozamos de este mundo,
menos nos quedará por gozar en el
otro. Dejad, pues, una porción para el
gozo futuro. El gozo eterno".

MARIO SATZ

Los goces de este mundo serían
los tormentos del infierno, vistos al
revés, en un espejo.

LÉON BLOY

—¿Recuerdas lo que suelen decir
los enfermos en los accesos de su
enfermedad?
—¿Qué es?
—Que no hay mayor bien que el
de la salud, pero que antes de estar
enfermos no sabían todo lo que valía.
—Bien lo recuerdo.
—¿No oyes cómo dicen todos los
que padecen que nada es tan dulce
como no sufrir?
—Es verdad.
—Y en todos los órdenes de la
vida verás que los hombres emplean
ese mismo lenguaje. ¿Que están
tristes?, pues estar libres de tristezas
es para ellos el bien más codiciable.
Lo que consideran como colmo de la

delicia no es la alegría, sino que cese la tristeza, y venga el reposo.

—Es porque esta situación les sería dulce, en comparación de aquella en que se encuentran.

—Por la misma razón, la cesación del placer tiene que constituir un dolor para el que antes saboreaba el placer.

PLATÓN

La risa y la sonrisa

Diez veces por día debes reír y regocijarte; de lo contrario te molesta de noche el estómago, el padre de la gran aflicción.

FRIEDRICH WILHELM NIETZSCHE

El día más irremediablemente perdido es aquel en que uno no ríe.

NICOLAS CHAMFORT

El que ríe al último es un pobre vengativo que se amarga esperando su oportunidad; es mejor reír desde el principio, porque quien ríe primero, ríe dos veces y porque lo reído nadie nos lo quita.

ÓSCAR DE LA BORBOLLA

El que ríe por cualquier cosa es tan necio como el que llora por todo.

BALTASAR GRACIÁN

Jamás ninguna orquesta sinfónica tocó música como la que hace una niña de dos años cuando se ríe al jugar con su mascota.

BERN WILLIAMS

La risa es un ser malicioso, pero de conciencia tranquila.

FRIEDRICH WILHELM NIETZSCHE

La risa y las lágrimas mueven las ruedas de la misma sensibilidad; en un caso la fuerza motriz es el aire y en otro el agua, eso es todo.

O.W. HOLMEJ

No hay persona más triste que el hombre que ríe demasiado.

JUAN PABLO RICHTER

Si lloras de alegría, no seques tus lágrimas: se las robas al dolor.

TOULET

Sonreír es la mejor manera de enseñar los dientes al destino.

ANÓNIMO

Nadie es tan rico o poderoso que pueda vivir sin una sonrisa, y nadie es tan pobre que no pueda ofrecerla.

EDWARD L. KRAMER

Si el saludo no va acompañado de una sonrisa, no es saludo. La sonrisa es el resplandor que ilumina las manos que se cruzan.

JOAQUÍN ANTONIO PEÑALOSA

Una sonrisa es la semilla que crece en el corazón y florece en los labios.

GERMÁN M. MERETE

Una sonrisa no cuesta nada y sí crea mucho. Enriquece a quienes la reciben, sin empobrecer a los que la brindan. Sucede en un instante y algunas veces su recuerdo permanece para siempre Nadie es tan rico ni tan pobre que pueda seguir adelante sin ella, pero todos se enriquecen con sus beneficios. Crea felicidad en el hogar, alienta la buena voluntad en un negocio y es la contraseña de los amigos. Es un alivio para los cansados, luz para los desalentados, calor para los tristes y el mejor antídoto de la naturaleza para los problemas. Sin embargo, no se puede comprar, pedir, prestar o robar, ya que no es un bien terrenal para alguien hasta que no se da. Nadie necesita tanto una sonrisa como aquellos que no han reservado ninguna para darla.

ANÓNIMO

El dolor

Pena y alegría dependen más de lo que somos que de lo que nos sucede.

MULTAULI

Así es como se cura una herida: empieza a cerrarse sobre sí misma, a proteger lo que duele tanto y, una vez cerrada, ya no ves qué hay debajo, eso que provocaba el dolor.

AMY TAN

Cuando nos aferramos al dolor terminamos castigándonos a nosotros mismos.

LEO BUSCAGLIA

Duele más de lo necesario lo que duele antes de lo necesario.

LUCIO ANNEO SÉNECA

En el dolor está la escuela de la vida. Con él nos hacemos sabios.

ESQUILO

En el dolor hay tanta sabiduría como en el placer: ambas son las dos grandes fuerzas conservadoras de la especie.

FRIEDRICH WILHELM NIETZSCHE

Las ideas son sucedáneos de los dolores; desde el momento en que éstos se transforman en ideas, pierden una parte de su acción nociva sobre nuestro corazón y hasta, en el primer momento, la

transformación misma desprende súbitamente alegría.

MARCEL PROUST

Lloraba la niña
(y tenía razón)
la prolija ausencia
de su ingrato amor.
Dejóla tan niña,
que apenas creo yo
que tenía los años
que ha que la dejó.
Llorando la ausencia
del galán traidor,
la halla la Luna
y la deja el Sol,
añadiendo siempre
pasión a pasión,
memoria a memoria,
dolor a dolor.
Llorad, corazón,
que tenéis razón.
Dícele su madre:
"Hija, por mi amor,
que se acabe el llanto,
o me acabe yo."
Ella le responde:
"No podrá ser, no;
las causas son muchas
los ojos son dos.
Satisfagan, madre,
tanta sinrazón,
y lágrimas lloren,
en esta ocasión,
tantas como dellos
un tiempo tiró
flechas amorosas
el arquero dios.
Ya no canto, madre,
y si canto yo,
muy tristes endechas
mis canciones son;
porque el que se fué,
con lo que llevó,
se dejó el silencio,
y llevó la voz."

Llorad, corazón,
que tenéis razón.

LUIS DE GÓNGORA Y ARGOTE

Nada nos hace tan grandes como
un gran dolor.

ALFRED DE MUSSET

Nadie llega al paraíso con los ojos
secos.

THOMAS ADAMS

Se dice: loco de alegría. También
podría decirse: cuerdo de dolor.

MARGUERITE YOURCENAR

Si en mitad del dolor tener
memoria del pasado placer es gran
tormento, así también en el
contentamiento acordarse del mal
pasado es gloria.

JUAN BOSCÁN

Si los dolores verdaderamente
agudos pueden ser templados por
algún goce, sólo puede templarlos el
goce de acallar el grito de dolor de
los demás. Y si algo los exacerba y
los hace terribles, es seguramente la
convicción de nuestra impotencia
para calmar los dolores ajenos.

JOSÉ MARTÍ

Si nos quitasen todo lo que nos
causa daño, ¿qué nos quedaría?

HENRI BARBUSSE

Todo hombre se parece a su dolor.

ANDRÉ MALRAUX

Un fuego apaga otro fuego. Una
pena se calma con el sufrimiento de
otra. Da vueltas hasta que te acometa
el vértigo, y te serenarás girando en
dirección contraria. Un dolor
desesperado, con la aflicción de otro
se remedia. Coge en tus ojos alguna

nueva infección y desaparecerá el
violento veneno del mal antiguo.

WILLIAM SHAKESPEARE

Un proverbio judío aconseja
"fatigar las penas": si las embotellas,
si te las guardas, jamás se
ablandarán. Así, por ejemplo, cuando
veas a un amigo poco después de
que él haya perdido a un ser querido,
exprésale tus condolencias, de
manera breve y sencilla; luego, hazle
preguntas que le permitan conservar
la compostura. Estas preguntas
pueden referirse a la persona difunta,
pero no directamente a la aflicción
del que sufrió tal pérdida.

Pregúntales, por ejemplo, si toda
la familia pudo asistir a los funerales,
o si él o ella piensa hacer un breve
viaje. Si ambos amigos están solos y
el deceso está reciente, la persona
doliente quizá desee hablar de su
pena; quizá necesite hablar de eso, y
de nada más.

En tal caso, como dice
Shakespeare: "Dad palabras al dolor.
La desgracia que no habla murmura
en el fondo del corazón, que no
puede más, hasta que le quiebra".

BARBARA WALTERS

El pesimismo

Algunos hombres se pasan la vida
intentando escalar imaginarios Alpes,
y mueren en las estribaciones
maldiciendo dificultades que no
existen.

E.W.H.

Dejarse vencer por el pesimismo
es apagar la luz de la esperanza.

LUIS CARRILLO HERNÁNDEZ

El optimista cree que vivimos en el mejor mundo posible. El pesimista teme que esto sea verdad.

ARHUR BLOCH

El pesimismo jamás ganó una batalla.

DWIGHT D. EISENHOWER

El pesimista se queja del viento; el optimista espera que cambie; el realista ajusta las velas.

WILLIAM ARTHUR WARD

Muchas veces, temer un mal nos conduce a algo peor.

NICOLAS BOILEAU

Obsérvese la diferencia entre lo que pasa cuando un hombre se dice: "He fallado tres veces", y lo que ocurre cuando declara: "Soy un fracasado".

S. HAYAKAWA

Regla de Michehl para los futuros montañistas:
La montaña se hace más escarpada a medida que se acerca uno a ella.

ARTUR BLOCH

Las penas son servidores oscuros, detestados, contra los que luchamos, bajo cuyo imperio caemos cada vez más, servidores atroces, imposibles de sustituir y que, por vías subterráneas, nos llevan a la verdad y a la muerte. ¡Dichosos aquellos que han encontrado la primera antes que la segunda y para los que, por próximas que deban estar una de otra, ha sonado la hora de la verdad antes que la hora de la muerte!

MARCEL PROUST

La tristeza

Los días idos se amontonan como sillares de un edificio en nuestra propia persona: nunca dejará de ser triste contemplar los sillares desmoronados, por más que algunos, o muchos, hayan rodado cómicamente.

RAMÓN LÓPEZ VELARDE

Al volver de mi largo viaje por el Oriente, había tratado de completar casi frenéticamente aquel inmenso decorado de una obra terminada ya en sus tres cuartas partes. Ahora retornaba a él, para acabar allí mis días de la manera más decorosa posible. Todo estaba ordenado para facilitar tanto el trabajo como el placer: la cancillería, las salas de audiencias, el tribunal donde juzgaba en última instancia los procesos difíciles, me evitaban los fatigosos viajes entre Tíbur y Roma. Aquellos edificios tenían nombres que evocaban a Grecia: el Pecilo, la Academia, el Pritáneo. Sabía de sobra que el pequeño valle plantado de olivos no era el de Tempe, pero llegaba a la edad en que cada lugar hermoso nos recuerda otro aun más bello, donde cada delicia se carga con el recuerdo de delicias pasadas. Aceptaba entregarme a esa nostalgia que llamamos melancolía del deseo.

MARGUERITE YOURCENAR

Cuando la tristeza funde a dos corazones, ni la gloria de la felicidad será capaz de destruir esa unión. Las lágrimas son un fuego que purifica el amor, haciéndolo nítido y hermoso por una eternidad.

GIBRÁN JALIL GIBRÁN

Cuando nos invade la pena, un día dura tanto como tres otoños.

LE THANH TONG

Cuando por fin regresas a tu terruño, descubres que no era tu vieja casa lo que extrañabas, sino tu niñez.

SAM EWING

Cuando sufrimos es cuando veneramos a los dioses. El hombre feliz rara vez se acerca al altar.

SILIO ITÁLICO

Cuando vienen las desdichas, no vienen como exploradores aislados, sino en legiones.

WILLIAM SHAKESPEARE

Cuando vivíamos en Pakistán murió un hijo mío de seis meses, y un anciano penyabi que se había enterado de nuestra pena fue a consolarnos.
"Las desgracias", observó, "nos ponen a hervir en agua. Si somos como el huevo, nos endurecemos e insensibilizamos; en cambio, si somos como la papa, saldremos del trance blandos y maleables".
Quizá le haya sonado muy extraño a Dios, pero muchas veces le he implorado: "Señor mío, hazme una papa".

BILLIE WILCOX

Cuántos hay que cansados de la vida, enfermos de pesar, muertos de tedio, hacen reír como el actor suicida, para encontrar para su mal remedio,
¡Oh, cuántas veces al reír se llora!
Nadie en lo alegre de la risa fíe, porque en los seres que el dolor devora
el alma llora cuando el rostro ríe.

Si se muere la fe, si huye la calma, si sólo abrojos nuestra planta pisa, lanza a la faz la tempestad del alma un relámpago triste: la sonrisa.
El carnaval del mundo engaña tanto, que las vidas son breves mascaradas; aquí aprendemos a reír con llanto y también a llorar con carcajadas.

JUAN DE DIOS PEZA

El alma no tendría su arco iris, si los ojos no tuvieran lágrimas.

JOHN VANCE CHENEY

El que sólo es sabio lleva una vida triste.

VOLTAIRE

En tanto bien, pensamiento, ¿qué resta que desear, sino sólo refrenar los impulsos del contento? Que según del alma mía la capacidad excede, como la tristeza, puede matar también la alegría.

JUAN RUIZ DE ALARCÓN

Es patético observar cuán visiblemente un hombre destruye su vida y la de los demás, sin acertar a comprender que la tragedia nace en sí mismo, y cómo la atiza y la mantiene perpetuamente.

CARL GUSTAV JUNG

Es verdad; el sufrimiento existe. Proviene de Dios. ¿Por qué existe? Voy a decirlo: el hombre es demasiado débil para soportar o recibir la caridad divina que es absoluta, y es por eso, y sólo por eso, que Dios la recubre con el velo del dolor.

RABÍ ZUSIA

Hace falta más valor para sufrir que para morir.

NAPOLEÓN BONAPARTE

Jamás ninguno echó tan bien la cuenta de su vida, que los negocios, los años y la experiencia no le enseñasen algo nuevo, y le avisasen de algo, de manera que lo que él se pensaba saber no lo supiese, y lo que tenía por mejor lo reprobase. Lo cual ahora a mí me ha acaecido, porque aquella vida áspera que yo hasta aquí he seguido, ahora que ya casi estoy al fin de la jornada, la condeno. ¿Y por qué? Porque la experiencia me ha enseñado que al hombre no hay cosa que le esté mejor que la benignidad y la clemencia. Que esto es verdad, por mí y por mi hermano lo puede entender quienquiera fácilmente. Él siempre ha pasado su vida sin cuidados y en convites; benigno, manso, sin ofender a nadie, complaciendo a todos, ha vivido a su gusto, gastado a su gusto; todos le elogian, todos le aman. Yo soy el villano, el cruel, el triste, el escaso, el terrible, el duro. Caséme: ¡qué desdichas en el matrimonio! Naciéronme hijos: ¡nuevos cuidados! Pues además de esto, procurando dejarles mucha hacienda, toda mi vida y mis años he gastado en adquirir. Y ahora, al cabo de ellos, el galardón de mis trabajos es ser aborrecido. Mi hermano, sin trabajo ninguno, goza de todas las ventajas de un padre con mis hijos: a él le aman, de mí huyen; a él le dan parte de sus consejos; a él le tienen afición; ambos están con él; a mí me desamparan. A él le desean larga vida; tal vez codician mi muerte. De manera, que los que yo he criado con gran trabajo, él se los ha hecho suyos a poca costa. Yo llevo a cuestas todas las fatigas, y él se goza todos los contentos. ¡Ea, pues, probemos ahora al contrario, si podré yo decir alguna palabra amorosamente o hacer algo con benignidad, pues él me obliga a ello! Que también quiero yo ser amado, y estimado de los míos. Y si esto ha de ser dándoles y complaciéndoles, no seré yo de los postreros. ¿Y si falta? ¡A mí qué...! Para mí no faltará; que ya poca vida me queda.

TERENCIO

La desdicha es como el matrimonio. Se cree que se elige y, en realidad, se es elegido.

ALBERT CAMUS

La melancolía es la dicha de estar triste.

VÍCTOR HUGO

Las desgracias que podemos soportar vienen del exterior; son accidentes. Pero sufrir por nuestras propias faltas... ¡Ah!, ahí está el tormento de la vida.

OSCAR WILDE

Las lágrimas de una afligida hermosura vuelven en algodón los riscos, y los tigres en ovejas.

MIGUEL DE CERVANTES SAAVEDRA

Las más desgarradoras lágrimas que se vierten sobre los sepulcros tienen su origen en palabras nunca dichas, y en acciones jamás emprendidas.

HARRIET BEECHER STOWE

Las penas son como nubes de tormenta: vistas desde lejos parecen negras, pero cuando están encima de nuestras cabezas apenas son grises.

JUAN PABLO RICHTER

Los acontecimientos no te lastiman, pero tu percepción de ellos sí puede hacerlo.

EPICTETO

Los años arrugan la piel, pero la falta de entusiasmo arruga el alma.

J.A.

Los tristes tienen dos motivos para estarlo: ignoran o esperan.

ALBERT CAMUS

Mi tristeza es como un rosal florido.
Si helado cierzo o ráfaga ardorosa
lo sacuden, el pétalo caído
se trueca en savia y se convierte en rosa...
Mi tristeza es como un rosal florido.

ENRIQUE GONZÁLEZ MARTÍNEZ

Ningún bien que haga al hombre desgraciado
puede llegar a darle dicha cierta;
pues de fruto y raíz está privado.

DANTE ALIGHIERI

No hay extensión más grande que mi herida,
lloro mi desventura y sus conjuntos
y siento más tu muerte que mi vida.

MIGUEL HERNÁNDEZ

No hay un mortal de infortunio exento... nadie pasa la vida sin llevar la parte de su carga de males. Éste será hoy; aquél, será mañana.

ESQUILO

No se cura un sufrimiento sino a condición de soportarlo plenamente.

MARCEL PROUST

No te ha de aprovechar pensar entonces que no sabe nadie la desgracia que te ha sucedido; porque bastará para afligirte y deshacerte que la sepas tú mismo.

MIGUEL DE CERVANTES SAAVEDRA

Nunca supe del bien, supe de dolo,
de frío y soledad; mi ser remeda
la noche pertinaz que cubre al polo.
Dejadme con mi angustia...¡Estoy tan solo!
si me quitan mi angustia, ¿qué me queda?

AMADO NERVO

Para mis hermanos Karl y Johann
Beethoven
Nacido con un temperamento ardiente y vivaz, afecto a las diversiones sociales, me vi obligado a aislarme, a vivir en la soledad, tratando de olvidarme de todo esto. Oh, cuán duramente volvía a la realidad al oír con dificultad, y sin embargo no podía pedir a la gente que hablara más fuerte, ¡que gritase porque yo era sordo!

¿Y cómo podía yo admitir una dolencia precisamente en el sentido que en mí hubiera debido ser más perfecto que en otros, en un sentido que había poseído en su más alta perfección, una perfección como seguramente pocos en mi profesión han disfrutado o disfrutarán? Ah, no puedo soportarlo, y por eso, perdonadme cuando me veis alejarme a pesar de la alegría que sentiría alternando con ustedes, mi desgracia es doblemente dolorosa pues hace que se me juzgue equivocadamente; para mí no puede haber sociabilidad con mis semejantes, intercambio de pensamientos, ya que debo mezclarme a la sociedad únicamente para mis necesidades más imprescindibles.

Debo vivir como un exiliado, si me acerco a mis semejantes se apodera de mí un espantoso terror de que mi impotencia sea notada... Así he vivido durante el último medio año que pasé en el campo, con orden expresa de mi inteligente médico de no cansar mis oídos, y de acostumbrarme poco a poco a mi futuro estado, pero a veces, al ceder a mi inclinación por la sociedad, cuánta humillación experimentaba al oír decir cerca de mí que oían una flauta a la distancia, mientras yo no oía nada, o bien que alguien oía cantar a los pastores y yo no percibía ni un solo sonido. Tales incidentes me llevaron al borde de la desesperación, y poco faltó para que pusiera fin a mi vida —sólo el arte me contuvo, ah, parecíame imposible dejar este mundo antes de producir todo lo que sentía debía producir, y por ello soportaba esa espantosa existencia— verdaderamente espantosa, que me arrojaba en un instante en el más horrible tormento. Ahora debo elegir a la Paciencia como mi guía, y así lo he hecho. Espero que mi determinación permanecerá firme hasta que le plazca a la Parca inexorable cortar el hilo de mi vida, para un destino mejor o peor. Sea como sea, estoy listo.

Ya a los veintiocho años me vi obligado a convertirme en filósofo. Ah, no es fácil, especialmente para un artista... Divino Creador, tú que puedes mirar en lo más profundo de mi alma, sabes que allí vive el amor hacia el hombre y el deseo de hacer el bien. Y vosotros, semejantes míos, cuando leáis algún día estas palabras, comprenderéis que me habéis hecho daño. Tal vez sirva de consuelo a los desgraciados saber

que uno como ellos, a pesar de todos los obstáculos de la naturaleza, hizo todo lo que estaba en su poder para ser aceptado entre los artistas y hombres de valor.

LUDWIG VAN BEETHOVEN

Para remediar desdichas del cielo poco suelen valer los bienes de fortuna.

MIGUEL DE CERVANTES SAAVEDRA

Pero ahora no quedan más
excusas
porque se vuelve aquí
siempre se vuelve.
La nostalgia se escurre de los libros
se introduce debajo de la piel
y esta ciudad sin párpados
este país que nunca sueña
de pronto se convierte en el único
sitio
donde el aire es mi aire
y la culpa es mi culpa.

MARIO BENEDETTI

Piedad es el sentimiento que paraliza el ánimo en presencia de todo lo que hay de grave y constante en los sufrimientos humanos y lo une con el ser paciente. Terror es el sentimiento que paraliza el ánimo en presencia de todo lo que hay de grave y constante en los sufrimientos humanos y lo une con la causa secreta.

JAMES JOYCE

Poema veinte
Puedo escribir los versos más tristes esta noche.
Escribir, por ejemplo: "La noche está estrellada,
y tiritan azules, los astros a lo lejos".
El viento de la noche gira en el cielo y canta.

Puedo escribir los versos más tristes
esta noche.
"Yo la quise, y a veces ella también
me quiso".
En las noches como esta la tuve
entre mis brazos.
La besé tantas veces bajo el cielo
infinito.
Ella me quiso, a veces yo también la
quería:
cómo no haber amado sus grandes
ojos finos.
Puedo escribir los versos más tristes
esta noche.
Pensar que no la tengo. Sentir que la
he perdido.
Oír la noche inmensa, más inmensa
sin ella.
Y el verso cae al alma como al pasto
el rocío.
Qué importa que mi amor no pudiera
aguardarla.
La noche está estrellada, y ella no
está conmigo.
Eso es todo. A lo lejos alguien canta.
A lo lejos.
Mi alma no se contenta con haberla
perdido.
Como para acercarla mi alma la
busca.
Mi corazón la busca, y ella no está
conmigo.
La misma noche que hace blanquear
los mismos árboles.
Nosotros, los de entonces, ya no
somos los mismos,
Ya no la quiero, es cierto, pero
cuánto la quise.
Mi voz buscaba el viento para tocar
su oído.
De otro. Ser de otro. Como antes de
mis besos.
Su voz, su cuerpo claro. Sus ojos
infinitos.
Ya no la quiero, es cierto, pero tal vez
la quiero.

Es tan corto el amor, y es tan largo el
olvido.
Porque en noches como ésta la tuve
entre mis brazos,
mi alma no se contenta con haberla
perdido.
Aunque este sea el último dolor que
ella me causa,
y estos sean los últimos versos que
yo le escribo.

PABLO NERUDA

Quien siembra ilusiones recoge
sufrimientos.

ELIE BEN-GAL

Quien todo sabe sufrir, a todo
puede atreverse.

LUC DE CLAPIERS, MARQUÉS DE
VAUVENARGUES

¿Quién eres? Que aunque yo aquí
tan poco del mundo sé,
que cuna y sepulcro fue
esta torre para mí;
y aunque desde que nací
(si esto es nacer) sólo advierto
este rústico desierto
donde miserable vivo,
siendo un esqueleto vivo,
siendo un animado muerto;
y aunque nunca vi ni hablé
sino a un hombre solamente
que aquí mis desdichas siente,
por quien las noticias sé
de cielo y tierra; y aunque
aquí, porque más te asombres
y monstruo humano me nombres
entre asombros y quimeras,
soy un hombre de las fieras
y una fiera de los hombres;
y aunque en desdichas tan graves
la política he estudiado,
de los brutos enseñado,
advertido de las aves,
y de los astros süaves
los círculos he medido,

tú, sólo tú, has suspendido
la pasión a mis enojos,
la suspensión a mis ojos,
la admiración a mi oído.
Con cada vez que te veo
nueva admiración me das,
y cuando te miro más
aún más mirarte deseo.
Ojos hidrópicos creo
que mis ojos deben ser:
pues, cuando es muerte el beber,
beben más, y desta suerte,
viendo que el ver me da muerte,
estoy muriendo por ver.
Pero véate yo y muera;
que no sé, rendido ya,
si el verte muerte me da,
el no verte qué me diera.
Fuera más que muerte fiera,
ira, rabia y dolor fuerte;
fuera muerte: desta suerte
su rigor he ponderado,
pues dar vida a un desdichado
es dar a un dichoso muerte.
[...]
Cuentan de un sabio que un día
tan pobre y mísero estaba,
que sólo se sustentaba
de unas hierbas que cogía.
¿Habrá otro (entre sí decía)
más pobre y triste que yo?
Y cuando el rostro volvió,
halló la respuesta, viendo
que iba otro sabio cogiendo
las hojas que él arrojó.
Quejoso de la fortuna
yo en este mundo vivía,
y cuando entre mí decía:
¿habrá otra persona alguna
de suerte más importuna?
piadoso me has respondido;
pues volviendo en mi sentido,
hallo que las penas mías
para hacerlas tú alegrías
las hubieras recogido.
Y por si acaso mis penas
pueden en algo aliviarte,

óyelas atento, y toma
las que dellas me sobraren.

PEDRO CALDERÓN DE LA BARCA

Sólo son malas y peligrosas las tristezas que se llevan entre la multitud para que ella las oculte. Estas, negligentemente curadas, con tan poca inteligencia, desaparecen sólo para regresar más temibles que nunca. Entonces, se acumulan en el individuo. Son también de la vida, sí, pero de una vida que no ha sido vivida, desdeñable, como abandonada, y que no puede menos que causar nuestra muerte.

RAINER MARIA RILKE

Tan de valientes corazones es, señor mío, tener sufrimiento en las desgracias como alegría en las prosperidades.

MIGUEL DE CERVANTES SAAVEDRA

Tened cuidado con la tristeza. Es un vicio.

GUSTAVE FLAUBERT

Un viaje a la nostalgia, de vez en cuando, es bueno para el espíritu siempre y cuando no se vaya uno a vivir allí.

DAN BARROLOVIC

Una persona nerviosa, aunque sólo tenga que realizar una o dos cosas en el día, se agita de ansias y está desplegando un esfuerzo mayor que el de un caballo en el hipódromo. Por dentro, hace imaginariamente esas dos tareas mil veces antes de ejecutarlas en realidad. La preocupación cansa infinitamente más que la ocupación.

EMMA GODOY

Únicamente la desgracia da
mirada profunda y extensa para la
realidad del mundo.

STEFAN ZWEIG

Yo fui, no soy, y mi verdad es ésta,
mi presencia conmigo, la más mía:
ser tan sólo memoria y lejanía,
jugador ya sin carta y sin apuesta.

Si ahora digo que fui, que tuve
puesta
la vida en ejercicio, que vivía,
muy bien me sé que igual melancolía
me daba entonces similar respuesta.

Entonces ya también había vivido
sin vivir ni esperar un venidero
instante, un presente no cumplido.
Siempre he sido pasado.

Así me muero:
no recordando ser, sino haber sido,
sin tampoco haber sido antes
primero.

LUIS RIUS

¿Cómo puede alguien estar triste y
al mismo tiempo contemplar una
puesta de sol?

BELA LUGOSI

¿Desdichado? ¿Quién es de creer
que lo es menos? ¿Qué le falta a él?
¿No tiene de todo lo que se dice
bienes del hombre: padres, tierra
libre, amigos, nobleza, deudos,
riquezas?... Pero todo esto es como el
alma de quien lo tiene: para quien
sabe emplearlo bien, es bueno; para
el que abusa de ello, malo.

TERENCIO

¿Qué tiempo tienes tú para estar
triste,
si toda tu existencia es de los otros?

AMADO NERVO

¡Bien merece el mortal que se
lamenta,
corriendo tras de cosa que no dura,
la suerte que en la vida lo atormenta!

DANTE ALIGHIERI

¡Extraña cosa que el hombre que
sufre quiera hacer sufrir a lo que
ama!

ALFRED DE MUSSET

Apenas llegado a Sharax, el
fatigado emperador había ido a
sentarse a la orilla del mar, frente a
las densas aguas del Golfo Pérsico.
En aquel momento no dudaba
todavía de la victoria, pero por
primera vez lo abrumaba la
inmensidad del mundo, la conciencia
de su edad y de los límites que nos
encierran. Gruesas lágrimas rodaron
por las arrugadas mejillas del hombre
a quien se creía incapaz de llorar. El
jefe que había llevado las águilas
romanas a riberas hasta entonces
inexploradas, comprendió que no se
embarcaría jamás en aquel mar tan
soñado; la India, la Bactriana, todo
ese Oriente tenebroso del que se
había embriagado a distancia, se
reducirían para él a unos nombres y a
unos ensueños. A la mañana
siguiente, las malas noticias lo
forzaron a retroceder. Cada vez que el
destino me ha dicho no, he
recordado aquellas lágrimas
derramadas una noche en lejanas
playas por un anciano que quizá
miraba por primera vez su vida cara a
cara.

MARGUERITE YOURCENAR

Cada cual lleva su felicidad en sí
mismo.

WITOLD GOMBROWICZ

Miguel de Cervantes Saavedra

El autor de la novela más célebre de la literatura española, fue el cuarto hijo del matrimonio de un cirujano de nombre Rodrigo de Cervantes, y de doña Leonor de Cortinas. Gran parte de su vida se desconoce, aunque se cree que nació el 29 de septiembre de 1547, en Alcalá de Henares, provincia española. Debido a su profesión, el padre del novelista recorrió diversas poblaciones, por lo que la educación de su hijo inició en Valladolid, continuó en Salamanca y más tarde en Madrid, donde asistió a las clases de humanidades que impartía el maestro Juan López de Hoyos. Marchó a Italia probablemente en 1569, con el séquito del cardenal Julio Acquaviva, y recorrió varias ciudades italianas

que le dejarían una honda impresión. Dos años más tarde combatió a los turcos en la batalla de Lepanto, en la cual vencieron al enemigo las flotas española, veneciana y papal, bajo el mando de don Juan de Austria. Durante esa heroica contienda, Cervantes resultó herido en el pecho y en la mano izquierda. De ahí nació su famoso sobrenombre: "El Manco de Lepanto".

Curado de sus heridas, ingresó otra vez en la Armada Invencible, alternando algunas expediciones con descansos prolongados en las guarniciones de Génova, Sicilia y Nápoles. En 1572 participó en la expedición naval de Navarino, y un año después en la conquista de Túnez. Cuando volvía a España, a finales de septiembre de 1575, varios navíos turcos asaltaron la embarcación en la que viajaban él y su hermano Rodrigo; ambos fueron hechos prisioneros y llevados a Argel como esclavos. Fue en esta época de cautiverio cuando Cervantes comenzó a escribir algunas obras de teatro y algunos poemas, para entretener a los otros prisioneros. Rescatado cinco años más tarde con el dinero que su familia logró reunir, regresó a España y se estableció en Madrid. De esta etapa son *La Galatea*, una novela de tema pastoril, y *El cerco de Numancia*, un drama histórico, así como algunas comedias con las que comenzó a adquirir cierta fama.

Tras una temporada durante la que no encontró un empleo fijo, y trató de vivir de sus escritos, fue nombrado comisario encargado de confiscar y comprar víveres para la Armada. Durante varios años obtuvo puestos similares en el gobierno, pero esto no resolvió sus problemas económicos. En 1584 se casó con doña Catalina Salazar y Palacios, una joven de buena posición, diecinueve años menor que él; pronto el matrimonio fracasó, pues los ingresos del escritor eran insuficientes para cubrir las necesidades de la pareja.

Cervantes participó en muchos negocios poco exitosos. Uno de ellos lo llevó a la cárcel, y al parecer ahí comenzó a tramar la primera parte del *Quijote*. Hacia 1600, siguió a la corte española a Valladolid en busca de algún acomodo junto a la nobleza; trató de obtener un cargo en la administración de las Indias, pero sus intentos se vieron frustrados y se resignó a vivir con sus hermanas y con Isabel, una hija natural que tuvo con Ana Franca de Rojas.

Tiempo después, la corte española volvió a establecerse en Madrid, y Cervantes cambió también de residencia. El escritor vivió en esta época su periodo más prolífico; el editor madrileño Juan de la Cuesta publicó en 1605 la primera parte de *El ingenioso hidalgo Don Quijote de la Mancha*, obra que de inmediato alcanzó un gran éxito: pero Cervantes tenía tantas deudas, que su condición económica no mejoró, aunque adquirió fama y prestigio. Se dedicó a la actividad literaria, y en 1615, tras la publicación de varias de sus obras, salió a la luz la segunda parte del *Quijote*.

Cervantes publicó libros de poesía durante toda su vida, aunque la mayoría de sus poemas son elogios de otros libros. Sus escritos lo muestran como un gran conocedor de la cultura no sólo de su tiempo, sino también de la anterior; pero también fue un hombre de acción reconocido por su valor en Lepanto, y por el valor que mostró durante su cautiverio en Argel. La publicación de la segunda parte del *Quijote* representó la etapa más fructífera de su producción literaria, pero también la más delicada físicamente. Vivió de una forma muy intensa, con muchos sufrimientos físicos y espirituales, y sin disfrutar nunca de la paz familiar. Los viajes constantes y el haber permanecido tanto tiempo en prisiones, fuera de su país, provocaron que su salud resultara gravemente afectada.

Cervantes llegó al final de su vida a los sesenta y nueve años de edad, el 16 de abril de 1616 en Madrid. Murió realizando su más querida pasión, mientras escribía la dedicatoria de su última obra: *Los trabajos de Persiles y Segismunda*.

La obra de Cervantes refleja la sociedad de su tiempo, y el tema central del *Quijote* es la contradicción entre los ideales elevados y la necesidad material de la época, reflejado en las personalidades de don Quijote y Sancho Panza. La novela es el producto de la experiencia de la vida de su autor, pero también muestra la dura realidad que se vivía en la España del Siglo de Oro, la decadencia de los valores españoles medievales frente al mundo renacentista. Sin embargo, la historia de la literatura nos enseña que el verdadero sentido del Quijote no fue apreciado hasta finales del siglo XIX, pues durante más de dos siglos sólo fue considerado como una obra maestra de la comicidad. Hasta la fecha, el *Quijote* ha sido estudiado desde múltiples perspectivas, tanto en su estructura literaria como en su sentido histórico y filosófico.

Que a no haber estos sucesos
que atormenten y que aflijan
ociosas fueran las penas,
sin estimación las dichas.

PEDRO CALDERÓN DE LA BARCA

Romance del prisionero

Por el mes era de mayo
cuando hace la calor,
cuando canta la calandria
y responde el ruiseñor,
cuando los enamorados
van a servir al amor,
sino yo triste, cuitado,
que vivo en esta prisión,
que ni sé cuándo es de día
ni cuándo las noches son,
sino por una avecilla
que me cantaba al albor:
matómela un ballestero;
¡déle Dios mal galardón!

ANÓNIMO

El bien y el mal batallan por lograr
primacía en este mundo. El Cielo no
es responsable de la fortuna o la
desgracia que el destino nos da. Ni
le agradezcas ni le acuses. Es
indiferente a tus goces y a tus penas.

OMAR KHAYYAM

Lo que nos hace sufrir nunca es
"una tontería"... puesto que nos hace
sufrir.

AMADO NERVO

Mas está en mi fe mi vida,
y mi fe está en el vivir
de quien me apena;
así que, de mi herida,
yo nunca puedo morir,
sino de ajena.

JORGE MANRIQUE

Casi todas nuestras tristezas son,
creo, estados de tensión que
experimentamos como parálisis,
asustados de no sentirnos vivos.
Estamos solos, entonces, con ese
desconocido que ha entrado en
nosotros, privados de todas las cosas
en las que teníamos la costumbre de
confiar. Nos encontramos en una
corriente donde debemos remontar
la marea. La tristeza también es una
ola. Lo desconocido se nos une, llega
hasta nuestro corazón, hasta sus más
secretos repliegues; tanto, que no
está ya en nuestro corazón, sino
mezclado con nuestra sangre, e
ignoramos qué ocurre.

RAINER MARIA RILKE

Cuando no hay una alegría el alma
se retira a un rincón de nuestro
cuerpo y hace de él su cubil. De
cuando en cuando da un aullido
lastimero o enseña los dientes a las
cosas que pasan. Y todas las cosas
nos parece que hacen camino
rendidas bajo el fardo de su destino
y que ninguna tiene vigor bastante
para danzar con él sobre sus
hombros.

JOSÉ ORTEGA Y GASSET

De la tristeza

Soy una de las personas más exentas
de este sentimiento; y ni me agrada
ni lo estimo, aunque el mundo haya
dado en honrarlo como cosa normal,
con particular favor. Adornan con él
la sabiduría, la virtud y la
consciencia; necio y monstruoso
ornamento.

MICHEL DE MONTAIGNE

En la tristeza que irrumpe hay un
anhelo de comunicación, pero la
palabra, el acto y la verdad no están
realmente presentes: faltan.

BLANCA L. ANSOLEAGA Y MARIANA
BERNÁRDEZ

El amor y la amistad

Al que ingrato me deja, busco amante;
al que amante me sigue, dejo ingrata;
constante adoro a quien mi amor maltrata;
maltrato a quien mi amor busca constante.
Al que trato de amor hallo diamante;
y soy diamante al que de amor me trata;
triunfante quiero ver al que me mata
y mato a quien me quiere ver triunfante.
Si a éste pago, padece mi deseo:
si ruego aquél, mi pundonor enojo:
de entrambos modos infeliz me veo.
Pero yo por mejor partido escojo
de quien no quiero, ser violento empleo,
que de quien no me quiere, vil despojo.

SOR JUANA INÉS DE LA CRUZ

El amor

... *Porque*
Amar es dar y sólo con
dolor consigue dar quien
habitualmente vive
esperanzado a recibir.

Amar es servir,
y de lo que el hombre gusta
es de ser servido.

Amar es renunciar,
y el hombre siempre aspira
de inmediato a cosechar.
¿Cómo, entonces, no le va
a resultar costoso amar?

ALFONSO REY

—Los hombres de tu país
—observó el principito— cultivan
cinco mil rosas en un mismo jardín...
Y no encuentran lo que buscan...

—No lo encuentran —repuse yo.

Y, sin embargo, lo que buscan se
podría encontrar en una sola rosa o
en un poco de agua...

—Seguramente —repliqué.

El principito añadió.

—Pero los ojos son ciegos. Hace
falta buscar con el corazón.

ANTOINE DE SAINT-EXUPÉRY

—¡Amén, amén! Pero vengan
como quieran las amarguras, nunca
podrán contrarrestar el gozo que
siento un solo minuto en presencia
de mi amada. ¡Junta nuestras manos
con santas palabras, y que luego la
muerte, devoradora del amor, haga lo
que quiera! ¡Me basta con poder
llamarla mía!

—Estos transportes violentos
tienen un fin igualmente violento y
mueren en pleno triunfo, como el
fuego y la pólvora, que, al besarse, se
consumen. La miel más dulce
empalaga por su mismo excesivo
dulzor, y, al gustarla, embota el
paladar. Ama, pues, con mesura, que
así se conduce el verdadero amor.

Tan tarde llega el que va
demasiado aprisa como el que va
demasiado despacio.

WILLIAM SHAKESPEARE

[...] a yerros
nacidos de ciego amor
el amor les da disculpa
y la prudencia perdón.

JUAN RUIZ DE ALARCÓN

[...] Por ser el amor, después que ha
nacido, privado de toda razón, le
pintan ciego sin ojos; y porque su
madre Venus, tiene los ojos
hermosos, por esto desea lo
hermoso, y la razón juzga la persona
por hermosa, por buena y amable, y
de aquí nace el amor. También
pintan a Cupido desnudo, porque el
grande amor no puede disimularse
con la razón, ni encubrirse con la
prudencia, por las intolerables penas
que él da. Es niño, porque le falta
prudencia ni puede gobernarse por
ella. Tiene alas, porque el amor entra
con ligereza en los ánimos, y con
celeridad les hace buscar siempre la
persona amada, enajenado de sí
mismo; por lo cual dice Eurípides
que el amante vive en cuerpo de otro.
Píntanle tirando saetas, porque hiere
de lejos y tira al corazón como a
propio blanco, y también porque la
llaga del amor es como la de la saeta,
improvisa, estrecha de boca,
profunda, penetrante, no fácil de ver,
difícil de curar y muy mala de sanar; a
quien la mira de afuera le parece
poco; mas según lo intrínseco es
peligrosísima, y las mas veces se
convierte en fístula incurable...

LEÓN HEBREO

[...] que de las leyes de amor
es tan grande el desconcierto,
que dejan preso al que es muerto
y libre al que es matador.

JUAN RUIZ DE ALARCÓN

[...] Si bien Amor toma a la Razón por
su médico, no la admite nunca por
consejero.

WILLIAM SHAKESPEARE

A fuerza de hablar de amor, uno
llega a enamorarse.

BLAISE PASCAL

A los que amamos podemos
odiarlos. Los demás nos son
indiferentes.

HENRY DAVID THOREAU

A los setenta y seis años recuperé
parte de mi vista y volví a contemplar
el rostro de una hermosa amiga de
mi juventud. Comprendí que eran
preferibles las tinieblas.

JORGE LUIS BORGES

A medida que el amor adquiere
confianza, el respeto retrocede.

BALTASAR GRACIÁN

A mí me ha de enamorar
de una manera acendrada,
mujer que no luzca nada
sino este particular:
como la tierra ha de ser
de sencilla y amorosa,
que así será más esposa
y así será más mujer.

MIGUEL HERNÁNDEZ

A todos y a cada uno de nosotros
el amor nos da la fuerza para obrar
milagros si así lo deseamos.

LYDIA M. CHILD

A veces pienso en darte mi eterna
despedida,
borrarte en mis recuerdos y hundirte
en mi pasión;
mas si en vano todo y el alma no te
olvida
¿qué quieres que yo haga pedazo de
mi vida?
¿qué quieres tú que yo haga con este
corazón?

MANUEL ACUÑA

¿A qué llorar por el caído
fruto,
por el fracaso
de ese deseo hondo,
compacto como un grano de
simiente?
No es bueno repetir lo que está
dicho.
Después de haber hablado,
de haber vertido lágrimas,
silencio y sonreíd:
nada es lo mismo.

ÁNGEL GONZÁLEZ

Admiremos el mundo a través de
lo que amamos.

ALPHONSE DE LAMARTINE

Advertid que el amor y la guerra
son una misma cosa, y así como en la
guerra es cosa lícita y acostumbrada
usar de ardides y estratagemas para
vencer al enemigo, así en las
contiendas y competencias amorosas
se tienen por buenos los embustes y
marañas que se hacen para conseguir
el fin que se desea, como no sean en
menoscabo y deshonra de la cosa
amada.

MIGUEL DE CERVANTES SAAVEDRA

Advierte, Sancho —dijo don
Quijote—, que el amor ni mira
respetos ni guarda términos de razón
en sus discursos, y tiene la misma

condición que la muerte: que así acomete los altos alcázares de los reyes como las humildes chozas de los pastores.

MIGUEL DE CERVANTES SAAVEDRA

Al contacto del amor todo el mundo se vuelve poeta.

PLATÓN

Al pensar en el hogar, veo una luz en la ventana. Para mí, significa que hay alguien esperando o que es esperado. Siempre dejamos una luz encendida al salir de noche, porque es mucho más grato llegar a una casa iluminada que a una oscura. Supongo que esto se remonta a la época en que los muchachos vivían con nosotros. Jamás apagábamos todas las luces al acostarnos si alguno de ellos no se encontraba en casa. Se dejaba una luz prendida como bienvenida al ausente.

Cuando me despertaba en la noche, instintivamente buscaba el resplandor de la luz. Si ya no brillaba quería decir que todos habíamos regresado al hogar sanos y salvos. Hoy, cuando los jóvenes se han alejado y estamos solos, no queda nadie a quien dejar una luz encendida. Pero puedo imaginar que por todas partes arden luces en la oscuridad para aquellos que regresan. Una lámpara encendida es símbolo de amor iluminando el camino a un errante que retorna. La luz prendida en la ventana significa: "Bienvenido a casa".

RUBY JONES

Al promediar la tarde de aquel día,
Cuando iba mi habitual adiós a darte,
Fue una vaga congoja de dejarte
Lo que me hizo saber que te quería.

LEOPOLDO LUGONES

Al que más avaro nace
hace el amor dadivoso.

JUAN RUIZ DE ALARCÓN

Al venir al mundo, dásenos a escoger entre el amor y la dicha, y queremos —¡pobrecillos!— uno y otra: la dicha de amar y el amor de la dicha. Pero debemos pedir que se nos dé amor y no dicha, que no se nos deje adormecernos en la costumbre, pues podríamos dormirnos del todo, y, sin despertar, perder conciencia para no recobrarla. Hay que pedir a Dios que se sienta uno en sí mismo, en su dolor.

MIGUEL DE UNAMUNO

Ama, y serás amado. Todo amor es matemáticamente justo, tanto como los dos factores de una ecuación algebraica.

RALPH WALDO EMERSON

Amar a una mujer es como tirarse al agua sin saber nadar; se ahoga uno sin remedio. Si le dicen a uno que sí, le ahoga la alegría; si le dicen que no, le ahoga la pena.

CARLOS ARNICHES

Amar a una persona es desearle lo mejor. No hay felicidad sin amor y no hay amor sin renuncias. Es fácil enamorarse y bastante más difícil mantenerse enamorado, porque ahí entra la geometría del día a día. No creo en el amor humano eterno, sino en aquel que está hilvanado, tejido y vertebrado de cosas pequeñas. El mejor amor se desmorona si no se le cuida.

ENRIQUE ROJAS

Amar es cambiar de casa el alma.

CONSTANCIO C. VIGIL

Amar es despojarse de los nombres.

OCTAVIO PAZ

Amar es la única riqueza que aumenta con la prodigalidad. Cuanto más se da, más os queda.

ROMAIN GARY

Amar es percibir, cuando te ausentas,
tu perfume en el aire que respiro,
y contemplar la estrella en que te alejas
cuando cierro la puerta de la noche.

SALVADOR NOVO

Amar es tener ese extraordinario sentimiento de afecto sin pedir nada a cambio. Si no experimentamos el amor siendo jóvenes, si no miramos con amor a las personas, a los animales, a las flores, al llegar a mayores hallaremos la vida vacía. Estaremos solitarios y siempre nos seguirán las oscuras nubes del miedo. Pero en cuanto tengamos en el corazón esa cosa estupenda llamada amor y sintamos su profundidad, dicha y éxtasis, descubriremos que el mundo se ha transformado para nosotros.

JIDDU KRISHNAMURTI

Amar no es mirarse el uno al otro, es mirar juntos en una misma dirección.

ANTOINE DE SAINT-EXUPÉRY

Amarse a sí mismo es el comienzo de una aventura que dura toda la vida.

OSCAR WILDE

Ámense
Ámense el uno al otro,
mas no hagan del amor una atadura.

Estarán juntos, unidos para siempre,
cuando las alas de la muerte esparzan sus días.
Sí, estarán juntos aún
en la memoria silenciosa de Dios.
Pero dejen que haya espacios en su cercanía.
Llénense mutuamente las copas pero no beban de una sola copa.
Compartan su pan
pero no coman del mismo trozo.
Canten, bailen y alégrense,
pero que cada uno sea independiente;
las cuerdas del laúd están solas aunque vibren con la misma música.
Den su corazón,
pero no en prenda
pues sólo la mano de la vida puede contener los corazones.
Y permanezcan juntos, pero no demasiado,
porque los pilares del templo están aparte
y ni el roble crece bajo la sombra del ciprés,
ni el ciprés bajo la del roble.

GIBRÁN JALIL GIBRÁN

Amor hace sutil a quien es hombre rudo;
convierte en elocuente al que antes era mudo,
quien antes fue cobarde, después todo lo pudo;
al perezoso obliga a ser presto y agudo.

JUAN RUIZ, ARCIPRESTE DE HITA

Amor, que a nadie amado, amar perdona,
me ató a sus brazos, con placer tan fuerte,
que, como ves, ni aun muerta me abandona.

DANTE ALIGHIERI

Analizar el mundo, explicarlo, despreciarlo, tal vez sea la labor de los grandes pensadores. Mas para mí sólo vale el ser capaz de amarlo sin desprecio, el no odiarlo a él y a mí al mismo tiempo, el unir en mi amor, en mi admiración y en mi respeto, a todos los seres de la tierra, sin excluirme.

HERMANN HESSE

Antes prefiero ser desgraciado amándoos, que no haberos visto nunca.

GABRIEL LAVERGNE CONDE DE GUILLERAGUES

[...] así como el gusano roe el capullo más precoz antes de abrirse, así el amor trastorna la inteligencia joven y apasionada. Marchita en flor, ve desaparecer su lozanía primaveral y, con ella, toda esperanza de un porvenir brillante.

WILLIAM SHAKESPEARE

Bello fin consigue quien muere amando.

PIERRE DE RONSARD

Canción
Quien no estuviere en presencia
no tenga fe en confianza
pues son olvido y mudanza
las condiciones de ausencia.
Quien quisiere ser amado
trabaje por ser presente,
que cuan presto fuere ausente,
tan presto será olvidado;
y pierda toda esperanza
quien no estuviere en presencia,
pues son olvido y mudanza
las condiciones de ausencia.

JORGE MANRIQUE

Con el verdadero amor ocurre lo mismo que con los fantasmas: todo el mundo habla de él, pero pocos lo han visto.

FRANÇOIS, VI DUQUE DE LA ROCHEFOUCAULD

Conocer el amor de los que amamos es el fuego que alimenta la vida. Pero sentir el cariño de los que no conocemos, de los desconocidos que están velando nuestro sueño y nuestra soledad, nuestros peligros o nuestros desfallecimientos, es una sensación aún más grande y más bella porque extiende nuestro ser y abarca todas las vidas.

PABLO NERUDA

Crea solamente en un amor, que le es guardado como una rica herencia. Esté seguro de que hay en ese amor una fuerza, una bendición, que puede acompañarle tan lejos como usted vaya.

RAINER MARIA RILKE

Creo haber descubierto por mi arte, la medicina, que el amor no reside sólo en el alma de los hombres, donde tiene por objeto la belleza, sino que hay otros objetos y otras mil cosas en que se encuentra; en los cuerpos de todos los animales, en las producciones de la tierra; en una palabra, en todos los seres; y que la grandeza y las maravillas del dios brillan por entero, lo mismo en las cosas divinas que en las cosas humanas.

PLATÓN

Cuando amamos queremos que nuestros defectos queden ocultos, no por vanidad, sino para que no padezca el objeto amado. Sí, el que ama querría parecer un Dios; y no por vanidad.

FRIEDRICH WILHELM NIETZSCHE

Cuando amorosa la naturaleza
sonríe
Amor penetra en todos los
corazones y en ellos
se queda tiempo breve o inmenso,
entre descanso y sueño
ensimismado.

DANTE ALIGHIERI

Cuando el amor como una
inmensa ola
nos estrelló contra la piedra dura,
nos amasó con una sola harina.

PABLO NERUDA

Cuando los hombres y las mujeres
están enamorados, comparten la
equivocada creencia de que viven en
un mismo mundo; cuando se "aman"
mutuamente, llegan a reconocer que
viven en mundos diferentes, pero
están dispuestos a cruzar de vez en
cuando el abismo que los separa.

THOMAS SZASZ

Cuando se deteriora una relación
amorosa, podemos desgarrarnos en
el dilema de afianzar el vínculo, o
dejar que se rompa. Si prevalece la
indecisión, el conflicto interior acaso
nos deprima hasta el punto de
enfermarnos. Hemos de elegir con
prontitud entre aferrarnos y luchar
por seguir juntos, o desistir y
retirarnos.
Aferrarnos infructuosamente a un
amor marchito es como apretar el
puño cada vez con mayor fuerza,
hasta hacer que los nudillos de los
dedos palidezcan. Abandonar la lid
es como abrir los puños de nuevo:
nos sentiremos mejor... pero con las
manos vacías.

PAUL LOWNEY

Cuando se ha querido a una mujer
y deja de querérsela puede hacerse

por ella todo menos volverla a
querer.

ENRIQUE JARDIEL PONCELA

De mi balcón flotante
fui colgando tus besos
Y ahora todas las noches
repican con el viento.

PEDRO GARFIAS

Decir que el amor es "un
intercambio de energía psíquica" es
afirmar un hecho exacto. La mujer
que observa cuidadosamente el
rostro de su amado cuando está
inquieto y lo toca con su mano
amable para consolarlo está
realmente transmitiéndole una fuerza
curativa que hay en el interior de su
propia naturaleza. Está obedeciendo
al mismo tipo de impulso que ordena
al corazón enviar más sangre hacia
un miembro herido.

SMILEY BLANTON

Desdeñado un poderoso,
convierte el amor en ira.

JUAN RUIZ DE ALARCÓN

Después de hablar
No sabes guardar silencio
Con tu amor. ¿Es que le importa
A los otros? Pues gozaste
Callado, callado ahora
Sufre, pero nada digas.
Es el amor de una esencia
Que se corrompe al hablarlo:
En el silencio se engendra,
Por el silencio se nutre
Y con silencio se abre
Como una flor. No lo digas;
Súfrelo en ti, pero cállate.
Si va a morir, con él muere;
Si va a vivir, con él vive.
Entre muerte y vida, calla,
Porque testigos no admite.

LUIS CERNUDA

Dulce es el amor alcanzado con dificultad.

NATHANIEL FIELD

El agua que está en la alberca

El agua que está en la alberca
y el verde chopo son novios
y se miran todo el día
el uno al otro.
En las tardes otoñales,
cuando hace viento, se enfadan:
el agua mueve sus ondas,
el chopo sus ramas;
las inquietudes del árbol
en la alberca se confunden
con inquietudes del agua.
Ahora que es primavera,
vuelve el cariño; se pasan
toda la tarde besándose
silenciosamente. Pero
un pajarillo que baja
desde el chopo a beber agua,
turba la serenidad
del beso con temblor vago.
Y el alma del chopo tiembla
dentro del alma del agua.

PEDRO SALINAS

El amor a la naturaleza es una forma permanente de amor a la vida.

ILDEFONSO PEREDA VALDÉS

El amor agudiza todos los sentidos, menos el común.

SUNSHINE MAGAZINE

El amor al saber rara vez deja de ser correspondido.

A.H.G.

El amor corre hacia el amor, como los escolares huyen de sus libros; pero el amor se aleja del amor, como los niños se dirigen a la escuela, con ojos entristecidos.

WILLIAM SHAKESPEARE

El amor de dientes afuera puede rechazarse; pero el amor que se demuestra con hechos es irresistible.

W. STANLEY MOONEYHAM

El amor es ciego y los enamorados no pueden ver las mil tonterías que hacen.

WILLIAM SHAKESPEARE

El amor es exclusivo y único porque en la persona amada se enlazan libertad y necesidad.

OCTAVIO PAZ

El Amor es invisible, y entra y sale por do quiere, sin que nadie le pida cuenta de sus hechos.

MIGUEL DE CERVANTES SAAVEDRA

El amor es la ocasión única de madurar, de tomar forma, de llegar uno mismo a ser un mundo para el amor del ser amado.

RAINER MARIA RILKE

El amor es poesía; la religión es amor. Dos cosas semejantes a una tercera son iguales entre sí.

GUSTAVO ADOLFO BÉCQUER

El amor es tan poderoso porque el ser amados nos hace amarnos a nosotros mismos. Nada enaltece tanto nuestra propia imagen que ser amados por otra persona. Cuando por primera vez las palabras "te amo" son expresadas, florece nuestro mundo; el corazón se nos enciende de inspiración, de confianza y de los pensamientos de las montañas que podremos mover. Es más que un gran estímulo emocional: de súbito nos queremos más que nunca.

ROBERT CONKLIN

El amor es tan sólo una posada en la mitad del camino de la vida.

JOSÉ SANTOS CHOCANO

El amor es todo alegría, regocijo y contento, y más cuando el amante está en posesión de la cosa amada, contra quien son enemigos opuestos y declarados la necesidad y la pobreza.

MIGUEL DE CERVANTES SAAVEDRA

El amor es un acto de fe y quien tenga poca fe también tendrá poco amor.

ERICH FROMM

El amor es un caos de luz y de tinieblas; la mujer, una amalgama de perjurios y ternura; el hombre, un abismo de grandeza y pequeñez; la vida, en fin, puede compararse a una larga cadena con eslabones de hierro y de oro.

GUSTAVO ADOLFO BÉCQUER

El amor es un desafío constante.

ERICH FROMM

El amor es un símbolo de eternidad. Barre todo sentido del tiempo, destruye todo recuerdo de un principio y todo temor a un fin.

MADAME STAEL

El amor exige continuos milagros y reciprocidad. Si uno deja de ver a una persona por unos días se puede llegar a sentir muy desdichado. Se siente con mucha intensidad y puede llevar a la desgracia. La amistad, en cambio, puede prescindir de la frecuentación.

JORGE LUIS BORGES

El amor infantil sigue el principio: Amo porque me aman. El amor maduro obedece al principio: Me aman porque amo. El amor inmaduro dice: Te amo porque te necesito. El amor maduro dice: Te necesito porque te amo.

ERICH FROMM

El amor jamás se desperdicia; el mínimo remanente, aun marchito, sobrevive a nuestra muerte.

JEAN DUCEY

El amor jamás se pierde. Si no es correspondido, retornará y suavizará y purificará el corazón.

WASHINGTON IRVING

El amor no tiene edad; siempre está naciendo.

BLAISE PASCAL

El amor nunca perece de muerte natural. Muere porque no sabemos volver a colmar su fuente; muere de ceguera, errores y traiciones. Muere de enfermedad y de heridas; muere de cansancio, de marchitamientos y empañamientos.

ANALE NIN

El amor puede transformar las cosas bajas y viles en dignas, excelsas. El amor no ve con los ojos, sino con el alma, y por eso pintan ciego al alado Cupido. Ni en la mente de Amor se ha registrado señal alguna de discernimiento. Alas sin ojos son emblema de imprudente premura, y a causa de ello se dice que el Amor es un niño, porque en la elección yerra frecuentemente. Así como se ve a los niños traviesos infringir en los juegos sus juramentos, así el rapaz Amor es perjuro en todas partes.

WILLIAM SHAKESPEARE

[...] el amor que hoy se atesora
en mi corazón mortal
no es un amor terrenal
como el que sentí hasta ahora;
no es esa una chispa fugaz
que cualquier ráfaga apaga;
es incendio que se traga
cuanto ve, inmenso, voraz.

FRANCISCO PI Y MARGALL

El amor se hace más grande y
noble en la calamidad.

GABRIEL GARCÍA MÁRQUEZ

El amor sólo comienza a
desarrollarse cuando amamos a
quienes no necesitamos para
nuestros fines personales.

ERICH FROMM

El amor verdadero es jazmín de la
noche, diamante en la oscuridad,
latido que ningún cardiólogo ha
escuchado jamás. Es el más común
de los milagros, hecho de nubes
aterciopeladas; un puñado de
estrellas lanzadas al firmamento
nocturnal.

J.B.

[...] el amor vive del detalle y procede
microscópicamente. El instinto, en
cambio, es macroscópico, se dispara
ante los conjuntos. Diríase que
actúan ambos desde dos distancias
diferentes. La belleza que atrae, rara
vez coincide con la belleza que
enamora.

JOSÉ ORTEGA Y GASSET

El amor y la tos no pueden
ocultarse.

PROVERBIO LATINO

El amor, unas veces vuela y otras
anda; con éste corre y con aquél va
despacio; a unos entibia y a otros
abrasa; a unos hiere y a otros mata;
en un mismo punto comienza la
carrera de sus deseos y en aquel
mesmo punto la acaba y concluye;
por la mañana suele poner el cerco a
una fortaleza, y a la noche la tiene
rendida, porque no hay fuerza que le
resista.

MIGUEL DE CERVANTES SAAVEDRA

El corazón es más sabio que el
intelecto.

HENRY RICHARD VASSALL FOX HOLLAND

El corazón tiene razones que ni la
propia razón conoce.

BLAISE PASCAL

El día que me quieras, para
nosotros dos,
cabrá en un solo beso la beatitud de
Dios.

AMADO NERVO

El hábito genera en unos casos la
saciedad y el hastío, pero en otros la
necesidad imprescindible y siempre
renovada. En amor se dan unos y
otros: el hartarse de una persona y el
no poder prescindir de una persona.

JOSÉ GAOS

Él la amaba; la amaba con ese
amor que no conoce freno ni límites;
la amaba con ese amor en que se
busca un goce y sólo se encuentran
martirios, amor que se asemeja a la
felicidad y que, no obstante, diríase
que lo infunde el Cielo para la
expiación de una culpa.

GUSTAVO ADOLFO BÉCQUER

El mayor contrario que el amor
tiene es la hambre y la continua
necesidad.

MIGUEL DE CERVANTES SAAVEDRA

El odio mata siempre, el amor no muere nunca.

MAHATMA GANDHI

El placer del amor sólo dura un momento
y la pena de amor dura toda la vida.

JEAN PIERRE CLARIS DE FLORIAN

El primer amor es como la edad de 16 años: nunca se le puede olvidar por completo ni recordarlo enteramente.

GWENDOLYN BENNETT PAPPAS

El primer síntoma del verdadero amor en el hombre es la timidez; en la mujer es el atrevimiento. Ambos sexos tienen la tendencia a aproximarse y cada cual asume las cualidades del otro.

VÍCTOR HUGO

El primer suspiro del amor
es el último de la sensatez.

ANTOINE BRET

El que más ama, más perdona.

AMADO NERVO

El único amor es el que se da; el que se recibe, es imaginario.

ROGER PATRÓN LUJÁN

El verdadero amor no se divide, y ha de ser voluntario y no forzoso.

MIGUEL DE CERVANTES SAAVEDRA

El verdadero medio de no estar sujeto a turbación es considerar las cosas que son de nuestro gusto o de nuestra utilidad, o aquellas que amamos, como ellas son en sí mismas. Hase de comenzar el examen por las que importan menos. Por ejemplo: cuando manejas una olla de barro, piensa que es una olla de tierra la que manejas, y que puede quebrarse fácilmente. Porque, habiendo hecho esta reflexión, si acaso se quebrase, no te causará alteración. Asimismo, si amas a tu hijo o tu mujer, acuérdate que es mortal lo que amas, y por este medio te librarás del impensado sobresalto cuando la muerte te los arrebate.

EPICTETO

[...] la mujer que se deja vencer por un hombre triunfa sobre él.

ENRIQUE JARDIEL PONCELA

En amor, el que se cura antes es siempre el que mejor se cura.

FRANÇOISE, VI DUQUE DE LA ROCHEFOUCAULD

En amor, nuestro rival afortunado, que es tanto como decir nuestro enemigo, es nuestro bienhechor. A un ser que sólo nos suscitaba un insignificante deseo físico le da en seguida un valor inmenso, ajeno a él, pero que confundimos con él. Si no tuviéramos rivales, el placer no se transformaría en amor. Si no tuviéramos, o si no creyéramos tenerlos. Pues no es necesario que existan realmente. Basta para nuestro bien esa vida ilusoria que dan a rivales inexistentes nuestra sospecha, nuestros celos.

MARCEL PROUST

En amor como en literatura, las simpatías son involuntarias.

CHARLES BAUDELAIRE

En el amor hay dos males: la guerra y la paz.

HORACIO

En el amor sólo hay un remedio: amar más.

HENRY DAVID THOREAU

En el corazón tenía
la espina de una pasión;
logré arrancármela un día:
ya no siento el corazón.

ANTONIO MACHADO

En el hombre no has de ver
la hermosura o gentileza:
su hermosura es la nobleza,
su gentileza el saber.
Lo visible es el tesoro
de mozas faltas de seso,
y las más veces por eso
topan con un asno de oro.

JUAN RUIZ DE ALARCÓN

En la vida, el colmo de la dicha
consiste en creer que se nos quiere
por lo que somos, o mejor dicho, a
pesar de lo que somos.

VÍCTOR HUGO

[...] en un amante no hay risa
que no se alterne con llanto.

SOR JUANA INÉS DE LA CRUZ

Entre quienes se quieren se
dividen los pesares y se duplican los
goces. Entre quienes no se quieren
se duplican los pesares y no hay
goces.

JOSÉ GAOS

Es posible que el hombre cambie
a tal grado por el amor, que
difícilmente pueda reconocérsele
como la misma persona.

TERENCIO

Este amor que quiere ser
acaso pronto será;
pero ¿cuándo ha de volver
lo que acaba de pasar?
Hoy dista mucho de ayer.
¡Ayer es nunca jamás!

ANTONIO MACHADO

Este amoroso tormento
que en mi corazón se ve,
sé que lo siento, y no sé
la causa por que lo siento.

SOR JUANA INÉS DE LA CRUZ

Hace falta que el amor sea en sí
mismo una obra de arte y no un
recurso de desesperados.

JOSÉ VASCONCELOS

Hay siempre un poco de locura en
el amor. Mas también hay siempre un
poco de razón en la locura.

FRIEDRICH WILHELM NIETZSCHE

Hoy la tierra y los cielos me
sonríen;
hoy llega al fondo de mi alma el sol;
hoy la he visto..., la he visto y me ha
mirado...
¡Hoy creo en Dios!

GUSTAVO ADOLFO BÉCQUER

Hoy una mujer te ha dicho "No".
Quizás mañana te dirá "Sí". Entre
estas dos palabras hay ese "Puede
ser" que es lo mejor del amor.

MUCHARRID-AL-DIN SAADI

Incluso el ignorante no daña a
quienes ama. Si pudieras realmente
hacer que todas las personas del
mundo albergaran un corazón de
amor humano, ¿de dónde podría
venir la desgracia?

LAO TSE

La ausencia es un ingrediente que
devuelve al amor el gusto que la
costumbre le hizo perder.

AMADO NERVO

La balada del amor
—Llaman a la puerta.
Madre, ¿quién será?
—El viento, hija mía,

que gime al pasar.
—No es el viento, madre,
¿no escuchas hablar?
—El viento que agita
las olas del mar.
—No es el viento, ¿oíste
una voz gritar?
—El viento que, al paso,
rompió algún cristal.
—Soy el amor —dice—
que aquí quiero entrar.
—¡Duérmete, hija mía!
¡Es viento... no más!

Francisco Villaespesa

La experiencia nos enseña que amar no significa en absoluto mirarnos el uno al otro, sino mirar juntos en la misma dirección. No existen compañeros si no se hallan unidos en idéntica tarea, si no se encaminan juntos hacia la misma cumbre.

Antoine de Saint-Exupéry

La falta de amor es la mayor pobreza.

Madre Teresa de Calcuta

La gran llamarada de un amor imposible puede dejar un rescoldo rojo y tibio, inextinguible bajo las cenizas grises y frías del recuerdo.

José Gaos

La hora

Tómame ahora que aun es temprano
Y que llevo dalias nuevas en la mano.
Tómame ahora que aun es sombría
Esta taciturna cabellera mía.
Ahora, que tengo la carne olorosa,
Y los ojos limpios y la piel de rosa.
Ahora, que calza mi planta ligera
La sandalia viva de la primavera.
Ahora, que en mis labios repica la
risa
Como una campana sacudida a prisa.
Después... ¡ah, yo sé
Que ya nada de eso más tarde
tendré!
Que entonces inútil será tu deseo
Como ofrenda puesta sobre un
mausoleo.
¡Tómame ahora que aun es temprano
Y que tengo rica de nardos la mano!
Hoy, y no más tarde. Antes que
anochezca
Y se vuelva mustia la corola fresca.
Hoy, y no mañana. Oh amante, ¿no
ves
Que la enredadera crecerá ciprés?

Juana de Ibarbourou

La mayoría de los seres humanos llevamos una existencia tranquila, anónima, mientras transitamos por este mundo. Lo más probable es que no haya desfiles ni monumentos en nuestro honor. Pero no por eso disminuye la importancia de la huella que podemos dejar, pues hay muchísima gente esperando a que alguien como nosotros aparezca en su vida, gente que tendrá en buena estima nuestra compasión y nuestro estímulo, y que está necesitada de nuestros talentos particulares. Son personas que tendrán una existencia más feliz sólo porque nos tomamos el tiempo para compartir con ellas lo que tenemos para dar.

Con demasiada frecuencia subestimamos el poder de una caricia, una sonrisa, una palabra amable, un oído atento, un elogio sincero, y de las más sencillas muestras de interés. Pero todo ello es capaz de cambiar una vida. Uno se siente abrumado al pensar en las constantes oportunidades que se presentan para hacer sentir a otros nuestro amor.

Leo Buscaglia

[...] la naturaleza del amor consiste en que nos consideremos con el objeto amado como un todo, del que somos solamente una parte, y que se transfieran de tal modo los cuidados que habitualmente tenemos para nosotros mismos, a la conservación de ese todo, que sólo retengamos para nosotros, en particular, una parte tan pequeña o tan grande como creamos ser grande o pequeña parte del todo a que se da su afecto; de manera que si nos unimos por la voluntad con un objeto que consideramos menor que nosotros, por ejemplo, si amamos una flor, un pájaro, una casa o algo semejante, la mayor perfección a que ese amor puede llegar, según su verdadero uso, no podrá hacer que arriesguemos nuestra vida para conservar esas cosas, porque no son partes más nobles del todo que componen con nosotros, que son de nuestro cuerpo nuestras uñas o nuestros cabellos, y sería una extravagancia arriesgar todo el cuerpo por salvar un cabello.

RENÉ DESCARTES

La oreja es el camino del corazón.

VOLTAIRE

La vecindad, hizo el conocimiento y los pasos primeros;
creció el amor con el tiempo; aun las teas por derecho se unieran,
mas lo vedaron los padres; lo que vedar no pudieron:
por igual ardían ambos con sus mentes cautivas.
Todo cómplice dista; hablan por el gesto y las señas,
y cuanto más se cubre, tanto más se agita el fuego cubierto.

PUBLIO OVIDIO

La verdad es que amamos la vida, no porque estemos acostumbrados a la vida, sino porque estamos acostumbrados al amor.

FRIEDRICH WILHELM NIETZSCHE

La vida es un sueño; el amor su ensueño,
y habréis vivido si habéis amado.

ALFRED DE MUSSET

Las caricias son tan necesarias para la vida de los sentimientos como las hojas para los árboles. Sin ellas, el amor muere por la raíz.

NATHANIEL HAWTHORNE

Las cosas sólo salen de la obscuridad de la indiferencia cuando un rayo de aquel amor las ilumina.

JOSÉ ENRIQUE RODÓ

Las palomas de Venus vuelan diez veces más aprisa cuando se trata de sellar lazos de amor nuevamente contraídos que cuando intentan evitar la ruptura de una fe empeñada.

WILLIAM SHAKESPEARE

Las promesas de enamorados, por la mayor parte, son ligeras de prometer y muy pesadas de cumplir.

MIGUEL DE CERVANTES SAAVEDRA

[...] las riñas de los enamorados son nuevo refresco del amor.

TERENCIO

Lo mejor de nuestra vida está en el corazón de los que nos aman.

JACINTO BENAVENTE

Lo que en gran tiempo no ha hecho,
hace amor en solo un día,
venciendo en fin la porfía.

JUAN RUIZ DE ALARCÓN

Lo que parece embellecer a medida que avanza la vida es el amor, la gracia y la ternura de la vida misma. No su ingenio, ni su talento, ni la grandeza del conocimiento, por grande que este sea; sino la risa de los niños, el afecto de los amigos, la agradable charla al pie de la chimenea, la presencia de las flores y el sonido de la música.

JOHN RICHARD GREEN

Los amores son como los niños recién nacidos; hasta que no lloran no se sabe si viven.

JACINTO BENAVENTE

Los amorosos

Los amorosos callan.
El amor es el silencio más fino,
el más tembloroso, el más
insoportable.
Los amorosos buscan,
los amorosos son los que
abandonan,
son los que cambian, los que olvidan.
Su corazón les dice que nunca han
de encontrar,
no encuentran, buscan.
Los amorosos andan como locos
porque están solos, solos, solos,
entregándose, dándose a cada rato,
llorando porque no salvan al amor.
Les preocupa el amor. Los
amorosos
viven al día, no pueden hacer más, no
saben.
Siempre se están yendo,
siempre, hacia alguna parte.
Esperan,
no esperan nada, pero esperan.
Saben que nunca han de
encontrar.
El amor es la prórroga perpetua,
siempre el paso siguiente, el otro, el
otro.

Los amorosos son los insaciables,
los que siempre —¡qué bueno!— han
de estar solos.
Los amorosos son la hidra del
cuento.
Tienen serpientes en lugar de
brazos.
Las venas del cuello se les
hinchan
también como serpientes para
asfixiarlos.
Los amorosos no pueden dormir
porque si se duermen se los comen
los gusanos.
En la obscuridad abren los ojos
y les cae en ellos el espanto.
Encuentran alacranes bajo la
sábana
y su cama flota como sobre un lago.
Los amorosos son locos, sólo
locos,
sin Dios y sin diablo.
Los amorosos salen de sus cuevas
temblorosos, hambrientos,
a cazar fantasmas.
Se ríen de las gentes que lo saben
todo,
de las que aman a perpetuidad,
verídicamente,
de las que creen en el amor como
en una lámpara de
inagotable aceite.
Los amorosos juegan a coger el
agua,
a tatuar el humo, a no irse.
Juegan el largo, el triste juego del
amor.
Nadie ha de resignarse.
Dicen que nadie ha de resignarse.
Los amorosos se avergüenzan de
toda conformación.
Vacíos, pero vacíos de una a otra
costilla,
la muerte les fermenta detrás de los
ojos,
y ellos caminan, lloran hasta la
madrugada

en que trenes y gallos se despiden
dolorosamente.
Les llega a veces un olor a tierra
recién nacida,
a mujeres que duermen con la mano
en el sexo,
complacidas,
a arroyos de agua tierna y a cocinas.
Los amorosos se ponen a cantar
entre labios
una canción no aprendida.
Y se van llorando, llorando
la hermosa vida.

JAIME SABINES

Los caminos de la tarde,
se hacen uno, con la noche.
Por él he de ir a ti,
amor que tanto te escondes.
Por él he de ir a ti,
como la luz de los montes,
como la brisa del mar,
como el olor de las flores.

JUAN RAMÓN JIMÉNEZ

Los cónyuges tienen que
reconquistarse a diario tanto menos
cuanto que la presión social es para
que sigan juntos. Los amantes tienen
que reconquistarse a diario tanto
más cuanto que la presión social es
para que se desunan. La
consecuencia es, naturalmente,
demasiado inmortal para dicha.

JOSÉ GAOS

Los enamorados son grandes
solitarios. Dominan el difícil arte de
tomar baños de soledad en la
multitud.

CARLOS VALDÉS

Los fuegos que en mí encendieron
los mis amores pasados,
nunca matarlos pudieron
las lágrimas que salieron
de los mis ojos cuitados;

pues no por poco llorar,
que mis llantos muchos fueron,
mas no se pueden matar
los fuegos de bien amar,
si de verdad se prendieron.

JORGE MANRIQUE

Los hombres quieren siempre ser
el primer amor de una mujer; a las
mujeres les gusta ser la última
aventura romántica de un hombre.

OSCAR WILDE

Los mayores sacrificios por la
persona querida, si no son los que
interesan a ésta, pueden serle
indiferentes y hasta ser
contraproducentes.

JOSÉ GAOS

Los suspiros son aire y van al aire.
Las lágrimas son agua y van al mar.
Dime, mujer: cuando el amor se
olvida, ¿sabes tú adónde va?

GUSTAVO ADOLFO BÉCQUER

Madrigal
Ojos claros, serenos,
si de un dulce mirar sois alabados
¿Por qué, si me miráis, miráis
airados?
Si cuando más piadosos
más bellos parecéis a aquel que os
mira,
no me miréis con ira,
porque no parezcáis menos
hermosos.
¡Ay, tormentos rabiosos!
Ojos claros, serenos,
ya que así me miráis, miradme al
menos.

GUTIERRE DE CETINA

Mas sin duda es invencible
del amor la fortaleza.

SOR JUANA INÉS DE LA CRUZ

Me gustas cuando callas...

Me gustas cuando callas porque
estás como ausente,
y me oyes desde lejos, y mi voz no te
toca.
Parece que los ojos se te hubieran
volado
y parece que un beso te cerrara la
boca.
Como todas las cosas están llenas de
mi alma
emerges de las cosas, llena del alma
mía.
Mariposa de sueño, te pareces a mi
alma,
y te pareces a la palabra melancolía.
Me gustas cuando callas y estás
como distante.
Y estás como quejándote, mariposa
en arrullo.
Y me oyes desde lejos, y mi voz no te
alcanza:
Déjame que me calle con el silencio
tuyo.
Déjame que te hable también con tu
silencio
claro como una lámpara, simple
como un anillo.
Eres como la noche, callada y
constelada.
Tu silencio es de estrella, tan lejano y
sencillo.
Me gustas cuando callas porque
estás como ausente.
Distante y dolorosa como si hubieras
muerto.
Una palabra entonces, una sonrisa
bastan.
Y estoy alegre, alegre de que no sea
cierto.

PABLO NERUDA

Mediante una operación del
espíritu exclusiva de los amantes
cuando son poetas y de los poetas
cuando aman, la mujer se embellece
con todos los encantos del paisaje y
el paisaje se beneficia
ocasionalmente de todos los
encantos que la mujer amada ha
derramado a su manera sobre el cielo
la tierra y las olas.

CHARLES BAUDELAIRE

Mi hermano el hombre

Amo el canto del cenzontle,
pájaro de cuatrocientas voces;
amo el color del jade
y el enervante perfume
de las flores;
pero amo más a mi hermano:
el hombre.

NEZAHUALCÓYOTL

Mi liberalidad es tan ilimitada
como el mar, y profundo como este
es mi amor. Cuanto más te entrego,
tanto más me queda, pues uno y otro
son infinitos.

WILLIAM SHAKESPEARE

Mi voluntad se ha muerto una noche
de luna
en que era muy hermoso no pensar
ni querer...
De cuando en cuando un beso sin
ilusión ninguna.
¡El beso generoso que no he de
devolver!

MANUEL MACHADO

Mucha diferencia hay de las obras
que se hacen por amor a las que se
hacen por agradecimiento.

MIGUEL DE CERVANTES SAAVEDRA

Muchas veces el amor camina
junto a nosotros, temeroso de salir

de la sombra, y así lo confundimos
con la amistad.

MUCHARRID-AL-DIN SAADI

Muchas veces la presencia de la cosa amada turba y enmudece la intención más determinada y la lengua más atrevida.

MIGUEL DE CERVANTES SAAVEDRA

Nada embellece más que el amor.

LOUISA MAY ALCOTT

Nada hace a uno tan amable como creerse amado.

PIERRE CARLET DE CHAMBLAIN DE MARIVAUX

Nada hay pequeño en el amor. Los que aguardan las grandes ocasiones para demostrar su cariño no saben amar.

LAURE CONAN

No creemos en el reumatismo ni en el amor verdadero hasta después del primer ataque.

MARIE VON EBNER-ESCHENBACH

No es el amor quien muere,
Somos nosotros mismos.

LUIS CERNUDA

[...] no estoy seguro de que el descubrimiento del amor sea por fuerza más delicioso que el de la poesía.

MARGUERITE YOURCENAR

No hablemos de afecto desperdiciado. El afecto jamás se desperdicia.

HENRY WADSWORTH LONGFELLOW

No hay ropa que siente mejor que el amor, ni cosmético que hermosee más. Aseguran que al marchitarse la belleza huye el amor, pero ¿no será, más bien, que al marchitarse el afecto huye el encanto?

MARJORIE HOLMES

Nunca cierres los labios a quienes has abierto el corazón.

CHARLES DICKENS

Nunca estará solo quien ocupa un lugar en otro corazón.

ALEJANDRO PÉREZ GUTIÉRREZ

Nunca se posee del todo un amor que merezca ser poseído.

S.T.

[...] nunca un mal amante es buen marido.

JUAN RUIZ DE ALARCÓN

Para el hijo será la paz que estoy forjando.
Y al fin en un océano de irremediables huesos
tu corazón y el mío naufragarán, quedando
una mujer y un hombre gastados por los besos.

MIGUEL HERNÁNDEZ

Para la mayoría de los niños entre ocho y medio y diez años, el problema consiste casi exclusivamente en ser amado —por lo que se es—. Antes de esa edad, el niño aún no ama; responde con gratitud y alegría al amor que se le brinda. A esa altura del desarrollo infantil, aparece en el cuadro un nuevo factor: un nuevo sentimiento de producir amor por medio de la propia actividad. Por primera vez, el niño piensa en dar algo a sus padres, en producir algo —un poema, un dibujo, o lo que fuere—. Por primera vez en la vida del niño, la idea del amor se transforma de ser amado a amar, en crear amor. Muchos años transcurren desde ese primer comienzo hasta la madurez del amor.

ERICH FROMM

Para muchas personas el amor es como el fútbol: persiguen apasionadamente un objeto para darle un puntapié una vez que lo han alcanzado.

MARCO ANTONIO ALMAZÁN

Pasamos una mitad de nuestra vida esperando a los que amaremos y la otra mitad abandonando a los que amamos.

VÍCTOR HUGO

Por lo que tiene de fuego
suele apagarse el amor.

TIRSO DE MOLINA

Porque el que está enamorado,
los más arduos imposibles
facilita y hace llano.

MIGUEL DE CERVANTES SAAVEDRA

[...] principio es de querer bien
el dejar de querer mal.
    Pero no fácil se olvida
amor que costumbre ha hecho
por más que se valga el pecho
de la ofensa recibida;
y una forma corrompida
a otra forma hace lugar.

JUAN RUIZ DE ALARCÓN

    ¡Qué bien le viene al corazón
su primer nido!
    ¡Con qué alegre ilusión
torna, siempre, volando, a él; con qué descuido
se echa en su fresca ramazón,
rodeado de fe, de paz, de olvido!

JUAN RAMÓN JIMÉNEZ

Que en estas fiestas recibamos los dos presentes más valiosos: alguien a quien amar y alguien que nos ame.

JOHN SINOR

Quien quiere a su manera debe aceptar que le quieran a la ajena.

JOSÉ GAOS

Quienes aman profundamente nunca envejecen. Podrán morir a una edad avanzada, pero mueren jóvenes.

A.W.P.

Realmente el amor es una cosa maravillosa: es más precioso que las esmeraldas y más caro que los finos ópalos. Perlas y granates no pueden pagarle porque no está en el mercado. No puede uno comprarlo al vendedor, ni pesarlo en una balanza para adquirirlo a peso de oro.

OSCAR WILDE

Recuerda con amor lo que quisiste, y piensa que el amor nunca muere en alguien que sabe amar.

MERCEDES MÁRQUEZ

Resulta fácil entender que exista el amor a primera vista. Mas lo prodigioso es que haya amor entre dos personas que se han mirado durante muchos años.

S.L.

Porque has de saber, Sancho, si no lo sabes, que dos cosas solas incitan a amar, más que otras; que son la mucha hermosura y la buena fama.

MIGUEL DE CERVANTES SAAVEDRA

Sabe, si alguna vez tus labios rojos quema invisible atmósfera abrasada, que el alma que hablar puede con los ojos
también puede besar con la mirada.

GUSTAVO ADOLFO BÉCQUER

El egoísta no sabe amar, pero tampoco sabe dejarse amar.

ASTOLPHE DE CUSTINE

Se perdona mientras se ama.
FRANÇOIS, VI DUQUE DE LA
ROCHEFOUCAULD

Señor, ya me arrancaste lo que yo más quería.
Oye otra vez, Dios mío, mi corazón clamar.
Tu voluntad se hizo, Señor, contra la mía,
Señor, ya estamos solos mi corazón y el mar.
ANTONIO MACHADO

Si alguien ama a una flor de la cual no existe más que un ejemplar en los millones y millones de estrellas, con esto tiene bastante para ser feliz si la contempla.
ANTOINE DE SAINT-EXUPÉRY

Si dos personas que son desconocidas la una para la otra, como lo somos todos, dejan caer de pronto la barrera que las separa, y se sienten cercanas, se sienten uno, ese momento de unidad constituye uno de los más estimulantes y excitantes de la vida.
ERICH FROMM

Si en las minas de Salzburgo se arroja una rama de arbusto y se recoge al día siguiente, aparece transfigurada. La humilde forma botánica se ha cubierto de irisados cristales que recaman prodigiosamente su aspecto. Según Stendhal, en el alma capaz de amor acontece un proceso semejante. La imagen real de una mujer cae dentro del alma masculina, y poco a poco se va recamando de superposiciones imaginarias, que acumulan sobre la nuda imagen toda posible perfección.
JOSÉ ORTEGA Y GASSET

Si en medio de adversidades
persevera el corazón
con serenidad, con gozo
y con paz, esto es amor.
SANTA TERESA DE JESÚS

Si la gente se enterara de que le quedaban sólo cinco minutos para hablar, todo el mundo correría a las casetas telefónicas a decir a los suyos que los ama.
CHRISTOPHER MORLEY

Si la gente te quiere es porque antes tú la quisiste.
NORMAN VINCENT PEALE

Si te amas a ti mismo, amas a todos los demás como a ti mismo. Mientras ames a otra persona menos que a ti mismo, no lograrás realmente amarte, pero si amas a todos por igual, incluyéndote a ti, los amarás como una sola persona y esa persona es a la vez Dios y el hombre. Así, pues, es una persona grande y virtuosa la que amándose a sí misma, ama igualmente a todos los demás.
MEISTER ECKHART

Te quiero
Tus manos son mi caricia
mis acordes cotidianos
te quiero porque tus manos
trabajan por la justicia

si te quiero es porque sos
mi amor mi cómplice y todo
y en la calle codo a codo
somos mucho más que dos

tus ojos son mi conjuro
contra la mala jornada
te quiero por tu mirada
que mira y siembra futuro

tu boca que es tuya y mía
tu boca no se equivoca
te quiero porque tu boca
sabe gritar rebeldía

si te quiero es porque sos
mi amor mi cómplice y todo
y en la calle codo a codo
somos mucho más que dos

y por tu rostro sincero
y tu paso vagabundo
y tu llanto por el mundo
porque sos pueblo te quiero

y porque amor no es aureola
ni cándida moraleja
y porque somos pareja
que sabe que no está sola

te quiero en mi paraíso
es decir que en mi país
la gente viva feliz
aunque no tenga permiso

si te quiero es porque sos
mi amor mi cómplice y todo
y en la calle codo a codo
somos mucho más que dos.

MARIO BENEDETTI

Si un solo hombre consiguiese
vivir alguna vez la más elevada forma
de amor, ello bastaría para
neutralizar el odio de millones de
otros hombres.

MAHATMA GANDHI

Si yo hablase lenguas humanas y
angélicas, y no tengo amor, vengo a
ser como el metal que resuena o el
címbalo que tañe.

Y si tuviese el don de la profecía, y
entendiese todos los misterios y toda
la ciencia, y si tuviese toda la fe de
tal manera que trasladase montañas,
y no tengo amor, nada soy.

Y si repartiese todos mis bienes
para dar de comer a los pobres, y si
entregase mi cuerpo para ser
quemado, y no tengo amor, de nada
me sirve.

El amor es sufrido, es benigno, el
amor no tiene envidia, el amor no es
jactancioso, no se envanece, no hace
nada indebido, no es egoísta, no se
irrita, no guarda rencor, no disfruta
de la injusticia, más se goza en la
verdad.

El amor, todo lo sufre, todo lo
cree, todo lo espera, todo lo soporta.

SAN PABLO

Sin amor es imposible mantener la
virtud durante una pena duradera ni
durante un prolongado bienestar. El
hombre bueno encuentra la paz en el
amor; el sabio considera el amor
como el mayor tesoro.

CONFUCIO

Sólo padeciendo por amor se sabe
cuánto se ama.

ANTONIETA RIVAS MERCADO

Sólo se ama lo que no se posee
totalmente.

MARCEL PROUST

Soneto amoroso
Osar, temer, amar y aborrecerse;
alegre con la gloria atormentarse;
de olvidar los trabajos olvidarse;
entre llamas arder, sin encenderse;
con soledad entre las gentes verse,
y de la soledad acompañarse;
morir continuamente; no acabarse;
perderse, por hallar con qué
perderse;
ser Fúcar de esperanzas sin ventura,
gastar todo el caudal en
sufrimiento(s),
con cera conquistar la piedra dura,
son efectos de Amor en mis

lamentos;
nadie le llame dios, que es gran locura:
que más son de verdugo sus tormentos.

FRANCISCO DE QUEVEDO Y VILLEGAS

Te amo, no sólo por lo que eres, sino por lo que soy cuando estoy contigo.

ROY CROFT

Todo amor verdadero es comprometido y todo compromiso implica esfuerzo. No hay amor auténtico si no existe un compromiso voluntario de cuidar y atender a la persona amada, porque el amor es brindarse, proyectarse juntos, ofrecer lo que se es y lo que se tiene.

ENRIQUE ROJAS

Todo el mundo necesita un abrazo. Así cambia el metabolismo.

LEO BUSCAGLIA

Todo es triste en el amor; pero, triste y todo lo que queráis, es lo mejor que existe.

RAMÓN DE CAMPOAMOR

Todo objeto amado es el centro de un paraíso.

NOVALIS

[...] todo se transfigura y es sagrado, es el centro del mundo cada cuarto, es la primera noche, el primer día, el mundo nace cuando dos se besan.

OCTAVIO PAZ

Todos sentimos cierto placer perverso al oír un pícaro relato acerca de alguien, o al ser los primeros en conocer un chisme malicioso. Pero lo que se logra al hablar de los errores de otras personas es disminuir nuestra capacidad de amar a los demás.

Cuando estamos haciendo un verdadero esfuerzo para no lastimar a las personas, sin importar cuánto nos disgusten, podemos esperar algunos resultados sorprendentes. Especialmente en nosotros mismos. Un conocido me comentó alguna vez que no eran sus amigos los que lo hacían madurar, sino sus enemigos, porque tenía que madurar para aceptarlos. Al buscar yo lo creativo, lo positivo en otra persona, nacen en ella y en mí nuevas capacidades para amar y corresponder.

MORTON KELSEY

Un amor convertido en sincera amistad ¿no será el verdadero amor, el único pervividero?

JOSÉ GAOS

Un beso legal no vale nunca lo que un beso robado.

GUY DE MAUPASSANT

Un cumplido es un poco de amor con mucho ingenio.

EMILE FAGUET

Un sentimiento moderado revela amor profundo, en tanto que si es excesivo indica falta de sensatez.

WILLIAM SHAKESPEARE

Un sólo instante de amor abre el Edén cerrado.

VÍCTOR HUGO

Y en la vida así voy, por siempre amando,
y en la senda de amor siempre soñando.

LUIS G. BAYARDI

Y este amor más humano, que se realizará infinitamente delicado, y cuidadoso, y bueno y claro en el atar y el desatar, se asemejará al que [...] preparamos luchando: el amor que consiste en que dos soledades se protejan, se limiten y se reverencien.

RAINER MARIA RILKE

[...] ya me falta la paciencia;
humana es mi resistencia,
divino el poder de amor.

JUAN RUIZ DE ALARCÓN

Yo no diré las razones que tú tienes para amarme. Porque no las tienes. la razón de amar es el amor.

ANTOINE DE SAINT-EXUPÉRY

¿Es posible amar a todos los hombres sin excepción, es decir, a nuestro prójimo? ¡Cuántas veces me habré hecho esta pregunta! No, no lo creo, me parece incluso antinatural. El amor a la humanidad es una abstracción por medio de la cual a quien en realidad amamos es a nosotros mismos.

FEDOR DOSTOIEVSKI

¡Alegría del sol!
¡Amor de la mañana!
Colgado de tus ojos
como de dos escalas
déjame en tu recuerdo
arder, como una lámpara.

PEDRO GARFIAS

¡Amad al prójimo como a vosotros mismos —pero antes debéis ser hombres que se aman a sí mismos.

FRIEDRICH WILHELM NIETZSCHE

¡Amad lo que nunca veréis dos veces!

ALFRED DE VIGNY

¡Amemos!
Si nadie sabe ni por qué reímos
ni por qué lloramos;
si nadie sabe ni por qué vinimos
ni por qué nos vamos;
si en un mar de tinieblas nos movemos,
si todo es noche en derredor y arcano,
¡a lo menos amemos!
¡Quizá no sea en vano!

AMADO NERVO

¡Conviértase en un derrochador de amor! El amor es un tesoro que se multiplica mediante la división: es un don que crece más cuanto más se toma de él. Es un negocio en el que reditúa ser un completo despilfarrador; bríndelo, tírelo, regálelo, vacíe sus bolsillos, agite la canasta, voltee la copa... y mañana tendrá más que nunca.

ANÓNIMO

¡Oh el contagio de tu sonrisa! Aquel mohín de tus labios, encerrador de todos los hastíos, me hizo pensar en la casa vista en sueños, en la fundación de una casa a que daríamos el nombre huraño de una Orden de religiosos pesimistas, acaso la Venerable Orden Tercera de Nuestra Madre la Melancolía: ahí desgranaría sus arenas invariables la clepsidra de nuestra vida monótona, y la mansión podría llenarse con tu sonrisa desconsolada, y el hueco de mi corazón prófugo con algo de tu fe salvada del naufragio y con un poco de piedad amorosa que escondieras en las entrañas.

RAMÓN LÓPEZ VELARDE

¡Perfeccionad vos la obra
con vuestro amor infinito,

para que el fin de su vida
no desdiga del principio!

SOR JUANA INÉS DE LA CRUZ

¡Qué hermosa es la página de
papel en blanco! Es como una mujer
desnuda esperándonos. Hay una
invitación, una petición, una
urgencia, una llamada del destino.
Todo acto de amor es una escritura
permanente.

JAIME SABINES

¡Qué pequeñita es la cuna,
qué chiquita la canción;
mas cabe la vida en ésta
y en aquélla el corazón!

JUAN RAMÓN JIMÉNEZ

¡Mal haya el hombre, mal haya
el hombre que solicita
por fuerza ganar un alma,
pues no advierte, pues no mira
que las victorias de amor
no hay trofeo en que consistan,
sino en granjear el cariño
de la hermosura que estiman!
Porque querer sin el alma
una hermosura ofendida
es querer a una mujer
hermosa, pero no viva.

PEDRO CALDERÓN DE LA BARCA

Amando, recelar daño en lo
amado,
nueva pena de amor se considera;
que quien en lo que ama daño espera
aumenta en el temor nuevo cuidado.
El firme pensamiento desvelado,
si le aflige el temor, fácil se altera;
que no es a firme pena ligera
ver llevar el temor el bien robado.

LOPE DE VEGA

[...] amar es olvidarse de sí por el
otro, es rebosar con exceso de ser,

por exceso de fuerza y entregarse
gozosamente.

EMMA GODOY

Amor hay, y el que entre sí
gobierna todas las cosas,
correspondencias forzosas
de cuanto se mira aquí;
y yo jamás he negado
que cada cual tiene amor
correspondiente a su humor,
que le conserva en su estado.

LOPE DE VEGA

Donde es grande el amor, la más
leve aprensión temor se vuelve; y
donde crecen los temores, allí vencen
los amores.

WILLIAM SHAKESPEARE

El amor precede al conocimiento,
y éste mata a aquél.

MIGUEL DE UNAMUNO

El mundo está lleno de locos que
desean enamorarse aunque sea una
vez en la vida, y lleno de locos que
desean desenamorarse.

CRISTINA PERI ROSSI

[...] es más triste un amor que nace y
se cría sobre la tumba de otro y como
una planta que se alimenta, de la
podredumbre de otra planta.

MIGUEL DE UNAMUNO

[...] mira que amor en ausencia larga
hará el efeto que suele
en piedra el curso del agua.

LOPE DE VEGA

Nacimos para amar. Nuestra
realización plena está en amarlo todo
y vivir para ese amor. La moral no
consiste en "No hagas esto", "No
hagas lo otro", sino en el positivo:
"Haz, lo mejor que puedas, todo el

bien posible". Y es el amor el que
inspira a cada momento el acto
sublime.

Emma Godoy

No puede mi pensamiento
ni estar solo, ni callar;
contigo, ha de estar,
contigo hablar y sentir.
    ¡Oh, quién supiera decir
lo que te digo en ausencia!
Pero estando en tu presencia
aun se me olvida el vivir.

Lope de Vega

Para sufrir el desdén
que me trata desta suerte,
pido al amor y a la muerte
que algún remedio me den.
    Al amor, porque también
puede templar tu rigor
con hacerme algún favor;
y a la muerte, porque acabe
mi vida; pero no sabe
la muerte, ni quiere amor.
    Entre la vida y la muerte,
no sé qué medio tener,
pues amor no ha de querer
que con su favor acierte;
y siendo fuerza quererte,
quiere el amor que te pida
que seas tú mi homicida
    Mata, ingrata, a quien te adora;
serás, mi muerte, señora,
pues no quieres ser mi vida.
    Cuanto vive, de amor nace,
y se sustenta de amor:
cuanto muere es un rigor
que nuestras vidas deshace.
    Si al amor no satisface
mi pena, ni la hay tan fuerte
con que la muerte me acierte,
debo de ser inmortal,
pues no me hacen bien ni mal
ni la vida ni la muerte.

Lope de Vega

Todos ansiamos amar y ser
amados. Son los dos polos de una
misma cosa. Pero el anhelo puede
inclinarse más hacia el deseo de
sentirse querido o hacia el lado de
querer ofrecer ternura. Es cuestión de
grado y, no obstante, una y otra
actitudes revelan personalidades
diametralmente opuestas.

Emma Godoy

Uno quiere estar todo el tiempo al
lado de la persona a la que ama para
poder pensar en otra cosa.

Cristina Peri Rossi

Yo la vi de amor huyendo,
cuanto miraba matando,
su mismo desdén venciendo,
y aunque me partí llorando,
la dejé riendo.

Dile, que ya me veo
muerto por volverla a ver,
aunque cuando llegues, creo
que no será menester;
que me habrá muerto el deseo.

No tendrás que hacer después
que a sus manos vengativas
llegues, si una vez la ves,
ni aun es posible que vivas
si la ves.

Pero si matarte olvida
por no hacer caso de ti,
dile a mi hermosa homicida
que por qué se mata en mí,
pues que sabe que es mi vida.

Dile: "Cruel, no le des
muerte si vengada estás,
y te ha de pesar después."

Y pues no me has de ver más,
dile cuál me ves.

Verdad es que se dilata
el morir, pues con mirar
vuelve a dar vida la ingrata,
y así se cansa en matar,
pues da vida a cuantos mata;
pero muriendo o viviendo,
no me pienso arrepentir
de estarla amando y sirviendo;
que no hay bien como vivir
por ella muriendo.

LOPE DE VEGA

¡Anda ya! Desde ahora no ahorres
el afecto. ¿Tienes miedo de querer,
porque se sufre? ¡Cobarde! La
valentía es virtud fundamental. Y por
consiguiente el miedo es un pecado.

Amar es vivir, no te encoja el
temor y te cierres a la vida. Ni ames
con fronteras. Sé amor. Entonces
podrás hablar con los árboles; las
estrellas te contarán secretos y quizá
aun en vida verás a Dios.

EMMA GODOY

Muchas personas pasan por la
vida suicidándose parcialmente...
destruyendo sus habilidades,
energías, cualidades creativas. El
aprender a hacerse bien a sí mismo
es a veces más difícil que aprender a
hacer el bien a otros.

JOSHUA LOTH LIEBMAN

Canciones del alma

En una noche oscura,
con ansias, en amores inflamada,
¡oh dichosa ventura!,
salí sin ser notada,
estando ya mi casa sosegada.

A oscuras y segura
por la secreta escala, disfrazada,
¡oh dichosa ventura!
a oscuras y en celada,
estando ya mi casa sosegada.

En la noche dichosa,
en secreto, que nadie me veía

ni yo miraba cosa,
sin otra luz y guía
sino la que en el corazón ardía.

Aquésta me guiaba
más cierto que la luz del mediodía
a donde me esperaba
quien yo bien me sabía,
en parte donde nadie parecía.

¡Oh noche que guiaste!,
¡oh noche amable más que la
alborada,
oh noche que juntaste
amado con amada,
amada en el amado transformada!

En mi pecho florido
que entero para él solo se guardaba,
allí quedó dormido y yo le regalaba,
y el ventalle de cedros aire daba.

El aire de la almena
cuando yo sus cabellos esparcía,
con su mano serena
en mi cuello hería
y todos mis sentidos suspendía.

Quedéme y olvidéme,
el rostro recliné sobre el amado,
cesó todo y dejéme,
dejando mi cuidado
entre las azucenas olvidado.

SAN JUAN DE LA CRUZ

¡Cuán vano es estrechar con los
brazos al ser amado que dicha ofrece,
y ver que toma alas para huir en la
ficción del sueño!

ESQUILO

[...] el gran deseo de un corazón
inquieto es el de poseer
interminablemente al ser que ama o
hundir a este ser, cuando llega el
momento de la ausencia, en un
sueño sin orillas que sólo pueda
terminar el día del encuentro.

ALBERT CAMUS

No la conozco más que en la medida
en que la amo, en el sentido en que

la amo. No se posesiona uno de un ser, sino de lo que cambia en él.

ANDRÉ MALRAUX

Cuando se siente mejor,
tiene más melancolía,
y se queja sin dolor;
suspiros al aire envía:
mátenme si no es amor.

LOPE DE VEGA

Preludio de primavera

La otra noche, cuando concluimos de comer —era en una noble y amable morada—, las damas se dirigieron al salón. En el comedor se encendieron los cigarros. Un elocuente diputado parafraseaba una peregrina ocurrencia de Tolstoi; un poeta silencioso meditaba, apretado en su ulster. La política atizó sus fuegos. En tanto, yo entablé conversación con una rosa pálida que entre las flores de la mesa mostraba sus hojas anémicas, brotadas en la aristocracia de las estufas.

—Rosa argentina —le dije— ¿acaso no estás contenta con la llegada de la Primavera?

—Ah —exclamó— ¿no sabéis que apenas viviré algunas horas más una vida que ha sido alentada con calores artificiales? ¡Oh erudición! —me interrumpió la rosa conmovida. Después, continuó con la melodía delicada de su voz floral: —En verdad que, como dijo un rimador de Italia, la primavera es la juventud del año...

—¡Oh erudición! —interrumpí, en desquite—. Y la juventud es la primavera de la vida. En la fiesta del campo, la sinfonía primaveral celebra las caricias de los pájaros; en los jardines hace la niña sus ramos, y su rostro es la mejor rosa de los parterres floridos; el trino vuela alegre por el aire azul, y Mab, muy de

mañana, hace un paseo entre los claveles y las azucenas diciendo con su lindo acento: ¡Buenos días, señoritas! ¡Muy buenos días, caballeros! Ya veréis a las porteñas, cuando, dejando sus vestidos de invierno, sus pieles y sus manguitos, vayan con sus trajes claros y alegres, a hacer reinar sus ojos, en la dulce agonía de la tarde, al desfile lujoso de Palermo. Los gorriones parlanchines y petulantes, narran en los árboles, a voz en cuello, mil historias famosas. Por las noches, en más de un palacio elegante habrá luces, sonrisas y danzas.

La rosa hacía ondular su blanda vocecita, conociéndose innegablemente su deseo de imitar a Sarah Bernhardt.

—Y bien —prorrumpí— y tu diminuta alma aromal —puesto que yo sé como tú la inmortalidad del alma de las flores— ¿en dónde estará la primavera próxima?

—Dios nos deja la elección del paraíso. Yo he elegido el mío; unos labios rojos que quizá hayas contemplado alguna vez con inefable deleite. ¡Oh —concluyó— felices las rosas humanas!

—¿Por qué?

—Porque pueden gozar de un sol eterno: el amor. ¡Para los corazones que aman, la primavera dura todo el año!

RUBÉN DARÍO

En el mismo instante, la princesa de Videa se abstraía en este pensamiento: la consagración de su esposo, como heredero de la corona. En medio de la habitación, con la mirada fija en las puertas de palacio, esperaba anhelante, la llegada de su Rama.

He aquí que de pronto entra Rama

en sus habitaciones, invadidas por multitud de fieles criados. Venía confuso con la cabeza baja, ligeramente inclinada. Se adivinaba en su rostro el abatimiento, la fatiga y la tristeza. Cuando hubo traspasado los umbrales, percibió en medio del palacio, de pie, a Sita, inclinada ante él con respeto. Al notar en su rostro la tristeza escondida en su alma, le preguntó:

—¿Qué es eso, Rama?— Y temblorosa y anhelante—: ¿Por qué no cantan los poetas, y los vates oficiales y los panegiristas de voz elocuente, en el momento en que vas a ser consagrado rey de la juventud? ¿Por qué los bramas no derraman sobre tu frente miel y leche cuajada, conforme a los ritos, para dar a esa noble frente consagración oficial?

El hijo de Kaosalya respondió en estos términos a las palabras con que Sita expresó la incertidumbre de su espíritu:

—Tú, que naciste en el seno de una familia de reyes santos; tú, conocedora profunda del deber; tú, cuya palabra es la palabra de la verdad, revístete de toda tu firmeza, noble mitilana. En otro tiempo, el rey Dasarata, sincero en sus promesas, en agradecimiento a un servicio de Kekeyi, concedióle dos gracias. Requerido de improviso a cumplir su palabra, en el preciso momento en que todo estaba dispuesto para mi consagración de heredero a la corona, mi padre ha procedido como hombre que conoce sus deberes. Es preciso, mi bien amada, que yo habite catorce años en el bosque, y que Barata se quede en Ayodya, y ciña al mismo tiempo la corona. Próximo el momento en que he de dirigirme al bosque solitario, vengo a decirte adiós. Busca sostén en tu firmeza y accede a que me vaya. Refúgiate, hasta la hora de mi regreso, bajo el amparo de tu suegro y de tu suegra. Cumple con ellos los deberes de la más respetuosa obediencia, y que tu sentimiento por mi destierro, no te lleve nunca a elogiarme delante de Barata. Debes, igualmente, cara Sita, por amor a mí obedecer de todo corazón a mi buena madre, abrumada por el peso de los años y por mi destierro.

Sita, a quien Rama habló al oído, contestó a estas desagradables palabras:

—Te seguiré adonde vayas. ¡Sin ti no quiero habitar ni el cielo, lo juro por tu amor y por tu vida, noble hijo de Ragú! Tú eres mi señor, mi guru, mi estrella, mi divinidad; iré, pues, contigo; estoy resuelta. Habitaré el solitario bosque, dichosa de encontrar asilo a tus pies, y contenta de pasar allí mis días como en el palacio de Indra feliz. Millares de años allí, junto a ti, parecerán a mi alma lo mismo que un solo día. El paraíso sin ti me sería odioso, y el infierno contigo me parecerá el cielo.

Al terminar estas palabras, pronunciadas con acento melodioso, la bella mitilana, de voz dulce, prorrumpió en sollozos y vertió ardientes lágrimas. Rama la miró fijamente un instante y levantándola de sus pies, donde ella se había sentado, consolóla con estas afectuosas palabras:

—¡El cielo mismo sin ti no tiene para mí atractivos, mujer de líneas y rostro suave! Puesto que no vacilas en arrostrar por mi amor los peligros de que la naturaleza ha sembrado el bosque, me es tan imposible abandonarte como al sabio repudiar la gloria! ¡Ven conmigo, sígueme, amada! Sólo quiero hacer lo que sea agradable a tu corazón, ¡oh, mujer digna de todos los respetos!

VALMIKI

Hay algunos tan poco discretos al querer mostrar que conocen y saben lo que no les conviene saber, que a veces creen menguar su vergüenza al castigar las ocultas culpas de otros, cuando en realidad la acrecen infinitamente. Pretendo demostraros aquí, agraciadas señoras, que lo cierto es lo contrario, mostrándoos la astucia de alguien tenido tal vez por de menos valor que Masetto, frente a la prudencia de un ilustre rey.

Agilulfo, rey de los longobardos, estableció la sede de su reino en Pavía, ciudad de la Lombardía, al igual que sus antecesores, y tomó por mujer a Teodolinda, que se había quedado viuda de Autaris, también rey de los longobardos, mujer bellísima, sabia y muy honesta, aunque infortunada en amores. Y estando las cosas de los longobardos prósperas y en paz, por la virtud y el juicio de este rey Agilulfo, ocurrió que un palafrenero de la reina, hombre de vilísima condición por su nacimiento pero por otras cosas mucho mejor de lo que correspondía a tan vil oficio, y tan alto y hermoso como el rey, se enamoró desmedidamente de la reina. Y como su bajo estado no le impedía conocer la inconveniencia de este amor, a nadie lo declaraba, como sabio, ni aún a ella se atrevía a descubrirlo con los ojos. Y aunque vivía sin ninguna esperanza de agradarle nunca, se gloriaba consigo mismo de haber puesto sus pensamientos en tan alta parte; y como ardía todo en amoroso fuego, hacía más diligentemente que ninguno de sus compañeros todas las cosas que podían agradar a la reina.

Por lo cual sucedía que, cuando la reina quería cabalgar, montaba con más gusto el palafrén cuidado por éste que por ningún otro; cuando eso ocurría, éste lo reputaba grandísimo favor y no se apartaba del estribo, teniéndose por feliz si podía tocarle las ropas.

Mas, como a menudo ocurre, cuanto menor es la esperanza más crece el amor, y eso le ocurría al pobre palafrenero; durísimo le era soportar aquel gran deseo tan escondido, no apoyado en ninguna esperanza, y más de una vez determinó morir, al no poder desprenderse de aquel amor. Pensando en la manera, tomó el partido de querer esa muerte por alguna cosa que manifestase que moría a causa del amor que por la reina había sentido y sentía; y se propuso probar fortuna con esa cosa, por si podía alcanzar su deseo en todo o en parte. No trató de declarar su amor a la reina con palabras o por cartas, pues sabía que hablaría o escribiría en vano, sino que intentó acostarse con la reina mediante algún arbitrio; no había otro camino o arbitrio sino hacerse pasar por el rey, que sabía que no se acostaba con ella de continuo, para llegar a ella y entrar en su cámara. Por ello, para ver de qué forma y con qué ropas iba el rey, cuando iba a estar con ella, se ocultó varias veces por la noche en una gran sala del palacio real, que estaba entre la cámara del rey y la de la reina; una de esas noches vio al rey salir de su cámara, envuelto en un gran manto, con una pequeña antorcha encendida en una mano y en la otra una varita, e ir a la alcoba de la reina, donde, sin decir nada, golpeó una o dos veces con la varita en la puerta; al punto le abrieron y le quitaron la antorcha de la mano.

Al ver esto, y verlo regresar de la misma manera, pensó que debía hacer otro tanto; se procuró un manto semejante al del rey, una antorcha y una pequeña maza. Lavóse bien primero en un baño caliente, para que el olor del estiércol no molestara a la reina o la hiciera advertir el engaño, y después se escondió en la gran sala, como acostumbraba. Viendo que todos dormían y pareciéndole hora de llevar a efecto su deseo o de abrir paso, con alta razón, a la ansiada muerte, hizo con el pedernal y el eslabón que había llevado consigo un poco de fuego, encendió su antorcha y, oculto y envuelto en el manto, se dirigió a la puerta de la cámara y la golpeó dos veces con la varita. Le abrió una camarera somnolienta, que cogió la luz y la ocultó, y él, sin decir nada, pasó detrás de la cortina y dejó el manto, metiéndose en la cama donde la reina dormía. La tomó deseosamente en brazos, mostrándose airado, pues sabía que el rey, cuando estaba airado, tenía la costumbre de no querer oír nada, y conoció carnalmente a la reina varias veces, sin decir palabra y sin que a él se la dijeran. Y aunque le pesaba irse, temió que, si se demoraba mucho, el deleite tenido podía trocarse en tristeza, por lo que se levantó, recogió el manto y la luz y, sin decir cosa alguna, se marchó y volvió a su cama cuanto antes.

Apenas había llegado a ella cuando el rey, levantándose, fue a la cámara de la reina, con gran maravilla de ésta. Cuando se metió en la cama y la saludó jovialmente, ella, envalentonada con aquella alegría, le dijo:

—¡Oh, mi señor! ¿Qué novedad hay esta noche? Acabáis de separaros de mí y habéis tomado más placer que de costumbre, ¿y tan pronto volvéis a empezar? Mirad lo que hacéis.

Al oír estas palabras, el rey presumió que la reina había sido engañada por una semejanza de costumbres y de figura, pero, como sabio, pensó que, pues la reina nada había advertido, no quería que se diera cuenta; muchos necios no habrían obrado así, sino que habrían dicho: "No fui yo: ¿quién ha sido? ¿Cómo ocurrió? ¿Quién vino?" Lo cual habría engendrado muchas cosas, con las que hubiera contristado sin razón a la señora, dándole materia de desear otra vez lo que ya había sentido; y lo que, si callaba, ninguna vergüenza podía acarrearle, si hablaba podía tornarse en deshonor.

Respondióle, pues, el rey, más airado en el ánimo que en su rostro o en sus palabras: —Señora, ¿no os parezco hombre de poder haber estado otra vez, y volver además ésta?

A lo que la dama respondió: —Sí, mi señor; pero yo os ruego que miréis por vuestra salud.

Dijo el rey entonces: —Pláceme seguir vuestro consejo, y esta vez sin daros más molestias voy a volverme.

Y teniendo ya el ánimo lleno de ira y de rencor por lo que le habían hecho, recogió su manto y salió de la cámara. Quiso encontrar secretamente a quien hubiera hecho aquello, figurándose que debía de ser de la casa y que, cualquiera que fuera, no había podido salir. Cogió, pues, una pequeñísima luz en un farolillo y se fue a una larguísima habitación que en el palacio había sobre las cuadras de los caballos, en donde casi toda su servidumbre dormía en diversas camas. Juzgando que quienquiera que fuese el que había hecho lo que la señora decía no habría podido calmar aún su pulso y el latido del corazón, por el prolongado afán, empezó a tocarles a todos el pecho en silencio, desde uno de los extremos de la habitación, para saber si les latía.

Aunque todos los otros dormían profundamente, el que había estado con la reina aún no dormía; por lo cual, al ver venir al rey y percatarse de lo que andaba buscando, empezó a tener miedo, con lo que a los latidos de la fatiga y el temor añadió otros mayores; y juzgó firmemente que, si el rey se daba cuenta, lo mandaría matar sin tardanza. Y aunque varias cosas que podría hacer le pasaron por la cabeza, viendo que el rey iba sin armas determinó hacerse el dormido y esperar a lo que el rey hiciese. El rey, que había palpado a muchos sin encontrar a nadie despierto, llegó junto a él y, viendo que le latía con fuerza el corazón, dijo para sí: "Este es". Pero como no quería que se supiese lo que pretendía, no hizo sino cortarle, con un par de tijeras que llevaba, parte de los cabellos, que en aquel tiempo llevaban larguísimos, para reconocerlo a la mañana siguiente por aquella señal; hecho esto, se marchó y regresó a su cámara.

Este, que lo había comprendido todo, como astuto que era, se percató claramente de por qué lo habían marcado así; conque, sin esperar a más, se levantó y, encontrando un par de tijeras que por acaso había en la cuadra para el servicio de los caballos, se dirigió quedamente a cuantos dormían en la sala y a todos les cortó el pelo de forma semejante, por encima de las orejas; hecho esto, sin que nadie lo hubiera oído, se volvió a dormir.

Al levantarse el rey por la mañana, ordenó que toda su servidumbre compareciese ante él antes de que se abrieran las puertas del palacio, y así se hizo. Cuando los tuvo a todos delante, sin nada en la cabeza, empezó a mirarlos para reconocer al tonsurado por él; cuando vio a la mayor parte de ellos con el pelo cortado del mismo modo, se maravilló y dijo para sí: "Este que estoy buscando, aunque de baja condición, bien muestra ser de alto ingenio". Después, viendo que no podría encontrar al que buscaba sin llamar la atención, le plugo amonestarlo sólo con unas palabras, y mostrarle que se había dado cuenta, pues no quería por una pequeña venganza cubrirse de gran vergüenza. Dirigiéndose a todos, dijo:

—Quien lo hizo que no lo haga más, e idos con Dios.

Otro hubiera querido darle suplicio, martirizarlo, interrogarlo y preguntarle, y al hacerlo habría descubierto lo que cualquiera debe tratar de ocultar; y, al descubrirse, aunque hubiera tomado cumplida venganza, en lugar de menguar su vergüenza la habría aumentado mucho, manchando el honor de su mujer. Los que oyeron aquella frase mucho se maravillaron y largamente examinaron entre sí qué había querido decir el rey, pero no hubo nadie que la entendiera, salvo aquél a quien se refería. El cual, como sabio, nunca en vida del rey lo descubrió, ni jamás volvió a desafiar a la fortuna con tal acción.

GIOVANNI BOCCACCIO

¡Cuán natural y nutritivo puede resultar el silencio, en especial cuando hay amor! No puedo concebir nada menos semejante al vacío que un callado sentimiento de amor por otra persona. Y el gozo de ver a alguien no siempre trae consigo el deseo de hablar.

No hace mucho, abrí los ojos en mitad de una noche de luna, y percibí el perfil de mi marido recortándose contra la pared de la habitación. Sin levantar siquiera la cabeza de la almohada, me deleité con un amoroso y compartido silencio al que sólo daba forma una queda respiración. Y cuando acabé por cerrar los ojos, comprendí perfectamente la importancia de cualquier silencio que da abrigo al amor.

BARBARA COOK

La belleza

A medida que el hombre avanza en la vida y ve las cosas desde más arriba, aquello que el mundo ha convenido en llamar belleza pierde mucha de su importancia, al igual que la voluptuosidad y muchas otras pamplinas.

CHARLES BAUDELAIRE

Advierte, Sancho —respondió don Quijote—, que hay dos maneras de hermosura: una del alma y otra del cuerpo; la del alma campea y se muestra en el entendimiento, en la honestidad, en el buen proceder, en la liberalidad y en la buena crianza, y todas estas partes caben y pueden estar en un hombre feo; y cuando se pone la mira en esta hermosura, y no en la del cuerpo, suele nacer el amor con ímpetu y con ventajas.

MIGUEL DE CERVANTES SAAVEDRA

Cuando un hombre percibe las bellezas de este mundo y recuerda la belleza verdadera, su alma toma alas y desea volar; pero sintiendo su impotencia, levanta, como el pájaro, sus miradas al cielo, desprecia las ocupaciones de este mundo, y se ve tratado como insensato. De todos los géneros de entusiasmo, éste es el más magnífico en sus causas y en sus efectos para el que lo ha recibido en su corazón y para aquel a quien ha sido comunicado; y el que tiene este deseo y que se apasiona por la belleza, toma el nombre de amante.

PLATÓN

En general los hombres aman más la belleza corporal que la virtud.

CONFUCIO

Es sin virtud la hermosura diamante en la oscuridad.

JOSÉ ROSAS MORENO

La belleza es la forma que el amor da a las cosas.

ERNEST HELLO

[...] la belleza es la única cosa que resiste los daños del tiempo. Las filosofías se esparcen como arena y las creencias se persiguen unas a otras como las hojas marchitas de otoño; mas lo que es bello es alegría en toda estación y es posesión para toda la eternidad.

OSCAR WILDE

La belleza perece en la vida, pero no en el arte.

LEONARDO DA VINCI

La belleza reside en el corazón de quien la contempla.

AL BERNSTEIN

La belleza sólo puede ser comprendida por el espíritu y sólo a él le es permitido nacer y desarrollarse en su compañía.

GIBRÁN JALIL GIBRÁN

La belleza y la sabiduría rara vez se encuentran juntas.

CAYO PETRONIO

La gente habla a menudo como si hubiera una oposición entre lo bello y lo útil. A lo bello sólo se opone lo feo; las cosas son o hermosas o feas, y la utilidad estará siempre del lado de las cosas bellas, porque una decoración bella es siempre una expresión de la utilidad que encontréis en alguna cosa y del valor que le dais.

OSCAR WILDE

La hermosura en la mujer honesta es como el fuego apartado, o como la espada aguda: que ni él quema ni ella corta a quien a ellos no se acerca.

MIGUEL DE CERVANTES SAAVEDRA

La obra que llevábamos en nuestro interior siempre parece más bella que la que hemos realizado.

ALPHONSE DAUDET

Las cosas más bellas son las que inspira la locura y escribe la razón.

ANDRÉ GIDE

Lo que embellece el desierto... es que oculta un pozo en alguna parte...

ANTOINE DE SAINT-EXUPÉRY

Lo único que permite ver sin repugnancia el mundo en que vivimos es la belleza que una que otra vez crean los hombres, sacándola del caos: los cuadros que pintan, la música que componen, los libros que escriben y la vida que llevan. De todo esto, lo más bello es una vida bien vivida. Tal es la obra de arte perfecta.

SOMERSET MAUGHAM

Ningún origen es bello. La verdadera belleza se encuentra al final de las cosas.

CHARLES MAURRAS

No hay belleza perfecta que no contenga alguna rareza en sus proporciones.

FRANCIS BACON

No hay ningún objeto, por feo que sea, que no parezca bello en ciertas condiciones de luz o de sombra o en la proximidad de otros objetos. No hay ningún objeto, por bello que sea, que en ciertas condiciones no parezca feo. Creo que cada veinticuatro horas lo que es bello parece una vez feo y lo feo una vez bello.

OSCAR WILDE

No pienso en todo el dolor, sino en la belleza que aún queda.

ANA FRANK

Todo es hermoso y constante,
Todo es música y razón
Y todo, como el diamante,
Antes que luz es carbón.

JOSÉ MARTÍ

El uso estropea y hasta destruye toda belleza. La función más noble de los objetos es la de ser contemplados.

MIGUEL DE UNAMUNO

La belleza es una cualidad sobrehumana, no la convirtamos con

palabras imprudentes en vanidad y
egoísmo.

EMMA GODOY

¿Qué es la belleza? Puro
convencionalismo; una moneda cuyo
valor cambia según el lugar y la
ocasión. Precisamente es lo
extravagante lo que agrada cuando se
ha gozado de lo común y corriente
hasta la saciedad. En lo regular se
frustra toda fascinación.

HENRIK IBSEN

El odio

Hay personas que guardan, cultivan y
acarician, a veces durante años y
años, el odio que les han inspirado
agravios —reales o inventados—; y
con gran frecuencia, por paradójico
que parezca, privilegios, beneficios y
elogios recibidos, con la conciencia
de ser inmerecidos. Siempre me ha
sorprendido que es más difícil de
soportar el éxito injusto que su
ausencia. Tal vez un larvado sentido
de la justicia late en esa extraña
actitud: hay quienes sienten un
desprecio último por sus aduladores,
que suele desembocar en hostilidad.

JULIÁN MARÍAS

El odio es ciego como el amor.

THOMAS FULLER

El que es odiado por todos no
puede esperar vivir mucho tiempo.

PIERRE CORNEILLE

En efecto, el odio es un licor
precioso, un veneno más caro que el
de los Borgia, pues está fabricado
con nuestra sangre, nuestra salud,
nuestro sueño y dos tercios de
nuestro amor. ¡Hay que economizar!

CHARLES BAUDELAIRE

La serpiente de cascabel, al verse
acorralada, sentirá tal ira que se
morderá a sí misma. Eso es
precisamente lo que significa
albergar odio y resentimiento contra
otros: morderse a uno mismo.
Pensamos que hacemos daño al
sentir antipatía y odio por otras
personas, pero el perjuicio mayor nos
lo causamos a nosotros mismos.

E. STANLEY JONES

Los nuevos hermanos siameses
Una mujer tuvo dos hijos gemelos y
unidos a lo largo de todo el costado.
—No podrán vivir —dijo un
médico.
—No podrán vivir —dijo otro,
quedando desahuciados los nuevos
hermanos siameses. Sin embargo, un
hombre con fantasía y suficiencia,
que se enteró del caso, dijo:
—Podrán vivir... Pero es menester
que no se amen, sino que, por el
contrario, se odien, se detesten.
Y dedicándose a la tarea de
curarlos, les enseñó la envidia, el
odio, el rencor, los celos, soplando al
oído del uno y del otro las más
calumniosas razones contra el uno y
contra el otro, y así el corazón se fue
repartiendo en dos corazones, y un
día un sencillo tirón los desgajó y los
hizo vivir muchos años separados.

OSCAR WILDE

La amistad

A veces una separación prolongada, a
la vez que amortigua los rencores,
despierta la amistad.

MARCEL PROUST

Al elegir un amigo ve despacio, y
más despacio todavía al cambiar de
amigos.

BENJAMIN FRANKLIN

Amigo con mi secreto será mi peor enemigo.

PROVERBIO ACÁDICO

Amigo es aquel cuya compañía no nos impide pensar en voz alta.

RALPH WALDO EMERSON

Amigos son aquellos extraños seres que nos preguntan cómo estamos y se esperan a oír la contestación.

ED CUNNINGHAM

Antes de pedir dinero prestado a un amigo, decida cuál de las dos cosas necesita más.

PROVERBIO ESTADOUNIDENSE

Aprecio al amigo que encuentra un lugar para mí en su agenda, pero estimo aún más al que no tiene que consultarla por mí.

R.B.

Con los malos amigos se guisa mal guisote,
no ofrecen nunca ayuda, siempre van de gañote,
sólo falsas excusas, lisonjas de pegote,
¡que Dios os guarde, amigos, de algún tal amigote!

JUAN RUIZ, ARCIPRESTE DE HITA

Contar con un buen amigo es el más puro de todos los dones del Señor, porque es un amor que con nada se puede pagar.

No se hereda, como la familia; no es apremiante, como un hijo. Y carece de los medios para brindarnos un placer físico, como el cónyuge. Es, así, un lazo indescriptible que implica una dedicación más honda que todos los demás.

FRANCES FARMER

Cuando nos parezca mejor hablar que escuchar, cambiemos de amistades.

Ladies' Home Journal

Dadme la mano y quedemos
más amigos desde hoy;
que de las pendencias suele
nacer la amistad mayor.

JUAN RUIZ DE ALARCÓN

Dadme un amigo y moveré el mundo.

RAMÓN GÓMEZ DE LA SERNA

El amigo leal se ríe con tus chistes, aunque no sean tan buenos, y se conduele de tus problemas, aunque no sean tan graves.

ARNOLD GLASOW

El amor es ciego; la amistad cierra los ojos.

PROVERBIO FRANCÉS

El clásico Meandro consideraba feliz a aquel que había podido hallar al menos la sombra de un amigo. Ciertamente, tenía razón al decirlo, sobre todo si lo había probado.

MICHEL DE MONTAIGNE

El infortunio pone a prueba a los amigos y descubre a los enemigos.

EPICTETO

El oso y los viajeros
Dos viajeros iban juntos por la carretera cuando de repente apareció un oso. Uno de ellos corrió hacia un árbol de la vera del camino, trepó a las ramas y se ocultó. El otro no era tan ágil como su compañero y, como no pudo escaparse, se arrojó al suelo y fingió estar muerto. El oso se le acercó y lo olfateó, pero el viajero se

quedó muy quieto y contuvo el aliento, pues dicen que un oso no toca un cadáver. El oso lo tomo por un cadáver y se alejó. Cuando pasó el peligro, el viajero del árbol bajó y preguntó al otro qué le había susurrado el oso cuando le acercó la boca a la oreja. El otro respondió:

—Me aconsejó que nunca más viajara con un amigo que te abandona ante la primera señal de peligro.

El infortunio pone a prueba la sinceridad de la amistad.

ESOPO

El verdadero amigo es aquel que está a tu lado cuando preferiría estar en otra parte.

LEN WEIN

El verdadero amigo jamás se interpone en tu camino, a menos que vayas cayendo cuesta abajo.

ARNOLD GLASOW

Enterrar una amistad es una pena mayor que enterrar a un amigo.

HUGH BLACK

[...] entre dos corazones rectos la amistad crece con el trato. El recíproco conocimiento de las bellas prendas, que por días se van descubriendo, aumenta la mutua estimación. El consuelo que el hombre bueno recibe viendo crecer el fruto de la bondad de su amigo, le estimula a cultivar más y más la suya propia.

JOSÉ CADALSO

Entre los amigos no hay cosa secreta que no se comunique.

MIGUEL DE CERVANTES SAAVEDRA

Es mejor estar encadenado con amigos que estar en un jardín con extraños.

PROVERBIO PERSA

Escucha a otros como quieras que te escuchen a ti. Tal es la regla áurea de la amistad.

D.A.

Es una regla segura permanecer en un lugar como si usted quisiera quedarse para siempre, sin omitir jamás una oportunidad de ser amable, o de decir una palabra verdadera, o de hacer un amigo.

JOHN RUSKIN

Haga un nuevo amigo o renueve una vieja amistad
Haga nuevos amigos, pero conserve a los antiguos;
Aquéllos son plata, éstos de oro son.
Las nuevas amistades, como el vino nuevo
Serán refinadas por el tiempo.
Las amistades que han pasado la prueba
—el tiempo y el cambio— son sin duda las mejores;
La frente podrá arrugarse, y el cabello encanecer
Pero la amistad no conoce el fin.
Ya que con los amigos medianamente viejos,
probados y aceptados,
De nuevo nuestra juventud nos allegamos.
Pero los viejos amigos, ¡oh! pueden morir,
Nuevos amigos pueden ocupar su lugar.
Alaba en tu pecho a la amistad.
Lo nuevo es bueno, pero lo viejo es mejor;
Haga nuevos amigos, pero conserve

a los antiguos
Aquéllos son plata, éstos de oro son.

JOSEPH PARRY

...d del hombre es con
... un apoyo; la de la mujer
... siempre un consuelo.

JOHANN PAUL RICHTER

La amistad es de un día: la esclavitud es de siempre.

PROVERBIO ACÁDICO

La amistad es el amor sin alas.

LORD BYRON

La amistad es un alma en dos cuerpos.

ARISTÓTELES

La amistad multiplica los goces y divide las penas.

H.G.B

La amistad perdona el error y el impulso irreflexivo de la pasión, pero debe ser implacable para la decisión hecha de traficar con la propia alma, con el propio espíritu y con el propio pensamiento.

HONORÉ DE BALZAC

La amistad sólo puede existir cuando los hombres coinciden en sus opiniones sobre las cosas humanas y divinas.

CICERÓN

La gloria de la amistad no es la mano tendida, ni la sonrisa bondadosa, ni disfrutar de compañía; es la inspiración espiritual que sentimos al descubrir que alguien cree en nosotros, y está dispuesto a darnos confianza.

RALPH WALDO EMERSON

La mejor manera de conservar los amigos es no pedirles prestado nunca ni prestarles nada.

PAUL DE KOCK

La única amistad que vale es la que nace sin ningún motivo.

ARTHUR VAN SCHENDEL

La única manera de hacer un amigo es serlo.

RALPH WALDO EMERSON

La verdadera amistad es como la fosforescencia: resplandece mejor cuando el mundo se ha oscurecido en torno.

D.M.

Las gentes tienen estrellas que no son las mismas. Para los unos, que viajan, las estrellas son guías. Para otros no son más que lucecitas. Para otros, que son sabios, constituyen problemas. Para mi hombre de negocios eran oro. Pero todas esas estrellas se callan. Tú tendrás estrellas como nadie ha visto ninguna...

—¿Qué quieres decir?

—Cuando mires al cielo, por la noche, puesto que yo habitaré en una de ellas, puesto que reiré en una de ellas, entonces será para ti como si se rieran todas las estrellas. ¡Tendrás, tú, estrellas que saben reír!

Y otra vez se rió.

—Y cuando te hayas consolado (uno se consuela siempre), estarás contento de haberme conocido. Serás siempre mi amigo. Tendrás deseos de reír conmigo. Y abrirás algunas veces tu ventana, por eso, por ese placer. Y tus amigos se asombrarán de verte mirar el cielo. Entonces tú les dirás: "Sí, las estrellas, ¡siempre me dan risa!". Y te creerán loco. Te habré jugado una muy mala pasada...

ANTOINE DE SAINT-EXUPÉRY

Las niñas deben saber lo mismo que los niños, para poder hablar con ellos como amigos cuando vayan creciendo; como que es una pena que el hombre tenga que salir de su casa, a buscar con quien hablar, porque las mujeres de la casa no sepan contarle más que de diversiones y de modas.

JOSÉ MARTÍ

Llorar los amigos perdidos es menos saludable que congratularse de los nuevamente hallados.

WILLIAM SHAKESPEARE

Lo más que yo puedo hacer por mi amigo es, simplemente, ser su amigo.

HENRY DAVID THOREAU

Lo que nos gusta de nuestros amigos es la atención que nos dedican.

TRISTÁN BERNARD

Los amigos vienen y se van. Los enemigos, en cambio, se van acumulando.

THOMAS JONES

Los buenos amigos han de probar a sus amigos y valerse dellos.

MIGUEL DE CERVANTES SAAVEDRA

Los hombres no tienen tiempo de conocer nada. Compran las cosas hechas a los comerciantes. Pero como no existen comerciantes que vendan amigos, los hombres ya no tienen amigos.

ANTOINE DE SAINT-EXUPÉRY

Los malos amigos son como nuestra sombra, permanecen junto a nosotros mientras andamos bajo la luz del día, pero nos abandonan en el instante en que pasamos a la penumbra.

CHRISTIAN NESTELL BOVEE

Más vale una enemistad de buena madera, que una amistad hecha con maderas recompuestas.

FRIEDRICH WILHELM NIETZSCHE

Mi abrigo y yo coexistimos cómodamente. Se ha acostumbrado a todas mis arrugas, no molesta ninguna parte de mi cuerpo, se ha amoldado a mis deformidades y acepta complaciente todos mis movimientos. Solamente siento su presencia porque me conserva el calor. Los viejos abrigos son viejos amigos.

VÍCTOR HUGO

[...] nada debería dividir a los hombres sino el sol o la noche, la luna o las espigas.

PABLO NERUDA

Necesitamos a los viejos amigos para que nos ayuden a envejecer, y a los nuevos amigos para que nos ayuden a seguir siendo jóvenes.

LETTY CORTIN POGREBIN

No condenes a tu amigo: no sabes lo que tú habrías hecho en su lugar.

HILLEL

No es posible saber el momento preciso en que se forma la amistad. Así como al llenar un vaso, gota a gota, hay una última gota que hace que el vaso se derrame, de igual manera, en una secuencia de actos bondadosos, hay al fin uno que hace que el corazón se desborde.

JAMES BOSWELL

No hay amistades más prontas ni más firmes que las que se traban entre personas que aman los mismos libros.

IRVING STONE

No se han de visitar ni continuar las casas de los amigos casados de la misma manera que cuando eran solteros.

MIGUEL DE CERVANTES SAAVEDRA

Nos compadecemos fácilmente de las desgracias de nuestros amigos cuando éstas sirven para demostrar nuestro cariño por ellos.

FRANÇOIS, VI DUQUE DE LA ROCHEFOUCAULD

Nunca conserva firmes amistades quien sólo atento va a sus pretensiones.

JUAN RUIZ DE ALARCÓN

Nunca sabréis quiénes son vuestros amigos hasta que caigáis en la desgracia.

NAPOLEÓN BONAPARTE

Para encontrar un amigo se debe cerrar un ojo; para mantenerlo, los dos.

NORMAN DOUGLAS

Por qué la rana y la culebra nunca juegan juntas

El hijo de la rana brincaba en el bosque cuando vio algo nuevo en el camino. Era una persona larga y esbelta, y su piel relucía con todos los colores del arco iris.

—Hola —dijo Niño-rana—. ¿Qué haces tirado en el sendero?

—Calentándome al sol —respondió esa otra persona, retorciéndose y desenroscándose—. Me llamo Niño-culebra. ¿Y tú?

—Soy Niño-rana. ¿Quieres jugar conmigo?

Así Niño-rana y Niño-culebra jugaron toda la mañana en el bosque.

—Mira lo que puedo hacer —dijo Niño-rana, y dio un gran brinco en el aire—. Si quieres te enseñaré.

Enseñó a Niño-culebra a brincar, y juntos brincaron por el sendero.

—Ahora mira lo que puedo hacer —dijo Niño-culebra, y se arrastró sobre el vientre hasta el tronco de un alto árbol—. Si quieres te enseñaré.

Enseñó a Niño-rana a deslizarse sobre el vientre y trepar a los árboles.

Al cabo del tiempo ambos tuvieron hambre y decidieron ir a casa a almorzar, pero se prometieron encontrarse al día siguiente.

—Gracias por enseñarme a brincar —dijo Niño-culebra.

—Gracias por enseñarme a trepar a los árboles —dijo Niño-rana.

Y cada cual se fue a su casa.

—¡Mira lo que sé hacer, mamá! —exclamó Niño-rana, arrastrándose sobre el vientre.

—¿Dónde aprendiste a hacer eso? —preguntó su madre.

—Me lo enseñó Niño-culebra. Jugamos en el bosque esta mañana. Es mi nuevo amigo.

—¿No sabes que la familia Culebra es mala? —preguntó su madre—. Tienen veneno en los dientes. Que no te sorprenda jugando con ellos. Y que no te vuelva a ver arrastrándote por el suelo. Eso no se hace.

Entretanto, Niño-culebra fue a casa y se puso a brincar delante de su madre.

—¿Quién te enseñó a hacer eso?

—Niño-rana. Es mi nuevo amigo.

—Qué tontería. ¿No sabes que estamos enojados con la familia Rana desde hace muchísimo tiempo?

La próxima vez que juegues con Niño-rana, cógelo y engúllelo. Y deja de brincar. No es nuestra costumbre.

A la mañana siguiente, cuando Niño-rana se encontró con Niño-culebra en el bosque, mantuvo su distancia.

—Me temo que hoy no podré ir a reptar contigo —le dijo, dando un par de saltos hacia atrás.

Niño-culebra lo miró en silencio, recordando lo que había dicho su madre. "Si se acerca demasiado, saltaré sobre él y lo comeré", pensó. Pero luego recordó cuánto se habían divertido juntos, y que Niño-rana había sido muy amable al enseñarle a brincar. Así que suspiró tristemente y se internó en la arboleda.

Y desde ese día, Niño-rana y Niño-culebra nunca volvieron a jugar juntos. Pero a menudo se sentaban a solas al sol, cada cual recordando ese único día de amistad.

CUENTO TRADICIONAL AFRICANO,
WILLIAM J. BENNET

Quemad viejos leños, bebed viejos vinos, leed viejos libros, tened viejos amigos.

ALFONSO X EL SABIO

Se hacen más amigos en un mes interesándose en ellos, que en diez años tratando de que ellos se interesen en uno.

CHARLES ALLEN

Sé lento al escoger un amigo, y más en cambiarlo.

BENJAMIN FRANKLIN

Si le duele a usted criticar a sus amigos, critíquelos; si por el contrario, siente en ello el mínimo placer es señal de que debe callar.

A.D.M.

Si tienes un amigo que sufre, sé un lecho en que pueda descansar su sufrimiento; pero que sea una cama dura, un catre, que así le serás más útil.

FRIEDRICH WILHELM NIETZSCHE

Si un amigo mío... da una fiesta, y no me invita, no me debe importar ni siquiera un poco... Pero si... un amigo mío tiene una pena y se rehúsa a permitirme compartirla, debería sentirlo más profundamente. Si él cerrara las puertas de su casa en lamento contra mí, trataría una y otra vez y rogaría ser admitido para que pudiera compartir lo que me corresponde compartir. Si subestimara mi valor, si me considerara inadecuado como para llorar con él, debería sentir, entonces sí, la más profunda humillación.

OSCAR WILDE

Sólo apreciamos a nuestros amigos cuando nos vemos amenazados con perderlos.

FRANÇOIS RENÉ DE CHATEAUBRIAND

Trata a tu amigo como si algún día hubiera de convertirse en enemigo, y a tu enemigo como si algún día hubiera de ser tu amigo.

DÉCIMO LABERIO

Tú no eres todavía, para mí, sino un muchachito muy parecido a cien mil muchachitos más. Y yo no te necesito. Y tú tampoco me necesitas a mí. No soy para ti sino una zorra semejante a otras cien mil. Pero si tú me domesticas, tendremos necesidad el uno del otro. Tú serás para mí el único en el mundo... Yo seré para ti la única en el mundo...

ANTOINE DE SAINT-EXUPÉRY

Un amigo debe ser maestro en el arte de adivinar y de callar. No has de empeñarte en ver todo.

FRIEDRICH WILHELM NIETZSCHE

Un amigo es alguien con quien se puede no hacer nada, y disfrutarlo.

The Optimist Magazine

Un hermano puede no ser un amigo; pero un amigo será siempre un hermano.

BENJAMIN FRANKLIN

Un sueño de palabras

Un dulce sueño de palabras
quiero que conozcan, amigos míos.
    El dorado grano de las mazorcas
trae la vida en primavera:
los granos rubios
de la mazorca tierna
nos dan su fuerza.
    Un hermoso collar de jade
nos pone al cuello
la primavera;
pero un tesoro aún más rico
nos da la vida,
si la fidelidad anima
el corazón de los amigos.

TECAYEHUATZIN

Una amistad que termina, nunca había comenzado.

PUBLIO SIRIO

Dios:
¿Por qué es tan difícil acercarse a la gente,
dejar que la gente se acerque a mí
y hacer amigos?
¿Es porque he sido lastimado
y tengo miedo de ser vulnerable?
¿Es porque pienso
que otros se aprovecharán de mi apertura?
Tu hijo tuvo doce amigos cercanos.
Y sin embargo uno lo vendió por treinta
piezas de plata.
Otro renegó de haberlo conocido.
El resto escapó
cuando él más los necesitaba.
Jesús predijo incluso estas cosas;
sin embargo, él no se alejó
de la amistad.
    Haz que tenga el deseo de arriesgarme,
también
ayúdame a darme cuenta
de que, finalmente,
al abrirme a otro ser humano
me abro hacia Ti, Amén.

ANÓNIMO

Vivir sin amigos es morir sin testigos.

GEORGE HERBERT

Y tú gana amigos, que es cosa durable; ten con ellos constancia, no vivas en flor.

FERNANDO DE ROJAS

Yo tengo cinco o seis amigos íntimos. Nunca nos ponemos de acuerdo sobre la primera vez que nos hemos visto. Porque la primera vez uno entrevé o no ve a esa persona. Ocurre que la primera impresión que causaron personas que son importantes en la vida de uno suele ser bastante vaga. Después crecen sobre uno y aquellos instantes se van borrando. Cuando alguien le dice esto a una mujer, no le agrada. Ellas esperan que se les diga que el primer encuentro fue inolvidable.

JORGE LUIS BORGES

¿Y hay cosa más indigna que adquirir la reputación de querer más su dinero que sus amigos?

PLATÓN

¡Conseguid amigos que estén dispuestos a censuraros!

NICOLAS BOILEAU

Los enemigos

[...] entre nuestros enemigos
los más temibles a veces son los más pequeños.

JEAN DE LA FONTAINE

A enemigo que huye, puente de plata.

REFRÁN ESPAÑOL

Al adversario no hay que aplastarle, hay que ganársele.

MAHATMA GANDHI

Una anciana preguntó a Abraham Lincoln:
—¿Cómo puede usted expresarse amablemente de sus enemigos, cuando debería destruirlos?
—Señora —respondió él—, ¿acaso no los destruyo al convertirlos en amigos?

CARL SANDBURG

Cuando dos hombres desean la misma cosa que no pueden gozar juntos se convierten en enemigos.

THOMAS HOBBES

Cuanto más bondadosamente tratamos a quien nos odia, más armas le damos para que nos traicione.

PIERRE CORNEILLE

De todos los peligros, el mayor es subestimar al enemigo.

PEARL S. BUCK

El enemigo comienza a ser peligroso cuando comienza a tener razón.

JACINTO BENAVENTE

Huid del enemigo que conoce vuestros defectos.

PIERRE CORNEILLE

Los hombres sabios aprenden mucho de sus enemigos.

ARISTÓFANES

Más vale un enemigo sabio, que un amigo estúpido.

Panchatantra

No hay enemigo pequeño.

REFRÁN ESPAÑOL

Nuestros verdaderos enemigos están en nosotros mismos.

JACQUES BENIGNE BOSSUET

Pega sin injuriar: tu enemigo sólo recordará tus injurias, no tus golpes.

RENÉ CHAR

Que lo semejante es amigo de lo semejante, que equivale a decir que sólo el bueno es amigo del bueno, y que el malo es incapaz de una amistad verdadera, ni con el hombre de bien ni con otro malo.

ESQUILO

Si hieres a una pantera, más vale que la mates; pues, tan pronto haya curado su herida, ella te matará a ti.

LOS ÂLMAMIS DE LA CASA DE SORIYÂ

El amor todo lo vence.

VIRGILIO

Gabriela Mistral

Gabriela Mistral —Lucila Godoy— nació en 1889 en Vicuña, al norte de Chile. Fue hija de Jerónimo Godoy y de Petronila Alcayaya. El padre fue, al parecer, un personaje pintoresco: tenía facilidad para improvisar versos, se había educado en un seminario y estaba a punto de ordenarse cuando conoció a Petronila. Antes de que Lucila naciera, su padre trabajó como maestro rural, empleo que abandonó por problemas de alcoholismo. Según se dice, bautizó a su hija, le compuso unos versos en los que le deseaba buena fortuna, y ahí acabaron sus obligaciones; abandonó a la familia en busca de aventuras, y cuentan que recorrió a pie desde Alaska hasta la Patagonia. Cuando la niña tenía once años, regresó como si nada hubiera pasado, se quedó tres o cuatro meses y se fue otra vez sin decir nada. Gabriela dijo que él le enseñó "el gusto de sentir el misterio de la tierra bruta bajo sus pies".

Su madre era de origen vasco. Los domingos enviaba a la niña a visitar a su abuela paterna, Isabel Villanueva, que era la única persona del pueblo que tenía una Biblia. La anciana, probablemente judía, hacía que la niña leyera una y otra vez los salmos de David y las súplicas de Job. Era una mujer muy alta, arrogante y reservada: sólo rompía su silencio algunas noches de verano cuando miraba al cielo y creía leer el futuro en las estrellas, lo que ocasionó que su figura fuera legendaria en la zona.

Gabriela Mistral amó a las dos razas: la vasca y la hebrea. Sobre su infancia su madre decía: "solía abandonar mis brazos para ir al huerto y quedarse durante horas contemplando los almendros en flor y charlando con pájaros y flores".

Comenzó a dar clases a los quince años, para mantener a su madre y a su hermana, quien se había quedado paralítica. No había estudiado para ello, pero siguió los pasos de su padre y consiguió una ayudantía escolar. Dedicó varios años de su vida a la labor docente, primero en la aldea vecina a su ciudad y tiempo después en varias ciudades chilenas. En 1914 participó en un certamen literario con tres sonetos. El premio constaba de una flor natural, una corona de laurel y una medalla de oro, objetos que ella nunca reclamó. Se cuenta que no se presentó a leer sus sonetos en el teatro porque no pudo comprar ropa apropiada, así que asistió a la lectura que otra persona hizo de sus poemas mezclada con el público de la galería. Este premio provocó que los intelectuales de la época se fijaran en ella. Entre 1916 y 1918 publicó una serie de poemas dispersos en textos escolares, y comenzó a colaborar en algunas publicaciones. Su creciente reputación literaria ayudó a su carrera docente y en 1918 fue nombrada directora del liceo de Punta Arenas; después dirigió los liceos de Temuco y Santiago. Inició correspondencia con famosos escritores de la época, como Amado Nervo, Enrique González Martínez y José Vasconcelos. En 1921 conoció al filósofo mexicano Antonio Caso, que dio una conferencia en el plantel que ella dirigía. En 1922, Vasconcelos la invitó a participar en la reforma educativa posrevolucionaria, y viajó a México. Su recibimiento y su salida de este país fueron apoteósicos: para despedirla, por ejemplo, cuatro mil niños cantaron sus "Rondas" en el Bosque de Chapultepec.

La fama internacional de Gabriela Mistral comenzó cuando Federico de Onís, hombre de letras muy reconocido en su época, escogió sus poemas para una conferencia magistral en la Universidad de Columbia. Era una poeta desconocida, pero su obra despertó tal interés que su primer libro, *Desolación*, fue editado en Nueva York.

Después de su estancia en México, Gabriela Mistral partió a Estados Unidos y luego a España. En 1925 regresó a Chile y continuó con su labor literaria y difusiva desde puestos gubernamentales. Creó colecciones de lecturas y desempeñó diversos cargos en la ONU. Chile la nombró cónsul vitalicio donde ella quisiera. En Madrid vivió un incidente desagradable. En una ocasión escribió una carta a un amigo, en la que criticaba el carácter de los españoles. Tiempo después, le pidieron al amigo algún artículo de ella para publicarlo en una revista y éste, sin advertirlo, entregó la carta junto con otros papeles. Se publicó la misiva y ocasionó un escándalo. Ella creyó que los españoles se

habían confabulado en su contra y abandonó Madrid.

En 1945 recibió el premio Nobel de literatura. Parece que se avergonzaba cuando tenía que hacer referencia al premio: "Eso de Estocolmo", decía. Su obsesión no fue ser alabada, sino amada: "Soy ambiciosa, aspiro al amor universal". Con la fama, su producción literaria bajó; después de *Desolación* publicó *Tala* (1938) y *Lagar* (1954), poemarios carentes de la grandeza y la espontaneidad de sus primeros poemas. Su obra es más intuitiva que intelectual, escrita por un alma apasionada, aunque en ella se trasluce un gran catolicismo e interés en la teosofía. Su carácter fue difícil: era una mujer retraída, taciturna y huraña. Decía ella misma que siempre había estado muy sola en todas partes, y que al escribir lo hacía como "quien habla en soledad".

Se cree que sólo se enamoró una vez, muy joven, cuando trabajaba como ayudante en una escuela rural. El nombre del amado era Rodamelio Urueta, un ferrocarrilero que se suicidó por ser hallado culpable de un desfalco. Nadie supo nunca si este fue realmente el hombre del que se enamoró, aunque entre las cosas de él se encontró un retrato de la poeta. Mucho tiempo después, ella aseguraba que sus poemas amorosos no eran para la misma persona: "Dicen que me enamoré del ferrocarrilero. ¡Bah! Él me pretendía. Se llamaba Rodamelio. ¿Pero cómo creen que me pudiera enamorar de un hombre que cargara un nombre tan ridículo?"

Gabriela Mistral murió en 1957. Después de su muerte se publicó su *Canto a Chile*, obra que muestra el idealismo latinoamericano.

La comunicación y el lenguaje

Cuando te hallares en compañía, no te extiendas demasiado en contar tus hazañas ni los peligros que has pasado. No has de creer que los demás tengan tanto placer de escucharte como tú tienes gusto de discurrir.

EPICTETO

El mejor argumento es el que sólo parece una explicación.

DALE CARNEGIE

Las palabras solas no comunican: hay que preparar algo, de lo cual las palabras son sólo una insinuación.

IDRIES SHAH

Muy pocos sabemos escuchar. Imposible atender a otro mientras pensamos en nuestra apariencia, o en impresionar, o en qué vamos a responder, o en si lo que nos están diciendo es verdadero, importante o ameno. Tales cuestiones tienen cabida, pero sólo después de recibir la palabra del interlocutor.

Escuchar es un acto primitivo del amor en el cual una persona se entrega a la palabra de otra haciéndose accesible y vulnerable a ella.

WILLIAM STRINGFELLOW

Nunca se rebaja tanto el nivel de una conversación, como cuando se alza la voz.

ROGER PATRÓN LUJÁN

Cuando hables a un hombre, mírale a los ojos; cuando él te hable a ti, mírale a la boca.

BENJAMIN FRANKLIN

La conversación más agradable es aquella de la que no se recuerda nada con precisión, pero deja una impresión general agradable.

SAMUEL JOHNSON

La discusión es masculina; la conversación es femenina.

LOUISE M. ALCOTT

La razón de que haya tan pocas personas que resulten agradables en la conversación estriba en que cada cual piensa más en lo que se propone decir que en lo que están diciendo otros, y nunca escuchamos cuando estamos deseosos de hablar.

FRANÇOIS, VI DUQUE DE LA ROCHEFOUCAULD

Una sola conversación con un hombre sabio vale más que diez años de estudio en los libros.

HENRY WADSWORTH LONGFELLOW

El lenguaje

[...] mejor habla, señor, quien mejor calla.

PEDRO CALDERÓN DE LA BARCA

Por una parte, el hombre ha hecho el habla; por otra, el habla ha hecho al hombre: dos agentes que se modelan el uno al otro. El que deseaba labrar una estatua hizo un cincel: el cincel lo hizo poco a poco escultor.

ALFONSO REYES

[...] Sé de esos que solo deben su reputación de sabios a que no dicen nada, y que, si hablaran, inducirían, estoy muy cierto, a la condenación a aquellos de sus oyentes que se inclinan a tratar a sus hermanos de locos.

WILLIAM SHAKESPEARE

A los pájaros se les atrapa por las patas y a los hombres por la lengua.

THOMAS FULLER

Aborrezco los preámbulos que no sirven más que para gastar saliva. Las cosas se deben tratar con pocas palabras, y esas claras. A dentro o a fuera; esa es la mía: lo que se puede decir en cinco minutos, ¿por qué se ha de decir en una hora? Lo que se puede hacer hoy, ¿por qué dejarlo para mañana? De todos los caminos el más corto es el mejor.

CECILIA BOHL DE FABER Y DE LARREA

Al hablar bien de los demás, hablas bien de ti mismo.

JOSÉ AGUSTÍN ROJAS

Así como es característica de los grandes pensadores decir mucho en pocas palabras, las mentes pequeñas se distinguen por valerse de muchas palabras para no decir nada.

FRANÇOIS, VI DUQUE DE LA ROCHEFOUCAULD

Así como existe un arte de bien hablar, existe también el arte de bien escuchar.

EPICTETO

Contradecir es, muchas veces, llamar a la puerta para saber si hay alguien en casa.

ATRIBUIDO A DELPHINE DE GIRARDIN

Cuando esté en posición de poder decir mediante qué discurso se puede llevar la convicción a las almas más diversas, cuando, puesto en presencia de un individuo, sepa leer en su corazón y pueda decirse a sí mismo: "he aquí el hombre, he aquí el carácter que mis maestros me han pintado; él está delante de mí; y para persuadirle de tal o cual cosa deberé usar de tal o cual lenguaje"; cuando él posea todos estos conocimientos, cuando sepa distinguir las ocasiones en que es preciso hablar y en las que es preciso callar; cuando sepa emplear o evitar con oportunidad el estilo conciso, las quejas lastimeras, las amplificaciones magníficas y todos los demás giros que la escuela le haya enseñado; sólo entonces poseerá el arte de la palabra.

PLATÓN

Decir lengua es decir civilización: comunidad de valores, símbolos, usos, creencias, visiones, preguntas sobre el pasado, el presente, el porvenir. Al hablar no hablamos únicamente con los que tenemos cerca: hablamos también con los muertos y con los que aún no nacen, con los árboles y las ciudades, los ríos y las ruinas, los animales y las cosas. Hablamos con el mundo animado y el inanimado, con lo visible y lo invisible. Hablamos con nosotros mismos. Hablar es convivir, vivir en un mundo que es este mundo y sus trasmundos, este tiempo y los otros: una civilización.

OCTAVIO PAZ

El que mucho habla mucho yerra.

PROVERBIO ESPAÑOL

En materia de lenguaje, lo que me interesa no es la elegancia sino la exactitud, la precisión casi quirúrgica. A modo de ilustración me basaré en la conocida anécdota de Noah Webster, escritor y lexicógrafo estadounidense, autor del diccionario que lleva su nombre.

En cierta ocasión, la esposa de Noah descubrió a su marido besando a la cocinera y exclamó:

—¡Vaya, señor Webster, estoy sorprendida!

—No, querida —replicó—. El sorprendido soy yo. Tú estás asombrada.

ALEXANDER WOOLLCOTT

En nuestro lenguaje diario hay un grupo de palabras prohibidas, secretas, sin contenido claro, y a cuya mágica ambigüedad confiamos la expresión de las más brutales o sutiles de nuestras emociones y reacciones. Palabras malditas, que sólo pronunciamos en voz alta cuando no somos dueños de nosotros mismos. Confusamente reflejan nuestra intimidad: las explosiones de nuestra vitalidad las iluminan y las depresiones de nuestro ánimo las oscurecen. Lenguaje sagrado, como el de los niños, la poesía y las sectas. Cada letra y cada sílaba están animadas de una vida doble, al mismo tiempo luminosa y oscura, que nos revela y oculta. Palabras que no dicen nada y dicen todo. Los adolescentes, cuando quieren presumir de hombres, las pronuncian con voz ronca. Las repiten las señoras, ya para significar su libertad de espíritu, ya para mostrar la verdad de sus sentimientos. Pues estas palabras son definitivas, categóricas, a pesar de su ambigüedad y de la facilidad con que varía su significado. Son las malas palabras, único lenguaje vivo en un mundo de vocablos anémicos. La poesía al alcance de todos.

OCTAVIO PAZ

Es querer atar las lenguas de los maldicientes lo mesmo que poner puertas al campo.

MIGUEL DE CERVANTES SAAVEDRA

Está escrito: "Un altar de tierra harás para mí... y si haces para mí un altar de piedra no lo construirás de piedras talladas, porque si levantas tu herramienta sobre él, lo profanarás." *Éxodo* 20:25.

El rabí de Rizhyn explicaba esto como sigue: "El altar de tierra es el altar del silencio, que es el más agradable a Dios. Pero si haces un altar de palabras, no las talles ni las esculpas, porque tal artificio las profanaría."

ISRAEL DE RIZHYN

Es una gran desgracia no tener bastante talento para hablar bien, ni bastante juicio para callarse.

JEAN DE LA BRUYÈRE

Habla poco y obra mucho.

BENJAMIN FRANKLIN

La magia de la lengua es el más peligroso de todos los hechizos.

BULWER-LYTTON

La palabra es un fruto cuya piel se llama palabrería; la carne, elocuencia; y el hueso, buen sentido.

TIERNO BOKAR

La palabra es un rodillo que alarga siempre los sentimientos.

GUSTAVE FLAUBERT

La palabra no ha sido dada al hombre: la ha tomado él.

LOUIS ARAGÓN

La palabra, cuando es creación, desnuda. La primera virtud de la poesía, tanto para el poeta como para el lector, consiste en la revelación del propio ser. La conciencia de las palabras lleva a la conciencia de uno mismo: a conocerse, a reconocerse.

OCTAVIO PAZ

Las más hondas palabras
del sabio nos enseñan
lo que el silbar del viento cuando sopla
o el sonar de las aguas cuando ruedan.

ANTONIO MACHADO

[...] las obras compuestas de varias piezas y hechas por varias personas, no son tan perfectas como las ejecutadas por una persona.

RENÉ DESCARTES

Las palabras deshonran cuando no llevan detrás un corazón limpio y entero. Las palabras están de más, cuando no fundan, cuando no esclarecen, cuando no atraen, cuando no añaden.

JOSÉ MARTÍ

Las palabras humildes son mensajeras de la paz; las orgullosas, de la guerra.

RAIMUNDO LULIO

Las palabras no son tanto de quien las dice, sino de quien realmente las siente y vive su mensaje.

SERGIO OLARTE

[...] los hombres de acción, los gozadores tendrán siempre más cosas que contar que los poetas, pero no les será dado el hacerlo. Los espíritus creadores, por el contrario, se ven forzados a imaginar, porque lo que han vivido no basta para hacer jugosa la narración. Muy pocas veces la vida del poeta merece ser contada y, al revés: muy pocos hombres de vida pródiga en incidentes de todo género, tienen capacidad bastante para contarla.

JACOBO CASANOVA

Los jóvenes son barrocos por timidez. Temen que si dijeran exactamente lo que se han propuesto los demás descubrirían en ello una tontería. Entonces se ocultan bajo varias máscaras, llegan a pensar que la literatura es una especie de arte combinatoria de palabras. Pero el arte se hace de vida y no de vida meramente observada.

JORGE LUIS BORGES

Los necios son sabios hasta que hablan.

RANDLE COTGRAVE

Mira, Sancho, no te digo yo que parece mal un refrán traído a propósito; pero cargar y ensartar refranes a troche moche hace la plática desmayada y baja.

MIGUEL DE CERVANTES SAAVEDRA

Muchas veces me he arrepentido de haber hablado, pero nunca de haber guardado silencio.

PUBLIO SIRO

No hay espejo que mejor refleje la imagen del hombre que sus palabras.

LUIS VIVES

[...] para que el suceso más trivial se convierta en aventura, es necesario y suficiente *contarlo*. Esto es lo que engaña a la gente; el hombre es siempre un narrador de historias; vive rodeado de sus historias y de las ajenas, ve a través de ellas todo lo que le sucede, y trata de vivir su vida como si la contara.

Pero hay que escoger: o vivir o contar.

JEAN PAUL SARTRE

Pueden ser justas las palabras, pero si son crueles, muerden el alma.

SÓFOCLES

Que harta ventura tiene un delincuente, que está en su lengua su vida o su muerte, y no en la de los testigos y probanzas.

MIGUEL DE CERVANTES SAAVEDRA

Todo home se debe mucho guardar en su palabra, de manera que sea acertada e pensada antes que la diga; ca después que sale de la boca, no puede home facer que non sea dicha.

ALFONSO X, EL SABIO

Una de las formas de derroche es hacer un gasto de palabras superior al ingreso de ideas.

H.F.H.

Ved, por ejemplo, en un orador, su gesto, que rivaliza con la palabra. Envidiando a la palabra, el gesto corre tras el pensamiento y quiere también servirle de intérprete.

HENRI BERGSON

Sé breve en tus razonamientos; que ninguno hay gustoso si es largo.

MIGUEL DE CERVANTES SAAVEDRA

Creo en el poder del pensamiento más que en el de la palabra, ya sea oral o escrita.

MAHATMA GANDHI

¿Qué sirven falsas excusas,
qué quimeras, qué invenciones,
donde la misma verdad
acusa tu lengua torpe?
Hablas tú tan mal de mí,
sin que contigo te enojes
¡y enójaste con quien pudo
contarme tus sinrazones!
Quien te daña es la verdad
de las culpas que te ponen:
Si pecaste y yo lo supe
¿qué, importa saber de dónde?
Pues nadie me ha referido
lo que hablaste aquella noche:
verdad te digo, o la muerte
en agraz mis años corte.
Y siendo así, sabes tú
que son las mismas razones

las que aquí me has escuchado,
que las que dijiste entonces.
Y pues las sé, bien te puedes
despedir de mis favores,
y, a toda ley, hablar bien,
porque *las paredes oyen*.

JUAN RUIZ DE ALARCÓN

La discreción es la gramática del buen lenguaje, que se acompaña con el uso.

MIGUEL DE CERVANTES SAAVEDRA

Para una conversación seria no es necesario comprender lo que se nos dice, pues basta únicamente recordar bien lo que debemos decir.

LEÓN TOLSTOI

[...] las palabras no viven fuera de nosotros. Nosotros somos su mundo y ellas el nuestro. Para apresar el lenguaje no tenemos más remedio que emplearlo. Las redes de pescar palabras están hechas de palabras.

OCTAVIO PAZ

Antes de conocer la verdadera naturaleza del objeto sobre el que se habla o escribe; antes de estar en disposición de dar una definición general y de distinguir los diferentes elementos, descendiendo hasta sus partes indivisibles; antes de haber penetrado por el análisis en la naturaleza del alma, y de haber reconocido la especie de discursos que es propia para convencer a los distintos espíritus; dispuesto y ordenado todo de manera que a un alma compleja se ofrezcan discursos llenos de complejidad y de armonía, y a un alma sencilla discursos sencillos, es imposible manejar perfectamente el arte de la palabra, ni para enseñar ni para persuadir [...]

PLATÓN

Cicerón

Marco Tulio Cicerón, el más grande orador latino, nació el 3 de enero del 106 a.C., en la finca de su padre, cercana a la ciudad de Arpino. Se trataba de uno de esos pequeños municipios del campo, de los cuales solían burlarse las personas distinguidas de Roma porque ahí se hablaba un latín dudoso y se desconocían los buenos modales. Sin embargo, su familia era de caballeros, y el ambiente que lo rodeó fue propicio para su formación. Su abuelo participó en la política del municipio, y dos pretores pertenecieron a su familia materna. Aunque su padre prefería la vida del campo, la convicción de que sus dos hijos, Marco y Quinto, recibieran una buena educación predominó y la familia se estableció en Roma, donde obtuvieron una sólida formación.

Su personalidad se caracterizó por la honradez, la rectitud, y una clara visión de lo que debía ser la vida cívica, aunque su temperamento vanidoso e indeciso provocó que su actividad política no fuera lo grandioso que él esperaba, debido a los duros tiempos que le tocó vivir.

Cicero es un sobrenombre con el que se conocía a la familia de los Tulios, y que en latín significa "chícharo, guisante, arveja". Perteneció tal vez a un familiar de Cicerón que tenía una nariz ancha aplastada, con una pequeña hendidura; pero otra versión cuenta que ese mismo antepasado era un buen hortelano y cultivaba guisantes. Sea cual haya sido el origen de su apodo genérico, Cicerón estaba orgulloso de él y se negó rotundamente a cambiarlo cuando sus amigos se lo aconsejaron, al comienzo de su carrera política.

Cuentan que, de niño, Marco Tulio acostumbraba a ir al Foro, donde escuchaba a Craso y Antonio, los más famosos oradores de su tiempo. Fue discípulo del primero, estudió con maestros griegos y aprendió el arte de la oratoria con el famoso actor Roscio. El poeta Arquías dirigió parte de su educación y lo incitó a dedicarse a la poesía, lo cual hizo durante su juventud. Cuando cumplió la mayoría de edad, en el año 90 a.C., su padre lo puso bajo el cuidado de Quinto Muscio Scevola, para que estudiara derecho. Fue en estas clases donde conoció a Tito Pomponio Attico. Prestó servicio militar un año, pero el ejército no lo atrajo, así que en la primera oportunidad regresó a Roma y continuó con sus estudios.

A los 25 años defendió como abogado por primera vez a Publio Quinctio, cuñado de Roscio, quien pertenecía a una de las familias más influyentes de Roma y más cercanas al dictador Sila. Ganó el pleito, lo cual le atrajo muchos contactos, casos importantes y prestigio. Sin embargo, la prudencia le aconsejó viajar por Grecia y Egipto, para perfeccionar sus estudios de filosofía y retórica. Regresó a Roma en el año 77 a.C., a la muerte de Sila, y ese mismo año se casó con Terencia, una muchacha que pertenecía a una familia distinguida y rica. La unión fue más ventajosa que deseada, sobre todo para un joven que ingresaba en la vida política con más talento que fortuna, pues su padre sólo le había dejado un modesto patrimonio. El matrimonio, que duró 30 años, fue más desencantado que dichoso, y la vida fue difícil para ambos. Ella se ocupaba de los asuntos domésticos, mientras Cicerón construía su carrera política. Al parecer, sus personalidades e intereses diferían por completo, y mientras Terencia era muy devota, consultaba adivinos y creía en prodigios, él era un descreído que se ocupaba de asuntos públicos.

En el año 75 a.C. fue enviado a Sicilia, donde desempeñó con gran honradez el puesto que le habían asignado. Los sicilianos le encargaron su defensa contra el estafador Verrés, y con ese motivo, Cicerón pronunció uno de sus mejores discursos, el *Actio Prima*.

En el año 66 a.C., Cicerón apoyó la causa de Pompeyo y buscó la alianza de los nobles contra los demócratas con el objetivo de formar un gran partido moderado en el que caballeros y senadores se unieran. Esta alianza provocó que dos años más tarde enfrentara al senador Catilina, quien se había conjurado con otros para tomar el poder; entre ellos se encontraba quizás Julio César. Cicerón pronunció los famosos discursos conocidos como *Catilinarias*, que provocaron la condena de los

cómplices y la persecución y muerte de Catilina en el año 62 a.C.

Así se granjeó la enemistad de los miembros del partido demócrata, principalmente del tribuno del pueblo, Clodius, quien lo acusó de haber atacado ilegalmente a los integrantes de la conjuración de Catilina. Fue ésta la época del primer triunvirato de la República romana, conformado por Craso, Pompeyo y César, quienes desterraron a Cicerón y destruyeron su casa. El orador se quedó sin respaldo político, así que se dedicó a su obra literaria; pero pronto lo llamaron para que se encargara de contender con Clodius, el cual se había excedido en su política. Así, Cicerón atacó al tribuno al defender a su adversario Milón, lo cual le atrajo cargos públicos: fue nombrado procónsul en Cilicia en el año 51 a.C.

Cicerón fue un personaje indeciso, y tomó la peor decisión de su vida al apoyar a Pompeyo cuando se presentó la ruptura entre éste y César, aunque no participó en la guerra. Después de la victoria de César en Farsalia, Cicerón le suplicó que le permitiera regresar a Roma, y César se lo concedió en el año 46 a.C. Escribió algunos discursos y tratados de divulgación filosófica, que fue una de sus grandes pasiones personales. En el año 44, ante el asesinato de César, recuperó la esperanza de volver a la actividad política, pero Marco Antonio y Octavio, partidarios de Julio César, tomaron el poder y, junto con Lépido, formaron el segundo triunvirato. Cicerón decidió atacar a Antonio en un discurso, y esto provocó que fuera perseguido por el ejército. Fue alcanzado mientras huía; lo mataron en diciembre del año 43 a.C.

El dinero
y el éxito

De quien opina que el dinero puede
hacerlo todo, cabe esperar que hará
cualquier cosa por dinero.

BENJAMIN FRANKLIN

El dinero

Ahorra de joven y gasta de viejo.

H.C. Bohn

Con el dinero se puede fundar una casa espléndida, pero no una familia dichosa.

Manuel Tamayo y Baus

El dinero en poder de un mozo inmoral y relajado es una espada en las manos de un loco furioso.

José Joaquín Fernández de Lizardi

El dinero es un buen sirviente, pero un mal amo.

H. C. Bohn

El dinero que se posee es el instrumento de la libertad; el que se persigue es el de la servidumbre.

Jean-Jacques Rousseau

El hombre que sabe gastar y ahorrar es el más feliz, porque disfruta con ambas cosas.

Samuel Johnson

El rey es el Dinero

Ahora y en la tierra
donde vivamos reina el Dinero.
Al Dinero admiran
reyes y vasallos.
Al Dinero venal
hace favores el orden pontifical.
Mantiene al Abad
El Dinero en su celda prisionero.
Al Dinero funesto
venera una muchedumbre de priores.
El Dinero de los poderosos
se yergue como juez en los concilios.
Del Dinero nace la guerra,
y si él quisiera, paz hubiera.
El Dinero va al litigio
por someter a otros ricos.
Del estiércol levanta
a quien no sea noble.
El Dinero todo compra y vende,
y lo que ha dado, recobra.
El Dinero es adulador,
y después suavemente, amenazador.
El Dinero es mentiroso,
rara vez es verdadero.
El Dinero hace desleales
a pobres y a moribundos.
Para los avaros el Dinero
es la esperanza y el dios del goce.
El Dinero mal usado
da el amor de las mujeres.
El Dinero a prostitutas
puede hacer emperatrices.
De los propios bandidos
el Dinero hace Señores.
Más ladrones el Dinero tiene
que estrellas el firmamento.
Cuando el Dinero lo quiere,
todo peligro al instante desaparece.
Si el Dinero es fuerte,
cuando un dueño al juez le dice:
—El Dinero trataba
de robar mi más blanco carnero—,
el Dinero, rey magno,
dice: —Es negro el que yo traigo.
Y al Dinero apoyan las dignidades presentes.
Si el Dinero habla,
el pobre calla, esto es bien sabido.
El Dinero evita la tristeza
y alivia sufrimientos.
El Dinero mata el corazón
y ciega la luz del sabio.
El Dinero, y esto es cierto,
hace que el tonto parezca elocuente.
El Dinero tiene médicos
y compra falsos amigos.
En la mesa del Dinero
manjares hay abundantes y finos.
Devora el Dinero
peces de exquisito condimento.
Vino de los franceses
bebe y de otros mares.
El Dinero vistosas
y caras ropas viste.

Dan esas ropas al Dinero
su esplendor externo.
El Dinero lleva mejores
gemas que las de la India.
El Dinero dulce se piensa
porque toda gente lo saluda.
El Dinero todo invade
con los soldados que quiere.
El Dinero es adorado
porque hace milagros:
los males sana, corta, quema
y las arrugas alisa.
Al vil torna querido
y deja amargo lo dulce.
Hace oír al sordo
y saltar al cojo.
Pero la mayor excelencia
del Dinero se las declaro ahora:
vi al Dinero predicando
y la misa oficiando;
el Dinero cantaba
y él mismo el responso se daba
mientras el sermón decía;
¡pero lo vi sonreír
porque del pueblo se burlaba!
El Dinero honra recibe,
y sin él nadie es amado.
Del que no tenga honor,
el Dinero clama: "Es hombre probo".
Todo esto le muestra a quien sea
que el Dinero reina dondequiera.
Y puesto que se acaba todo
cuanto la gloria del Dinero desea,
de su camino apartarse quiere
la sabiduría, tan sólo.

ANÓNIMO, *Carmina Burana*

Presta dinero a un enemigo y lo
ganarás; a un amigo y lo perderás.

BENJAMIN FRANKLIN

El dinero puede comprar una
cama, pero no el sueño; libros, mas
no la inteligencia; alimentos, no así
el apetito; finas ropas, aunque no la
belleza; una casa, mas no un hogar;
medicamentos, pero no la salud;
lujos, aunque no la cultura;
diversiones, si bien no la felicidad;
alguna religión, mas no la salvación;
un pasaporte adonde sea, pero no al
paraíso.

ANÓNIMO

En resumen lo digo, entiéndelo
mejor:
el dinero es del mundo el gran
agitador,
hace señor al siervo y siervo hace al
señor...

JUAN RUIZ, ARCIPRESTE DE HITA

Poderoso caballero es don Dinero
Madre, yo al oro me humillo;
él es mi amante y mi amado,
pues, de puro enamorado,
de continuo anda, amarillo;
que pues, doblón o sencillo,
hace todo cuanto quiero
poderoso caballero
es don Dinero.
... Y pues quien le trae al lado
es hermoso, aunque sea fiero,
poderoso caballero
es don dinero.
Es galán y es como un oro,
tiene quebrado el color,
persona de gran valor,
tan cristiano como moro.
Pues que da y quita el decoro
y quebranta cualquier fuero,
poderoso caballero
es don Dinero.
Son sus padres principales,
y es de nobles descendiente,
porque en las venas de Oriente
todas las sangres son reales;
y pues es quien hace iguales
al duque y al ganadero,
poderoso caballero
es don Dinero.
... Y es tanta su majestad
(aunque son sus duelos hartos),
que con haberle hecho cuartos,

ni pierde su autoridad;
pero, pues da calidad
al noble y al pordiosero,
poderoso caballero
es don Dinero.
Más valen en cualquier tierra
(¡mirad si es harto sagaz!)
sus escudos en la paz
que rodelas en la guerra.
Y pues al pobre le entierra
y hace proprio al forastero,
poderoso caballero
es don Dinero.

Francisco de Quevedo y Villegas

Lo más odioso y vil que tiene el
dinero, es que hasta otorga talento.

Fedor Dostoievski

¡Si queréis saber el valor del
dinero, intentad pedir un préstamo!

Benjamin Franklin

¡A qué excesos no lleva, sacra
fame,
del oro el apetito a los humanos!

Dante Alighieri

Hace mucho el dinero, mucho se
le ha de amar;
al torpe hace discreto, hombre de
respetar,
hace correr al cojo, al mudo le hace
hablar;
el que no tiene manos bien lo quiere
tomar.

Juan Ruiz, Arcipreste de Hita

La riqueza

Cuando uno se deshace de todo lo
que posee, pasa, en realidad, a
poseer todos los tesoros del mundo.

Mahatma Gandhi

El hombre próspero es como el
árbol: la gente permanece a su
alrededor mientras está cubierto de
fruto; pero tan pronto el fruto cae, la
gente se dispersa en busca de un
árbol mejor.

Anónimo, *Las mil y una noches*

El camino más corto para llegar a
la riqueza es despreciarla.

Lucio Anneo Séneca

El capital no es un mal en sí
mismo. El mal radica en su mal uso.

Mahatma Gandhi

El rico posee montones de cosas
superfluas que no necesita y, por
tanto, descuida y derrocha, mientras
que millones de hombres mueren de
hambre por falta de alimentos. Si
cada uno guarda solo lo que
necesita, a nadie le faltará nada,
contentándose cada uno con lo suyo.
En el actual sistema, el rico está tan
descontento como el pobre. Al pobre
le gustaría convertirse en millonario y
el millonario querría ser
multimillonario. El rico debería
tomar la iniciativa de no poseer, para
permitir que reinase la satisfacción
universal.

Mahatma Gandhi

Es difícil que una persona rica sea
modesta o que una persona modesta
sea rica.

Epicteto

La pobreza a nadie quita nobleza;
la riqueza, sí.

Giovanni Boccaccio

No es rico el que tiene mucho,
sino el que da mucho.

Erich Fromm

Los medios que conducen a un
hombre honrado a hacer fortuna son

los mismos que le impiden gozar de ella.

ANTOINE RIVAROLI, CONDE DE RIVAROL

Soy el hombre más rico de la tierra porque el hombre más rico es aquel que, no poseyendo nada, dispone de todo.

MAHATMA GANDHI

Una reportera pidió a un acaudalado agricultor que le explicara la forma en que había obtenido su fortuna.

Es largo de contar... Mientras lo hago podemos ahorrar luz —dijo el granjero y acto seguido apagó la única lámpara encendida.

—No necesita seguir relatando —sostuvo la entrevistadora—, creo que ya entendí.

LAURA LEE KIRCHNER

Mil monedas de oro
Un hombre rico quiso repartir mil monedas de oro a los pobres, pero como no sabía a cuáles pobres debía darlas, fue en busca de un sacerdote, y le dijo:

—Deseo dar mil monedas de oro a los pobres, mas no sé a quiénes. Tomad el dinero y distribuidlo como queráis.

El sacerdote le respondió:

—Es mucho dinero, y yo tampoco sé a quiénes darlo, porque acaso a unos daría demasiado y a otros muy poco. Decidme a cuáles pobres es preciso dar vuestro dinero y qué cantidad a cada uno.

El rico concluyó:

—Si no sabéis a quién dar este dinero, Dios lo sabrá: dadlo al primero que llegue.

En la misma parroquia vivía un hombre muy pobre, que tenía muchos hijos y que estaba enfermo y no podía trabajar. Este pobre leyó un día en los salmos: *Yo fui joven y he llegado a viejo, y no he visto nunca a un justo desamparado y a sus hijos reducidos a mendigar.*

Pensó el pobre:

—¡Ay de mí! Estoy abandonado de Dios, y, sin embargo, no he hecho nunca mal a nadie... Iré en busca del sacerdote y le preguntaré cómo es posible se encuentre una mentira semejante en las Escrituras.

Y salió en busca del sacerdote; y al presentarse, el sacerdote se dijo:

—Este pobre es el primero que llega: le daré las mil monedas de oro del rico.

LEÓN TOLSTOI

Tan difícil es para los ricos adquirir la sabiduría como para los sabios adquirir la riqueza.

EPICTETO

Invención del poder real,
de la propiedad, de la riqueza
A levantar ciudades empezaron
y a construir alcázares los reyes,
do pudiesen tener seguro asilo:
repartieron las tierras y ganados
conforme a la belleza y al ingenio
y la fuerza y valor de cada hombre,
porque eran estas prendas naturales
las que más a los hombres distinguían:
por fin, se introdujeron las riquezas,
y descubrióse el oro, que al momento
envileció la fuerza y hermosura:
por lo común hermosos y valientes
hacen crecer la corte del más rico.
Si la sola razón nos gobernase,
la suprema riqueza consistiera
en ser el hombre igual y moderado;
cuando hay pocos deseos, todo sobra:
mas los hombres quisieron ser ilustres
y poderosos, para de este modo

hacerse eternamente afortunados
y tranquilos vivir en la opulencia.
¡Esfuerzos vanos! pues la
muchedumbre
de los hombres que van tras la
grandeza
llenó todo el camino de peligros;
si llegan a encumbrarse, los derroca
de ordinario la envidia, como un rayo,
en los horrores de una muerte
infame.
Debe, por tanto, el ánimo prudente
anteponer la quieta servidumbre
a la ambición del trono soberano.
Deja a estos miserables se
consuman,
y se amancillen con sudor y sangre,
y forcejeen en la senda estrecha
de la ambición sin fruto; pues no
advierten
que la envidia recoge, como el rayo,
sus fuegos en los sitios más alzados:
su saber sólo estriba en dicho ajeno,
y apetecen las cosas más de oídas
que consultando a sus sentidos
mismos:
al presente es el hombre como ha
sido
y como será siempre en cualquier
tiempo.

TITO LUCRECIO CARO

Es el ánimo el que nos hace ricos;
y éste nos sigue en el exilio y en la
más dura soledad, y, con sólo que
encuentre lo que basta para el
mantenimiento del cuerpo, goza de
sus propios bienes en abundancia; la
pobreza afecta tan poco al ánimo
como a los dioses.

LUCIO ANNEO SÉNECA

La pobreza

A veces el hombre más pobre deja a
sus hijos la herencia más cuantiosa.

RUTH RENKEL

Canción

La luna tiene su casa
Pero no la tiene
la niña negra
la niña negra de Alabama
La niña negra sonríe
y su sonrisa
brilla como si fuera
la cuchara de plata
de los pobres
La luna tiene su casa
Pero la niña negra no tiene casa
la niña negra
la niña negra de Alabama.

EFRAÍN HUERTA

El niño pobre

Le han puesto al niño un vestido
absurdo, loco, ridículo;
le está largo y corto; gritos
de colores le han prendido
por todas partes. Y el niño
se mira, se toca, erguido.
Todo le hace reír al mico,
las manos en los bolsillos...
La hermana le dice —pico
de gorrión, tizos lindos
los ojos, manos y rizos
en el roto espejo—: "¡Hijo,
pareces un niño rico!..."
Vibra el sol. Ronca, dormido,
el pueblo en paz. Sólo el niño
viene y va con su vestido...
viene y va con su vestido...
En la feria, están caídos
los gallardetes. Pititos
en zaguanes... Cuando el niño
entra en casa, en un suspiro
le chilla la madre: "¡Hijo"
—y él la mira calladito,
meciendo, hambriento y sumiso,
los pies en la silla—, "hijo,
pareces un niño rico!..."
Campanas. Las cinco. Lírico
sol. Colgaduras y cirios.
Viento fragante del río.
La procesión. ¡Oh, qué idílico

rumor de platas y vidrios!
¡Relicarios con el brillo
de ocaso en su seno místico!
... El niño, entre el vocerío,
se toca, se mira... "¡Hijo",
le dice el padre bebido
—una lágrima en el limo
del ojuelo, flor de vicio—,
"pareces un niño rico!..."
La tarde cae. Malvas de oro
endulzan la torre. Pitos
despiertos. Los farolillos,
aun los cohetes con sol vivo,
se mecen medio encendidos.
Por la plaza, de las manos,
bien lavados, trajes limpios,
con dinero y con juguetes,
vienen ya los niños ricos.
El niño se les arrima,
y, radiante y decidido,
les dice en la cara: "¡Ea,
yo parezco un niño rico!"

JUAN RAMÓN JIMÉNEZ

El pobre no es el que tiene poco,
sino el que desea más.

LUCIO ANNEO SÉNECA

El que no es capaz de ser pobre no
es capaz de ser libre.

VÍCTOR HUGO

Es siempre el apego al objeto lo
que determina la muerte del
poseedor.

MARCEL PROUST

Hallen en ti más compasión las
lágrimas del pobre, pero no más
justicia, que las informaciones del
rico.

MIGUEL DE CERVANTES SAAVEDRA

La lechera
Llevaba en la cabeza
una lechera el cántaro al mercado
con aquella presteza,

aquel aire sencillo, aquel agrado,
que va diciendo a todo el que lo
advierte:
¡Yo sí que estoy contenta con mi
suerte!
Porque no apetecía
más compañía que su pensamiento,
que alegre la ofrecía
inocentes ideas de contento,
marchaba sola la feliz lechera,
y decía entre sí de esta manera:
"Esta leche vendida,
en limpio me dará tanto dinero,
y con esta partida
un canasto de huevos comprar
quiero,
para sacar cien pollos, que al estío
me rodeen cantando el *pío, pío.*
Del importe logrado
de tanto pollo mercaré un cochino.
Con bellota, salvado,
berza, castaña, engordará sin tino;
tanto, que puede ser que yo consiga
ver como se le arrastra la barriga.
Llevarélo al mercado;
sacaré de él, sin duda, buen dinero:
compraré de contado
una robusta vaca y un ternero,
que salte y corra toda la campaña,
desde el momento cercano a la
cabaña."
Con este pensamiento
enajenada, brinca de manera, que a
su salto violento
el cántaro cayó. ¡Pobre lechera!
¡Qué compasión! Adiós leche, dinero,
huevos, pollos, lechón, vaca y
ternero.
¡Oh loca fantasía, que palacios
fabricas en el viento!
Modera tu alegría;
no sea que saltando de contento
al contemplar dichosa tu mudanza,
quiebre su cantarillo la esperanza.
No seas ambiciosa
de mejor y más próspera fortuna;
que vivirás ansiosa

sin que pueda saciarte cosa alguna.
No anheles impaciente el bien futuro;
mira que ni el presente está seguro.

FÉLIX MARÍA SAMANIEGO

El que sabe ser pobre, lo sabe todo.

JULES MICHELET

La mejor salsa del mundo es el hambre; y como ésta no falta a los pobres, siempre comen con gusto.

MIGUEL DE CERVANTES SAAVEDRA

La pobreza es un maestro de todas las artes.

TITO MACCIO PLAUTO

La pobreza puede anublar a la nobleza, pero no escurecerla del todo.

MIGUEL DE CERVANTES SAAVEDRA

La pobreza, el dinero

Pues amarga la verdad,
quiero echarla de la boca;
y si al alma su hiel toca,
esconderla es necedad.
Sépase, pues libertad
ha engendrado en mí pereza:
la pobreza.
¿Quién hace al tuerto galán
y prudente al sin consejo?
¿Quién al avariento viejo
le sirve de río Jordán?
¿Quién hace de piedras pan,
sin ser el Dios verdadero?
el dinero.
¿Quién con su fiereza espanta
el cetro y corona al rey?
¿Quién careciendo de ley
merece el nombre de santa?
¿Quién con la humildad levanta
a los cielos la cabeza?
la pobreza.
¿Quién los jueces con pasión,
sin ser ungüento, hace humanos,

pues untándoles las manos
les ablanda el corazón?
¿Quién gasta su opilación
con oro y no con acero?
el dinero.
¿Quién procura que se aleje
del suelo la gloria vana?
¿Quién siendo toda cristiana
tiene la cara de hereje?
¿Quién hace que al hombre aqueje
el desprecio y la tristeza?
la pobreza.
¿Quién la montaña derriba
al valle, la hermosa al feo?
¿Quién podrá cuanto el deseo,
aunque imposible, conciba?
¿Y quién lo de abajo arriba
vuelve en el mundo ligero?
el dinero.

FRANCISCO DE QUEVEDO

Lo peor de la pobreza es no saber soportarla.

THOMAS FULLER

Nadie debe ensalzar la pobreza excepto los pobres.

SAN BERNARDO

No es ninguna vergüenza ser pobre, pero es extremadamente incómodo.

SYDNEY SMITH

Pero la indigencia, caballero, la indigencia es un vicio. Pobre, aun conserva uno el orgullo nativo de sus sentimientos; indigente, no se conserva nada. La indigencia no es arrojada de entre los humanos a palos, sino a escobazos, lo cual es más humillante y con razón; porque el indigente es siempre el primero que está dispuesto a envilecerse por sí mismo.

FEDOR DOSTOIEVSKI

Pobreza no es carencia; es la presión de la carencia. La pobreza está en la mente, no en el bolsillo.

FRANK CRANE

Por el pobre todos pasan los ojos como de corrida, y en el rico los detienen; y si el tal rico fué un tiempo pobre, allí es el murmurar y maldecir.

MIGUEL DE CERVANTES SAAVEDRA

Preguntó un gran señor a ciertos médicos que a qué hora del día era bien comer.
El uno dijo:
—Señor, a las diez.
El otro:
—A las once.
Y el otro:
—A las doce.
Dijo el más anciano:
—Señor, la perfecta hora del comer es: para el rico, cuando tiene gana, y para el pobre, cuando tiene de qué.

JUAN TIMONEDA

Procura descubrir la verdad por entre las promesas y dádivas del rico como por entre los sollozos e importunidades del pobre.

MIGUEL DE CERVANTES SAAVEDRA

Que mía fe, señor, el pobre está inhabilitado de poder mostrar la virtud de liberalidad con ninguno, aunque en sumo grado la posea.

MIGUEL DE CERVANTES SAAVEDRA

Siempre he reputado mal grandísimo el no tener dinero, trátese de hombres, niños o viejos. La necesidad hace que los niños se envilezcan, los hombres roben y mendiguen los ancianos...

TITO MACCIO PLAUTO

Tiramos algo de comer al mendigo que llama a nuestra puerta y creemos que nuestro gesto es meritorio. Pero, en realidad, con esta actuación hemos incrementado el número de mendigos, hemos agravado el azote de la mendicidad, hemos fomentado la pereza y, por consiguiente, la irreligión. Esto no quiere evidentemente decir que debemos dejar morirse de hambre a los mendigos que lo merecen.

MAHATMA GANDHI

Valoramos la belleza sencilla, y la sabiduría sin afectaciones. Nuestra riqueza respalda la acción oportuna antes que el discurso bullanguero, y la admisión de pobreza no es vergüenza para un hombre; la verdadera vergüenza es no hallar la manera de superarla.

TUCÍDIDES

El éxito

A veces, los fracasos son el trampolín de los éxitos.

MARÍA DEL CONSUELO DÍAZ

C.A. Doxiadis, arquitecto griego, recuerda esta lección que aprendió en su juventud:
Hace muchos años, empuñaba yo la caña del timón de un botecito en el mar Egeo mientras escuchaba al marinero que me contaba su historia. Debo de haber estado demasiado absorto, porque tuvo que pedirme que fuera más cuidadoso en mi timonar.
—Pero el viento que sopla nos es favorable —repliqué—.
El anciano sonrió y repuso:
—Precisamente por eso es mayor el peligro de perder el rumbo.
¡Cuánta razón tenía! ¡Me he

acordado de él cuantas veces he visto a la gente perder el rumbo en el momento del éxito!

Saturday Review

El éxito es apenas algo más que suerte envuelta en trabajo arduo.

Gustav Knuth

El fracaso siempre constituye un refugio seguro, familiar, desprovisto de riesgos; una experiencia conocida. No concentra sobre uno nuevas responsabilidades o pruebas.

Por otra parte, el éxito es un territorio desconocido y una empresa de altos riesgos; el mismo estilo de vida que impone está lleno de implacables exigencias de actuaciones y logros aun superiores.

Alan Olmstead

La mayor parte de los fracasos nos vienen por querer adelantar la hora de los éxitos.

Amado Nervo

Me espanta el éxito. Triunfar es haber concluido nuestra misión en la Tierra, al igual que la araña macho, que es muerto por su hembra al culminar el cortejo. Por eso prefiero el estado de progreso constante, con la meta al frente y no atrás.

George Bernard Shaw

Se alcanza el éxito convirtiendo cada paso en una meta y cada meta en un paso.

Carlos Cumandá Cortés

Un éxito inmerecido semeja una medalla encontrada.

José Narosky

Mi madre hacía una distinción entre el logro y el éxito. Decía que "lograr algo es saber que uno ha estudiado y trabajado duro dando lo mejor que hay en uno. Tener éxito es ser alabado por los demás, y también es grato pero no tan importante ni tan satisfactorio. Siempre debe uno aspirar al logro y olvidar el éxito".

Helen Hayes

La fórmula del éxito es bien simple: haz tu mejor esfuerzo, y acaso le agrade a la gente.

Sam Ewing

... los primeros groseros errores, así como las falsas rutas por donde la imaginación se aventura, son necesarios, pues acaban por conducirnos al verdadero camino, y entran, por tanto, en el éxito final, como entran en el acabado cuadro del artista los primeros informes bocetos.

Santiago Ramón y Cajal

Si desea el éxito, no lo busque; limítese a hacer lo que ama y en lo que cree. El éxito vendrá por añadidura.

David Frost

Cualesquiera que hayan sido nuestros logros, alguien nos ayudó siempre a alcanzarlos.

Althea Gibson

Cuando somos jóvenes (edad de la que muchos de nosotros nunca pasamos) tendemos a pensar que el aplauso, la nombradía y la fama constituyen el triunfo. Pero esas cosas no son sino adornos; complementos. El triunfo mismo estriba en la obra, la realización que origina tales manifestaciones. El hombre o la mujer que estima el aplauso en más que el esfuerzo necesario para suscitarlo no está propenso a ensordecer... al menos por cierto tiempo. Concentrémonos en el trabajo, que ya el aplauso vendrá por añadidura.

B.C. Forbes

El que llega a alguna parte es solamente aquel que supo elegir entre un dilema. Y elegir es sacrificar. El buen éxito nace de un valeroso renunciamiento.

Emma Godoy

El que vence no necesita dar satisfacciones; nunca se pierde reputación cuando se consigue el intento.

Baltasar Gracián

En alguna parte del mundo, a todos nos espera la derrota. A algunos los destruye. A otros, la victoria los empequeñece y envilece. Hay grandeza en aquel que triunfa por igual sobre la derrota y la victoria.

John Steinbeck

En el mundo sólo hay dos maneras de triunfar, o por el talento propio o por la imbecilidad de los demás.

Jean de la Bruyère

Has de vencer tu propia naturaleza.

Henrik Ibsen

La victoria no se obtiene por kilómetros sino por centímetros. Gane un poco hoy, asegure ese terreno, y después gane otro poco.

Louis L'Amour

No, el éxito no se lo deseo a nadie. Le sucede a uno lo que a los alpinistas, que se matan por llegar a la cumbre y cuando llegan, ¿qué hacen? Bajar, o tratar de bajar discretamente, con la mayor dignidad posible.

Gabriel García Márquez

Una revolución... nunca pertenece al primero, al que la inicia, sino al último, al que la culmina asiéndose a ella como a una presa.

Stefan Zweig

Si quieres no ser jamás vencido, no tienes sino escoger combates en los que de ti dependa exclusivamente el salir victorioso.

Epicteto

Una vez vencedores, no olvidéis que las victorias humanas no son nunca más que parciales y temporales. Nada en los negocios de este mundo puede quedar resuelto para siempre.

André Maurois

Hay victorias y una vuelta de rueda las transforma en derrotas; hay derrotas y la justicia divina les devuelve, a la larga, su semblante de victorias.

Marguerite Yourcenar

[...] los fructos que cada uno deja de sí cuando falta, esos son el verdadero testigo de su vida.

Fray Luis de León

Los errores

Nada debilita tanto al artista, al general, al hombre de Poder, como el éxito permanente a voluntad y deseo. En el fracaso es donde conoce el artista su verdadera relación con la obra; en la derrota, el general, sus faltas, y en la pérdida del favor, el hombre de Estado, la verdadera perspectiva política.

STEFAN ZWEIG

Nada tan humillante como ver a los necios triunfar en las empresas en que uno fracasa.

GUSTAVE FLAUBERT

No sé lo que es el éxito, pero sí sé lo que es el fracaso. El fracaso es tratar de complacer a todos.

SAMMY DAVIS

La vida del hombre es interesante principalmente si ha fracasado... Bien lo sé. Eso indica que trató de superarse.

GEORGES CLEMENCEAU

El mediocre puede ser también un triunfador, si por triunfo entendemos no sólo la brillante apariencia, la fama o la prosperidad, sino la paz íntima y la falta de avidez por los elementos estridentes que dan un suntuoso contorno a la existencia. Me refiero al hombre medio, que se sabe medio y que acepta con humildad su dimensión. Yo he conocido a algunos y me parece que viven con gran dignidad y tersura.

JOSEFINA VICENS

Los espíritus mediocres condenan casi siempre todo aquello que sobrepasa su alcance.

FRANÇOIS, VI DUQUE DE LA ROCHEFOUCAULD

El hombre yerra, esto va incluido en su condición, pero puede arrepentirse, rectificar, es decir, volver al camino recto; perseverar en el error, empecinarse en él, en la obstinada negación, es precisamente

"hacer caso" de la tentación diabólica, a la que la irrenunciable libertad humana puede resistir.

JULIÁN MARÍAS

Más vale oír que se rompe una cuerda
que no haber tendido nunca un arco.

VERNER VON HEIDENSTAM

Los errores tienen siempre un carácter sagrado. Nunca intento corregirlos. Al contrario: lo que procede es racionalizarlos, compenetrarse con ellos integralmente. Después, os será posible sublimarlos.

SALVADOR DALÍ

Como el lobo al perro, y lo más indómito a lo más manso. El que quiera no verse inducido a error, debe no dejarse llevar de semejanzas, porque es materia muy resbaladiza.

PLATÓN

Detrás de un gran desastre hay muchos pequeños errores.

MIGUEL ÁNGEL TAPIA

Observación de Launegayer:
Hacer preguntas tontas es más fácil que corregir errores tontos.

ARTHUR BLOCH

Que errar es de hombres y ser herrado de bestias o esclavos.

FRANCISCO DE QUEVEDO Y VILLEGAS

Que errar lo menos no importa si acertó lo principal.

PEDRO CALDERÓN DE LA BARCA

Si cerráis la puerta a todos los errores, la verdad quedará afuera.

RABINDRANATH TAGORE

Todo error sincero merece respetuosa consideración.

JOSÉ INGENIEROS

La confesión de los errores es como una escoba que quita el polvo y deja la superficie más limpia que antes.

MAHATMA GANDHI

No hay error, ni ajeno ni propio, al que, recuperando el aplomo, no se le pueda sacar partido.

JOSÉ GAOS

No hay ni puede haber humillación en reconocer nuestros yerros y procurar corregirlos.

ROSARIO SANSORES

Para llamar poderosamente la atención, nada hay como cometer un error garrafal.

H.G.

Todos nos sentimos orgullosos al cometer pequeños errores. Sentimos que así no incurrimos en los grandes.

ANDREW ROONEY

¿Cómo se puede ser responsable de los
errores cometidos por no tener
de la vida el saber que cuesta tanto,
entre ellos tales errores, adquirir?

JOSÉ GAOS

Si no te equivocas de vez en cuando, quiere decir que no estás aprovechando todas tus oportunidades.

WOODY ALLEN

Uno de los inimputables derechos del hombre, es el derecho a equivocarse.

ENRIQUE SOLARI S.

¿Qué cosa importante realizarías si tuvieras la certeza de que no puedes equivocarte?

R.H.S.

Es costumbre de un ignorante acusar a los demás de sus propios fracasos; el que ha comenzado a instruirse se acusa a sí mismo; el que ya está instruido, ni se acusa a sí mismo, ni al prójimo.

EPICTETO

¡No acuses al mar de tu segundo naufragio!

PUBLIO SIRIO

"Te lo dije" es el modo como disfrazan su burla quienes dicen querernos.

ÓSCAR DE LA BORBOLLA

La adversidad

Cuando oímos gemir a un desgraciado oprimido por la adversidad, le rogamos que se tranquilice; pero si hubiéramos de cargar nosotros con el mismo peso de dolor, nos quejaríamos tanto o más que él.

WILLIAM SHAKESPEARE

La adversidad es el estado más propicio para que el hombre se conozca a sí mismo, pues en ella estará especialmente libre de admiradores.

SAMUEL JOHNSON

La adversidad es un espejo en el que deben mirarse todos los que verdaderamente quieren conocerse.

ANTONIO MANERO

El que sirve de guía en el paso de un río [...] dice que el agua misma indicará su profundidad. En igual forma, si entramos en la discusión presente, quizá los obstáculos que se presenten nos descubrirán lo que buscamos, mientras que si no entramos, nada se aclarará.

PLATÓN

La adversidad hace que algunos hombres se desesperen y otros se superen.

W.A.W.

La voluntad humana bien florece; mas la continua lluvia la marchita, y mala fruta, en vez de buena, crece.

DANTE ALIGHIERI

Los conflictos más graves, si se superan, dejan tras de sí una sensación de seguridad y calma que no se pierde con facilidad. Estos conflictos, y la lucha que entrañan, son necesarios para obtener resultados valiosos y perdurables.

CARL JUNG

Los tiempos menores no favorecen la aparición de grandes caracteres; y el hombre, como la naturaleza, es más hermoso cuando los rayos lo iluminan y se desata la catástrofe.

JOSÉ MARTÍ

No es porque las cosas sean difíciles por lo que no nos atrevemos, sino que por no atrevernos ellas se hacen arduas.

LUCIO ANNEO SÉNECA

No siempre son otras personas las que nos esclavizan. A veces son las emociones; otras, las cosas; y hay circunstancias en que, por falta de voluntad, nos esclavizamos nosotros mismos.

RICHARD EVANS

Quien no ha afrontado la adversidad no conoce su propia fuerza.

BEN JONSON

La esperanza

¡La esperanza legítima es rápida, y vuela con alas de golondrina! ¡De los reyes hace dioses, y de las modestas criaturas hace reyes!

WILLIAM SHAKESPEARE

Cuando creas que todo está perdido, recuerda que todavía nos queda el futuro.

B.G.

Cuando Dios cierra todas las puertas...
siempre deja abierta una ventana.

MA. AUGUSTA TRAPP

Cuando más se aproxima la aurora, más oscura es la noche.

HENRY WADSWORTH LONGFELLOW

Debemos aprender a reanimarnos y a mantener el interés, no por medios mecánicos, sino con una esperanza infinita del amanecer.

HENRY DAVID THOREAU

Dios nos oculta las cosas poniéndolas cerca de nosotros.

P.C.B.

Es imposible dar marcha atrás al reloj; pero se le puede dar cuerda otra vez.

B.P.

El pasado y el presente solamente son medio para nosotros: el futuro es siempre nuestro fin. Por eso nunca vivimos realmente, sino que esperamos vivir. Alucinados siempre por esta esperanza de ser felices algún día, es inevitable que no lo seamos nunca.

BLAISE PASCAL

Estamos dispuestos a creer en aquello que anhelamos.

DEMÓSTENES

La esperanza nos dice siempre que el mañana será mejor.

ALBIO TIBULO

La esperanza vieja es la más dura de perder.

E.B.

Le viene bien al hombre un poco de oposición. Las cometas se levantan contra el viento, no a favor de él.

JOHN NEAL

Los que tienen mucho que esperar y nada que perder serán siempre peligrosos.

EDMUND BURKE

Lámparas que se extinguen,
esperanzas que
se prenden:
la Aurora.
Lámparas que se prenden,
esperanzas
que se extinguen:
la Noche.

OMAR KHAYYAM

Siempre deja la ventura una puerta abierta en las desdichas, para dar remedio a ellas.

MIGUEL DE CERVANTES SAAVEDRA

Mas no me canso nunca de esperar en la calle;
cada día voy a las puertas de la ciudad

con una alcolla de vino...; podrías regresar sediento.
¡Oh! ¡Si pudiera contraer la superficie del Mundo
para reencontrarte de pronto, de pie, a mi lado!

MAO TSE-TUNG

Se ve a raquíticos manantiales dar origen a ríos caudalosos, y mares vastos agotarse en presencia de hombres de autoridad que negaban los milagros. A veces, contando con las mayores probabilidades, resultan fallidas las esperanzas; y otras, se realizan cuando menos se piensa y más desconfianza se tiene.

WILLIAM SHAKESPEARE

Siempre surge de una última desesperación una última fuerza...

STEFAN ZWEIG

Sobre todo, conserva la esperanza ¿Qué te importa la noche y la asechanza?

PAUL VERLAINE

Tanto más fatiga el bien deseado cuanto la esperanza está más cerca de posello.

MIGUEL DE CERVANTES SAAVEDRA

Un barco no debe estar sujeto por una sola ancla: ni la vida por una sola esperanza.

EPICTETO

Vive mejor el pobre dotado de esperanza que el rico sin ella.

RAIMUNDO LULIO

Tal vez la mejor razón para tener calendarios y marcar la vida en años, sea que el mismo ciclo brinda esperanza. Necesitamos empezar otra vez y nuevas oportunidades, y la convicción de que todavía disponemos de puntos de partida, sin parar mientes en cuántos hayamos desperdiciado. Y el reloj anual puede empezar a funcionar en cualquier momento.

LOUDON WAINWRIGHT

Vuestros errores son nuevas lecciones para el acierto.

BERNARDO MONTEAGUDO

Ya la esperanza a los hombres
para siempre abandonó,
los recuerdos son tan sólo
pasto de su corazón.

JOSÉ DE ESPRONCEDA

El velo de la reina Mab

La reina Mab, en su carro hecho de una sola perla, tirado por cuatro coleópteros de petos dorados y alas de pedrería, caminando sobre un rayo de sol, se coló por la ventana de una boardilla donde estaban cuatro hombres flacos, barbudos e impertinentes, lamentándose como unos desdichados.

Por aquel tiempo, las hadas habían repartido sus dones a los mortales. A unos habían dado las varitas misteriosas que llenan de oro las pesadas cajas del comercio; a otros unas espigas maravillosas que al desgranarlas colmaban las trojes de riquezas; a otros unos cristales que hacían ver en el riñón de la madre tierra oro y piedras preciosas; a quiénes, cabelleras espesas y músculos de Goliat, y mazas enormes para machacar el hierro encendido; y a quiénes, talones fuertes y piernas ágiles para montar en las rápidas caballerías que se beben el viento y que tienden las crines en la carrera.

Los cuatro hombres se quejaban. Al uno le había tocado en suerte una cantera, al otro el iris, al otro el ritmo, al otro el cielo azul.

La reina Mab oyó sus palabras. Decía el primero: —¡Y bien! ¡Heme aquí en la gran lucha de mis sueños de mármol! Yo he arrancado el bloque y tengo el cincel. Todos tenéis, unos el oro, otros la armonía, otros la luz; yo pienso en la blanca y divina Venus, que muestra su desnudez bajo el plafón color de cielo. Yo quiero dar a la masa la línea y la hermosura plástica; y que circule por las venas de la estatua una sangre incolora como la de los dioses. Yo tengo el espíritu de Grecia en el cerebro y amo las desnudos en que la ninfa huye y el fauno tiende los brazos. ¡Oh, Fidias! Tú eres para mí soberbio y augusto como un semidiós, en el recinto de la eterna belleza, rey ante un ejército de hermosuras que a tus ojos arrojan el magnífico *kitón* mostrando la esplendidez de la forma en sus cuerpos de rosa y de nieve.

Tú golpeas, hieres y domas el mármol, y suena el golpe armónico como un verso, y te adula la cigarra, amante del sol, oculta entre los pámpanos de la viña virgen. Para ti son los Apolos rubios y luminosos, las Minervas severas y soberanas. Tú, como un mago, conviertes la roca en simulacro y el colmillo del elefante en copa del festín. Y al ver tu grandeza siento el martirio de mi pequeñez. Porque pasaron los tiempos gloriosos. Porque tiemblo ante las miradas de hoy. Porque contemplo el ideal inmenso y las fuerzas exhaustas. Porque, a medida que cincelo el bloque, me ataraza el desaliento.

Y decía el otro: —Lo que es hoy romperé mis pinceles. ¿Para qué quiero el iris y esta gran paleta del campo florido, si a la postre mi cuadro no será admitido en el Salón? ¿Qué abordaré? He recorrido todas las escuelas, todas las inspiraciones artísticas. He pintado el torso de Diana y el rostro de la Madona. He pedido a las campiñas sus colores, sus matices; he adulado a la luz como a una amada, y la he abrazado como a una querida. He sido adorador del desnudo, con sus magnificencias, con los tonos de sus carnaciones y con sus fugaces medias tintas. He trazado en mis lienzos los nimbos de los santos y las alas de los querubines. ¡Ah, pero siempre el terrible desencanto! ¡El provenir! ¡Vender una Cleopatra en dos pesetas para poder almorzar!

¡Y yo, que podría en el estremecimiento de mi inspiración trazar el gran cuadro que tengo aquí dentro!...

Y decía el otro: —Perdida mi alma en la gran ilusión de mis sinfonías, temo todas las decepciones. Yo escucho todas las armonías, desde la lira de Terpandro hasta las fantasías orquestales de Wagner. Mis ideales brillan en medio de mis audacias de inspirado. Yo tengo la percepción del filósofo que oye la música de los astros. Todos los ruidos pueden aprisionarse, todos los ecos son susceptibles de combinaciones. Todo cabe en la línea de mis escalas cromáticas.

La luz vibrante es himno, y la melodía de la selva halla un eco en mi corazón. Desde el ruido de la tempestad hasta el canto del pájaro, todo se confunde y enlaza en la infinita cadencia. Entre tanto, no diviso sino la muchedumbre que befa y la celda del manicomio.

Y el último: —Todos bebemos el agua clara de la fuente de Jonia. Pero el ideal flota en el azul; y para que los espíritus gocen de su luz suprema, es preciso que asciendan. Yo tengo el verso que es de miel y el que es de oro, y el que es de hierro candente. Yo soy el ánfora del celeste perfume: tengo el amor. Paloma, estrella, nido, lirio, vosotros conocéis mi morada. Para los vuelos inconmensurables tengo alas de águila que parten a golpes mágicos el huracán. Y para hallar consonantes, los busco en dos bocas que se juntan; y estalla el beso, y escribo la estrofa, y entonces, si veis mi alma, conoceréis a mi musa. Amo las epopeyas, porque de ellas brota el soplo heroico que agita las banderas que ondean sobre las lanzas y los penachos que tiemblan sobre los cascos; los cantos líricos, porque hablan de las diosas y de los amores; y las églogas, porque son olorosas a verbena y a tomillo, y al santo aliento del buey coronado de rosas. Yo escribiría algo inmortal; mas me abruma un porvenir de miseria y de hambre.

Entonces la reina Mab, del fondo de su carro hecho de una sola perla, tomó un velo azul, casi impalpable, como formado de suspiros, o de miradas de ángeles rubios y pensativos. Y aquel velo era el velo de los sueños, de los dulces sueños que hacen ver la vida de color de rosa. Y con él envolvió a los cuatro hombres flacos, barbudos e impertinentes. Los cuales cesaron de estar tristes porque penetró en su pecho la esperanza, y en su cabeza el sol alegre, con el diablillo de la vanidad, que consuela en sus profundas decepciones a los pobres artistas.

Y desde entonces, en las boardillas de los brillantes infelices, donde flota el sueño azul, se piensa en el porvenir como en la aurora, y se oyen risas que quitan la tristeza, y se bailan extrañas farandolas alrededor de un blanco Apolo, de un lindo paisaje, de un violín viejo, de un amarillento manuscrito.

RUBÉN DARÍO

¡Cuán dulce es la vida pasar en esperanzas que no fallan, con el alma repleta de gozosa confianza.

ESQUILO

Miríadas de hojas caen en torno a mi cabeza,
miles de montes aparecen ante mis ojos.
Como en un abrirse de nieblas o de nubes
súbitamente aparece el cielo azul,
de nuevo como el rostro de un amigo amado
al que por fin volvemos a ver después de una ausencia secular.

MAO TSE-TUNG

La fe

La fe no es una delicada flor que la más leve tormenta marchita. La fe es como el Himalaya, que no puede cambiar. Ninguna tormenta podrá arrancar de raíz al Himalaya.

MAHATMA GANDHI

El tesoro

Rabí Búnam acostumbraba a relatar a los jóvenes que venían por primera vez la historia de Rabí Aizik, hijo de Rabí Iekel de Cracovia.

Después de muchos años de extremada pobreza que no debilitó jamás su fe en Dios, soñó que alguien le pedía que fuera a Praga a buscar un tesoro bajo el puente que conduce al palacio del rey. Cuando el sueño se repitió por tercera vez, Rabí

Aizik se preparó para el viaje y partió para Praga. Mas el puente estaba vigilado noche y día y él no se atrevía a comenzar a cavar. Sin embargo, iba allí todas las mañanas y se quedaba dando vueltas por los alrededores hasta que se hacía oscuro.

Finalmente el capitán de los guardias, que lo había estado observando, le preguntó de buena manera si estaba buscando algo o esperando a alguien. Rabí Aizik le refirió el sueño que lo había traído desde una lejana comarca. El capitán rió. "¡Así que por obedecer a un sueño, tú, pobre amigo, has desgastado las suelas de tus zapatos para llegar hasta aquí! Y en cuanto a tener fe en los sueños, también yo, de haberla tenido, hubiera partido cuando soñé una vez que debía ir a Cracovia y cavar en busca de un tesoro debajo de la estufa en el cuarto de un judío. ¡Aizik, hijo de Iekel! Así se llamaba. ¡Aizik, hijo de Iekel! Me imagino lo que hubiera pasado. ¡Habría probado en todas las casas de por allí, donde una mitad de los judíos se llama Aizik y la otra mitad se llama Iekel!" Y volvió a reír. Aizik saludó y viajó de vuelta al hogar. Cavó debajo de la estufa, encontró el tesoro...

SIMJA BUNAM DE PZHYSHA

¡Ve tu camino, mas sin inquietudes!
la ruta es recta y en subir no dudes...

PAUL VERLAINE

La fe es el pájaro que canta cuando la aurora aún no despunta.

RABINDRANATH TAGORE

Un caballero medieval demasiado aprensivo tenía que hacer un largo viaje, así que trató de prever todos los problemas. Llevaba espada y armadura, por si se topaba con algún enemigo; una gran jarra llena de ungüento contra las quemaduras de sol y contra la ortiga venenosa; un hacha para cortar leña, una tienda, frazadas, tarros y trastos de cocina, además de forraje para su caballo. Y allá iba, cabalgando penosamente, con gran estruendo de objetos de metal que entrechocaban; era un montón de chatarra ambulante.

Cuando iba cruzando un puente semiderruido, el piso cedió, y caballero y caballo cayeron al río y se ahogaron, pues el caballero no llevaba un salvavidas.

La moraleja del cuento es que, cuando nos preocupamos demasiado al anticipar las dificultades, el destino se ríe a carcajadas de nosotros. Porque acaso nos depare dificultades que jamás podríamos prever ni en nuestros más desafortunados sueños.

Creo que quien viaja con fe viaja más ligero y seguro.

MARTIN BUXBAUM

¡Cuántas cosas que ayer eran artículos de fe son fábulas hoy!

MICHEL DE MONTAIGNE

Creemos en algo con fe viva cuando esa creencia nos basta para vivir, y creemos en algo con fe muerta, con fe inerte, cuando, sin haberla abandonado, estando en ella todavía, no actúa eficazmente en nuestra vida.

JOSÉ ORTEGA Y GASSET

... ya sabéis que soy la Fe,
aquella primera basa
que el artífice divino,
en la delineada planta
del militante edificio

que hizo para su morada,
puso en el primer cimiento
porque tuviese constancia,
pues sobre mí de virtudes
la fábrica toda carga
de tal modo, que cayera
si yo no la sustentara.
Con decir que soy cimiento,
he dicho que la más baja
soy de todas las virtudes,
pero la más necesaria.

SOR JUANA INÉS DE LA CRUZ

El corazón del hombre necesita creer algo, y cree mentiras cuando no encuentra verdades que creer.

MARIANO JOSÉ DE LARRA

El que tiene fe en sí mismo no necesita que los demás crean en él.

MIGUEL DE UNAMUNO

Es muy bueno tener fe en sí mismo, pero ésta no debe ser ciega.

B.H.

La fe es creer en lo que no vemos, y su recompensa es ver aquello en que creemos.

SAN AGUSTÍN

La fe quizá no mueva montañas, pero sí las escala.

HUMBERTO D. PAGIOLA

La tristeza mira hacia atrás; la preocupación a su alrededor; la fe, hacia arriba.

G.M.

En la familia humana no somos todos filósofos; formamos parte, en buena medida, de la tierra y no nos basta con contemplar al Dios invisible. De una u otra manera queremos algo que podamos tocar, ver algo ante lo que podamos postrarnos. Poco importa que sea un libro, o un edificio vacío, o un edificio poblado de estatuas. A algunos les bastará un libro, a otros el edificio vacío, pero muchos no se sentirán satisfechos mientras no haya habitantes en esos edificios vacíos. Por ello os pido que no os acerquéis a estos templos con la idea de que son una madeja de supersticiones. Si os acercáis con fe, lo haréis sabiendo que cada vez que entréis, saldréis purificados, llenos cada vez de más fe en el Dios vivo.

MAHATMA GANDHI

¿Qué ha temer el hombre, si está bajo el dominio de los hados? ¿Si nada con certeza puede prever? Lo mejor es vivir sin preocuparse, cada uno como pueda.

SÓFOCLES

Una fe que no duda es una fe muerta.

MIGUEL DE UNAMUNO

La fortuna

A veces la fortuna nos presenta señales que debemos tomar como advertencias. Si somos listos, no nos conformamos con un suspiro de alivio, sino que cambiamos nuestra conducta. La autodisciplina se aprende de cara a la adversidad.

WILLIAM J. BENNETT

Cuando la Fortuna decide hacer más bien a los hombres es cuando los mira con ojos preñados de amenazas.

WILLIAM SHAKESPEARE

Da bienes Fortuna,
que no están escritos;
cuando pitos, flautas;

cuando flautas, pitos.
¡Cuán diversas sendas
se suelen seguir
en el repartir
honras y haciendas!
A unos da encomiendas,
a otros sambenitos.
Cuando pitos, flautas;
cuando flautas, pitos.
A veces despoja
de choza y apero
al mayor cabrero,
y a quien se le antoja;
la cabra más coja
parió dos cabritos.
Cuando pitos, flautas;
cuando flautas, pitos.
Porque en una aldea
un pobre mancebo
hurtó sólo un huevo
al sol bambolea,
y otro se pasea
con cien mil delitos.
Cuando pitos, flautas;
cuando flautas, pitos.

LUIS DE GÓNGORA Y ARGOTE

El burro flautista
Esta fabulilla,
salga bien o mal,
me ha ocurrido ahora
por casualidad.
Cerca de unos prados
que hay en mi lugar,
pasaba un borrico
por casualidad.
Una flauta en ellos
halló, que un zagal
se dejó olvidada
por casualidad.
Acercóse a olerla
el dicho animal,
y dio un resoplido
por casualidad.
En la flauta el aire
se hubo de colar,
y sonó la flauta

por casualidad.
"¡Oh! —dijo el borrico:
¡Qué bien sé tocar!
¡Y dirán que es mala
la música asnal!"
Sin reglas de arte
borriquitos hay,
que una vez aciertan
por casualidad.

TOMÁS DE IRIARTE

El que no sabe gozar de la ventura cuando le viene, que no se debe quejar si se le pasa.

MIGUEL DE CERVANTES SAAVEDRA

Es absolutamente inevitable que olvidemos pagarnos lo que nos debemos a nosotros mismos. Lo que nos proponemos en el calor de la pasión, calmada la pasión, lo abandonamos. La violencia misma del dolor o del placer destruye juntamente con ellos sus propias acciones. Donde más se huelga el gozo, más se lamenta el dolor; la alegría se aflige y la aflicción se alegra al más ligero accidente. No siempre es perdurable nuestro mundo, y así, no es extraño que hasta nuestro amor cambie con nuestra fortuna; que es cuestión aún por resolver si el amor gobierna a la fortuna o la fortuna al amor. Cae el potentado, y veis a sus favoritos huir de él; encúmbrase el miserable, y de sus enemigos hace amigos. Y hasta tal punto es el amor esclavo de la fortuna, que aquel que no lo necesita jamás le faltará un amigo, y aquel que en la penuria prueba a un aparente amigo, conviértele al momento en su enemigo... nuestras voluntades y nuestros destinos corren por tan opuestas sendas, que siempre quedan derrumbados nuestros planes. Somos dueños de nuestros pensamientos; su ejecución, sin embargo, nos es ajena.

WILLIAM SHAKESPEARE

La fortuna adversa no tritura a nadie sino al que se dejó engañar por la próspera. Quienes han amado sus dones como cosa propia y perpetua, y en ellos han querido apoyarse, caen y se lamentan en cuanto sus ánimos pueriles y vanos, ignorantes de lo que es un goce estable, se ven privados de recreos falsos e inconstantes. Pero quien no se infló por los sucesos agradables tampoco se desinfla cuando éstos cambian: contra uno y otro estado mantiene su ánimo invicto, de una firmeza ya probada, porque en la felicidad misma ejercitó ya su poder contra la infelicidad.

LUCIO ANNEO SÉNECA

La fortuna ayuda a los osados.

FERNANDO DE ROJAS

La fortuna no cambia a los hombres; solamente les quita la máscara.

ALFONSO TEJA ZABRE

La fortuna se cansa de sernos favorable largo tiempo.

JOSÉ JOAQUÍN FERNÁNDEZ DE LIZARDI

¿Qué puedo hacer, si la fortuna ciega,
a quien hoy levantó mañana humilla?

LOPE DE VEGA

Es característico del hombre sin experiencia no creer en la suerte.

JOSEPH CONRAD

La suerte ama a los audaces que la tientan, y gusta de favorecer más a los atrevidos que a los laboriosos; a los impetuosos, más que a los pacientes.

STEFAN ZWEIG

Si Fortuna en tu humildad
con un soplo te ayudara,
a fe que te aprovechara
la misma desigualdad.
Fortuna acompaña al dios
que amorosas flechas tira...
Sin riqueza, ni hermosura
pudieras lograr tu intento:
siglos de merecimiento
trueco a puntos de ventura.

JUAN RUIZ DE ALARCÓN

Los chinos llaman a la suerte oportunidad, y dicen que cada día toca a nuestra puerta. Algunas personas la oyen; otras no. Pero no basta con oír que la oportunidad toque a la puerta; debemos dejarla entrar, darle la bienvenida, hacerla amiga nuestra y trabajar con ella.

BERNARD GITTELSON

Suerte es lo que sucede cuando la preparación y la oportunidad se encuentran.

E.G.L.

La casualidad no es sino el seudónimo de Dios para esas cosas en particular que decidió no reconocer abiertamente con su propia firma.

S.T. COLERIDGE

Ningún vencedor cree en la casualidad.

FRIEDRICH WILHELM NIETZSCHE

El azar es el íntimo ritmo del mundo, el azar es el alma de la poesía.

MIGUEL DE UNAMUNO

A reinar, fortuna, vamos;
no me despiertes, si duermo,
y si es verdad, no me duermas.

PEDRO CALDERÓN DE LA BARCA

Fortuna es una mujer borracha y antojadiza, y, sobre todo, ciega, y así, no ve lo que hace, ni sabe a quién derriba ni a quién ensalza.

MIGUEL DE CERVANTES SAAVEDRA

Los tontos encomiendan su vida al acaso ciego, y el acaso los lleva.

M. ALBERTO VÁZQUEZ

¿Para qué es la fortuna favorable y próspera sino para servir a la honra, que es el mayor de los mundanos bienes?

FERNANDO DE ROJAS

El mundo es un caleidoscopio. La lógica la pone el hombre. El supremo arte es el del azar.

MIGUEL DE UNAMUNO

No hay azar, salvo que lo que llamamos azar es nuestra ignorancia de la compleja maquinaria de la casualidad.

JORGE LUIS BORGES

Soy mayor que aquel a quien pudiera dañar la Fortuna; y aunque mucho arrebate, mucho más habrá de dejarme.

PUBLIO OVIDIO NASÓN

Sin los bienes de fuera, de los cuales la fortuna es señora, a ninguno acaece en esta vida ser bienaventurado.

FERNANDO DE ROJAS

No hay fortuna en el mundo, ni las cosas que en él suceden...

MIGUEL DE CERVANTES SAAVEDRA

Eva Perón

Según Stefan Sweig, "la suerte ama a los audaces que la tientan, y gusta de favorecer más a los atrevidos que a los laboriosos; a los impetuosos, más que a los pacientes." Y Eva Perón fue a la vez audaz, atrevida e impetuosa, una mujer que logró casi todo lo que se propuso. Su única limitación fue su salud; a temprana edad, el cáncer le impidió cumplir su más caro sueño: gobernar a su país.

Eva Duarte nació en la pequeña población de Los Toldos, Argentina, en 1919. Fue la menor de cinco hijos ilegítimos, condición que marcó profundamente su vida, pues la humillación y el desprecio que sufrió por ello fueron constantes hasta sus últimos días.

A los 15 años de edad escapó a Buenos Aires con un músico que le prometió convertirla en estrella de cine. En la capital del país, pronto fue abandonada por aquel hombre que le había ofrecido una vida mejor,

pero ella se las arregló para sobrevivir: representaba pequeños papeles en teatro y en cine, y aprovechaba cada oportunidad para hacerse notar. Sus únicas ventajas eran su ambición, su determinación y su buena apariencia; su talento artístico era más bien escaso. Se decía a sí misma: "Para progresar, debes usar la cabeza, no el corazón". Después de algunos años de esfuerzo tenaz, logró que le asignaran papeles importantes en la radio, pues su voz era cálida y agradable.

Era una actriz de poca fama cuando conoció al militar Juan Domingo Perón, en 1943. Él tenía 48 años y ella 24. Su relación culminó en matrimonio. Se casaron en secreto. Ambos habían recorrido un largo camino por el mundo; eran muy ambiciosos y celosos de las pocas familias que poseían la mayor parte de la riqueza y el poder en Argentina.

A Evita le gustaba afirmar que se enamoró de Perón porque su causa —la de la gente humilde y trabajadora— era la misma que la de ella. Y ambos introdujeron cambios en la sociedad, que mitigaron la condición de los pobres. El gobierno peronista estableció la jornada laboral de 8 horas diarias, el pago a los enfermos, y salarios menos injustos.

Evita no sólo trataba de ganar un puesto político cuando exigía más derechos para las mujeres. Tenía un conocimiento muy claro de lo que ellas debían soportar. El gobierno de Perón otorgó, entonces, a las mujeres mayor protección legal y también el derecho al sufragio.

El apoyo popular que les granjearon estas medidas ayudó a Perón a vencer a sus enemigos políticos. Pronto nadie se atrevía a insultar a Evita, ni a estar en desacuerdo con ella, por miedo a sufrir el encarcelamiento.

Esta carismática mujer rara vez aceptaba dinero para sí misma; pero muchas de sus joyas y pieles eran regalos de la gente que esperaba ganar su simpatía. Sólo pedía recursos para la fundación que llevaba su nombre, la cual distribuía grandes cantidades de dinero entre los pobres, y ayudaba a construir hospitales y parques para los niños. "Yo sólo utilizo el dinero para los pobres; no puedo detenerme a contarlo" —decía Evita.

En 1947, cuando se hallaba en la cumbre de su poder e influencia, la esposa del Presidente de la República Argentina realizó un viaje oficial por las capitales de Europa. Con su característica elocuencia, se dirigió a la multitud que fue a verla partir; explicó que iba al Viejo Mundo con un mensaje de paz y esperanza, en representación de la gente trabajadora, sus muy amados "descamisados", a quienes dejaba su corazón al partir.

Tanto ella como su esposo procedían de familias humildes: sabían lo que significaba ser pobre. Para entonces, con la ayuda de su esposa, Perón controlaba el gobierno, el ejército, los periódicos y la radio de Argentina; pero los militares estaban descontentos con la presencia de esa mujer en la vida política del país.

El matrimonio Perón se apoyaba principalmente en los pobres, quienes, por primera vez, creían que su gobierno sí se preocupaba por ellos. ¿Acaso Evita no entregaba dinero y regalos en todas partes adonde iba? ¿Y Perón no había acabado con el poder de los viejos y ricos terratenientes que sólo buscaban su beneficio personal?

Pero su cuerpo la traicionó: Evita Perón murió a los 33 años. Sus enemigos —y los de Perón— tenían motivos para alegrarse, porque sabían que el Presidente sería más débil sin ella. Los líderes de la sociedad Argentina, el ejército y muchos otros la odiaban debido a su influencia en el Presidente, y a que, conforme su poder aumentaba, intervenía en cada parte de la vida del país.

El carácter de esta asombrosa, bella y ambiciosa mujer sigue siendo un misterio. Los pobres de Argentina la amaban así, vestida de seda, pieles, diamantes y perlas. Ni sus enemigos ni sus amigos han olvidado a la mujer que, nacida en la humilde población de Los Toldos, llegó a ser candidata a la vicepresidencia de Argentina.

Evita quedó en el recuerdo de todos los argentinos, pero su obra y su carácter también trascendieron las fronteras del país de las pampas. Su vida ha sido motivo de películas, libros, comedias musicales, canciones, moda. Célebre ha sido la canción "No llores por mí, Argentina", que —escrita en torno a ella y con música de Andrew Lloyd-Webber— ha dado la vuelta al mundo durante décadas. En el teatro o en el cine, su vida ha sido representada por Nacha Guevara, Valeria Lynch, Rocío Banquells, Madonna, Elaine Paige y muchas otras actrices y cantantes de fama internacional. Y toda esta presencia de Eva Perón en los medios de comunicación ha permitido a las nuevas generaciones enterarse de que hubo una mujer humilde que logró el éxito en la política de su país.

La edad

Puede que sólo en circunstancias
excepcionales seamos conscientes de
nuestra edad y que la mayor parte del
tiempo carezcamos de edad.

MILAN KUNDERA

La edad

Tarda uno alrededor de diez años en acostumbrarse a la edad que tiene.

RAYMOND MICHEL

Vive con el cuerpo y muere con él
Nacer, crecer y envejecer sentimos
el alma juntamente con el cuerpo:
un cuerpo quebradizo y delicado
sirve desde la infancia como cuna
a un ánimo tan débil como el alma;
y los miembros la edad robusteciendo,
el consejo también se robustece,
y el ánimo sus fuerzas va aumentando;
después, cuando el esfuerzo poderoso
de los años el cuerpo ha quebrantado,
y el brío entorpecido, decayeron
las fuerzas de los miembros, el ingenio
claudica, y el espíritu y la lengua
delira, y faltan todos los resortes
de la máquina a un tiempo; luego el alma
también se descompone y se disipa
como el humo de los aires, pues la vemos
nacer y acrecentarse con el cuerpo
y sucumbir al tiempo fatigada.

LUCRECIO

Un antiguo proverbio dice, que los que son de una misma edad se atraen naturalmente. En efecto, cuando las edades son las mismas, la conformidad de gustos y de humor que de ello resulta, predispone la amistad y, sin embargo, semejantes relaciones tienen también sus disgustos. En todas las cosas, se dice, la necesidad es un yugo pesado, pero lo es sobre todo en la sociedad de un amante, cuya edad se aleja de la de la persona amada. Si es un viejo que se enamora de uno más joven, no le dejará día y noche; una pasión irresistible, una especie de furor, le arrastrará hacia aquél, cuya presencia le encanta sin cesar por el oído, por la vista, por el tacto, por todos los sentidos, y encuentra un gran placer en servirse de él sin tregua, ni descanso; y en compensación del fastidio mortal que causa a la persona amada por su importunidad, ¿qué goces, qué placeres, esperan a este desgraciado? El joven tiene a la vista un cuerpo gastado y marchitado por los años, afligido de los achaques de la edad, de que no puede librarse; y con más razón no podrá sufrir el roce, a que sin cesar se verá amenazado, sin una extrema repugnancia. Vigilado con suspicaz celo en todos sus actos, en todas sus conversaciones, oye de boca de su amante, tan pronto imprudentes y exageradas alabanzas, como represiones insoportables, que le dirige, cuando está en su buen sentido; porque cuando la embriaguez de la pasión llega a extraviarle, sin tregua y sin miramiento le llena de ultrajes, que le cubren de vergüenza.
"El amante, mientras su pasión dura, será un objeto tan repugnante como funesto; cuando la pasión se extinga, se mostrará sin fe, y venderá a aquél que sedujo con sus promesas magníficas, con sus juramentos y con sus súplicas, y a quien sólo la esperanza de los bienes prometidos pudo con gran dificultad decidir a soportar relación tan funesta. Cuando llega el momento de verse libre de esta pasión, obedece a otro dueño, sigue otro guía, es la razón y la sabiduría las que reinan en él, y no el amor y la locura; se ha hecho otro

hombre sin conocimiento de aquel de quien estaba enamorado. El joven exige el precio de los favores de otro tiempo, le recuerda todo lo que ha hecho, lo que ha dicho, como si hablase al mismo hombre. Este, lleno de confusión, no quiere confesar el cambio que ha sufrido, y no sabe cómo sacudirse de los juramentos y promesas que prodigó bajo el imperio de su loca pasión. Sin embargo, ha entrado en sí mismo y es ya bastante capaz para no dejarse llevar de iguales extravíos, y para no volver de nuevo al antiguo camino de perdición. Se ve precisado a evitar a aquel que amaba en otro tiempo, y vuelta la concha, en vez de perseguir, es él el que huye. Al joven no le queda otro partido que sufrir bajo el peso de sus remordimientos por haber ignorado desde el principio que valía más conceder sus favores a una amigo frío y dueño de sí mismo, que a un hombre, cuyo amor necesariamente ha turbado la razón.

PLATÓN

La infancia

Los bebés son siempre más calamitosos de lo que pensabas... y más maravillosos.

CHARLES OSGOOD

La niñez y el genio tienen en común el mismo órgano motor: la curiosidad.

E.G.B.

Axioma de O'Toole:
Un niño no es suficiente, pero dos son demasiados.

ARTHUR BLOCH

Es un error hablar de la felicidad de la infancia. Los niños suelen ser

extraordinariamente sensibles. El hombre es dueño de su destino; pero los niños están a merced de quienes les rodean.

J. LUBBOCK.

Existen dos palabras maravillosas: ¿Por qué?, que los niños, todos los niños, pronuncian. Cuando dejan de hacerlo, la razón más frecuente es que nadie se molestó en responderles. Nadie fomentó ni cultivó el sentido —innato del niño— de la aventura vital.

ELEANOR ROOSEVELT

La infancia muestra al hombre, como la mañana muestra el día.

MILTON

La inocencia y la fe tan sólo habita en el pecho infantil; pero cada una, la barba al asomar, se debilita.

DANTE ALIGHIERI

La niñez es la única época de la vida en que el hombre civilizado escoge a su gusto entre las ramas de un árbol y su silla de la sala.

RABINDRANATH TAGORE

Sigo siendo el niño que mi madre besaba. Los años nada cambian.

MARK STRAND

¿Por qué siempre nos parece tan tersa y luminosa nuestra más tierna infancia? El niño tiene muchos problemas, como cualquier otra persona, y está muy desvalido en realidad, y bastante indefenso ante el dolor y la enfermedad; pero esa misma percepción de su desamparo es el origen de la alegría infantil. Véase, si no, cómo el pequeño lo deja todo en manos de su madre. El presente, el pasado y el futuro; su vida toda, en fin, se resume en una sola expresión. Y esa expresión es una sonrisa.

GEORGES BERNANOS

El talento infantil proviene de ignorar que hay alternativas.

M.A.

Cuando el primer pequeñuelo rió por vez primera, esa risa se rompió en mil pedazos y todos comenzaron a saltar por doquier. Así nacieron las hadas.

J.M.B.

El afecto más puro que puede poseer un corazón es el amor sincero de un niño de nueve años.

HOLMAN DAY

El juguete más sencillo, aquel que hasta el niño más pequeño puede manejar, se llama abuelo.

SAM LEVENSON

Uno de los rasgos más encantadores de la niñez es la virtud de olvidar las penas. Y también la de exasperarse hasta el frenesí.

PHYLLIS MCGINLEY

Pedir
¿Qué pide el niño
con vivas ansias?
La flor preciosa
de la enramada.
No por lo bella,
ni por lo extraña,
ni por ser grande,
ni por ser blanca:
únicamente
quiere tocarla
porque sus manos
aún no la alcanzan.

ADOLFO LLANOS

Los niños son siempre como el niño que usted fue: tristes y felices; y si usted piensa en su infancia, usted resucita enmedio de ellos, entre los niños secretos.

R.M. RILKE

Pocos de nosotros hemos podido escapar a la fascinación (y frustración) de observar a un niño explorando. Ningún lugar es demasiado peligroso, ningún objeto demasiado valioso, ningún obstáculo demasiado insuperable. Exploran el mundo intrépidamente, viendo, escuchando, respondiendo. *El misterio que el niño quiere descubrir es él mismo.*

LEO BUSCAGLIA

A veces pienso que los chicos son desagradables y dan mucho trabajo. Entre los seis y siete años son bastante molestos, pero ahora creo que no me hubiese importado. Por no haberlos tenido tengo que limitarme a visitas y a un gato llamado Beppo.

JORGE LUIS BORGES

Cada niño trae al mundo el mensaje de que Dios aún no ha desesperado del hombre.

RABINDRANATH TAGORE

El niño ha de trabajar, de andar, de estudiar, de ser fuerte, de ser hermoso: el niño puede hacerse hermoso aunque sea feo; un niño bueno, inteligente y aseado es siempre hermoso. Pero nunca es un niño más bello que cuando trae en sus manecitas de hombre fuerte una flor para su amiga, o cuando lleva del brazo a su hermana, para que nadie se la ofenda: el niño crece entonces, y parece un gigante.

JOSÉ MARTÍ

Jesús y los niños

Le traían niños para que les impusiera las manos; y los discípulos les regañaban. Pero Jesús, al verlo, se enojó y les dijo: "Dejad que los niños vengan a mí, no se lo impidáis; que de gente así es el Reino de Dios. En verdad os digo que el que no reciba el Reino de Dios como un niño, no entrará en él:" Y los abrazaba, los bendecía y les imponía las manos.

MARCOS 10:13-16.

Los niños encuentran todo en nada, los hombres no encuentran nada en todo.

GIACOMO LEOPARDI

Los niños no tienen pasado ni futuro. Por eso gozan del presente, cosa que rara vez nos ocurre a nosotros.

LA BRUYÈRE

No puede darse al niño todo lo que desea sin darle también el aburrimiento.

F.C.

Un niño es una isla de curiosidad, rodeada por un mar de signos de interrogación.

ANUNCIO DE LA SHELL OIL CO.

Adolescencia

A todos, en algún momento, se nos ha revelado nuestra existencia como algo particular, intransferible y precioso. Casi siempre esta revelación se sitúa en la adolescencia. (...) El adolescente se asombra de ser. Y al pasmo sucede la reflexión: inclinado sobre el río de su conciencia se pregunta si ese rostro que aflora lentamente del fondo, deformado por el agua, es el suyo. La singularidad de ser (...) se transforma en problema y pregunta, en conciencia interrogante.

OCTAVIO PAZ

La enfermedad de la adolescencia es no saber lo que se quiere y, sin embargo, quererlo a toda costa.

PHILIPPE SOLLERS

La adolescencia es como una casa en día de mudanza: un desorden temporal.

JULIUS WARREN

La imagen de la muchacha había penetrado en su alma para siempre y ni una palabra había roto el santo silencio de su éxtasis. Los ojos de ella le habían llamado y su alma se había precipitado al llamamiento. ¡Vivir, errar, caer, triunfar, volver a crear la vida con materia de vida! Un ángel salvaje se le había aparecido, el ángel de la juventud mortal, enviado por el tribunal estricto de la vida para abrirle de par en par, en un instante de éxtasis, las puertas de todos los caminos del error y de la gloria. ¡Adelante! ¡Adelante! ¡Adelante!

JAMES JOYCE

Le atormentaba la garganta un deseo de gritar, de gritar como el halcón, como el águila en las alturas, de proclamar penetrantemente a los vientos la liberación de su alma. Este era el llamamiento de la vida, no la voz grosera y turbia del mundo lleno de deberes y de pesares, no la voz inhumana que la había llamado al lívido servicio del altar. Un instante de vuelo pleno le acababa de libertar y el grito de triunfo que sus labios aprisionaban estallaba en su cerebro. (...)
¿Qué habían sido todas aquellas cosas sino el sudario que se acababa

de desprender del cuerpo mortal? ¿Qué eran el miedo que le había acompañado día y noche, la incertidumbre que le había estado rondando, el oprobio que le había envilecido en alma y cuerpo, qué eran sino sudarios, lienzos de sepultura?

Su alma se acababa de levantar de la tumba de su adolescencia, apartando de sí sus vestiduras mortuorias.

JAMES JOYCE

Me complace que los adolescentes expresen abiertamente todas esas emociones que los adultos hemos aprendido a reprimir. Cuando algo los emociona o deprime, no vacilan en exteriorizar sus sentimientos. Me encantan sus sinceras pasiones, la urgencia de sus relaciones personales, su capacidad de indignarse ante la injusticia. Al descubrir lo injusto, preguntan, incrédulos: "¿Por qué no hace alguien algo al respecto?" Los adolescentes insisten en que cuestionemos nuestras motivaciones, las normas que fijamos para ellos, nuestra propia conducta. Nos incitan a seguir siendo sinceros.

LETTY COTTIN POGREBIN

Nadie es más misántropo que un adolescente decepcionado.

HERMAN MELVILLE

Quisiera ser apenas la mitad de lo inteligente que me creía mi hijo cuando era pequeño, y sólo la mitad de lo necia que me supone ahora que ha llegado a la adolescencia.

R.R.

Adolescencia: sortija de sello sin grabar.

RAMÓN GÓMEZ DE LA SERNA

La juventud

¿No tuve acaso UNA VEZ una juventud amable, heroica, fabulosa, digna de ser escrita sobre láminas de oro, inaudita fortuna? ¿Por qué crimen, por qué error he merecido mi actual debilidad?

RIMBAUD

La juventud se rebela contra sí misma, aun cuando nadie se acerque a hostigarla.

WILLIAM SHAKESPEARE

A la juventud no le gustan los vencidos.

SIMONE DE BEAUVOIR

A las muchachas las amamos por lo que son; a los muchachos, por lo que prometen ser.

JOHANN WOLFGANG VON GOETHE

A los treinta años, e incluso antes, los hombres y las mujeres han perdido toda su vivacidad y su entusiasmo, y si fracasan en sus primeras empresas abandonan la partida.

EMERSON

Cosa muy común en los jóvenes, que, orgullosos de su belleza, ejercen una especie de tiranía mientras están en la flor de sus años.

PLATÓN

Cuando somos jóvenes creemos que, no sólo nosotros, sino todo cuanto nos rodea es inmortal.

BENJAMIN DISRAELI

Cuando uno es joven tiene por delante la evolución entera con todos los caminos abiertos, y al mismo tiempo puede disfrutar del hecho de estar ahí en el escollo, pulpa de molusco chata y húmeda y feliz.

ÍTALO CALVINO

De todas las bestias salvajes, un muchacho es la más difícil de manejar.

PLATÓN

El joven guiando al joven es como un ciego guiando al ciego.

LORD CHESTERFIELD

En la primavera de la vida, hasta las espinas florecen y hasta las penas tienen un sabor de felicidad.

IGNACIO MANUEL ALTAMIRANO

Es mejor malgastar la juventud que no hacer absolutamente nada con ella.

GORGES COURTELINE

Exhortación al joven
La luz es dulce, y agrada a los ojos ver el sol. Si el hombre vive muchos años, que disfrute de todos ellos recordando que los días de tinieblas serán numerosos; todo lo que sucede es sinrazón.
Goza, joven, en tu mocedad, y disfruta en los días de tu juventud. Sigue los caminos de tu corazón, y los deseos de tus ojos; pero sabe que por todo esto Dios te llamará a juicio.
Aleja la tristeza de tu corazón, aparta de tu carne el sufrimiento, porque la adolescencia y la juventud son sinrazón.

ECLESIASTÉS 11:7-10

... fuerza, edad y honra, salud y valentía
no pueden durar siempre, vanse con mocería.

JUAN RUIZ, ARCIPRESTE DE HITA

Galeras de plata por el río azul...
¿Dónde vais, afanes de mi juventud?

JOSÉ MORENO VILLA

Hoy cumplí cincuenta años. Es mentira que el signo de madurez consista en que uno empieza a sentirse más joven. Hoy me siento más seguro que cuando cumplí veinte años, más rico que cuando tenía treinta, más libre que cuando cumplí cuarenta, pero no me siento más joven que en ningún otro momento de mi vida. Siento también que el camino que escogí está más de la mitad andado, que ni me malogré ni he alcanzado las cúspides que hubiera querido escalar; que el pasado tiene otra textura, que varios enigmas se han aclarado, historias que parecían paralelas han divergido, muchos episodios han terminado. Cada año que pasa tengo más libros que quisiera escribir y cada año escribo más lentamente. Si vivo ochenta años, cuando muera dejaré un montoncito de libros y me llevaré a la tumba una vastísima biblioteca imaginaria.

JORGE IBARGÜENGOITIA

Juventud, divino tesoro,
ya te vas para no volver,
cuando quiero llorar no lloro,
y a veces lloro sin querer.

RUBÉN DARÍO

La imaginación de los muchachos es un corcel, y la curiosidad, la espuela que lo aguijonea y lo arrastra a través de los proyectos más imposibles.

GUSTAVO ADOLFO BÉCQUER

La juventud es intransigente porque supone la perfección; pero los años embotan los dientes de su serrucho y el filo de su hacha. Ella piensa en rehacer la casa para acomodar los muebles, y acaba por adaptar los muebles a la casa.

CONSTANCIO C. VIGIL

La juventud es el descubrimiento de un horizonte inmenso, que es la vida.

JOSÉ ENRIQUE RENÁN RODÓ

La juventud feliz es un invento de viejos.

PAUL GUIMARD

La juventud no es la edad de las pasiones, sino la de las ilusiones. La edad de las pasiones es la madurez.

JOSÉ GAOS

La juventud vive de la esperanza; la vejez, del recuerdo.

GEORGE HERBERT

Lo hermoso de la juventud es que se puede admirar sin comprender.

ANATOLE FRANCE

Los jóvenes son como las plantas: por los primeros frutos se ve lo que podemos esperar para el porvenir.

DEMÓCRATES

Los jóvenes seguramente harían menos tonterías si se les indicase que al cometerlas no inventan nada.

BERTRAND POIROT-DELPECH

Ningún hombre sabio ha querido nunca ser más joven.

JONATHAN SWIFT

Recuerdo mi juventud y aquel sentimiento que nunca más volverá: el sentimiento de que yo podría durar más que todo, más que el mar, más

que la tierra, más que todos los hombres.

JOSEPH CONRAD

No trato de las pasiones
propias de la mocedad,
porque en ésas con la edad
se mudan las condiciones.

JUAN RUIZ DE ALARCÓN

No importa que todo esté dicho. Cada generación reitera la vida. Tiene que decir, pues, en buena parte las mismas cosas. Y prefiere su propio decirlas.

JOSÉ GAOS

Nuestra juventud es decadente e indisciplinada. Los hijos no escuchan ya los consejos de sus mayores. El fin de los tiempos está próximo.

ANÓNIMO CALDEO (H. 2000 A.C.)

Ser joven es tener ideales y luchar hasta lograrlos, es soñar en el futuro por el que se trabaja en el presente, es tener siempre algo que hacer, algo que crear, algo que dar.

DOUGLAS McARTHUR

Si la juventud es un defecto, nos curamos demasiado pronto.

J.B. LOWELL.

Sin placer y sin fortuna,
pasó como una quimera
mi juventud, la primera...,
la sola, no hay más que una:
la de dentro es la de fuera.

ANTONIO MACHADO

Un ingrediente eterno de la juventud es creer que los demás no ven nuestro ser íntimo. Cuando avanzamos en la existencia advertimos que en toda nuestra vida no hemos hecho otra cosa que gritar

a los cuatro vientos el secreto de
nuestro modo de ser, que tanto
queríamos ocultar.

JOSÉ ORTEGA Y GASSET

Tú eres joven, querido mío, y por
esta razón escuchas los discursos con
avidez y te rindes a la verdad.

PLATÓN

¡Que se nos va la Pascua, mozas,
que se nos va la Pascua!
Mozuelas las de mi barrio,
loquillas y confiadas,
mirad no os engañe el tiempo
la edad y la confianza.
No os dejéis lisonjear
de la juventud lozana,
porque de caducas flores
teje el tiempo sus guirnaldas.
¡Que se nos va la Pascua, mozas,
que se nos va la Pascua!
Vuelan los ligeros años,
y con presurosas alas
nos roban, como harpías,
nuestras sabrosas viandas.
La flor de la maravilla
esta verdad nos declara,
porque le hurta la tarde
lo que le dió la mañana.
¡Que se nos va la Pascua, mozas
que se nos va la Pascua!
Mirad que cuando pensáis
que hacen la señal de la alba
las campanas de la vida,
es la queda y os desarma
de vuestro color y lustre,
de vuestro donaire y gracia
y quedáis todas perdidas
por mayores de la marca.
¡Que se nos va la Pascua, mozas,
que se nos va la Pascua!
Yo sé de una buena vieja
que fué un tiempo rubia y zarca,
y que al presente le cuesta
harto caro el ver su cara;
porque su bruñida frente

y sus mejillas se hallan
más que roquete de obispo
encogidas y arrugadas.
¡Que se nos va la Pascua, mozas,
que se nos va la Pascua!
Y sé de otra buena vieja,
que un diente que le quedaba
se lo dejó estotro día
sepultado en unas natas;
y con lágrimas le dice:
"Diente mío de mi alma
yo sé cuándo fuistes perla,
aunque ahora no sois nada."
¡Que se nos va la Pascua, mozas,
que se nos va la Pascua!
Por eso, mozuelas locas,
antes que la edad avara
el rubio cabello de oro
convierta en luciente plata
quered cuando sois queridas,
amad cuandos sois amadas;
mirad, bobas, que detrás
se pinta la ocasión calva.
¡Que se nos va la Pascua, mozas,
que se nos va la Pascua!

LUIS DE GÓNGORA Y ARGOTE

La madurez

El adulto que tiene capacidad para
una verdadera madurez, es aquél
que deja la niñez sin haber perdido
los mejores rasgos de esa etapa. Es
aquél que conserva las fuerzas
emocionales básicas de la primera
infancia, la terca autonomía de la
época en que el niño empieza a
caminar, la capacidad de asombro,
placer y travesura de los años
preescolares, la capacidad de
afiliación y la curiosidad intelectual
de los niños escolares, el idealismo y
la pasión de la adolescencia. Es
aquél que incorpora todo esto a un
nuevo patrón de desarrollo dominado
por la estabilidad, la sabiduría, el
conocimiento, la sensibilidad hacia

los demás, la responsabilidad, la fortaleza y la determinación de la edad adulta.

JOSEPH STONE Y JOSEPH CHURCH

Es una desgracia que haya un intervalo tan pequeño entre el tiempo en que somos demasiado jóvenes y el tiempo en que somos demasiado viejos.

MONTESQUIEU

Ser adulto significa estar solo.

JEAN ROSTAND

¿Qué es un adulto? Un niño hinchado de edad.

SIMONE DE BEAUVOIR

[...] esa juventud tan alabada se me presenta la mayoría de las veces como una época mal desbastada de la existencia, un periodo opaco e informe, huyente y frágil.

MARGUERITE YOURCENAR

El otoño es una segunda primavera en la que cada hoja es una flor.

ALBERT CAMUS

Con el tiempo, aprendes la sutil diferencia que hay entre tomar la mano de alguien y encadenar a un alma.
Y aprendes que el amor no significa apoyarte en alguien, y que la compañía no significa seguridad.
Y empiezas a entender que los besos no son contratos, ni los regalos, promesas.
Y empiezas a aceptar tus derrotas con la cabeza en alto, con los ojos bien abiertos, con la compostura de un adulto; no con el rostro compungido de un niño.
Y aprendes a construir todos tus

caminos en el hoy, porque el terreno del mañana es demasiado incierto para hacer planes.
Con el tiempo, aprendes que incluso los agradables rayos del Sol queman, si te expones a ellos demasiado.
Por lo tanto, siembra tu propio jardín y adorna tu propia alma, en vez de esperar a que alguien te lleve flores.
Y así aprenderás que en realidad puedes sobrellevarlo todo... que en verdad eres fuerte. Y que en realidad vales mucho.

POEMA ANÓNIMO

Con el alargamiento de la vida media
ha venido, no el alargamiento de la vejez, sino el acortamiento de ésta y el
alargamiento de la madurez.

JOSÉ GAOS

Cuando era joven, me decían: "Ya verás cuando tengas cincuenta años". Tengo cincuenta años y no he visto nada.

ERIK SATIE

Cuando nuestro juicio madura, nuestra imaginación decae. No podemos disfrutar al mismo tiempo de las flores de la primavera de la vida y de los frutos del otoño, de los placeres de la investigación rigurosa y de los del error agradable. No podemos estar a la vez en las candilejas y entre bastidores.

T.B. MACAULAY

Cuarenta años es una edad terrible. Porque es la edad en que llegamos a ser lo que somos.

CHARLES PEGUY

Finalmente, la persona madura llega a la etapa en que es su propio padre y su propia madre. Tiene, por así decirlo, una conciencia materna y paterna. La conciencia materna dice: "No hay ningún delito, ningún crimen, que pueda privarte de mi amor, de mi deseo de que vivas y seas feliz." La conciencia paterna dice: "Obraste mal, no puedes dejar de aceptar las consecuencias de tu mala acción, y, especialmente, debes cambiar si quieres que te aprecie." La persona madura se ha liberado de las figuras exteriores de la madre y el padre, y las ha erigido en su interior.

ERICH FROMM

Hemos llegado a la edad madura cuando, teniendo para escoger entre dos tentaciones, elegimos la que nos permite llegar a casa más temprano.

D.B.

La madurez consiste en gozar hondamente de la realidad a pesar de ver a la perfección sus deficiencias.

JOSÉ GAOS

La madurez del hombre es haber recobrado la seriedad con que jugábamos cuando éramos niños.

FRIEDRICH WILHELM NIETZSCHE

La madurez no es etapa de soledad. El hombre, en lucha con los hombres o con las cosas, se olvida de sí en el trabajo, en la creación o en la construcción de objetos, ideas e instituciones. Su conciencia personal se une a otras: el tiempo adquiere sentido y fin, es historia, relación viviente y significativa con un pasado y futuro.

OCTAVIO PAZ

Madurez es el arte de vivir en paz con lo que es imposible cambiar.

ANN LANDERS

Las desilusiones de la madurez suceden a las ilusiones de la juventud; esperemos que la herencia de la vejez no sea la desesperación.

BENJAMIN DISRAELI

Madurez es la habilidad de realizar un trabajo, seamos supervisados o no, llevar dinero sin gastarlo y soportar una injusticia sin desear la venganza.

A.L.

Somos personas ya maduras cuando el guardar un secreto nos causa mayor satisfacción que divulgarlo.

J.M.H.

La vejez

Ser viejo es estar de vuelta de muchas cosas, pero no de la vida, porque siempre se hace hacia delante. La vejez es la última edad, después de la cual no hay otra; pero es la edad de las cuentas, de los balances, de la recapitulación. Y para los demás, la edad de la cosecha. ¿No es un mal negocio dejar que caiga al suelo por no molestarse en recogerla? Acaso ahora el arte es más corto que la vida.

JULIÁN MARÍAS

Soy un hombre que pasó los ochenta años, y yo aseguro a quien desee oírlo, que a esta edad aún se puede estar enamorado. Es tarde para los demás, pero no para uno.

JORGE LUIS BORGES

La vejez es, en efecto, un estado de reposo y de libertad en lo que atañe a los sentidos. Cuando la violencia de las pasiones ha cedido y se ha amortiguado su fuego, el hombre se ve, como Sócrates decía, libertado de un tropel de tiranos furiosos. En cuanto a las añoranzas de los viejos de que hablo, así como por lo que se refiere a sus quejas de los malos tratamientos recibidos de sus allegados, no deben atribuir la causa de ellos a la vejez, sino a su propio carácter. La vejez es soportable cuando se tienen costumbres moderadas y cómodas; mas cuando se está dotado de un carácter contrario a esas costumbres, así la vejez como la misma juventud son infelicísimas.

PLATÓN

A los ancianos les gusta dar buenos consejos para consolarse de no estar ya en disposición de dar malos ejemplos.

LA ROCHEFOUCAULD

A medida que envejezco más desconfío de los que dicen que la edad trae consigo la sabiduría.

HENRY LOUIS MENCKEN

Amamos las catedrales antiguas, los muebles antiguos, las monedas antiguas, los viejos diccionarios e impresiones, pero nos hemos olvidado por completo de la belleza de los ancianos. Pienso que una apreciación de ese tipo de belleza es esencial para nuestra existencia, pues me parece que la belleza es lo que está viejo, maduro y bien ahumado.

LIN YU-TANG

A mi edad aún se puede estar enamorado sin hacer el ridículo. No es el mismo tipo de amor que afecta a la juventud pero, ¿debe uno resignarse a vivir solo únicamente por ser viejo? Es triste retornar a una morada solitaria. Es, a mi edad,

cuando más necesario resulta que reviva en uno el afecto. No es justo que la gente se ría de los viejos que se vuelven a casar; uno necesita estar acompañado por una persona amada.

HENRI ROUSSEAU, EN UNA CARTA QUE ESCRIBIÓ A LOS 65 AÑOS A SU PADRE, DE 83, ACERCA DE UNA MUJER DE 59

Abrigamos la esperanza de llegar a ser viejos y, sin embargo, la vejez nos asusta.

LA BRUYÈRE

... acaso hiciera la pobreza insoportable la vejez al mismo hombre sensato, pero que jamás las riquezas harán más llevadera la senectud sin sensatez.

PLATÓN

Al envejecer, nos volvemos más locos y más cuerdos.

LA ROCHEFOUCAULD

Bien sabido es que cuando el hombre se deja arrastrar por una pasión senil se ciega de tal manera que cree hallar alentadoras esperanzas donde no las hay y se comporta como un chiquillo.

FEDOR DOSTOIEWSKI

Con la vejez ocurre como con la muerte. Algunos las afrontan con indiferencia, no porque tengan más valor que los otros, sino porque tienen menos imaginación.

MARCEL PROUST

Cuando la muerte se aproxima, los viejos encuentran que la vejez ya no es una carga.

EURÍPIDES

Cuando no se ha cuidado del corazón y la mente en los años

jóvenes, bien se puede temer que la ancianidad sea desolada y triste.

JOSÉ MARTÍ

Cuando me dicen que soy demasiado viejo para hacer una cosa, procuro hacerla enseguida.

PABLO PICASSO

Cuando ya se han cumplido 80 años, todo contemporáneo es un amigo.

IGOR STRAVINSKY

Cuanto más envejecemos, más necesitamos estar ocupados. Es preferible morir antes que arrastrar ociosamente una vejez insípida: trabajar es vivir.

VOLTAIRE

Dulce madre mía,
¿quién no llorará,
aunque tenga el pecho
como un pedernal,
y no dará voces,
viendo marchitar
los más verdes años
de su mocedad?
—Dejadme llorar
orillas del mar!

LUIS DE GÓNGORA

El atardecer de la vida también debe tener un significado propio y no ser meramente un triste apéndice de su amanecer.

CARL JUNG

El cofre de vidrio roto

Érase una vez un anciano que había perdido a su esposa y vivía solo. Había trabajado duramente como sastre toda su vida, pero los infortunios lo habían dejado en bancarrota, y ahora era tan viejo que ya no podía trabajar. Las manos le temblaban tanto que no podía enhebrar una aguja, y la visión se le había enturbiado demasiado para hacer una costura recta. Tenía tres hijos varones, pero los tres habían crecido y se habían casado, y estaban tan ocupados con su propia vida que sólo tenían tiempo para cenar con su padre una vez por semana.

El anciano estaba cada vez más débil, y los hijos lo visitaban cada vez menos.

—No quieren estar conmigo ahora —se decía— porque tienen miedo de que yo me convierta en una carga.

Se pasó una noche en vela pensando qué sería de él y al fin trazó un plan. A la mañana siguiente fue a ver a su amigo el carpintero y le pidió que le fabricara un cofre grande. Luego fue a ver a su amigo el cerrajero y le pidió que le diera un cerrojo viejo. Por último fue a ver a su amigo el vidriero y le pidió todos los fragmentos de vidrio roto que tuviera. El anciano se llevó el cofre a casa, lo llenó hasta el tope de vidrios rotos, le echó llave y lo puso bajo la mesa de la cocina. Cuando sus hijos fueron a cenar, lo tocaron con los pies.

—¿Qué hay en ese cofre? —preguntaron, mirando bajo la mesa.

—Oh, nada —respondió el anciano—, sólo algunas cosillas que he ahorrado.

Sus hijos lo empujaron y vieron que era muy pesado. Lo patearon y oyeron un tintineo.

—Debe estar lleno con el oro que ahorró a lo largo de los años —susurraron.

Deliberaron y comprendieron que debían custodiar el tesoro. Decidieron turnarse para vivir con el viejo, y así podrían cuidar también de él. La primera semana el hijo menor se mudó a la casa del padre, y lo cuidó y le cocinó. A la semana siguiente lo reemplazó el segundo hijo, y la semana siguiente acudió el mayor. Así siguieron por un tiempo. Al fin el anciano padre enfermó y falleció. Los hijos le hicieron un bonito funeral, pues sabían que una fortuna los aguardaba bajo la mesa de la cocina, y podían costearse un gasto grande con el viejo.

Cuando terminó la ceremonia, buscaron en toda la casa hasta encontrar la llave, y abrieron el cofre. Por cierto, lo encontraron lleno de vidrios rotos.

—¡Qué triquiñuela infame! — exclamó el hijo mayor—. ¡Qué crueldad hacia sus hijos!

—Pero, ¿qué podía hacer? — preguntó tristemente el segundo hijo—. Seamos francos. De no haber sido por el cofre, lo habríamos descuidado hasta el final de sus días.

—Estoy avergonzado de mí mismo — sollozó el hijo menor—. Obligamos a nuestro padre a rebajarse al engaño, porque no observamos el mandamiento que él nos enseñó cuando éramos pequeños.

Pero el hijo mayor volcó el cofre para asegurarse de que no hubiera ningún objeto valioso oculto entre los vidrios. Desparramó los vidrios en el suelo hasta vaciar el cofre. Los tres hermanos miraron silenciosamente dentro, donde leyeron una inscripción que el padre les había dejado en el fondo: honrarás a tu padre y a tu madre.

WILLIAM J. BENNETT

El drama del viejo consiste muy a menudo en que ya no puede lo que quiere. Concibe, proyecta, y en el momento de ejecutar, su organismo se hurta; la fatiga corta sus impulsos; busca sus recuerdos a través de brumas; su pensamiento se aparta del objeto que se había fijado. La vejez es sentida entonces —aun sin accidente patológico— como una especie de enfermedad mental en que el sujeto conoce la angustia de escapar de sí mismo.

SIMONE DE BEAUVOIR

El corazón no envejece, pero es triste alojarlo en ruinas.

VOLTAIRE

El crepúsculo de la vida trae consigo su propia lámpara.

JOSEPH JOUBERT

El drama de la vejez no consiste en ser viejo, sino en haber sido joven.

OSCAR WILDE

El niño se ríe de la tragedia; el viejo llora en la comedia.

MIGUEL DE UNAMUNO

El verdadero mal de la vejez no es el debilitamiento del cuerpo, sino la indiferencia del alma.

ANDRÉ MAUROIS

El viejo cree estar rodeado de sus semejantes, y está solo: un muro de cristal lo separa ya de las cosas, un abismo de tiempo, una dimensión matemática imposible de burlar.

ALFONSO REYES

El viejo incapaz de subvenir a sus necesidades representa siempre una carga. Pero en las colectividades donde reina cierta igualdad —en el interior de una comunidad rural, en ciertos pueblos primitivos— el hombre maduro, sin querer saberlo, sabe sin embargo que mañana su condición será la que asigna hoy al viejo. Es el sentido del cuento de

Sabiduría de todos los tiempos

Grimm, cuya versión se encuentra en las regiones rurales de todo el mundo. Un campesino hace comer a su padre separado de la familia, en una pequeña escudilla de madera; sorprende a su hijo juntando maderitas: "Es para cuando tú seas viejo", dice el niño. Inmediatamente el abuelo recobra su lugar en la mesa común.

SIMONE DE BEAUVOIR

En la melodía de la existencia, nuestras horas se nos mueren como tiples; mas, a la postre, "el divino tesoro, que ya se va para no volver", ha recogido las esencias del mundo, asegurándonos una espiritual y espirituosa vejez de perfumistas. Ya no habrá virilidad; poco importa, pues resta el vino de Mosela que embotellamos en la hermosa edad parabólica.

RAMÓN LÓPEZ VELARDE

En la vejez defendemos nuestras opiniones, no porque creamos que son verdaderas, sino únicamente porque en otro tiempo creíamos que lo eran.

G.C. LICHTENBERG

En lo mejor y más fuerte de su vida no fue sino un temerario; así que debemos esperar de su edad no solamente las imperfecciones de antiguo inherentes a su condición, pero también la desarreglada aspereza de genio que los años de enfermedades y la irritación traen consigo.

WILLIAM SHAKESPEARE

En los ojos de los jóvenes vemos llamas,
pero en el ojo del viejo vemos la luz.

VÍCTOR HUGO

En la medida en que hay espíritu, la ancianidad deja de ser un fantasma para ser una ardiente promesa.

EMMA GODOY

En nuestros días, a los 50 años muchos sólo han perdido de su familia a sus abuelos. Pero si se llega a los 70, 80 años, se ha visto morir a la mayoría de los contemporáneos y el individuo flota, solitario, en un siglo poblado por gente más joven.

SIMONE DE BEAUVOIR

En todo corazón invernal alienta una primavera vibrante, y tras el velo de cada noche se oculta una sonriente aurora.

GIBRÁN JALIL GIBRÁN

Envejecer es lo más inesperado de todo lo que le sucede al hombre.

LEÓN TROTSKY

Esta cortesanía y reverencia para con la vejez nos amarga la existencia en nuestros mejores años y nos retiene apartados de nuestras fortunas hasta la senectud, cuando ya nos es imposible disfrutarlas. Comienzo a hallar una esclavitud ociosa y necia en la posesión de la vejez tiránica, que gobierna, no porque tenga poder, sino porque es tolerada.

WILLIAM SHAKESPEARE

La debilidad más peligrosa de la gente vieja que ha sido agradable consiste en olvidar que ya no lo es.

LA ROCHEFOUCAULD

La diferencia radical entre la óptica del viejo y la del niño o el adolescente es que el primero ha descubierto su finitud, mientras que al comienzo de su vida la ignoraba; entonces veía por delante posibilidades tan múltiples y tan vagas que le parecían ilimitadas; el futuro en que las proyectaba se dilataba al infinito para acogerlas. Los jóvenes de hoy se dan cuenta muy pronto de que la sociedad ha prefabricado su futuro; pero muchos sueñan con escapar al sistema, o incluso destruirlo, lo que deja abierto a su imaginación un amplio campo. Desde el día —que se sitúa más o menos temprano según la clase a la que pertenece— en que se ve obligado a reproducir su vida, el individuo, encerrado en un oficio, ve achicarse su universo, enrarecerse sus proyectos. Sin embargo, el adulto dispone de años bastante numerosos para decidir, actuar, emprender, para dar por sentados cambios en el mundo o en su historia personal; sus esperanzas pueblan un porvenir cuyo término aún no se representa. El viejo, en cambio, sabe que su vida está hecha y que no la rehará. El porvenir ya no está hinchado de promesas, se contrae a la medida del ser finito que ha de vivirlos.

SIMONE DE BEAUVOIR

Hay cuatro cosas donde se manifiesta mejor la vejez: leños viejos para una fogata, vino añejo para beber, antiguos amigos en quien confiar y autores pasados para leer.

FRANCIS BACON

La edad se apodera de nosotros por sorpresa.

JOHANN WOLFGANG VON GOETHE

La vejez es un tirano que prohíbe, bajo pena de muerte, todos los placeres de la juventud.

LA ROCHEFOUCAULD

La mayoría de la gente dice que, conforme uno envejece, tiene que renunciar a ciertas cosas. Yo opino que uno envejece porque renuncia a ciertas cosas.

THEODORE FRANCIS GREEN

La posibilidad de quitarse la máscara en todas las ocasiones es una de las raras ventajas que reconozco a la vejez...

MARGUERITE YOURCENAR

La sesentena es cuando no la caída en la muerte, la pendiente que baja hasta ella. La setentena, una parada ante el borde del abismo. Una distracción de éste es la ochentena. La noventena, un milagro. La centena, mitología.

JOSÉ GAOS

La vejez no significa nada más que dejar de sufrir por el pasado.

ZWEIG STEFAN

Longevidad: saber dar largas al cobrador final.

RAMÓN GÓMEZ DE LA SERNA

Los años vienen sin ruido.

OVIDIO

Los defectos del espíritu aumentan al envejecer, como los del rostro.

LA ROCHEFOUCAULD

Los jóvenes se hacen del mismo material de los viejos. No olvidarlo.

RAMÓN GÓMEZ DE LA SERNA

Los prudentes y los viejos siempre dan consejos buenos; pero no ve su bondad la loca y temprana edad...

MIGUEL DE CERVANTES SAAVEDRA

Los que suspiran envejecen en un día.

TEÓCRITO

... los viejos tenemos dentro del pecho corazón de niño.

PÍO BAROJA

Los viejos y los cometas han sido venerados por las mismas razones: por su larga barba y por la pretensión de predecir los acontecimientos.

JONATHAN SWIFT

Me gustaría ser viejo y saber las cosas a fondo. Me pregunto si se sigue aprendiendo o bien si no hay más que cierta cantidad de cosas que cada hombre puede comprender. Yo creía saber muchas cosas y, de verdad, no sabía nada. Me gustaría tener más tiempo.

ERNEST HEMINGWAY

Ningún hombre es tan viejo que no crea que no puede vivir otro año.

CICERÓN

No entres silencioso en esa noche. La ancianidad debe arder y rugir al cerrar el día.

DYLAN THOMAS

Pocos saben envejecer.

LA ROCHEFOUCAULD

Pues la edad no sufre engaños, aunque la tez resplandece.

JUAN RUIZ DE ALARCÓN

Que durante los quince o veinte últimos años de su vida un hombre no sea más que un desecho es prueba del fracaso de nuestra civilización; esta prueba nos angustiaría si considéraramos a los viejos como hombres, con una vida humana detrás de ellos, y no como cadáveres ambulantes.

SIMONE DE BEAUVOIR

Siempre es agradable tener a alguien que vele por uno, sobre todo cuando se es tan joven. En la vejez no queda más remedio que pensar en uno mismo, porque los demás...

JULIO CORTÁZAR

Sólo se vive verdaderamente una cosa: la vejez. Todo lo demás son aventuras.

ARTHUR SCHNITZLER

Todo hombre se sorprende cuando escucha por primera vez que alguien lo llama viejo.

OLIVER WENDELL HOLMES

Todos deseamos llegar a viejos, y todos negamos que hemos llegado.

FRANCISCO DE QUEVEDO

Todos querrían vivir mucho tiempo, pero nadie querría ser viejo.

JONATHAN SWIFT

... un poco de fuego en este campo desierto sería semejante al corazón de un viejo libertino: una pequeña chispa, y todo lo demás del cuerpo, helado.

WILLIAM SHAKESPEARE

Una nación madura y culta estimulará a los ancianos, pues sabe que ellos han sido siempre los maestros de la humanidad.

EMMA GODOY

Usted es tan joven como su fe, tan viejo como su duda, tan joven como su confianza en sí mismo, tan viejo como sus temores,

tan joven como su esperanza,
tan viejo como su desesperación.

DOUGLAS MCARTHUR

Vivir demasiado es perder hasta
los recuerdos.

JACQUES CHARDONNE

Y ahora comprendía lo que era la
vejez: la vejez, que de todas las
realidades es quizá aquella de la que
más tiempo conservamos una noción
puramente abstracta, mirando los
calendarios, fechando nuestras
cartas, viendo casarse a nuestros
amigos, a los hijos de nuestros
amigos, sin comprender, sea por
miedo, sea por pereza, lo que esto
significa, hasta el día en que vemos
una silueta desconocida, la cual nos
entera de que vivimos en un nuevo
mundo; hasta el día en que el nieto
de uno de nuestros amigos, un joven
al que instintivamente trataríamos
como a un camarada, sonríe como si
nos burláramos de él, porque nos ha
visto como a un abuelo...

MARCEL PROUST

Yo he descubierto que tan pronto
como las personas son lo bastante
viejas para estar mejor enteradas, no
se enteran absolutamente de nada.

OSCAR WILDE

¿Pero qué ha pasado? La vida, y
soy viejo.

ARAGON

A partir de los 60 años, Renoir
vivió semiparalítico. Ya no podía
caminar. Tenía la mano rígida. Sin
embargo siguió pintando hasta su
muerte, a los 78 años. Alguien
apretaba los tubos de color sobre la
paleta. Le ataban a la articulación de
la mano un pincel que sostenía con

un dedil y dirigía con el brazo. "No se
necesita la mano para pintar", decía.
Se paseaba por el campo en un sillón
de ruedas, o, si las cuestas eran
demasiado empinadas, se hacía
transportar en brazos hasta sus
lugares preferidos.

Trabajaba enormemente; había
conservado todo su poder creador;
tenía la impresión de hacer
incesantes progresos y eso le
proporcionaba grandes alegrías. Su
único pesar era que el tiempo, que lo
enriquecía como artista, con el
mismo movimiento lo acercaba a la
tumba.

SIMONE DE BEAUVOIR

Se equivocan quienes creen que la
vejez es un descenso. Por el
contrario, se sube con sorprendentes
zancadas. El trabajo intelectual se
hace tan rápidamente como el
trabajo físico en los niños. No por
eso se aproxima uno menos al
término de la vida, pero como a una
meta, no como a un escollo...

GEORGE SAND

Uno envejece para el amor y la
mentira pero no envejece para el
asombro.

CHESTERTON

...Dar a cada hora su posible plenitud
interesa más que a nadie al viejo.

JOSÉ GAOS

Dulce madre mía,
¿quién no llorará,
aunque tenga el pecho
como un pedernal,
y no dará voces,
viendo marchitar
los más verdes años
de su mocedad?

LUIS DE GÓNGORA Y ARGOTE

Lao-tse

Se atribuye a Lao-tse la fundación del taoísmo, una de las tres religiones más importantes de la China antigua, junto con el confucianismo y el budismo. Poco se sabe de su vida hasta el periodo anterior a aquel en que desempeñó el cargo de archivero en la corte de Chow, pero se cree que era originario de una pequeña aldea de la provincia de Honán. Probablemente nació en el año 604 a.C.; sin embargo, existe una leyenda en torno a su nacimiento, la cual se ha transmitido en China de generación en generación.

Cuenta la historia que su madre fue una anciana doncella llamada Nyu Nyu, que lo llevó en su vientre durante un lapso de 72 años. Tenía 161 años de edad la "virgen" cuando, un día, se sentó a reposar bajo la sombra de un ciruelo, para contemplar el sol. El "espíritu del sol", en forma de un pequeño huevo, del tamaño de una perla de cinco colores, saltó del círculo solar y se dirigió rápidamente a la boca de la mujer, quien se lo tragó. De inmediato, un orificio se abrió en el costado izquierdo de la anciana y de él salió el niño, aliviando a la virgen de su largo e incómodo periodo de gestación.

Nació un niño con aspecto de anciano: tenía el cabello cano y la piel arrugada. El recién nacido, apenas hubo salido del costado de su madre, caminó hacia el árbol bajo el cual había sucedido el parto y exclamó: "¡De este árbol tomaré mi nombre!" Se le llamó Li-Ar, que significa "Orejas de ciruelo", y ese fue el verdadero nombre de Lao-tse.

Los habitantes del pueblo donde habitaba por esos días su madre se asustaron mucho con el extraño nacimiento; creyeron que el niño era un monstruo infernal e intentaron enterrarlo vivo. Pero Ling-Fei, abuelo del niño, lo impidió.

Durante los siguientes nueve días, el cuerpo de Li-Ar cambió nueve veces. Al finalizar los cambios, se presentó con el ropaje característico de los filósofos, pues en esa época cada oficio tenía una indumentaria especial. La gente ignoraba de dónde procedían esos vestidos, y por ello, y por la gravedad y sabiduría que mostraba cada vez que entablaba contacto con alguien, lo llamaron Lao-tse, que significa "El viejo filósofo" o "Maestro venerable". Algunos, que no creían en él, lo apodaban Li-Tan, que quiere decir "Orejas largas".

El niño anciano vagaba por los bosques de China, solitario y huraño; la historia cuenta que conoció al más célebre mago filósofo de la época, Tai Yih Yuen Chuen, quien le enseñó "el arte de volar por los aires". Ahí finaliza la leyenda que cuenta su nacimiento y su infancia.

Se cree que viajó a la India, y esta hipótesis se basa en la relación que tienen sus creencias con algunas religiones de esa nación. Es un hecho que Lao-tse hizo lo posible por borrar su historia personal, pues su carácter rebelde se opuso siempre al protagonismo, así que ajustó su vida a su doctrina, la cual estaba conformada por negaciones. Rehusó honores y halagos, y evitó tener discípulos y formar una escuela. Nunca persiguió a los poderosos de su época, y el único hecho comprobable —por su entrevista con Confucio, en el año 517 a.C.— de su vida fue su empleo como encargado de los archivos reales de la corte de Chow. Confucio dijo que Lao-tse era "parecido a un dragón que asciende a los cielos", y la reunión con él lo dejó impresionado, aunque su pensamiento difiriera sustancialmente del del anciano archivero. Se dice que Lao-tse desempeñó ese puesto durante algunos años más, pero al ver la decadencia de la casa dinástica de Chow, abandonó la ciudad.

Al parecer, Lao-tse cultivaba una especie de puesto espiritual, y se le consideraba un verdadero sabio; rechazaba el conocimiento del exterior, el razonamiento, la cultura y las tradiciones; no obstante, numerosos jóvenes lo siguieron y aprendieron de él, más que una doctrina, una forma de vida que lleva a la experiencia mística a través de la contemplación. Lao-tse recomendaba no interrumpir la ruta natural de las cosas y los acontecimientos, lo que en la religión taoísta es conocido como *wu-wei*, es decir, la negación de la acción.

El libro que contiene la filosofía de Lao-tse es el *Tao-Te-King*, redactado quizás después de su muerte. Una historia cuenta que cuando Lao-tse abandonó la corte de Chow, se dirigió hacia el noroeste, y en el cuartel fronterizo un oficial llamado Yin-Hsi le dijo: "¡Oh, sabio!; estás a punto de partir y desaparecer de entre nosotros. Te pido que escribas para mí un libro". El anciano accedió y preparó el *Tao-Te-King*; después, no se volvió a saber más de él. Algunos piensan que fue a la India, país en el que había pasado gran parte de su juventud; otros, que se internó en el Tíbet, donde quedan rastros de su doctrina; unos más, que murió, solo, a la orilla de algún camino. Sea como fuere, es un hecho que desapareció tal y como había vivido: sin dejar noticia alguna. Lo más probable es que el libro haya sido escrito por sus seguidores, como una forma de mantener vivas las doctrinas del venerable anciano.

Lao-tse nunca fue un intelectual. "Nadie está tan equivocado como el que se jacta de tener todas las respuestas", afirma el taoísmo, la religión derivada de sus enseñanzas. En el *Tao-Te-King* se habla del tao en un doble sentido: como "camino" y como "totalidad". El taoísmo se propone anular la distinción entre el placer y el dolor, la vida y la muerte, el yo y el mundo, pues sólo son aspectos parciales de la realidad. La filosofía de Lao-tse es finalmente una mística, es decir, una forma de conocimiento basada en la espiritualidad y en el contacto con la divinidad, que deja de lado el mundo material y el conocimiento que éste pueda proporcionar. En nuestros días, el taoísmo tiene muchos seguidores, incluso fuera de China.

La familia

[…] por más que se diga, los lazos de la sangre
son harto débiles cuando no los refuerza el afecto;
basta ver lo que ocurre entre las gentes cada vez
que hay una herencia en litigio.

MARGUERITE YOURCENAR

La familia

En aquel mismo instante, la piadosa Kaosalya, prosternada, adoraba a Dios y cumplía un voto prometido por ella a los Inmortales. Creía que su hijo sería bien pronto consagrado príncipe de la juventud, y vestida de blanco, entregada con devoción a la religiosa ceremonia, no permitía a su alma distraerse un instante.

Rama, al ver a su madre, la saludó con respeto. Aproximóse, y ella le abrazó y acarició, y él la honró, como Magavat a la diosa Aditi. Kaosalya le bendijo varias veces para impetrar su felicidad:

—¡Los dioses te concedan, hijo mío —le dijo—, largos años de vida, gloria y justicia! ¡Recibe, la fuerza inmutable, eterna, que tu padre te otorga, y que tu dicha sea la felicidad de tus antepasados!

El alma todavía conturbada de dolor por las palabras de Kekeyi, Rama respondió en estos términos a su madre:

—¡Madre, ignoras la tremenda desgracia que ha caído sobre mí, para dolor tuyo, de mi esposa y de Laksmana! Kekeyi ha pedido al rey el cetro para Barata, y como ella había comprometido antes a mi padre, por medio de un juramento, el rey no ha podido rehusárselo. El poderoso monarca designará heredero de la corona a Barata, en tanto que me ordena a mí que vaya hoy mismo a habitar las selvas. Durante catorce años, mi albergue, reina, será el bosque, y lejos de toda mesa exquisita, mi alimento consistirá en raíces y frutas silvestres.

Vencida por el dolor al oír las palabras de Rama, la casta Kaosalya, cayó desvanecida como un plátano cortado por la base. Al recobrar el conocimiento, delirante, apenada, dolorida, con los ojos fijos en Rama, balbuciente de lágrima, gritó:

—¡Rama, no estás obligado a obedecer las palabras de un padre a quien ciega el amor de la mujer! ¡Quédate aquí! ¿Qué puede contra ti ese monarca decrépito y viejo? ¡No partas, si quieres que tu madre viva!

El gracioso Laksmana, viendo en tal grado de desesperación a la sensible madre de Rama, pronunció estas palabras:

—Siento igualmente, noble dama, que el digno hijo de Ragú, enlazado por la palabra de una mujer, tenga que abandonar la corona e irse a habitar al bosque. Como este suceso aún no es conocido de nadie, ayudada por mí, pon tu mano sobre el imperio, cuyo derecho compartes.

Después de este discurso del magnánimo Laksmana, Kaosalya, que se hallaba sumida en la tristeza, dijo a Rama:

—¿Has oído, Rama, las palabras de tu hermano, cuyo amor por ti es en él un culto? Medítalas, y ejecútalas inmediatamente. Me debes, hijo mío, igual respeto que a tu padre; espero, pues, que no despreciarás mis palabras y que no irás al bosque; de lo contrario, yo moriré.

La infortunada Kaosalya dijo estas palabras gimiendo. Rama, inspirándose en los sentimientos del deber, respondió en estos términos:

—No puedo en manera alguna transgredir ni quebrantar las palabras de mi padre. Con la cabeza inclinada a tus pies, te suplico que aceptes mis excusas. ¡Ejecutaré el mandato de mi padre! Permíteme que parta, madre soberana. Deja que me vaya con licencia tuya y libre el alma de inquietudes. Accede a esta despedida, que imploro de ti con la cabeza baja.

Al ver a Rama resuelto a partir, Kaosalya, su madre, con el corazón traspasado de dolor, le dijo:

—Hijo mío, estás obligado a obedecer ante todo a tu madre, pues eres el fruto de mis penosos votos y mis laboriosas penitencias. Cuando eras débil niño, yo te protegía, Rama, obedeciendo a mis esperanzas. Ahora que eres tú el fuerte, debes sostenerme en el dolor de la desgracia. En este día en que, por decirlo así, los frutos están en sazón, no podré vivir ni un día más si me veo privada de ti, Rama, árbol de ramas llenas de fruto que proyecta sobre mí su sombra deliciosa. No debes obedecer, pues, la palabra de ese monarca, esclavo de una mujer que quiere ungir a Barata, burlando tus derechos.

Desplegando todo su esfuerzo, el virtuoso vástago del antiguo Ragú, trató de persuadir una vez más a su madre con palabras dulces, reflexivas, modestas, de la necesidad de partir:

—¡El rey, nuestro señor, tiene derecho no solamente sobre mí, sino sobre tu misma majestad, reina, y tu autoridad no puede conducirme a no obedecerle! Cuando haya cumplido la promesa, gracias a tu consentimiento indulgente, volveré aquí dichoso, sano y salvo; así, cálmate, no te aflijas. Debo obedecer sin vacilaciones la orden emanada de él: es la conducta que mejor sienta a tu virtud y a la mía. Consiente, madre venerada, consiente en que esta víctima propiciatoria parta a su destino, en las selvas.

Esto dijo el más virtuoso de los hombres en observar el deber. Con los ojos preñados de lágrimas, Kaosalya le contestó:

—¡Vete, hijo mío! ¡Ejecuta órdenes de tu padre, y que la felicidad sea contigo!

¡El día que vuelvas dichoso y con buena salud, mis ojos te verán aún! Yo sabré hallar placer en la obediencia a mi esposo. ¡Ve, pues, y que la felicidad te acompañe!

Al ver a Rama dispuesto a ejecutar inmediatamente su resolución de vivir en las selvas, perdió el dominio sobre sí misma, su alma se conturbó, y poseída de vivo dolor, sollozó, gimió y, al hablar, las lágrimas se presentían en su voz.

VALMIKI

Nadie puede hacer por los niños lo que hacen sus abuelos. Los abuelos rocían polvo de estrellas en las vidas de los pequeños.

ALEX HALEY

Una familia feliz no es sino un paraíso anticipado.

J.B.

Los familiares, como los compatriotas, sólo llegan a conocerse bien entre sí cuando se encuentran en el extranjero.

JOSÉ GAOS

Gobernar una familia es casi tan difícil como gobernar todo un reino.

MICHEL DE MONTAIGNE

Todas las familias felices se asemejan, pero las desgraciadas lo son de distinta manera.

LEÓN TOLSTOI

Los hijos

—¿De dónde vine? ¿Dónde me encontraste? — pregunta el niño a su madre.

Ella llora y ríe al mismo tiempo, y estrechándolo contra su pecho le responde:

—Tú estabas escondido en mi corazón, amor mío; tú eras su deseo.

RABINDRANATH TAGORE

Cría a tus hijos, y sabrás cuánto debes a tus padres.

MIGUEL TIRADO ZARCO

Hijo, no pierdas el más bello tiempo de la vida. Sólo se es joven una vez, y el que deja pasar la época de las flores sin cortarlas, no volverá a encontrarlas mientras exista.

RUBÉN DARÍO

A los padres toca el encaminarlos (*a los hijos*) desde pequeños por los pasos de la virtud, de la buena crianza, y de las buenas y cristianas costumbres, para que, cuando grandes, sean báculo de la vejez de sus padres y gloria de su posteridad.

MIGUEL DE CERVANTES SAAVEDRA

A mi hijo

Hijo mío,
si quieres amarme bien puedes hacerlo,
tu cariño es oro que nunca desdeño,
mas quiero que sepas que nada me debes,
soy ahora el padre, tengo los deberes.
Nunca en la alegría de verte contento
he trazado signos de tanto por ciento.
Mas ahora, mi niño, quisiera avisarte,
mi agente viajero llegará a cobrarte.
Presentará un cheque de cien mil afanes,
será un hijo tuyo, gota de tu sangre.
Y entonces mi niño, como un

hombre honrado
en tu propio hijo deberás pagarme.

RUDYARD KIPLING

Educa a tus hijos y deja que los maestros los instruyan.

ROGER PATRÓN LUJÁN

Arrojo es traer un hijo al mundo, alimentarlo, vestirlo y protegerlo, preocuparse por él, inculcarle disciplina, educarlo, esmerarse en prepararlo en lo posible a enfrentarse a la vida que llevará... y luego dejarlo vivir su propia vida.

D.L. STEWART

Cada niño trae al mundo el mensaje de que Dios aún no se ha desesperado de los hombres.

RABINDRANATH TAGORE

Con los hijos buenos nos ocurre igual que con las puestas de sol: que los vemos como lo más natural. Todas las noches desaparecen.

La mayoría de los padres no tenemos idea de cuánto se esfuerzan por agradarnos, ni de cuánta tristeza los embarga cuando creen que han fallado.

ERMA BOMBECK

Cuando un hombre comienza al fin a comprender que quizá su padre tenía razón, por lo general ya tiene un hijo que piensa que su propio padre está equivocado.

C.W.

De cómo ha de ser el hijo es el padre buena prueba
pues semejar hijo al padre no resulta cosa nueva;
el corazón de los hombres por el corazón se prueba...

JUAN RUIZ, ARCIPRESTE DE HITA

A mi juicio la buena o mala conducta futura de un niño depende completamente de la madre.

NAPOLEÓN BONAPARTE

Debemos enseñar a nuestro hijos a soñar con los ojos bien abiertos.

HARRY EDWARDS

Dejando a las muchachas entregadas a su propia voluntad acaban por entrar siempre en razón y se soslaya el peligro de los caprichos. A los padres les resta sólo vigilarlas, sin que se den cuenta por supuesto, a fin de evitar elecciones equivocadas.

FEDOR DOSTOIEVSKI

Hay un solo niño bello en el mundo, y cada madre lo tiene.

JOSÉ MARTÍ

El hijo es hijo hasta que tiene esposa. La hija es hija todos los días de su vida.

THOMAS FULLER

El hijo pródigo que retorna a casa del padre varias veces, convierte el arrepentimiento en manida costumbre.

MARCO ANTONIO MONTES DE OCA

El niño no es un vaso que llenar sino un fuego que encender.

FRANÇOIS RABELAIS

El que deja una imagen suya en sus hijos sólo muere a medias.

CARLOS GOLDONI

En lo de forzarles (a los hijos) que estudien esta o aquella ciencia no lo tengo por acertado, aunque el persuadirles no sería dañoso.

MIGUEL DE CERVANTES SAAVEDRA

El que tiene suerte, encuentra en el yerno un hijo; el que no la tiene, pierde una hija.

EPICTETO

He aquí la manera de educar a los niños: el método instintivo de las madres. No deben hacerse esfuerzos por enseñarlos a pensar, a tener ideas, sino sólo para levantarlos y animarlos a la actividad dinámica. La voz del sonido dinámico, no las palabras de entendimiento. Al diablo el entendimiento. Gestos, tacto y expresión del rostro, no teoría. No nos formemos ideas acerca de los niños... ni las tengamos por ellos.

D.H. LAWRENCE

Hijo:
Espantado de todo, me refugio en ti.
Tengo fe en el mejoramiento humano, en la vida futura, en la utilidad de la virtud, y en ti.

JOSÉ MARTÍ

Hijo mío
Desde mi vieja orilla, desde la fe que siento,
hacia la luz primera que torna el alma pura,
voy contigo, hijo mío, por el camino lento
de este amor que me crece como mansa locura.
Voy contigo, hijo mío, frenesí soñoliento
de mi carne, palabra de mi callada hondura,
música que alguien pulsa no sé donde, en el viento,
no sé dónde, hijo mío, desde mi orilla oscura.
Voy, me llevas, se torna crédula mi mirada,
me empujas levemente (ya casi siento el frío);

me invitas a la sombra que se hunde
a mi pisada,
me arrastras de la mano... Y en tu
ignorancia fío,
y a tu amor me abandono sin que me
quede nada,
terriblemente solo, no sé dónde, hijo
mío.

LEOPOLDO PANERO

Jamás vi padre alguno que dejara
de reconocer como suyo a un hijo,
por tiñoso o jorobado que éste fuera.
Sin dejar por ello de percatarse de
sus defectos...

MICHEL DE MONTAIGNE

La confianza del joven se gana
fácilmente no siendo su padre.

HENRY DE MONTHERLANT

La más hermosa herencia que
podemos dejar a un hijo es permitirle
hallar su propio camino, enteramente
por sus pies.

ISADORA DUNCAN

La mamá, muy enojada:
—¡Cállate! ¡No hables de lo que
no entiendes!
No ha habido modo de averiguar
si se dirigía al niño o al filósofo.

JOSÉ GAOS

La mejor combinación de padres
de familia consiste en un padre que
sea bondadoso a pesar de su firmeza,
y una madre que, pese a su bondad,
sea firme.

S.J.H.

Las madres adoran más a sus
hijos que los padres, porque
recuerdan el dolor con que los han
traído al mundo y están más seguras
de que son suyos.

ARISTÓTELES

La mejor herencia que dejamos a
las generaciones venideras es nuestra
experiencia.

ROGER PATRÓN LUJÁN

Llega un niño a nuestro hogar, y
durante veinte años hace tanto ruido
que difícilmente podemos tolerarlo...
Luego se va, y deja la casa tan
callada que nos parece que vamos a
volvernos locos.

J.A.H.

Lo más importante que los padres
pueden enseñar a sus hijos es a
arreglárselas sin ellos.

FRANK CLARK

Lo mejor que se puede dar a los
hijos, además de buenos hábitos son
buenos recuerdos.

SYDNEY HARRIS

Lo que calló en el padre, rompe a
hablar en el hijo.

FRIEDRICH WILHELM NIETZSCHE

Lo que los padres dicen a sus
hijos no lo oye el mundo, pero lo
escuchará la posteridad.

J.P.R.

Educación de príncipe
Los cronopios no tienen casi nunca
hijos, pero si los tienen pierden la
cabeza y ocurren cosas
extraordinarias. Por ejemplo, un
cronopio tiene un hijo, y en seguida
lo invade la maravilla y está seguro
de que su hijo es el pararrayos de la
hermosura y que por sus venas corre
la química completa con aquí y allá
islas llenas de bellas artes y poesía y
urbanismo. Entonces este cronopio
no puede ver a su hijo sin inclinarse
profundamente ante él y decirle
palabras de respetuoso homenaje.

El hijo, como es natural, lo odia minuciosamente. Cuando entra en la edad escolar, su padre lo inscribe en primero inferior y el niño está contento entre otros pequeños cronopios, famas y esperanzas. Pero se va desmejorando a medida que se acerca el mediodía, porque sabe que a la salida lo estará esperando su padre, quien al verlo levantará las manos y dirá diversas cosas, a saber:

—¡Buenas salenas cronopio cronopio, el más bueno y más crecido y más arrebolado, el más prolijo y más respetuoso y más aplicado de los hijos!

Con lo cual los famas y las esperanzas júnior se retuercen de risa en el cordón de la vereda, y el pequeño cronopio odia empecinadamente a su padre y acabará siempre por hacerle una mala jugada entre la primera comunión y el servicio militar. Pero los cronopios no sufren demasiado con eso, porque también ellos odiaban a sus padres, y hasta parecería que ese odio es otro nombre de la libertad o del vasto mundo.

JULIO CORTÁZAR

Los hijos son educados como si hubieran de seguir siendo hijos durante toda su vida, sin pensar en lo más mínimo que llegarán a ser padres.

AUGUST STRINDBERG

Los hijos son las anclas que sujetan a una madre a la vida.

SÓFOCLES

Los hijos, cuando son pequeños, entontecen a sus padres; cuando son mayores, los enloquecen.

PROVERBIO INGLÉS

Los hijos, señor, son pedazos de las entrañas de sus padres, y así, se han de querer, o buenos o malos que sean, como se quieren las almas que nos dan vida.

MIGUEL DE CERVANTES SAAVEDRA

Los niños no sólo necesitan un padre, sino que también anhelan tenerlo, irracionalmente, con la fuerza más pura de su esperanzado corazón. Criar un hijo sin padre puede ser, en gran número de ocasiones, una necesidad muy dolorosa y trágica, pero nunca debe constituir una opción más.

Antes de que podamos ocuparnos de los verdaderos problemas que afrontan las madres solteras y sus hijos, debemos desechar la idea de que todas las opciones son igualmente buenas, de que la maternidad en soltería es sólo otro modo de formar una familia, y de que los padres no son sino otro artículo desechable en la habitación del bebé.

MAGGIE GALLAGHER

Los niños aprenden lo que viven
Si un niño vive con tolerancia,
aprenderá a ser paciente.

Si un niño vive con aliento,
aprenderá a tener confianza.

Si un niño vive criticado,
aprenderá a condenar.

Si un niño vive en un ambiente hostil,
aprenderá a pelear.

Si un niño vive ridiculizado,
aprenderá a ser tímido.

Si un niño vive avergonzado,
aprenderá a sentirse culpable.

Si un niño vive estimulado,
aprenderá a apreciar.

Si un niño vive con honradez,
aprenderá a ser justo.

Si un niño vive con seguridad,
aprenderá a tener Fe.

Si un niño vive con aprobación,
aprenderá a valorarse.

Si un niño vive con cariño y
amistad,
aprenderá a encontrar el amor en el
mundo.

D. NOLTE

Los niños son profundamente
afectados por el ejemplo y sólo
secundariamente por las
explicaciones, cuando éstas son
simples y claras.

Lo más importante es que crezcan
en un ambiente libre de negatividad
e impulsados a tener confianza y a
expresar su propio ser.

Enséñalos a decir verdad, a ser
honestos y sinceros.

Eso cubre todo.

RODNEY COLLIN

Los padres necesitan llenar el
tonel de la autoestimación de sus
hijos, de tal suerte que el resto del
mundo no pueda perforar en él
suficientes hoyos para vaciarlo.

ALVIN PRICE

Nada más hermoso, ni quizá más
conmovedor, que ver a un niño o a
un adolescente dar los primeros
pasos de esas edades de la vida y
ayudarle a darlos bien.

JOSÉ GAOS

Mi hija sufría mucho por todo lo
que le parecía catastrófico: la
cancelación de un día de campo, la
rotura de un juguete. Varias veces, su
madre le había aconsejado: "Susy, no
deberías llorar por pequeñeces".

Durante dos o tres días, la
chiquilla reflexionó en las palabras
de su madre, pero le resultaban

desconcertantes. Finalmente, le pidió
que le explicara: "Mamá, ¿qué son
pequeñeces?"

Esperaba la respuesta que llevaría
paz a su perpleja mente, mas esperó
en vano, pues un juguete roto es tan
importante para un niño como lo es
un reino para un monarca.

MARK TWAIN

Más fácil es para los padres tener
hijos que para los hijos tener padres
que sepan serlo.

JUAN XXIII

No hay nada mejor ni más sano,
más sólido y útil para los años
postreros, que algunos buenos
recuerdos, sobre todo si se
relacionan con la infancia, con el
hogar paterno. Si un hombre
acumula a lo largo de su vida muchos
de esos recuerdos, estará seguro
hasta el final de sus días. Y aunque
sólo conservemos un recuerdo grato
en el corazón, incluso este puede
servir en un momento dado para
salvarnos.

FEDOR DOSTOIEVSKI

No hay padre ni madre a quien sus
hijos le parezcan feos, y en los que lo
son de entendimiento corre más este
engaño.

MIGUEL DE CERVANTES SAAVEDRA

Nos damos cuenta de que los
hijos están creciendo cuando dejan
de preguntarnos de dónde vinieron y
comienzan a negarse a decirnos a
dónde van.

C.T.

Nunca podrá equivocarse quien dé
al niño mucho amor y besos,
intercalados con disciplina. La
educación del niño consiste

simplemente en saber en cuál
extremo del cuerpo debe aplicársele
la mano... y cuando.

JAN MARSHALL

Permite a tus hijos la satisfacción
de adquirir lo que les gusta con el
producto del esfuerzo en su trabajo.

L.Z.C.

Por severo que sea un padre
juzgando a un hijo nunca es tan
severo como un hijo juzgando a un
padre.

ENRIQUE JARDIEL PONCELA

Prefiere a tus hijos lejos, pero
felices; y no cerca, obligados.

ROGER PATRÓN LUJÁN

Preservadme, Señor, a mí y a
cuantos amo
... de ver algún día el verano sin
flores,
la jaula sin pájaros, la colmena sin
abejas
y la casa sin niños.

VÍCTOR HUGO

Que las madres, imbuidas de esas
ficciones poéticas, no asusten a sus
hijos haciéndoles creer fuera de
razón que los dioses andan de noche
por todas partes, disfrazados de
viajeros y de vagabundos, porque
eso equivale a blasfemar de los
dioses y a hacer a los niños tímidos
y cobardes. Preciso es que se
guarden muy mucho de hacer
semejante cosa.

PLATÓN

Quizá los padres gozarían más de
los hijos si reflexionaran que la
película de su niñez no se volverá a
proyectar.

E.N.

Ser hombre

Ser hombre, hijo mío,
es pisar en las brazas del miedo
y seguir caminando.

Soportar el dolor de la carne en
silencio
y aridez en los ojos,
mas dejar que las lágrimas fluyan
si el quebranto es del alma.

Es cercar el valor de prudencia
y el ardor de cautela,
sin torcer el propósito,
sin mellar la decisión forjada en el
tesón,
la paciencia, la razón, la experiencia
y la meditación.

Es pasar, —con los brazos ceñidos
al cuerpo,
los labios inmóviles,
conteniendo el aliento—
junto al castillo de arena
(que es la felicidad que construyó
otro hombre)
si con tu palabra,
o al extender tu brazo
pudieras derribarle.

¡Porque arruinar la dicha de tu
prójimo
es más grave, peor, que introducir tu
mano
en el bolsillo
para robarle!

Hijo mío,
no desdeñes el oro
más no dejes que el oro señoree tu
vida.

Acumula bastante
para no tener nunca
que extender tu mano a la piedad de
otro,
y sí poder en cambio,
poner algo en la mano que hacia ti se
extiende.

Y al que te pide un pan no le des
un consejo.

No te juzgues más sabio que aquél
que busca ayuda.

Dale apoyo y aliento y comparte
su carga.

Dale tu oro y tu esfuerzo,
y después da el consejo.

Al temor no le pongas el disfraz
del perdón;
el valor, hijo mío, es la virtud más
alta
y confesar la culpa el supremo valor.

No eches pues en los hombros de
tu hermano la carga,
ni vistas a los otros las ropas de tu
error.

Es tu deber, si caes, no obstante la
caída,
tu ideal y tu anhelo mantener
siempre enhiestos;
y no buscar la excusa, ni encontrar la
disculpa.

Los héroes, hijo mío, nunca
esgrimen pretextos.

La mentira es hollín, no te
manches los labios.

Y no ostentes ser rico, ser feliz o
ser sabio
delante del que exhibe la llaga del
fracaso.

No subleves la envidia, la
admiración, los celos;
y busca la sonrisa, no busques el
aplauso.

Y perdónale al mundo su error, si
no valora
tus merecimientos en lo que crees
que valen;
(es probable, hijo mío, que el más
justo avalúo
es el que el mundo hace).

Y por fin, hijo mío:
que no turbe tu sueño la conciencia
intranquila;
que no mengüe tu dicha el despecho
abrasivo,
ni tu audacia flaquee ante la
adversidad.

No deforme tu rostro jamás la
hipocresía

y no toque tu mano, traición o
deslealtad.

Y aún hay más, hijo mío:
que al volver tu mirada
sobre el camino andado
no haya lodo en tus pies,
ni se encuentre en tu huella
una espiga,
una mies,
o una flor
pisoteada.

Hijo mío, es esto lo que esa breve
frase "Ser hombre" significa.

ELÍAS M. ZACARÍAS

Si los padres tienen derecho de
tener hijos, los hijos tienen derecho
de tener padres.

Ediciones Paulinas, Caracas

¿Qué bien has hecho a tu padre
para que tú esperes lo mismo de tu
hijo?

MUSLAH AL-DÎN SAADI

Tus hijos no son tus hijos,
son hijos de la vida,
deseosa de sí misma.

No vienen de ti, sino a través de ti
y aunque estén contigo,
no te pertenecen.

Puedes darles tu amor,
pero no tus sentimientos,
pues ellos tienen sus propios
sentimientos.

Debes abrigar sus cuerpos,
pero no sus almas,
porque ellas viven en la casa del
mañana,
que no puedes visitar ni siquiera en
sueños.

Puedes esforzarte en ser como
ellos,
pero no procures hacerlos
semejantes a ti.

Porque la vida no retrocede,
ni se detiene en el ayer.

Tú eres el arco del cual tus hijos,
como flechas vivas son lanzados.

Deja que la inclinación en tu mano
de arquero,
sea para la felicidad.

GIBRÁN JALIL GIBRÁN

Un niño es una criatura mágica.
Usted puede cerrarle la puerta del
cuarto donde guarda la herramienta,
pero no puede cerrarle la puerta del
corazón; puede apartarlo de su
estudio, pero no puede apartarlo de
su mente. Todo el poderío suyo se
rinde ante él.

Es su carcelero, su amo, su jefe...
él, un manojito de ruido, carita sucia.
Pero cuando usted regresa a casa con
sus esperanzas y ambiciones hechas
trizas, él puede remediarlo todo con
dos mágicas palabras: "Hola, papito".

ROGER PATRÓN LUJÁN

¿Qué hijo no se cree más sensato
que su padre?

JEAN-ANTOINE DU CERCEAU

El hogar es un lugar que
deseamos abandonar mientras
crecemos, y al que anhelamos volver
mientras envejecemos.

JOHN ED PEARCE

¿A quién sufrirá el que no sufre a
su padre? ¿Cuál era más razón: que
el hijo viviera a voluntad del padre, o
el padre a voluntad del hijo? Porque
en lo que se queja de su dureza, no
tiene razón. Los agravios de los
padres todos son casi los mismos:
hablo de los que son tolerables. No
gustan que sus hijos tengan mucho
trato con rameras, ni anden a
menudo en convites; dan muy por
tasa el gasto; pero todo esto va
enderezado a la virtud. Y ... cuando
la voluntad en algún mal deseo está

enzarzada, de necesidad ha de seguir
consejos conformes al deseo. Esto
es gran cordura: escarmentar en
cabeza ajena, de manera que te
aproveche.

TERENCIO

Uno de los aspectos más
satisfactorios de volver a casa
consiste en redescubrir los goces de
lo que nos es familiar. Allí está, por
ejemplo, la vieja y sosegante cama,
que si bien resulta terapéuticamente
anticuada, es nuestro lecho. El tictac
del reloj, el ruido violento de la
puerta al cerrarse, el rechinar de los
pasos, quizá también figuren entre
nuestras preciadas asociaciones
personales. Incluso la salida del Sol
puede ser una posesión personal; si
la luz solar entra por determinada
ventana, y se recuerda que entra por
ahí, se tiene la convicción de que no
puede entrar por ninguna otra parte.
Por tanto, se ve claramente que el
Sol sale por donde debe salir y que,
por la mejor de las razones, estamos
en casa.

WILLIAM HOUSEMAN

¿Dónde está el hogar?

El hogar está donde el corazón ríe
sin timidez;

donde las lágrimas del corazón se
secan por sí solas.

VERNON BLAKE

La casa donde no hay un sillón
raído y cómodo, carece de alma.

MAY SARTON

Las mujeres cuando tenéis hijos
no podéis pensar en las que no los
tenemos. Os quedáis frescas,
ignorantes, como el que nada en
agua dulce y no tiene idea de la sed.

FEDERICO GARCÍA LORCA

La madre

Aunque la muerte la arrebate, la madre no deja nunca de existir para vosotros los que tenéis corazón y sentimiento.

SEVERO CATALINA

Creemos conveniente enfocar la maravilla de ser madre, no desde el punto de vista del amor que todo hijo debe prodigar a su progenitora, sino del amor que toda mujer, madre de hecho, debe sentir por el hijo que concibe primero en el corazón, antes que en la matriz.

EMMA GODOY

El corazón de la madre es la escuela del niño.

H.W. BEECHER

La mano que mece la cuna es la mano que gobierna al mundo.

W.R. WALLACE

Las madres, se afirma, miman a sus hijos. En esto no hay duda que cometen un error, pero acaso un error menor que vosotros que las desaprobáis. La madre quiere que su hijo sea dichoso, que lo sea desde el presente. En esto lleva razón; cuando ella se equivoca respecto a los medios, es preciso aconsejarle. La ambición, la avaricia, la tiranía, la falsa previsión de los padres, su negligencia, su dura insensibilidad, son cien veces más funestas para los niños que la ciega ternura de las madres.

JEAN-JACQUES ROUSSEAU

Las mujeres sois siempre madrecitas, y empleáis en todos vuestros afanes la ternura que puso en vosotras la Naturaleza. ¿No advierten los hombres la delicadeza maternal con que las muchachas extienden sus labores, las contemplan y casi las acarician? Ese don excelso de "maternidad", que sólo ponen los hombres en sus obras cuando son geniales artistas o soberanos artífices, lo prodigan las mujeres en todos sus trabajos y afanes...

LUIS RUIZ CONTRERAS

Madre

Te digo, al llegar, madre,
que tú eres como el mar; que aunque las olas
de tus años se cambien y te muden,
siempre es igual tu sitio,
al paso de mi alma.
   No es preciso medida
ni cálculo para el señalamiento
de ese cielo total;
el color, hora única,
la luz de tu poniente,
te sitúan, ¡oh madre! entre las olas,
conocida y eterna en su mudanza.

JUAN RAMÓN JIMÉNEZ

Ningún hombre es realmente viejo hasta que su madre deja de preocuparse por él.

W.R.

Nunca se deja de ser niño mientras se tiene una madre a quien recurrir.

S.O.J.

Tú eres piedad y dulce fortaleza;
como el ángel que al Hijo sostenía,
tú levantas del polvo mi cabeza
y también me sostienes, madre mía...

MANUEL M. FLORES

La limitación de los nacimientos por los contraceptivos es un suicidio de la raza.

J. HERBERT

[...] no hay felicidad comparable a la de ser madre. Aunque te cueste, como en muchos casos, la vida. Y siempre, la juventud y la belleza. Ah, pero ser madre... ser madre...

ROSARIO CASTELLANOS

Los padres

Oración de un padre

Dame, Señor, un hijo que sea lo bastante fuerte para saber cuándo es débil, y lo bastante valeroso para enfrentarse a sí mismo
cuando sienta miedo.

Un hijo que sea orgulloso e inflexible en la derrota, humilde y magnánimo en la victoria.

Dame un hijo que nunca doble la espalda cuando deba erguir el pecho, un hijo que sepa conocerte a Ti... y conocerse a sí mismo, que es la piedra fundamental de todo conocimiento.

Condúcelo, no por el camino cómodo y fácil, sino por el camino áspero, aguijoneado por las dificultades y los retos, y ahí, déjalo aprender a sostenerse firme en la tempestad, y a sentir compasión por los que fallan.

Dame un hijo, cuyo corazón sea claro, cuyos ideales sean altos, un hijo que se domine a sí mismo, antes que pretenda dominar a los demás; un hijo que aprenda a reír, pero también a llorar; un hijo que avance hacia el futuro pero que nunca se olvide del pasado.

Y después de que le hayas dado todo eso, agrégale, te lo suplico, suficiente sentido del humor, de modo que pueda ser siempre serio, pero que no se tome a sí mismo demasiado en serio.

Dale humildad, para que pueda recordar siempre la sencillez de la verdadera grandeza, la imparcialidad de la verdadera sabiduría, y la mansedumbre de la verdadera fuerza.

Entonces, yo, su padre, me atreveré a murmurar:

"NO HE VIVIDO EN VANO".

DOUGLAS MACARTHUR

A un padre, por un grave delito, bástele un castigo moderado.

TERENCIO

El hogar es la primera escuela. Si los padres, que son nuestros primeros y nuestros constantes maestros, se portan indignamente a nuestros ojos, faltan a su deber; pues nos dan malos ejemplos, lejos de educarnos como les corresponde. De modo que el respeto del hijo al padre no cumple su fin educador cuando no se completa con el respeto del padre al hijo. Lo mismo pasa entre hermanos mayores y menores. La familia es una escuela de mutuo perfeccionamiento...

ALFONSO REYES

Como hijo pobre

Es absolutamente necesario que se comprenda el error de aquellos padres que se proponen darle al hijo felicidad, como quien da un regalito.

Lo más que se puede hacer es encaminarlo hacia ella para que él la conquiste.

Difícil, casi imposible será después. Cuanto menos trabajo se tomen los padres en los primeros años, más, muchísimo más, tendrán en lo futuro.

Habitúalo, madre, a poner cada cosa en su sitio y a realizar cada acción a su tiempo. El orden es la primera ley del cielo.

Que no esté ocioso; que lea, que dibuje, que te ayude en alguna tarea, que se acostumbre a ser atento y servicial. Deja algo en el suelo para que él lo recoja; incítale a limpiar, arreglar, cuidar o componer alguna cosa, que te alcance ciertos objetos que necesites; bríndale, en fin, las oportunidades para que emplee sus energías, su actividad, su voluntad y lo hará con placer.

Críalo como hijo pobre y lo enriquecerás; críalo como hijo rico y lo empobrecerás para toda su vida.

ROGER PATRÓN LUJÁN

De la niñez a la madurez hay sólo un paso. Uno solo. Al darlo, os segregáis de vuestro padre y madre, os convertís en vosotros mismos; es un paso hacia la soledad. Nadie lo da por completo. Incluso el más santo de los ermitaños y el añoso oso gruñón de las montañas llevan con ellos o arrastran un delgado hilo que los vincula con sus padres, con un cálido lazo de parentesco y amistad.

HERMANN HESSE

En Navidad, la ternura se enfoca alrededor de María y el Niño, pero el mundo no aprecia en lo que vale el amor de José, que tan fielmente cuidó de ambos.

"Levantándose José, tomó al niño y a su madre", y huyó con ellos a Egipto, en donde permanecieron hasta la muerte de Herodes, quien había ordenado matar a todos los niños de familias hebreas.

En estas tardes, los padres se sientan en las tiendas atestadas llevando en brazos a niños pequeños, o permanecen en pie pacientemente cuidando a los retoños mientras las madres hacen las compras. No se habla mucho de los padres en la época navideña, pero quizá José, quien llevó a María y a Jesús hasta

lugar seguro, bendiga especialmente a los padres pacientes con sus esposas e hijos.

ZULA BENNINGTON GREENE

Las posesiones materiales de los padres son, en algunos países, tan sólo un manantial de penas y sufrimientos para los hijos. Padres y madres se obstinan en acumular en un cofre lo que supuestamente representa una seguridad para sus herederos, y ese mismo cofre se convierte, más tarde, en la prisión y ataúd para sus almas.

GIBRÁN JALIL GIBRÁN

Nuestros padres nos enseñan lo que debemos ser; nuestras madres, lo que somos.

P.D.

Primero será buen padre,
buen caballero después.

JOSÉ ZORRILLA

Realmente que es verdad lo que dicen comúnmente: que cuando uno está de alguna parte ausente, o se detiene allá, le vale más que le acaezca lo que de él dice su mujer, o lo que de él imagine en su pensamiento muy colérica, que no lo que los padres amorosos. Tu mujer, si te detienes, o piensa que andas en amores, o en banquetes, y dándote buena vida; y que para ti solo son los goces y ella pasa los trabajos. Pero yo, por no haber vuelto mi hijo, ¡qué de cavilaciones! ¡Qué de cosas ahora me dan congoja! Que se me haya resfriado; que haya caído en alguna sima; que se haya lisiado en su persona. ¡Bah! ¿qué hombre habrá en el mundo que tenga en su corazón cosa más amada que cada uno es de sí mismo? Además, éste no es hijo mío, sino de mi hermano. El cual, desde su mocedad, es de condición muy diferente a la mía. Yo seguí esta vida ociosa y tranquila de la ciudad, y jamás he sido casado: cosa que por ahí se tiene a dicha. Él, por el contrario, quiso más vivir en el campo, y darse una vida de escasez y de trabajos. Casóse; naciéronle dos hijos, de los cuales tomé yo por adoptivo este mayor. Hele criado desde niño; hele tenido y querido como si fuera mío; él es todas mis delicias; solo él es mi amor. Procuro con diligencia que él también me quiera; doyle cuanto necesita, pásole muchas cosas, pues no tengo para qué tratarle en todo con rigor; finalmente, las cosas que otros hacen a espaldas de sus padres, que son aquellas que la mocedad trae consigo, hele vezado a mi hijo a que no me las encubra. Porque el que se acostumbrare a mentir, o se atreviese a engañar a su padre, tanto más se atreverá a todos los demás. Yo creo que es mejor que los hijos cumplan su deber enfrenados por la vergüenza y benignidad, que con rigor. Esto no le cuadra a mi hermano, ni le parece bien. Cien veces me ha venido dando voces... Y él también es riguroso: más de lo que pide la razón. Y a mi parecer va muy engañado el que piensa que es más firme y más seguro el señorío que se administra con rigor, que el que con amor se atrae. Mi parecer es éste, y yo así lo entiendo: que el que hace su deber, forzado por castigos, mientras teme que se sabrán sus culpas, guárdase; pero, si confía que se podrán encubrir, a su condición se vuelve. Pero el que atraéis por amor, hácelo de voluntad, procura pagaros en lo mismo: en presencia y en ausencia será el mismo. Éste es el oficio del padre: antes vezar al hijo a que haga su deber de buena voluntad, que por temor. Tal es la diferencia entre el padre y el señor; y el que no la pueda observar, no sabe criar hijos.

TERENCIO

Suelen ayudar las madres
a la maldad de sus hijos,
impidiendo que los padres
les den el justo castigo.

JOSÉ JOAQUÍN FERNÁNDEZ DE LIZARDI

¡Cuán injustos jueces son los padres para con todos los mancebos! Pues les parece de razón que nosotros seamos viejos desde que nacemos y que no participemos de los gustos que la mocedad trae consigo. Todo quieren que vaya conforme a su apetito; al que ahora tienen, no al de antaño. Si yo algún día vengo a tener un hijo, ¡oh, qué benigno padre verá en mí! Porque le haré conocer su yerro y le perdonaré. Y no como este mío, que por tercera persona me da sus lecciones de moral. ¡Triste de mí! Cuando él ha bebido algo más de lo ordinario ¡qué cosas suyas me cuenta! Y ahora díceme: "Escarmienta en cabeza ajena, de manera que te aproveche." ¡Astuto!...

TERENCIO

El manantial desaprueba casi siempre el itinerario del río.

JEAN COCTEAU

Primero será buen padre,
buen caballero después.

JOSÉ ZORRILLA

A una cierta edad de la vida, si vuestra casa no se puebla de niños, se llena de manías o de vicios.

CHARLES AGUSTIN SAINTE-BEUVE

Cosa digna de imitar de todos los padres que a sus hijos quieren poner en estado: no digo yo que los dejen escoger en cosas ruines y malas, sino que se las propongan buenas, y de las buenas, que escojan a su gusto.

MIGUEL DE CERVANTES SAAVEDRA

Lo que piensa un hijo del padre
A los siete años:
"Papá es un sabio, todo lo sabe."

A los catorce años:
"Me parece que papá se equivoca en algunas de las cosas que dice."

A los veinte años:
"Papá está un poco atrasado en sus teorías, no es de esta época."

A los veinticinco años:
"El viejo no sabe nada... está chocheando decididamente."

A los treinta y cinco años:
"Con mi experiencia, mi padre a esta edad hubiera sido millonario."

A los cuarenta y cinco años:
"No sé si ir a consultar este asunto con el viejo; tal vez pueda aconsejarme."

A los cincuenta y cinco años:
"¡Qué lástima que se haya muerto el viejo, la verdad es que tenía unas ideas y una clarividencia notables!"

A los setenta años:
"¡Pobre papá, era un sabio! ¡Qué lástima que yo lo haya comprendido tan tarde!"

ROGER PATRÓN LUJÁN

No importa cómo fue mi padre, sino cómo recuerdo que era.

A.S.

A cuatro suertes de linajes se pueden reducir todos los que hay en el mundo, que son éstas: unos, que tuvieron principios humildes, y se fueron estendiendo y dilatando, hasta llegar a una suma grandeza;

otros, que tuvieron principios grandes, y los fueron conservando, y los conservan y mantienen en el ser que comenzaron; otros, que aunque tuvieron principios grandes, acabaron en punta, como pirámide, habiendo disminuído y aniquilado su principio hasta parar en nonada, como es la punta de la pirámide, que respeto de su basa o asiento no es nada; otros hay (y estos son los más) que ni tuvieron principio bueno, ni razonable medio, y así tendrán el fin, sin nombre, como el linaje de la gente plebeya y ordinaria.

MIGUEL DE CERVANTES SAAVEDRA

Nunca digas que has perdido alguna cosa, sino siempre di que la has restituido. Cuando tu hijo o tu mujer murieren, no digas que has perdido tu hijo o tu mujer, sino que los has restituido a quien te los había dado. Pero cuando se nos haya quitado alguna heredad, ¿habremos de decir también que la hemos restituido? Puede ser que pienses que no, porque el que te ha despojado de ella es un hombre malvado, como si a ti te tocara, por cuya mano vuelve tu posesión a quien te la dio. Por lo cual conviene que mientras la tienes a tu disposición la tengas por extraña, no haciendo más caso de ella que el caminante hace de las posadas en que se aloja.

EPICTETO

Educar a un hijo es, en esencia, enseñarle a valerse sin nosotros.

DR. ANDRÉ BERGE

Nadie te hará daño nunca, hijo. Estoy aquí para protegerte. Por eso nací antes que tú y mis huesos se endurecieron primero que los tuyos.

JUAN RULFO

Confucio

Confucio o Kung-tse, o Kung Fut-zu, nació en la ciudad de Kuo-li el día 21 del décimo mes del año 551 a.C. (aunque también se dice que del año 522 a.C.). Perteneció a una familia pobre, descendiente de una dinastía.

De sus años de infancia se sabe que le gustaba ayudar en las ceremonias religiosas y que se entretenía jugando a ensayar los ritos una y otra vez; cuentan los historiadores de la época que no fue muy atractivo, ni siquiera en su juventud. Pero su inteligencia sobresalía día con día. A los 19 años se casó con una muchacha de su misma clase social y tuvo con ella un hijo, llamado Po-yu. Sin embargo, la vida familiar del sabio no fue muy intensa y el matrimonio no fue del todo exitoso, ya que Confucio tuvo que realizar muchos viajes y cumplir

con las obligaciones que le imponía su trabajo como supervisor de graneros y ganado para una familia de la nobleza, función que cumplió con eficacia y honradez. Poco después del nacimiento del hijo, la esposa de Confucio regresó con el niño a casa de sus padres y no convivió más con su marido, quien estaba muy ocupado con sus estudios y meditaciones. En esta época Confucio se aficionó a la música y a la poesía, pasatiempos que no abandonaría nunca y que ayudaron a formar su sensibilidad.

La muerte de su madre provocó que comenzara a demostrar su excepcional inclinación hacia la filosofía, probablemente incitada por la gran pérdida de un ser tan querido y tan cercano. La tradición lo obligó a guardar 27 meses de luto riguroso, sin realizar actividad alguna, los cuales aprovechó para estudiar las costumbres, principios religiosos, leyes y enseñanzas de sus antepasados. Algunos de sus escritos sobre historia antigua son de esta época. Cuando finalizó el periodo, regresó a su trabajo, y su tiempo libre lo dedicaba a seguir leyendo y estudiando. Ya en esta época gozaba de cierta fama, y a pesar de ser todavía muy joven, personas de alto rango lo consultaban, pues sus consejos parecían ser los de un hombre sabio y experimentado. Confucio, que tenía treinta años, comenzó a reunir en torno a sí a un grupo de seguidores interesados en aprender sus enseñanzas; entre ellos se encontraban los hijos de un alto funcionario de la corte imperial, y gracias a cartas de recomendación de la familia, pudo realizar el sueño de su vida: visitar la ciudad de Lo-Yang, capital del Imperio. Al parecer, fue en esa ciudad donde conoció a Lao-tse, quien tenía casi noventa años y guardaba los archivos imperiales. La entrevista fue muy importante para Confucio, si bien es cierto que las personalidades de ambos eran diferentes, pues Lao-tse rechazaba la erudición y no confiaba más que en el perfeccionamiento interior, mientras que Confucio era un intelectual preocupado por el comportamiento ético, el desarrollo cultural y la sociedad.

El viaje a la ciudad imperial rodeó a Confucio de un mayor prestigio. Cuando regresó a su ciudad natal fundó en ella una academia que compitió con las escuelas de la capital. Esta fue la primera de una serie de escuelas dedicadas a la educación de los jóvenes, en las que el sabio introdujo como innovación la enseñanza a la manera platónica. Los discípulos combinaban sus ejercicios y la instrucción teórica que recibían con una explicación oral de los textos clásicos. De la escuela confuciana surgieron muchos discípulos sobresalientes.

Sin embargo, el duque de Lu, al que Confucio servía como funcionario, enfrentó graves problemas en su ducado y tuvo que salir de ahí. Confucio y sus discípulos siguieron a su señor en el exilio, y regresaron quince años después, durante los cuales los ocupantes se habían destrozado entre ellos; fue entonces cuando Confucio pudo poner en práctica su sistema moral y doctrinario, basado en el orden, el respeto a la autoridad y la aplicación de la verdadera justicia, el cual ayudó al ducado a prosperar; como los señores feudales no pudieron atacar con las armas, pusieron al duque de Lu en contra de su filósofo ministro,

lo que provocó que Confucio abandonara su cargo y se exiliara una vez más, iniciando así uno de los periodos más amargos de su existencia.

Viajó de estado en estado, perseguido por sus enemigos y acosado por las intrigas cortesanas. Un grupo de fieles discípulos lo acompañó y le sirvió de gran consuelo. Se cuenta que en una ocasión quedaron sitiados en medio de una guerra entre dos estados, y estuvieron a punto de morir de inanición; algunos de sus seguidores dudaron de las enseñanzas del maestro, pero éste recurrió a la música para animar a los más enfermos y luchar contra la desgracia. Sin embargo, y aunque perseguido, Confucio era llamado frecuentemente por funcionarios de distintos estados, que querían consultarle sobre la conducta por seguir en el gobierno. Después de trece años pudo regresar a su ciudad natal, donde ocupó el cargo extraoficial de consejero, y si bien no tuvo ningún voto, era consultado en asuntos importantes.

Confucio dedicó los últimos años de su vida a la recopilación y redacción de los documentos que transmitiría a sus discípulos, y que conforman su obra. En el 485 murió su mujer y tres años más tarde su único hijo, quien le dejó un nieto que sería uno de los más grandes continuadores de su obra. También murió en esa época su discípulo predilecto, y ante tantas pérdidas, Confucio no se dejó abatir. Todavía vivió hasta el verano del año 479, preparado para la muerte que se le había anunciado en sueños. Fue enterrado con sus antepasados, y el sepulcro se convirtió pronto en sitio de peregrinaciones y ceremonias.

La libertad y la justicia

—La libertad, Sancho, es uno de los más
preciosos dones que a los hombres dieron los cielos.
Con ella no pueden igualarse los tesoros que
encierra la tierra ni el mar encubre; por la
libertad, así como por la honra, se puede y debe
aventurar la vida.
Y, por el contrario, el cautiverio es el mayor mal
que puede venir a los hombres.

MIGUEL DE CERVANTES SAAVEDRA

La libertad

La libertad de opinión es siempre la libertad de aquel que no piensa como nosotros.

ROSA LUXEMBURG

A esta creencia me atengo por completo,
ésta es la última conclusión de la sabiduría:
sólo merece la libertad como la vida,
quien diariamente la conquista.

JOHANN WOLFGANG VON GOETHE

Amamos la libertad porque en ella vemos la verdad.

JOSÉ MARTÍ

Aquellos que niegan la libertad a otros no la merecen para sí, y bajo un Dios justo no pueden conservarla mucho tiempo.

ABRAHAM LINCOLN

Con frecuencia pedimos al Cielo recursos que residen en nosotros mismos. El destino celeste nos deja libres en nuestras acciones y no retarda nuestros designios, sino cuando somos lentos en ejecutarlos.

WILLIAM SHAKESPEARE

Cuando sea posible hablar de libertad, el Estado, como tal, dejará de existir.

FREIDRICH ENGELS

De la esclavitud

Decir que un hombre se da a otro gratuitamente es afirmar algo absurdo e inconcebible: tal acto sería ilegítimo y nulo, por la razón única de que el que lo realiza no está en su sano juicio. Decir otro tanto de un país es suponer un pueblo de locos y la locura no crea derecho.

Aun admitiendo que el hombre pudiera alienarse a sí mismo, no puede alienar a sus hijos, nacidos para ser hombres y libres. Su libertad les pertenece, sin que nadie tenga derecho a disponer de ella. Renunciar a su libertad es renunciar a su condición de hombre, a los derechos de la Humanidad e incluso a sus deberes.

JEAN-JACQUES ROUSSEAU

Diógenes decía —y decía muy bien— que el único medio de conservar la libertad es estar siempre dispuesto a morir sin pesar.

EPICTETO

Dormir es la única libertad que para conseguirla hay que ceder en vez de luchar.

Pequeño Chulak Ilustrado Novísimo Disidente

El despego de las cosas ilusorias;
el convencimiento del nulo valer;
la facultad de suplirlas en el alma
con un ideal inaccesible;
pero más real que ellas mismas;
la certidumbre de que nada,
si no lo queremos,
puede esclavizarnos,
es ya el comienzo de la libertad.

AMADO NERVO

El esclavo es un hombre libre si domina sus apetitos. El hombre libre es un esclavo si corre tras los placeres.

ABÛ YÛSUF IBN ISHAQ AL-KINDÎ

La libertad del hombre no es como la libertad de los pájaros. La libertad de los pájaros se satisface en el vaivén de una rama; la libertad del hombre se cumple en su conciencia.

ERMILO ABREU GÓMEZ

El hombre ha nacido libre y en todas partes está encadenado.

JEAN-JACQUES ROUSSEAU

El más libre de todos los hombres es el que puede ser libre hasta en la esclavitud.

FRANÇOIS DE SALIGNAC
DE LA MOTHE-FÉNELON

El que busca en la libertad algo distinto a lo que es en sí misma, está hecho para servir.

ALEXIS DE TOCQUEVILLE

Estamos condenados a ser libres, aun para decidir no ser libres.

JEAN PAUL SARTRE

Este mundo no tiene importancia, y quien así lo entienda conquista su libertad.

ALBERT CAMUS

La ciencia es mejor que la asiduidad; la contemplación vale más que la ciencia; el desinterés en el fruto de la acción es superior a la contemplación; el resultado inmediato del desinterés es la emancipación final.

ANÓNIMO, *Bhagavad-Gita*

La libertad del solitario es semejante a la soledad del déspota, poblada de espectros.

OCTAVIO PAZ

La libertad es la obediencia a la ley que uno mismo se ha trazado.

JEAN-JACQUES ROUSSEAU

La libertad no es un fruto que crezca en todos los climas, y por ello no está al alcance de todos los pueblos.

JEAN-JACQUES ROUSSEAU

[...] la libertad es un tesoro; perder la libertad... ni en jaula de oro.

JOSÉ ROSAS MORENO

La libertad no es para todos los hombres un bien. No lo es para los que tienen horror a la soledad y la responsabilidad individuales. A éstos habría que imponérsela. Pero imponer la libertad, sobre ser una contradicción, no sería precisamente liberalismo.

JOSÉ GAOS

La libertad no es un sistema de explicación general del universo y del hombre. Tampoco es una filosofía: es un acto, a un tiempo irrevocable e instantáneo, que consiste en elegir una posibilidad entre otras. No hay ni puede haber una teoría general de la libertad porque es la afirmación de aquello que, en cada uno de nosotros, es singular y particular, irreductible a toda generalización. Mejor dicho: cada uno de nosotros es una criatura singular y particular.

OCTAVIO PAZ

La libertad no puede ser concedida: tiene que ser conquistada.

MAX STIRNER

La libertad no se encuentra al comienzo, sino al final. La libertad es fruto del orden.

PIERRE GAXOTTE

La más alta forma de libertad lleva en ella la más grande medida de disciplina y de humildad.

MAHATMA GANDHI

Libertad es el derecho que todo hombre tiene a ser honrado y a pensar y a hablar sin hipocresía.

JOSÉ MARTÍ

La verdadera libertad consiste en el dominio absoluto de sí mismo.

MICHEL DE MONTAIGNE

[...] la libertad vale mucho. Pero cuesta mucho más.

ROSARIO CASTELLANOS

Las cosas que dependen de nosotros son libres por su misma naturaleza; nada puede detenerlas ni levantar ante ellas obstáculos. En cambio, las que no dependen de nosotros son débiles, esclavas, sujetas a mil contingencias e inconvenientes y extrañas por completo a nosotros.

EPICTETO

¡Libertad, libertad! ¡Cuántos crímenes se cometen en tu nombre!

MADAME ROLAND

Lo absurdo no libera, ata.

ALBERT CAMUS

Los grandes derechos no se compran con lágrimas, sino con sangre.

JOSÉ MARTÍ

[...] los que nacen libres son después esclavos de las leyes que ellos mismos han dictado, y que ese inmenso firmamento que creemos imperturbable somete el hoy a la voluntad del mañana y el ayer a la voluntad del presente.

GIBRÁN JALIL GIBRÁN

Nadie puede ser perfectamente libre hasta que todos lo sean.

HERBERT SPENCER

[...] quiero tener la libertad de ser yo mismo.

LIN YU-TANG

No es bueno ser demasiado libre. No es bueno tener todo lo que uno quiere.

BLAISE PASCAL

No olvides, pues, que si tomas por libres las cosas que por su naturaleza son esclavas, y por tuyas las que dependen de otros, no encontrarás más que obstáculos por doquier...

EPICTETO

Pero ni la esclavitud que apagaría al mismo sol, puede apagar completamente el espíritu de una raza...

JOSÉ MARTÍ

Quienes hemos vivido en campos de concentración, podemos recordar a ciertas personas que andaban entre las chozas llevando consuelo a los demás y regalando su último mendrugo de pan. Su número puede haberse reducido, pero son una prueba fehaciente de que todo es posible quitarle a un hombre, menos una cosa: la última de las libertades humanas... la de elegir su propia actitud bajo cualquier circunstancia dada, la de escoger su propio camino.

VIKTOR FRANKL

Resulta fácil vivir en el mundo según la opinión ajena; en la soledad es fácil vivir según la propia. Pero grande es el hombre que, en medio de la multitud, mantiene, con absoluta serenidad, la independencia cultivada en la soledad.

RALPH WALDO EMERSON

Si todo me estuviera permitido, me sentiría perdido en ese abismo de libertad.

IGOR STRAVINSKY

[...] si un pájaro canta en tu follaje, no te aproximes precipitadamente para domesticarlo.

ENRIQUE FEDERICO AMIEL

Pueblos libres, recordad esta máxima: Podemos adquirir la libertad, pero nunca se recupera una vez que se pierde.

JEAN-JACQUES ROUSSEAU

Sin libertad la democracia es despotismo, sin democracia la libertad es quimera.

OCTAVIO PAZ

Solamente es digno de la libertad, exactamente igual que de la vida, quien debe conquistarla todos los días.

JOHANN WOLFGANG VON GOETHE

Sólo hay una cosa en el mundo a la que un hombre libre no debe atreverse: un hombre libre no debe jamás atreverse a obrar vilmente de modo que él mismo tenga que escupirse a su propia cara, que se sienta indigno ante sí mismo.

HENRIK IBSEN

Todo hombre tiene libertad para hacer lo que quiera siempre y cuando no infrinja la libertad igual de cualquier otro hombre.

HERBERT SPENCER

Tu libertad para agitar los brazos termina en donde empieza mi nariz.

STUART CHASE

¿Quién es libre? El sabio que puede dominar sus pasiones, que no teme a la necesidad, a la muerte ni a las cadenas, que refrena firmemente sus apetitos y desprecia los honores del mundo, que confía

exclusivamente en sí mismo y que ha redondeado y pulido las aristas de su carácter.

HORACIO

La justicia

Dad a Dios lo que es de Dios y al César lo que es del César.

SAN LUCAS

Dios no lo da todo a uno;
que piadoso y justiciero,
con divina providencia
dispone el repartimiento.
Al que le plugo de dar
mal cuerpo, dio sufrimiento
para llevar cuerdamente
los apodos de los necios;
al que le dio cuerpo grande,
le dio corto entendimiento;
hace malquisto al dichoso,
hace al rico majadero.
Próvida naturaleza,
nubes congela en el viento,
y repartiendo sus lluvias,
riega el árbol más pequeño.
No en sólo un oriente nace
el sol; que en giros diversos
su luz comunica a todos;
y según están dispuestos
los terrenos, así engendra
perlas en Oriente, incienso
en Arabia, en Libia sierpes,
en las Canarias camellos;
da seda a los granadinos,
a los vizcaínos hierro,
a los valencianos fruta,
y nabos a los gallegos.
Así reparte sus dones
por su proporción el cielo;
que a los demás agraviara
dándolo todo a uno mesmo.
Mostróle a Cristo el demonio
del mundo todos los reinos,
y díjole: "Si me adoras,
todo cuanto ves te ofrezco."

¡Todo a uno! Propio don
de diablo —dijo un discreto—
que a Dios, porque los reparte,
oponerse quiso en esto.
Sólo ingenio me dio a mí:
pues en las cosas de ingenio
se sirve de mí, y de otros
en las que piden esfuerzo;
pues un caballo se estima,
no más que por el paseo;
porque habla, un papagayo,
y un mono, porque hace gestos.

JUAN RUIZ DE ALARCÓN

No seas demasiado justo, ni seas
sabio con exceso.

ECLESIASTÉS 7:16

Humildes y poderosos
en el sueño son iguales.

LOPE DE VEGA

La tesis de que todos los hombres
nacen iguales implica que todos
ellos participan de las mismas
calidades humanas fundamentales,
que comparten el destino esencial de
todos los seres humanos, que
poseen por igual el mismo
inalienable derecho a la felicidad y a
la libertad. Significa, además, que
sus relaciones recíprocas son de
solidaridad y no de dominación o
sumisión. Lo que el concepto de
igualdad *no* significa es que todos los
hombres sean iguales. Tal noción se
deriva de la función que los
individuos desempeñan actualmente
en la vida económica. En la relación
que establece entre vendedor y
comprador, las diferencias concretas
de personalidad son eliminadas. En
esta situación interesa una sola cosa:
que el primero tenga algo por vender
y el segundo dinero para comprar.
En la vida económica un hombre no
es distinto de otro; pero sí lo es

como persona real, y cultivar el
carácter único de cada cual
constituye la esencia de la
individualidad.

ERICH FROMM

Lo que no es bueno para el
enjambre no es bueno para la abeja.

MARCO AURELIO

No habrá jamás igualdad mientras
que alguien se sienta inferior o
superior a los demás. Entre iguales
no debe existir la condescendencia.

MAHATMA GANDHI

Señor,
tienen los pobres crïados
opinión de interesados,
de poco peso y valor.
¡Pese a quien lo piensa! ¿Andamos
de cabeza los sirvientes?
¿Tienen almas diferentes
en especie nuestros amos?
Muchos crïados ¿no han sido
tan nobles como sus dueños?
El ser grandes o pequeños,
el servir o ser servido,
en más o menos riqueza
consiste sin duda alguna,
y es distancia de fortuna,
que no de naturaleza.
Por esto me cansa el ver
en la comedia afrentados
siempre a los pobres crïados...
Siempre huir, siempre temer...
Y por Dios que ha visto Encinas
en más de cuatro ocasiones
muchos crïados leones
y muchos amos gallinas.

JUAN RUIZ DE ALARCÓN

Con justa causa lo infiero,
porque no es más conveniente
castigar un delincuente
que ganar un reino entero.

JUAN RUIZ DE ALARCÓN

Terminado el juego, el rey y el
peón vuelven a una misma caja.

El que sin oír condena,
oyendo, ha de condenar;
y esto me obliga a pensar
que es sin remedio mi pena.
Ya que el cielo así lo ordena,
dadme sólo un rato oído,
que si culpado lo pido,
para más pena ha de ser,
si no es que os dañe saber
que jamás os he ofendido.

JUAN RUIZ DE ALARCÓN

—Un rey bien nacido, de gran
corazón, misericordioso, dotado de
sentido en sus órganos, agradecido,
veraz en sus palabras, es exaltado y
alabado en toda la tierra. Pero ¿hay
nada más cruel en el mundo que un
monarca esclavo de la injusticia,
violador de las promesas hechas a
los amigos, de los cuales recibió
favores? El ingrato que, obligado a
los amigos, no paga el favor recibido,
merece que todos los seres preparen
su muerte.

VALMIKI

Al que has de castigar con obras
no trates mal con palabras, pues le
basta al desdichado la pena del
suplicio, sin la añadidura de las
malas razones.

MIGUEL DE CERVANTES SAAVEDRA

Asonancias
Sabedlo, soberanos y vasallos,
próceres y mendigos:
nadie tendrá derecho a lo superfluo
mientras alguien carezca de lo
estricto.
Lo que llamamos caridad y ahora
es sólo un móvil íntimo,
será en un porvenir lejano o próximo

el resultado del deber escrito.
Y la equidad se sentará en el trono
de que huya el Egoísmo,
y a la ley del embudo, que hoy
impera,
sucederá la ley del equilibrio.

SALVADOR DÍAZ MIRÓN

Aunque la justicia se mueve
despacio, rara vez deja de alcanzar al
culpable.

HORACIO

Dos concepciones erróneas andan
por el mundo: primero, que un Justo
no puede equivocarse; segundo, que
no puede permanecer siendo Justo,
aunque se haya equivocado.

RABÍ NAJNAN DE BRATZLAUV

Libertad y honor
En el mundo ha de haber cierta
cantidad de luz, como ha de haber
cierta cantidad de decoro. Cuando
hay muchos hombres sin decoro, hay
siempre otros que tienen en sí el
decoro de muchos hombres.

JOSÉ MARTÍ

La justicia de un hombre es
injusticia para otro.

RALPH WALDO EMERSON

La obra maestra de la injusticia es
parecer justo sin serlo.

PLATÓN

Mientras que el juez, que tiene
que gobernar por la suya el alma de
otro, no hace falta que haya tratado
desde muy pronto a hombres
corrompidos y perversos, ni que él
mismo haya cometido todo género
de crímenes, para que pueda conocer
al primer golpe de vista la injusticia
de los demás por la suya propia,
como el médico juzgaría por sus

La justicia   **163**

enfermedades las ajenas. Preciso es, por el contrario, que su alma permanezca pura, exenta de vicio, para que su bondad le haga distinguir con más seguridad lo que es justo. Por eso mismo son sencillas, en su juventud, las gentes de bien, y se hallan expuestas a ser seducidas por las artimañas de los malvados, porque no experimentan en sí mismas nada de lo que en el corazón de los malvados ocurre.

[...]

Un hombre joven mal podría ser buen juez. Es preciso que la edad le haya madurado, que haya aprendido tarde lo que es la injusticia, y que la haya estudiado durante largo tiempo, no en sí mismo, sino en los demás, y que distinga el bien del mal, más por reflexión que por experiencia propia.

PLATÓN

Nuestras colecciones de anécdotas están llenas de historias sobre gastrónomos que arrojan a sus domésticos a las murenas, pero los crímenes escandalosos y fácilmente punibles son poca cosa al lado de millares de monstruosidades triviales, perpetradas cotidianamente por gentes de bien y de corazón duro, a quien nadie pensaría en pedir cuentas.

MARGUERITE YOURCENAR

[...] que se debe antes sufrir una injusticia que hacerla, y que en todo caso es preciso procurar no parecer hombre de bien, sino serlo en realidad, tanto en público como en privado; y que si alguno se hace malo en algo, es preciso castigarle; y que después de ser justo, el segundo bien consiste en volver a serlo, recibiendo el castigo que sea merecido; que es preciso huir de toda adulación, tanto

respecto de sí mismo como respecto de los demás, sean muchos o pocos; y que jamás se debe hacer uso de la Retórica, ni de ninguna otra profesión, sino en obsequio a la justicia.

PLATÓN

Se comete siempre una injusticia con un hombre, cuando se ligan esperanzas a su futuro.

JAKOB WASSERMANN

Sé justo en el momento preciso. Toda justicia que tarda es injusticia.

MARCEL SCHWOB

Si acaso doblares la vara de la justicia, no sea con el peso de la dádiva, sino con el de la misericordia.

MIGUEL DE CERVANTES SAAVEDRA

Uno no puede ser justo si no es humano.

LUC DE CLAPIERS, MARQUÉS DE VAUVENARGUES

Vinieron la verdad y la justicia a la tierra. La una no halló comodidad por desnuda ni la otra por rigurosa. Anduvieron mucho tiempo así hasta que la verdad, de puro necesitada, asentó con un mudo.

La justicia, desacomodada, anduvo por la tierra rogando a todos, y, viendo que no hacían caso della y que le usurpaban su nombre para honrar tiranías, determinó volverse huyendo al cielo. Salióse de las grandes ciudades y cortes y fuese a las aldeas de villanos, donde por algunos días, escondida en su pobreza, fue hospedada de la simplicidad hasta que envió contra ella requisitorias la malicia. Huyó entonces de todo punto, y fue de casa en casa pidiendo que la recogiesen. Preguntaban todos quién era. Y ella, que no sabe mentir, decía que la justicia. Respondíanle todos:

—Justicia, y no por mi casa; vaya por otra.

Y así, no entraba en ninguna. Subióse al cielo y apenas dejó acá pisadas.

[...]

Y habéis de advertir que la codicia de los hombres ha hecho instrumento para hurtar todas sus partes, sentidos y potencias, que Dios les dio las unas para vivir y las otras para vivir bien. ¿No hurta la honra de la doncella con la voluntad el enamorado? ¿No hurta con el entendimiento el letrado, que le da malo y torcido a la ley? ¿No hurta con la memoria el representante, que nos lleva el tiempo? ¿No hurta el amor con los ojos, el discreto con la boca, el poderoso con los brazos, pues no medra quien no tiene los suyos; el valiente con las manos, el músico con los dedos, el gitano y cicatero con las uñas, el médico con la muerte, el boticario con la salud, el astrólogo con el cielo? Y, al fin, cada uno hurta con una parte o con otra.

FRANCISCO DE QUEVEDO Y VILLEGAS

Si alguna mujer hermosa viniere a pedirte justicia, quita los ojos de sus lágrimas y tus oídos de sus gemidos, y considera de espacio la sustancia de lo que pide, si no quieres que se anegue tu razón en su llanto y tu bondad en sus suspiros.

MIGUEL DE CERVANTES SAAVEDRA

Viejo oráculo corre ha mucho tiempo entre los mortales sin cesar repetido: "La dicha humana cuando a colmo llega se hace fecunda y no muere sin dar hijos: de la feliz fortuna, para su progenie, da semilla de infortunio que jamás se sacia." Yo

me aparto de este proverbio: por mi solo pensado formulo: "Un acto impío, cual padre, va dando vida a muchos más: pero en la casa del justo, la fortuna es siempre procreadora de bellos hijos."

ESQUILO

La esclavitud

Dudo que la filosofía consiga suprimir la esclavitud; a lo sumo le cambiará el nombre.

MARGUERITE YOURCENAR

El esclavo sólo tiene un amo; el ambicioso tiene tantos...

JEAN DE LA BRUYÈRE

Preámbulo a las instrucciones para dar cuerda a un reloj

Piensa en esto: cuando te regalan un reloj te regalan un pequeño infierno florido, una cadena de rosas, un calabozo de aire. No te dan solamente el reloj, que los cumplas muy felices y esperamos que te dure porque es de buena marca, suizo con áncora de rubíes; no te regalan solamente ese menudo picapedrero que te atarás a la muñeca y pasearás contigo. Te regalan —no lo saben, lo terrible es que no lo saben—, te regalan un nuevo pedazo frágil y precario de ti mismo, algo que es tuyo pero no es tu cuerpo, que hay que atar a tu cuerpo con su correa como un bracito desesperado colgándose de tu muñeca. Te regalan la necesidad de darle cuerda todos los días, la obligación de darle cuerda para que siga siendo un reloj; te regalan la obsesión de atender a la hora exacta en las vitrinas de las joyerías, en el anuncio por la radio, en el servicio telefónico. Te regalan el miedo de perderlo, de que te lo roben, de que se te caiga al suelo y se rompa. Te regalan su marca, y la seguridad de que es una marca mejor que las otras, te regalan la tendencia a comparar tu reloj con los demás relojes. No te regalan un reloj, tú eres el regalado, a ti te ofrecen para el cumpleaños del reloj.

JULIO CORTÁZAR

Hay esclavos grandes y los hay pequeños. Los pequeños son los que se dejan esclavizar por cosas nimias, como banquetes, hospedajes y dádivas. Los grandes son los que se dejan esclavizar por un consulado o un gobierno.

EPICTETO

Se es más esclavo de los débiles que de los fuertes.

ENRIQUE JARDIEL PONCELA

Yo soy libre. Nada puede contener la marcha de mis pensamientos, y ellos son la ley que rige mi destino.

ROSALÍA DE CASTRO

Desprenderse del tronco y ser una rama que se trasplante para convertirse a su vez en tronco, es una exigencia de la naturaleza. No podemos formar siempre parte de otros. Uno tiene que llegar a ser uno mismo.

EMMA GODOY

Hay libertades: la libertad nunca ha existido.

BENITO MUSSOLINI

La libertad debe ser, fuera de otras razones, bendecida, porque su goce inspira al hombre moderno —privado a su aparición de la calma, estímulo y poesía de la existencia— aquella paz suprema y bienestar religioso que

produce el orden del mundo en los que viven en él con la arrogancia y serenidad de su albedrío.

JOSÉ MARTÍ

La libertad verdadera, en cuanto eticidad, es que el querer no tiene para sus fines un contenido subjetivo; esto es, egoístico, sino un contenido universal.

GEORG FRIEDRICH WILHELM HEGEL

Los hombres se fijan ellos mismos su precio —alto o bajo, según les parece—, y nadie vale sino lo que se hace valer. Tásate, por lo tanto, como libre o como esclavo, ya que en tu mano está.

EPICTETO

No ates ahora el pensamiento a ti mismo. Déjalo que vuele al aire. Haz lo que hacen los chicos: atan un escarabajo con un hilo y lo dejan que vaya volando, pero sin perder el hilo.

ARISTÓFANES

El hombre es libre, pero deja de serlo cuando no cree en su libertad, y cuanta más fuerza supone en el destino tanto más se priva de la que Dios le ha dado dotándolo de razón.

JACOBO CASANDRA

Los que te tienen, oh libertad, no te conocen.

JOSÉ MARTÍ

No hay en la Tierra, conforme a mi parecer, contento que se iguale al alcanzar la libertad.

MIGUEL DE CERVANTES SAAVEDRA

El que está encantado, como yo, no tiene libertad para hacer de su persona lo que quisiera.

MIGUEL DE CERVANTES SAAVEDRA

Simón Bolívar

El "Libertador de América" fue el principal caudillo de la lucha por la independencia de Colombia, Ecuador, Perú y Bolivia. Nació en Caracas el 24 de julio de 1783. Perteneció a una familia adinerada de origen español, que se había enriquecido con el cultivo del cacao. Quedó huérfano de padre a los tres años, y de madre a los nueve; a partir de ese momento no tuvo un hogar fijo; su educación estuvo a cargo de su hermana mayor, Antonia, y de su tío y tutor, el marqués de Palacios.

Bolívar contaba con una herencia considerable, por lo que a los dieciséis años se embarcó hacia Madrid, con la intención de estudiar y obtener algún puesto en el gobierno español. No lo logró, y viajó a Francia para presenciar en Amiens la firma de los tratados entre las tropas napoleónicas y el gobierno inglés, en 1802, acontecimiento que lo llenó de esperanza en el progreso y la paz. Regresó a Madrid para contraer matrimonio con María

Teresa Rodríguez del Toro, en mayo del mismo año, y se embarcó hacia América con su esposa para administrar sus propiedades y establecer una casa de comercio.

Unos meses más tarde ella murió, víctima de la fiebre amarilla. Bolívar quedó tan desolado que juró sobre la tumba de su mujer no volver a casarse, promesa que cumplió, aunque tuvo a lo largo de su vida muchos amoríos. También lo decepcionó el nuevo enfrentamiento entre las tropas napoleónicas e Inglaterra, pues vio frustrada su fe en la paz mundial. A fines de octubre de 1803 se embarcó otra vez hacia España, con la intención de liquidar el pasado: visitar a su suegro y devolverle los objetos personales de su esposa.

Comenzó en esta época a viajar por Europa para establecer relación con los círculos intelectuales de principios del siglo XIX. En Francia, asistió a uno de los más grandes acontecimientos de la historia: la coronación de Napoleón Bonaparte, quien de general victorioso se convirtió en emperador de la Francia de la Revolución. Este hecho afectó profundamente a Bolívar, quien vio a Bonaparte traicionar los principios revolucionarios; sin embargo, presenciar la fastuosa ceremonia confirmó en él las ideas republicanas que desde hacía algún tiempo se gestaban en su mente. Viajó también por Italia e Inglaterra, analizando siempre los sistemas de gobierno de aquellos países.

Bolívar conoció la gloria, el placer y la sabiduría por medio de su trato con intelectuales y políticos europeos. Asimiló los ideales de la Revolución Francesa y pretendió convertirse en un sólido intelectual americano. Leyó con tenacidad, asistió a las conferencias de los hombres más destacados del viejo continente, tomó cursos y entabló contacto con las mentes más lúcidas de aquel tiempo, entre ellas la de Alexander von Humboldt. De regreso al continente americano, en 1807, viajó primero por los Estados Unidos de América, lo que le sirvió para aprender las leyes y costumbres de la recién formada nación.

Bolívar fue un hombre de la Ilustración, interesado en el progreso como finalidad del esfuerzo humano, firme creyente en los caminos de la razón. Su ideología aspiraba a la construcción de un mundo libre, ordenado, basado en los principios de los filósofos de la época, es decir, en la paz, en la razón y en la libertad. Regresó a Caracas a los veinticuatro años de edad, consciente de que las guerras europeas estaban afectando a América Latina. Tenía el firme propósito de convertir a su patria en un país independiente.

En 1808, José Bonaparte trató de ser reconocido como rey de España por las colonias americanas. Pero Bolívar se rebeló en Caracas, el 19 de abril de 1809, y junto con sus seguidores, destituyó al capitán general, proclamando a Fernando VII como único y legítimo rey de España. El movimiento se extendió pronto a la ciudad de Bogotá, la cual siguió el ejemplo de Caracas el 20 de julio de 1810. El general Miranda, quien ya había intentado antes sublevarse, se colocó al frente del movimiento mientras Bolívar viajaba a Europa para adquirir armamento. A su regreso combatió en Puerto Cabello, pero fue derrotado.

En 1812, el movimiento independentista de Bolívar había sido destrozado y Venezuela aún pertenecía a España. Refugiado en Nueva Granada, Bolívar consiguió hombres y ayuda económica; en 1813 desembarcó en las costas venezolanas para iniciar la guerra civil entre las ciudades costeras, partidarias suyas, y las del interior, seguidoras de la causa realista. El 6 de agosto del mismo año, tras haber liberado las ciudades de Mérida y Trujillo, entró triunfante en Caracas, donde fue recibido con gran entusiasmo. Desde entonces fue aclamado como "Libertador".

Tras varios años de intensa lucha, durante los cuales su ejército ganó algunas veces y fue derrotado otras, Bolívar venció al enemigo realista en la batalla de Carabobo, en junio de 1821. Fue nombrado presidente de la República de Colombia, formada por la unión de Nueva Granada y Venezuela. Decidió seguir combatiendo por la independencia de Quito y Lima, que continuaban bajo el poder de la monarquía española. Resultó vencedor y liberó también el Alto Perú, región que desde entonces cambió su nombre a Bolivia, en honor del Libertador, y se convirtió en un país independiente.

Tuvo que entregar el mando de Colombia al general Sucre, aunque continuó su lucha como jefe supremo del Perú. En 1826 convocó a un congreso en Panamá, con el fin de formar su tan ansiada coalición, pero fracasó. En 1829, Venezuela y Colombia se separaron, y al año siguiente Bolívar se negó a aceptar nuevamente la presidencia colombiana. Traicionado por sus oficiales, huyó de Bogotá. Murió enfermo en San Pedro Alejandrino, cerca de Santa Marta (Colombia), el 17 de diciembre de 1830.

El matrimonio

Para lograr un matrimonio feliz, es necesario
enamorarse muchas veces... de la misma persona.

MIGNON McLAUGHLIN

El matrimonio

La novia

Toca la campana
de la catedral.
¡Y yo sin zapatos,
yéndome a casar!
¿Dónde está mi velo,
mi vestido blanco,
mi flor de azahar?
¿Dónde mi sortija,
mi alfiler dorado,
mi lindo collar?
¡Date prisa, madre!
Toca la campana
de la catedral.
¿Dónde está mi amante querido?
¿en dónde estará?
Toca la campana
de la catedral.
¡Y yo sin amante
yéndome a casar.

RAFAEL ALBERTI

Yo rumiaré, en silencio, mi rencor. Se me atribuyen las responsabilidades y las tareas de una criada para todo. He de mantener la casa impecable, la ropa lista, el ritmo de la alimentación infalible. Pero no se me paga ningún sueldo, no se me concede un día libre a la semana, no puedo cambiar de amo. Debo, por otra parte, contribuir al sostenimiento del hogar y he de desempeñar con eficacia un trabajo en el que el jefe exige y los compañeros conspiran y los subordinados odian. En mis ratos de ocio me transformo en una dama de sociedad que ofrece comidas y cenas a los amigos de su marido, que asiste a reuniones, que se abona a la ópera, que controla su peso, que renueva su guardarropa, que cuida la lozanía de su cutis, que se conserva atractiva, que está al tanto de los chismes, que se desvela y que madruga, que corre el riesgo mensual de la maternidad, que cree en las juntas nocturnas de ejecutivos, en los viajes de negocios y en la llegada de clientes imprevistos; que padece alucinaciones olfativas cuando percibe la emanación de perfumes franceses (diferentes de los que ella usa) de las camisas, de los pañuelos de su marido; que en sus noches solitarias se niega a pensar por qué o para qué tantos afanes y se prepara una bebida bien cargada y lee una novela policiaca con ese ánimo frágil de los convalecientes.

ROSARIO CASTELLANOS

El matrimonio se parece más a un avión que a una roca: es necesario echarlo a volar. De pronto lo oye uno crujir y rechinar, y se da cuenta de que sostenerlo en el aire es cuestión de actitudes. Con todo, es posible verlo en lo alto por siempre si uno se lo propone.

MICHAEL GRANT

El matrimonio es como la historia de los países coloniales: primero viene la conquista y luego se sueña con la independencia.

MARCO ANTONIO ALMAZÁN

Abre los ojos bien antes de casarte y manténlos entre abiertos después que te cases.

THOMAS FULLER

Cuando muchos hombres piensan que la única carrera adecuada para una mujer es el matrimonio, yo pienso que es una arbitrariedad. ¿Qué pasa si no se casa? Ahora, si se casa, es una carrera de sacrificios: el hogar, el problema de los hijos y todas esas cosas que la traban en este aspecto. El matrimonio es un destino pobre para la mujer.

El destino ideal de la mujer depende de la condición en sí de cada individuo. Lo malo es que a la mujer le ofrecen como ideales muchas cosas falsas. Por ejemplo, se publicita la vida de la gente de mucho dinero como una especie de cuento de hadas, o la vida de las actrices de Hollywood como el *desideratum* de la felicidad, todo lo cual estimula en ella el esnobismo. Hace que viva fuera de la realidad.

JORGE LUIS BORGES

Algunas mujeres le piden a Dios que les permita casarse con el hombre que aman; yo sólo le pido que pueda amar al hombre con quien me case.

ROSE PASTOR STOKES

Casarse es fácil. Permanecer casado más difícil. Pero conservar un matrimonio feliz durante toda la vida debiera contarse entre las bellas artes.

R.F.

Conviene elegir como esposa sólo a la mujer que se elegiría como amigo, si ella fuese un hombre.

JOSEPH JOUBERT

El amor a menudo es el fruto del matrimonio.

MOLIÈRE

Cuando hay matrimonio sin amor, hay amor sin matrimonio.

BENJAMIN FRANKLIN

Cuando nos casamos compré una batería de cocina: vasijas, sartenes, cucharones; todo flamante, de magnífico aluminio. Estaba yo muy satisfecho y muy seguro del entusiasmo que mi adquisición iba a producir en mi mujer. Pero cuando ella vio todos los objetos, nuevos y brillantes, dijo con una especie de inquietud:

—¡Ay, quisiera que ya estuvieran viejos!

No era precisamente la frase que yo esperaba, pero era, sin duda, la frase del buen amor. Del amor que más que en disfrutar las sorpresas y goces iniciales, piensa en lo duradero, en lo permanente. Nuevas, brillantes, esas vasijas no eran nuestras aún. Viejas ya, ahumadas, deformadas, sí lo serían y su deterioro significaría nuestro fuego, nuestros alimentos, nuestro tiempo, nuestra convivencia.

JOSEFINA VICENS

De todos modos, casaos. Si dais con una buena esposa, seréis feliz; y si dais con una mala, llegaréis a ser filósofo, lo cual es excelente para un hombre.

SÓCRATES

Marido y mujer deben evitar pelearse cuando no se aman lo suficiente como para reconciliarse.

JEAN ROSTAND

El matrimonio es una religión; promete la salvación, pero hace falta la gracia.

JACQUES CHARDONNE

El matrimonio más feliz que yo podría imaginarme sería el de un sordo con una ciega.

S.T. COLERIDGE

En el matrimonio no es tan importante *elegir* la pareja ideal cuanto *ser* el compañero idóneo.

DR. P.P.

El problema del matrimonio es que se acaba todas las noches después de hacer el amor, y hay que volver a reconstruirlo todas las mañanas antes del desayuno.

GABRIEL GARCÍA MÁRQUEZ

En el matrimonio, como en otras cosas, la dicha prescinde de la riqueza.

MOLIÈRE

En la vida conyugal, la pareja unida debe constituir como una sola persona moral, regida y animada por la inteligencia del hombre y el gusto de la mujer.

IMMANUEL KANT

Es el espíritu, no el cuerpo, lo que hace durable el matrimonio.

PUBLIO SIRO

Es más fácil ser amante que marido, por la misma razón que es más difícil tener ingenio todos los días que decir cosas bonitas de vez en cuando.

HONORÉ DE BALZAC

Hasta en un matrimonio bien avenido se tiene que vivir con cierta dosis de soledad. No existen dos personas perfectamente compatibles, y hay algunas partes de nuestro ser que tal vez jamás sean entendidas por la persona que esperábamos que fuera nuestra alma gemela. No hay nada que pueda hacer mi marido que me haga compartir su fanatismo por el fútbol. Tampoco hay nada que yo pueda hacer para que a él le gusten los poemas de Yeats. No dudo que el destino de los esposos esté unido hasta la muerte; no obstante, siempre habrá momentos —momentos importantes— en la vida

conyugal en que uno se vuelva al otro buscando desesperadamente un reconfortante "te entiendo", y reciba en vez de ello una mirada de incomprensión. La gente congenia sólo en parte... aun con sus seres más cercanos y más entrañables.

JUDITH VIORST

La esposa ideal es aquella que, siendo fiel, se esfuerza en ser tan encantadora como si no lo fuese.

B.B.

La luna de miel ha terminado cuando él llama por teléfono a avisar que no vendrá a comer... y ella ha dejado una nota diciendo que la comida está en el refrigerador.

B.L.

La mujer perfecta es la que no espera que su marido sea perfecto.

ANÓNIMO

La mujer se preocupa por el porvenir hasta que consigue un marido; el hombre empieza a preocuparse por él cuando consigue una esposa.

ANÓNIMO

La razón de que haya tan pocos matrimonios felices consiste en que las jóvenes casaderas consagran su tiempo a tejer redes en lugar de construir jaulas.

JONATHAN SWIFT

Las esposas jóvenes de los maridos viejos suelen pensar enseguida en elegir a aquel que enjugará sus lágrimas de viudas.

CARLO GOLDONI

Los años cruciales del matrimonio son los de en medio. En los primeros años, los cónyuges se desean uno al otro; en los últimos años, se necesitan uno al otro.

REBECA TILLY

Lo más importante que un padre puede hacer por los hijos es amar a la mujer que los trajo al mundo.

T.H.

Los hombres se casan porque están cansados; las mujeres, por curiosidad: ambos sufren una decepción.

OSCAR WILDE

Los matrimonios que consideramos más felices son aquellos en que cada uno de los cónyuges cree haber sacado para sí el mejor partido.

S.J.H.

Marido es todo lo que queda del novio después de la boda.

MARCO ANTONIO ALMAZÁN

Mientras las mujeres son jóvenes, sus maridos no cesan de elogiar su belleza y de llamarlas queridas y hermosas. De modo que, viendo ellas que sus maridos no las consideran más que por su belleza corporal y por el placer que les procuran, no piensan sino en componerse y engalanarse y todas sus esperanzas parecen cifrarse en sus atavíos. Nada es, por consiguiente, más útil y necesario que esforzarse en demostrarlas que se las honrará y respetará en tanto sean prudentes, pudorosas y modestas.

EPICTETO

No aconsejes a nadie que se case ni que vaya a la guerra.

GEORGE HERBERT

No es verdad que los hombres casados vivan más años que los solteros. Lo que ocurre es que se les hace mucho más largo el tiempo.

MARCO ANTONIO ALMAZÁN

Para muchas esposas, la "estación alegre" es aquella comprendida entre el fin de una temporada de fútbol y el principio de la siguiente.

A.L.S.

Por regla general la gente que sabe disfrutar de la vida también sabe gozar del matrimonio.

PHYLLIS BATTELLE

Que hay marido que, obligado,
procede más descuidado
en la guarda de su honor;
que la obligación, señor,
descuida el mayor cuidado.

LOPE DE VEGA

Si teméis la soledad, no os caséis.

ANTON CHEJOV

Sigo juzgando al matrimonio como el mayor disparate, por eso me he casado.

RAMÓN PÉREZ DE AYALA

Todo hombre sabio ama a la esposa que ha elegido.

HOMERO

Un buen marido nunca es el primero en dormirse por la noche ni el último en despertarse por la mañana.

HONORÉ BALZAC

Silogismo de Bias
La mujer con quien te cases será hermosa o fea; si es hermosa, prepárate a compartirla con otro; si es fea, te casarás con una furia. No es

mejor lo uno que lo otro: luego no te cases. Ahora bien; dícese que esta respuesta puede retorcerse de este modo. Si aquella con quien me case es hermosa, no será una furia; si es fea, estoy seguro de no compartirla con otro; luego debo casarme.

AULIO GELIO

Un buen matrimonio es como un increíble fondo de jubilación: se pone en él todo lo que se tiene durante la vida productiva, y con el paso de los años se transforma, de plata en oro, y de oro en platino.

WILLARD SCOTT

Un buen matrimonio sería aquél en el que se olvidase, por el día, que son amantes, y por la noche, que son esposos.

JEAN ROSTAND

—¡No es lo mismo, por Zeus! Regresa un hombre, aunque ya traiga la cabeza cana; en dos por tres se casa con una muchacha. Y el tiempo de la mujer es corto: si no lo aprovecha a su sazón, ¿quién quiere casarse con ella?

ARISTÓFANES

Un matrimonio feliz es una larga conversación que parece siempre demasiado breve.

ANDRÉ MAUROIS

¿Qué ha de tener para buena una mujer?
Amar y honrar su marido
es letra de este abecé,
siendo buena por la B,
que es todo el bien que te pido.
Haráte cuerda la C,
la D dulce y entendida
la E, y la F en la vida
firme, fuerte y de gran fe.

La G grave, y para honrada
la H, que con la I
te hará ilustre, si de ti
queda mi casa ilustrada.
Limpia serás por la L,
y por la M maestra
de tus hijos, cual lo muestra
quien de sus vicios se duele.
La N te enseña un no
a solicitudes locas
que este no, que aprenden pocas,
está en la N y la O.
La P te hará pensativa,
la Q bien quista, la R
con tal razón que destierre
toda locura excesiva.
Solícita te ha de hacer
de mi regalo la S,
la T tal que no pudiese
hallarse mejor mujer.
La V te hará verdadera,
la X buena cristiana,
letra que en la vida humana
has de aprender la primera.
Por la Z has de guardarte
de ser zelosa; que es cosa
que nuestra paz amorosa
puede, Casilda, quitarte.
Aprende este canto llano;
que con aquesta cartilla
tú serás flor de la villa,
y yo el más noble villano.
Estudiaré, por servirte,
las letras de ese abecé;
pero dime si podré
otro, mi Pedro decirte,
si no es acaso licencia.
Antes yo me huelgo. Di;
que quiero aprender de ti.
Pues escucha, y ten paciencia.
La primera letra es A,
que altanero no has de ser;
por la B no me has de hacer
burla para siempre ya.
La C te hará compañero
en mis trabajos; la D
dadivoso, por la fe

con que regalarte espero.
La F de fácil trato,
la G galán para mí,
la H honesto, y la I
sin pensamiento de ingrato.
Por la L liberal
y por la M el mejor
marido que tuvo amor,
porque es el amor caudal,
Por la N no serás
necio que es fuerte castigo
por la O solo conmigo
todas las horas tendrás.
Por la P me has de hacer obras
de padre; porque quererme
por la Q, será ponerme
en la obligación que cobras.
Por la R regalarme,
y por la S servirme,
por la T tenerte firme,
por la V verdad tratarme;
por la X con abiertos
brazos imitarla ansí.
Y como estamos aquí,
estemos después de muertos.

LOPE DE VEGA

—Otras veces se ha hablado entre nosotros, gentiles señoras, de las verdades mostradas en los sueños, de los que muchos se mofan; pero aunque ya se ha dicho, no dejaré yo, con una novelita asaz breve, de narraros lo que le ocurrió a una vecina mía, no hace mucho, por no creer en uno que sobre ella tuvo su marido.

No sé si conocéis a Talano de Imola, hombre muy honorable. Tomó éste por mujer a una joven, llamada Margherita, bella entre las bellas pero más que ninguna caprichosa, desabrida y huraña, hasta el punto de que no quería hacer nada a gusto de nadie ni los demás podían hacerlo al suyo. Aunque a Talano le resultaba durísimo soportar esto, se

aguantaba, pues otra cosa no podía hacer.

Ahora bien, ocurrió que una noche estaba Talano con su Margherita en el campo, en una de sus posesiones, y mientras dormían parecióle ver a su mujer caminar por un bosque muy hermoso que había no muy lejos de su casa; y mientras la veía caminar así, le pareció que de una parte del bosque salía un lobo grande y feroz, que se lanzaba prestamente a su garganta y la derribaba al suelo mientras ella, gritando socorro, se esforzaba por apartarse de él; cuando salió de sus fauces, toda la garganta y la cara parecían destrozadas. Al levantarse a la mañana siguiente le dijo a su mujer:

—Mujer, aunque tu desabrimiento no ha permitido nunca que yo pasara un buen día contigo, sentiría que te sucediese algún mal; y por ello, si sigues mis consejos, no saldrás hoy de casa.

Cuando ella le preguntó la razón, le contó su sueño con todo detalle. La mujer, meneando la cabeza dijo:

—Quien mal te quiere, mal te sueña; muy compasivo te muestras, pero me sueñas como quisieras verme; ten por seguro que me guardaré, hoy y siempre, de darte una alegría con este o cualquier otro daño mío.

Dijo entonces Talano:

—Ya sabía yo que ibas a decir eso, porque así se lo agradecen a quien peina a un tiñoso; pero cree lo que te plazca: te lo digo por tu bien, y te aconsejo de nuevo que hoy te quedes en casa, o por lo menos te guardes de ir a nuestro bosque.

—Está bien, así lo haré —dijo la mujer; pero luego empezó a decirse: "¿Has visto con qué malicia se cree ese haberme metido miedo de ir hoy a nuestro bosque? Seguramente se ha citado allí con alguna desgraciada y no quiere que los encuentre. ¡Oh! Ni que yo fuera ciega; ¡bien necia sería si no lo conociera y le hiciera caso! Pero con certeza que no lo conseguirá: tengo que ver yo, aunque hubiera de estar allí todo el día, qué clase de negocio quiere hacer hoy."

Dicho esto, cuando salió el marido por una parte de la casa salió ella por otra; lo más ocultamente que pudo se dirigió al bosque sin dilación y allí, en lo más hondo de la espesura, se escondió, estando atenta y mirando ora aquí ora allá por si veía venir a alguien. Y mientras estaba de esta guisa, sin el menor miedo a los lobos, hete aquí que cerca de ella salió de un espeso matorral un lobo grande y terrible; en cuanto lo vio, casi ni pudo decir: "¡Dios me asista!", antes de que el lobo se le abalanzase a la garganta; la cogió con fuerza y empezó a arrastrarla como si hubiera sido un corderillo. No podía gritar, tan apretada tenía la garganta, ni ayudarse de ninguna manera, por lo que el lobo, llevándosela, la habría estrangulado sin falta, de no haber tropezado con unos pastores, quienes a gritos lo obligaron a soltarla. Los pastores la reconocieron y la llevaron a su casa y, mísera y desdichada, la sanaron los médicos tras largos cuidados, pero no sin que toda la garganta y una parte del rostro quedaran tan estropeados que, siendo primero hermosa, quedó para siempre feísima y deforme. Con lo que ella, avergonzada de aparecer donde pudieran verla, infelizmente lamentó su esquivez y no haber prestado fe, en aquello que nada le costaba, al veraz sueño de su marido.

GIOVANNI BOCCACCIO

Los celos

Aunque los celos sean producidos por el amor, como lo son las cenizas por el fuego, aquellos extinguen el amor lo mismo que las cenizas apagan la llama.

MARGARITA DE NAVARRA

En los celos interviene más el amor propio que el amor.

FRANÇOIS, VI DUQUE DE LA ROCHEFOUCAULD

Son celos, don Rodrigo, una quimera
que se forma de envidia, viento y sombra,
con que lo incierto imaginado altera,
una fantasma que de noche asombra,
un pensamiento que a locura inclina,
y una mentira que verdad se nombra.

LOPE DE VEGA

Es asombroso cómo los celos, que pasan el tiempo haciendo pequeñas suposiciones en el error, tienen poca imaginación cuando se trata de descubrir la verdad.

MARCEL PROUST

Los celos... Turbación de nuestra alma que cobra aguda conciencia de su ¿soledad irremediable? Pasión que no mueve a piedad por ser acaso la más individual y exclusiva, y que a los más lamentables extravíos conduce. Amargo y cruel resabio de lo quebradizo que es todo concierto y buena inteligencia.

JULIO TORRI

Mienten quienes afirman que jamás han sentido celos. Lo que ocurre es que nunca se han enamorado.

GERALD BRENAN

Los celos cierran una puerta y
abren dos.

Samuel Palmer

[...] que los desvelos son puertas
para que pasen los celos
desde el amor al temor;
y en comenzando a temer,
no hay más dormir que poner
con celos remedio a amor.

Lope de Vega

Sólo los celos ignoran
fábricas de fingimientos,
que, como son locos, tienen
propiedad de verdaderos.

Sor Juana Inés de la Cruz

Un celoso siempre encuentra más
de lo que busca.

Madeleine de Scudery

Ya conozco en mi impaciencia
que es la misma resistencia
incentivo del amor.
Prometí mudar intento,
pero con la privación
ha crecido la pasión
y menguado el sufrimiento;
y cuando mal los desvelos
resistía del amor,
llegaron con más rigor
a la batalla los celos.

Juan Ruiz de Alarcón

El sexo

La castidad, lejos de ser una
negación del valor sexual, representa
un profundo respeto por lo sagrado
del sexo y de la creación.

Emma Godoy

[...] con qué prodigalidades presta
el alma juramentos a la lengua
cuando hierve la sangre. No tomes,
hija mía, como fuego esas ráfagas que

dan más luz que calor y que se
extinguen por completo en el instante
mismo en que más prometen. De hoy
en adelante procura ser más avara de
tu presencia virginal. Pon tu coloquio
a precio más alto que el que implica
una insinuación.

William Shakespeare

La generalización de la castidad
no conduciría a la extinción de la raza
humana; la elevaría a un plano
superior.

Mahatma Gandhi

Estar dentro de ti se me figura
como el punto final de la belleza.
No sé si es la humedad o la tibieza
de toda tu recóndita textura.
Vendrá después la insólita tristeza
de tener que salirme de tu hondura
calado de sudor y de bravura
temblando de los pies a la cabeza.
Ahora estamos en paz o no lo
estamos
tus miradas son cándidas y altivas
y nos decimos cosas que callamos.
Las desnudeces son las notas vivas
de la destreza con que nos amamos
patrona de las muertes sucesivas.

José María Fernández Unsaín

La idolatría del sexo acaba en un
gran vacío y en una visión plana del
amor y de las relaciones afectivas.
Una sociedad obsesionada con el
sexo es una sociedad neurótica.

Enrique Rojas

Considérese el amor: el cuerpo del
otro es un objeto, y mientras el
contacto se realice con el solo cuerpo
no hay más que una forma de
onanismo; únicamente mediante la
relación con una integridad de
cuerpo y alma el yo puede salir de sí
mismo, trascender su soledad y

lograr la comunión. Por eso el sexo puro es triste, ya que nos deja en la soledad inicial con el agravante del intento frustrado.

ERNESTO SÁBATO

El instinto sexual asegura, tal vez, la conservación de la especie, pero no su perfeccionamiento. En cambio, el auténtico amor sexual, el entusiasmo hacia otro ser, hacia su alma y hacia su cuerpo, en indisoluble unidad, es por sí mismo, originariamente, una fuerza gigantesca encargada de mejorar la especie.

JOSÉ ORTEGA Y GASSET

No pretendo negar la importancia de la sexualidad en la vida psíquica. Sólo intento imponer ciertos límites a la exuberante y prolija terminología sexual que falsea cualquier discusión relativa a la mente humana, y dar a la sexualidad el alcance que le corresponde. El mero sentido común nos indica que la sexualidad no es sino uno de nuestros instintos biológicos, una de nuestras funciones psicofisiológicas, aunque sin duda alguna desempeñe un papel preponderante.

CARL GUSTAV JUNG

Vale más gozar con el cuerpo que gozar con el pensamiento. Es bueno el tratar de rechazar los deseos sexuales tan pronto como aparecen en la mente, tratar de domeñarlos; pero si, por falta de goces *físicos*, la mente se revuelca en *pensamientos* de goce, es legítimo satisfacer los apetitos del cuerpo.

MAHATMA GANDHI

Te voy a desnudar calmadamente para que no te sientas insegura

y quiero comenzar desde la altura de tus ojos de luna adolescente.
Ya con los ejercicios de ternura voy a metaforear lo que se siente porque tu savia surge de repente cuando mi piel sobre tu piel se apura.
Yo de tu cuerpo soy guardián y vándalo
tú eres mi modo de morir la vida sabes a castidad hueles a sándalo en tus muslos de gracia convergida.
Voy a arrojar al aire del escándalo tus pechos de paloma repetida.

JOSÉ MARÍA FERNÁNDEZ UNSAÍN

—Hermosas señoras, una parte de la novela de la reina me ha hecho cambiar de opinión sobre una que tenía en mientes contaros, y os narraré otra; se trata de la bestialidad de Bernabò, aunque le saliera bien, y de todos los que creen lo mismo que él. Es decir, que mientras ellos andan mundo adelante y se solazan una y otra vez con ésta o aquélla, se figuran que sus mujeres que en casa han dejado se están cruzadas de brazos, como si no supiéramos, nosotros que entre ellas nacemos, crecemos y vivimos, cuáles son sus deseos. Al narrarla, a un tiempo os mostraré cuán grande es la necedad de esos tales y cuánto mayor la de quienes, juzgándose más poderosos que la naturaleza, se persuaden con fantásticos razonamientos de que pueden lo que no pueden y se esfuerzan porque los otros sean como ellos, sin que lo sufra la naturaleza de quien así se ve arrastrado.

Hubo en Pisa, pues, un juez, más dotado de ingenio que de fuerza corporal, cuyo nombre fue micer Riccardo de Chinzica; era muy rico y, creyendo tal vez que podía satisfacer a una mujer con las mismas obras que a los estudios consagraba, buscó con no pequeña solicitud una esposa joven y bella, cuando debiera haber huido de una y otra cosa, de haberse sabido aconsejar a sí mismo como a los demás aconsejaba. Y lo consiguió, pues micer Lotto Gualandi diole por mujer a una hija suya llamada Bartolomea, una de las más bellas y graciosas jóvenes de Pisa, de esas pocas pisanas que no parecen lagartijas gusaneras. El juez la llevó con grandísima fiesta a su casa y, celebrando bodas buenas y magníficas, la primera noche acertó a tocarla una sola vez para consumar el matrimonio, aunque poco faltó para que la cosa quedara en tablas. A la mañana siguiente, como era flaco y seco y de poca vitalidad, tuvo que restaurarse con garnacha y confites y otros remedios para volverse a la vida.

Estimando mejor ahora sus fuerzas que antes, este señor juez empezó a enseñarle a ella un calendario bueno para los niños que aprenden a leer, hecho quizá en Rávena. Porque, según le mostraba, no había día en el que no se guardara una fiesta, y no una, sino muchas, le mostraba que en observancia de ellas debían abstenerse hombre y mujer de tales coyundas; a ello se añadían ayunos, cuatro témporas, vigilias de los apóstoles y de otros mil santos, viernes, sábados, el domingo del Señor y toda la Cuaresma, ciertas fases de la luna y otras muchas excepciones. Pensaba acaso que convenía descansar de las mujeres en la cama al igual que descansaba él al pleitear sus causas. Esta costumbre mantuvo largamente, no sin grave melancolía de la señora, a la que apenas tocaba una vez al mes;

aunque siempre la tenía bien guardada, no fuese que algún otro le enseñase los días laborables como le había enseñado él las fiestas.

Sucedió que, haciendo mucho calor, a micer Riccardo le entraron ganas de irse a recrear a una posesión suya muy hermosa cercana a Monte Nero, y quedarse allí unos días para tomar el aire, y se llevó consigo a su hermosa mujer. Mientras allí estaban, por divertirla un poco mandó un día salir de pesca, y fueron a mirar en dos barquillas, él en una con los pescadores y ella en otra con otras mujeres; sintiéndose a gusto, sin darse cuenta se adentraron en el mar unas cuantas millas. Y mientras más atentos estaban mirando, apareció de improviso una galeota de Paganín de Mare, un corsario muy famoso entonces y, viendo las barcas, se dirigió hacia ellas; no pudieron huir tan presto que Paganín no llegara a aquella donde estaban las mujeres. Al ver a la hermosa señora, sin querer otra cosa la subió a la galeota y se marchó, ante los ojos de micer Riccardo, que ya estaba en tierra. No hay que preguntar si el señor juez se afligió al verlo, pues era tan celoso que temía al aire mismo. Sin provecho se quejó en Pisa y en otras partes de la maldad de los corsarios, sin saber quién le había quitado a la mujer o a dónde la habían llevado.

Paganín, al verla tan bella, se sintió satisfecho; y como no tenía mujer, pensó en quedarse con ella siempre y, como lloraba mucho, empezó a consolarla con dulzura. Llegada la noche, habiéndosele a él el calendario caído de las manos y cualquier fiesta o feria salido de la cabeza, empezó a consolarla con obras, pareciéndole que de poco habían servido las palabras del día; y tanto y tan bien la consoló, que antes de llegar a Mónaco el juez y sus leyes se le habían ido de la memoria, y comenzó a vivir lo más alegremente del mundo con Paganín. Llevóla éste a Mónaco y además de los consuelos que día y noche le ofrecía, la honraba como a su mujer.

Al cabo de cierto tiempo llegó a oídos de micer Riccardo dónde estaba su mujer y con ardentísimo deseo, pensando que nadie sabría hacer enteramente todo lo necesario, decidió ir en su busca, dispuesto a pagar por su rescate cualquier cantidad de dinero. Se hizo a la mar y marchó a Mónaco y allí la vio, y ella a él, y por la noche se lo dijo a Paganín, informándolo de sus intenciones. A la mañana siguiente micer Riccardo, viendo a Paganín, se acercó a él y trabó con él en un momento gran familiaridad y amistad; Paganín fingía no conocerlo y esperaba a ver a dónde quería llegar. Por lo cual, cuando le pareció oportuno a micer Riccardo, como mejor y más amablemente pudo le descubrió la razón de su venida, rogándole que le pidiese lo que quisiera por devolverle a su mujer. Paganín respondió, con rostro jovial:

—Señor, bien venido seáis. Respondiéndoos en pocas palabras, os digo esto: es cierto que en casa tengo una joven, que no sé si es vuestra mujer o de algún otro, pues a vos no os conozco ni tampoco a ella, salvo en tanto que conmigo ha vivido algún tiempo. Si sois su marido, como decís, yo, porque me parecéis un gentil hombre amable, os llevaré donde ella, y estoy seguro de que os reconocerá. Si ella dice que es como decís, y quiere irse con vos, en gracia a vuestra amabilidad dadme por ella

el rescate que queráis; si así no fuese, haríais una villanía al querérmela quitar, pues soy joven y puedo, como cualquiera, tener una mujer, y especialmente a ella, que es la más agradable que he visto.

Dijo entonces micer Riccardo:

—Claro que es mi mujer, y si me llevas donde ella esté, pronto lo verás; al punto se me echará al cuello. No pido, pues, que se haga sino lo que tú mismo has propuesto.

—Vayamos, pues —dijo Paganín. Fueron a la casa de Paganín y allí Paganín la hizo llamar a una sala; y ella, vestida y compuesta, salió de una alcoba y acudió a donde micer Riccardo estaba con Paganín; e hizo tanto caso de micer Riccardo como habría hecho de cualquier forastero que Paganín llevara a su casa. Viéndolo el juez, que esperaba que lo recibiese con grandísimo alborozo, mucho se maravilló y empezó a decirse: "Tal vez la melancolía y el largo dolor que he sentido desde que la perdí me ha transfigurado tanto que no me reconoce". Por lo que dijo:

—Mujer, caro me cuesta haberte llevado a pescar, pues nunca sentí tanto dolor como el que he sufrido desde que te perdí, y tú no pareces reconocerme, tan huraña te muestras conmigo. ¿No ves que soy tu micer Riccardo, llegado aquí para pagar lo que quiera este gentilhombre en cuya casa estamos, para recobrarte y llevarte conmigo? Y él, por su merced, te devuelve a mí por lo que quiera darle.

La dama, volviéndose a él, sonrió una pizquita y dijo:

—Señor, ¿habláis conmigo? Mirad que no me hayáis tomado por otra, pues, por mi parte, no recuerdo haberos visto nunca. Dijo micer Riccardo:

—Mira tú lo que dices, contémplame bien. Si bien te acuerdas, verás que soy tu Riccardo de Chinzica.

—Habréis de perdonarme, señor —dijo la dama—, tal vez no convenga a mi decoro miraros mucho, como os imagináis; pero sin embargo os he mirado lo bastante para saber que nunca jamás os vi. Imaginóse micer Riccardo que hacía esto por miedo a Paganín, por no querer confesar en su presencia que lo conocía; por lo cual, luego de un rato, pidió a Paganín la gracia de hablar con ella a solas en su alcoba. Paganín dijo que le placía, con tal de que no fuera a besarla contra su voluntad, y mandó a la mujer que fuese con él a la alcoba y oyese lo que tuviera que decirle, y le respondiese como quisiera. Fueron, pues, a la alcoba la señora y micer Riccardo solos y, cuando se hubieron sentado, micer Riccardo comenzó a decir:

—¡Ay! Corazón de mi cuerpo, dulce alma mía, esperanza mía, ¿no reconoces ahora a tu Riccardo, que te ama más que a sí mismo? ¿Cómo puede ser? ¿Estoy tan transfigurado? ¡Ea!, bellos ojos míos, mírame un poco.

La mujer se echó a reír y, sin dejarlo seguir, dijo:

—Bien sabéis que no soy tan desmemoriada que no conozca que sois micer Riccardo de Chinzica, mi marido; pero mientras estuve con vos mostrasteis conocerme a mí bastante mal, porque si erais sabio o lo sois, como pretendéis, debíais haber tenido el conocimiento de ver que yo era joven y fresca y gallarda, y saber por consiguiente lo que las mujeres jóvenes requieren, aunque por vergüenza no lo digan, además de vestir y comer; y lo que hacíais en eso ya lo sabéis. Y si os agradaba más el estudio de las leyes que la mujer, no debíais haberlo tomado; aunque a mí nunca me pareció que fueseis juez, más bien me parecíais pregonero de ferias y fiestas, tan bien os las sabíais, y los ayunos y las vigilias. Y os digo que si hubierais hecho guardar tantas fiestas a los labradores que labraban vuestras tierras, como hacíais guardar al que tenía que labrar mi pequeño campito, nunca hubierais recogido un grano de trigo. Me tropecé con este que Dios me deparó como compasivo defensor de mi juventud, y con él me quedo en esta alcoba, donde no se sabe lo que son las fiestas, digo de aquellas que vos, más devoto de Dios que del servicio de las mujeres, celebrabais tantas; y nunca por esa puerta entraron sábados ni viernes ni vigilias ni cuatro témporas ni cuaresma, que es tan larga, sino que al contrario se trabaja y se bate la lana; y desde que esta noche tocaron a maitines, sé bien cómo irá el asunto una vez más. Por eso pretendo quedarme con él y trabajar mientras sea joven, y reservar fiestas y peregrinaciones y ayunos para cuando sea vieja. Y vos idos en buena hora lo más pronto que podáis, y guardad sin mí cuantas fiestas gustéis.

Micer Riccardo, al oír estas palabras, sufría un dolor insoportable y dijo, cuando la vio callada:

—¡Ay!, dulce alma mía, ¿qué palabras son esas que dices? ¿No has mirado el honor de tus parientes y el tuyo? ¿Prefieres quedarte aquí, de barragana con éste y en pecado mortal, a ser mi mujer en Pisa? Este, cuando se haya hartado, con gran vituperio tuyo te echará a la calle: yo siempre te querré y siempre, aunque no lo quisiera, serías el ama de mi casa. ¿Vas por este apetito desordenado a abandonar tu honor y a mí, que te amo más que a mi vida? ¡Ay!, esperanza mía querida, no digas eso, vente conmigo; en adelante, puesto que ya conozco tu deseo, me esforzaré. Por ello, mi dulce bien, cambia de opinión y vente conmigo, que nunca he tenido ningún bien desde que me fuiste arrebatada.

A lo que la mujer respondió:

—Por mi honor no creo que nadie, ahora que ya es tarde, se preocupe más que yo. ¡Ojalá lo hubieran hecho mis parientes cuando me entregaron a vos! Si entonces no se cuidaron del mío, no entiendo yo ahora hacerlo del de ellos; y si ahora estoy en pecado mortero, bien me irá con la mano del almirez: no os apenéis por mí. Y os digo más, que aquí me parece ser la mujer de Paganín y en Pisa me parecía ser vuestra barragana, si pienso que según las fases de la luna y los cálculos geométricos debíamos vos y yo conjugar los planetas mientras que aquí Paganín toda la noche me tiene en brazos y me aprieta y me muerde, ¡y dígalo Dios por mí cómo me deja! Decís también que os esforzaréis: ¿y en qué? ¿En empatar en tres bazas o en levantarla a palos? ¡Ya sé que os habéis vuelto un caballero de pro desde que no os veo! Marchaos y esforzaos por vivir, que no parece sino que estáis a pensión, tan debilucho y desmedrado andáis. Y aún os digo más: cuando éste me deje, que no parece dispuesto a ello mientras yo quiera quedarme, no por eso pienso regresar nunca con vos, porque aun exprimiéndoos todo, no se podría hacer ni una escudilla de salsa, y ya con grandísimo daño y perjuicio míos estuve una vez;

buscaré en otra parte mi pitanza. Y de nuevo os digo que, allá donde me quede, no habrá fiestas ni vigilias; por ello, id con Dios cuanto antes, y si no gritaré que pretendéis forzarme. Micer Riccardo, viéndose mal parado y conociendo entonces su locura de elegir mujer joven estando flojo, salió de la alcoba triste y afligido y dijo a Paganín muchas palabras que no valían un comino. Por último, sin haber hecho nada, dejó allí a la señora y regresó a Pisa; y en tal locura cayó por el dolor que, yendo por Pisa, a quien lo saludaba o le preguntaba algo no respondía sino: "El mal foro no quiere fiestas"; y al cabo de no mucho tiempo murió. Cuando Paganín lo supo, sabiendo y conociendo el amor que la señora le tenía, la desposó como su legítima esposa, y sin nunca guardar fiestas ni vigilias ni hacer abstinencia, trabajaron mientras las piernas los sostuvieron y se divirtieron bien. Por lo cual, queridas señoras mías me parece que el señor Bernabò no sabía lo que se hacía al disputar con Ambruogiuolo.

GIOVANNI BOCCACCIO

El sexo, siempre y cuando no sea considerado como un mecanismo reproductor puramente fisiológico, pertenece al ámbito de la estética, a la fusión de sentidos táctiles y magnéticos; así como existen quienes poseen un oído fino para el ritmo y el diapasón, otros son sordos a la melodía y algunos son impermeables a las sutilezas o variedades rítmicas, de igual modo en el terreno de los sentidos hay quien busca lo trivial, otros lo procesional, lo grandioso, la obra maestra.

EZRA POUND

José Martí

José Martí, modelo de patriotismo y uno de los más grandes poetas de América Latina, nació el 28 de enero de 1853 en La Habana, Cuba, en el seno de una familia pobre. Sus padres, don Mariano Martí y doña Leonor Pérez —dos humildes españoles a quienes la necesidad había sacado de la Península—, se conocieron y se casaron en Cuba, donde se establecieron. José fue el primogénito de la familia; el matrimonio Martí tendría siete hijas más. En su infancia, Martí conoció a una de las personas que más influencia tendrían en su vida: el maestro Rafael María de Mendieve, director de la escuela donde estaba inscrito. Al poco tiempo de tratar al niño, se dio cuenta de su excepcional inteligencia; Martí, por su parte, en él vio la conciliación entre el hombre de letras, el patriota y el maestro. Fue su segundo padre, quien pagó su educación y quien le inculcaría ese ferviente amor a la patria y a la literatura. Una anécdota cuenta que, cuando Martí tenía trece años,

Mendieve lo sorprendió traduciendo al español un poema de Byron.

El 10 de octubre de 1868 estalló la primera guerra de Cuba contra España, en el poblado de Yara. Martí, que en esa época tenía sólo quince años, se adhirió a la lucha y comenzó a publicar, de forma clandestina, textos que mostraban su fervor patriótico. Poco tiempo después, Mendieve fue aprehendido, encarcelado y deportado; Martí y su mejor amigo, Fermín Valdez, fueron encarcelados el 21 de octubre de 1869, y durante el juicio Martí declaró el derecho de Cuba a la independencia. Tenía dieciséis años cuando fue condenado a trabajos forzados. Dos años después obtuvo un indulto a cambio del destierro a España, hacia donde partió en enero de 1871. Permaneció ahí, estudiando derecho, y filosofía y letras.

A fines de 1874 abandonó España y, tras una breve estancia en Francia, se trasladó a México para reunirse con su familia. Terminó de convertirse en crítico y periodista, conoció a la cubana Carmen Zayas Bazán, con quien se casó en 1877.

Durante los siguientes años Martí viajó a Guatemala, Venezuela, España y Estados Unidos; en 1878, utilizando un nombre falso, regresó a Cuba y trabajó como ayudante en un bufete. No permaneció en su patria mucho tiempo, pues participó fervorosamente en la lucha por la independencia y de nuevo fue deportado a España, en 1879. Un par de años después se estableció en Nueva York, ciudad en la que permanecería hasta 1895, y en la cual ejerció como periodista y conoció a Calixto García, general de la resistencia cubana; trabajó sin descanso escribiendo para diferentes publicaciones, se relacionó con los círculos de exiliados cubanos y se convirtió en el escritor más leído y admirado por los americanos de lengua española.

Realizó algunos breves viajes a México, América Central, Santo Domingo y Jamaica, entregado a la preparación de la guerra de independencia cubana. Esta vida agitada provocó su ruptura matrimonial: su esposa no entendía la labor que él había emprendido, y esperaba sin resultado un asentamiento. A pesar de los intentos de reconciliación, el matrimonio fracasó, y en 1890 la ruptura fue definitiva.

Al acercarse la última década del siglo XIX, la posibilidad de reestablecer una conspiración cubana en el exilio fue fomentada por Martí, quien pronunció apasionados discursos e intentó convencer a sus compatriotas; sin embargo, el afán de protagonismo de algunos grupos lo decepcionó, por lo que decidió retirarse de la lucha.

En 1890 sus actividades eran sorprendentes: fue nombrado cónsul de Argentina, Paraguay y Uruguay en Nueva York, y presidente de la Sociedad Literaria Hispanoamericana; además, enseñaba español en una escuela nocturna. En 1891 las condiciones políticas de Cuba presagiaban un nuevo estallido bélico, por lo que Martí se incorporó otra vez a la lucha por la independencia y en 1892 comenzó a preparar la revolución final, organizando al Partido Revolucionario Cubano. Consiguió armas, dinero y barcos, adiestró y organizó a los grupos revolucionarios, solicitó apoyo internacional y fomentó el espíritu revolucionario en los centros de refugiados cubanos.

Viajó por el Caribe y América Central para conseguir fondos, continuó con la publicación de textos patrióticos y, finalmente, en 1895, cuando él y sus hombres estaban preparados para iniciar la lucha, una desdichada noticia los alarmó: tres embarcaciones repletas de armamento que se dirigían a Cuba, cuya compra había mermado gran parte de sus fondos, habían sido interceptadas en Florida por el gobierno de Estados Unidos. Este hecho, sin embargo, ayudó a los revolucionarios a rearmarse y trasladarse a Cuba, mientras en la isla el pueblo se enteraba entusiasmado de la magnitud de la organización emprendida por Martí, quien en abril de ese año desembarcó en la zona llamada Playitas y fue nombrado Mayor General. La felicidad lo embargaba: finalmente llegó a su patria y se sentía pleno. Su *Diario* y sus cartas confirman este sentimiento: "Sólo la luz es comparable a mi felicidad", "Hasta hoy no me he sentido hombre". Martí, al lado de otros líderes —Maceo y Gómez—, organizó la guerra.

El 19 de mayo de 1895, cerca de Dos Ríos, el ejército revolucionario se enfrentó con el español. Martí avanzó al frente y cayó herido de muerte, sin que su tropa pudiera recuperar su cadáver. Su papel histórico fue tan importante como su personalidad, pues fue uno de los primeros americanos que entendieron la realidad hispanoamericana. Su obra literaria, de gran calidad y sensibilidad, fue una de las iniciadoras del movimiento modernista de la lengua española.

La mujer
y el hombre

Una cosa que los hombres no pueden entender
acerca de las mujeres es cómo las mujeres
entienden tanto acerca de los hombres.

W.S.

La mujer

A la mujer le gusta creer que el amor puede lograr cualquier cosa: es su superstición peculiar.
FRIEDRICH WILHELM NIETZSCHE

A las mujeres las seduce que se las seduzca.
ENRIQUE JARDIEL PONCELA

Admitir a las mujeres en perfecta igualdad sería la señal más segura de civilización, y duplicaría las fuerzas intelectuales del género humano.
STENDHAL

Al herir Dios con la vara de su justicia al hombre prevaricador, cerrándole las puertas del delicioso jardín que para él había dispuesto con sus propias manos, tocado de misericordia, quiso dejarle algo que le recordara el perfume suave de aquellas miradas angélicas, y le dejó a la mujer, para que, al poner en ella sus ojos, pensara en el paraíso.
JUAN DONOSO CORTÉS

Al ver que él no sabe dominarse, esa mujer deduce que le será fácil dominarle y le tiende sus redes. ¡Pobre mujer! Dentro de poco será su esclava.
FRIEDRICH WILHELM NIETZSCHE

Allí donde un hombre ha degradado a la mujer, él se ha degradado a sí mismo.
CHARLES FOURIER

Toda nuestra sociedad estriba en la falda. Quitad la falda a la mujer, adiós la coquetería, se acabaron las pasiones. En el traje está toda su potencia.
HONORÉ DE BALZAC

Con cierta tristeza descubro que toda la vida me la pasé pensando en una u otra mujer. Creí ver países, ciudades, pero siempre hubo una mujer para hacer de pantalla entre los objetos y yo.
JORGE LUIS BORGES

Con una mujer sensual se puede ir lejos sin salir de una habitación; con una mujer coqueta, aunque se vaya a todas partes, no se va a ningún lado.
ENRIQUE JARDIEL PONCELA

Yo conozco la condición de las mujeres; cuando las quieren, no quieren, y cuando no las quieren, ellas ruegan.
TERENCIO

Conviene advertir que se emplea "la mujer", en singular, cuando se tiene algo bueno que decir de ella; y que se habla de "ellas", en plural, tan pronto como alguna os ha hecho algo malo.
SACHA GUITRY

Creo por sobre todo, que las mujeres son mucho más agradables para conversar y estar con ellas de lo que pueden ser los hombres, porque ellas tienen una especie de embrujo y encantamiento en las cosas que dicen y en las cosas que hacen. Yo no veo a las mujeres desde que perdí la vista, pero no me cabe duda de que una mujer hermosa es capaz de evidenciar su belleza incluso a un ciego, porque la belleza puede vencer cualquier obstáculo, por alto que sea.
JORGE LUIS BORGES

Creo que las mujeres sostienen el mundo en vilo, para que no se desbarate mientras los hombres tratan de empujar la historia. Al final, uno se pregunta cuál de las dos cosas será la menos sensata.

GABRIEL GARCÍA MÁRQUEZ

Cuando una mujer bella elogia la belleza de otra, podéis estar seguros de que es más hermosa que la elogiada.

JEAN DE LA BRUYÈRE

Cuando una mujer nos hastía, nos enfadan todas las que se le parecen, las que son de su mismo tipo.

JULIO TORRI

Dios sólo creó a las mujeres para domesticar a los hombres.

VOLTAIRE

Disfrutar de la vida es el mejor cosmético de la mujer.

ROSALIND RUSSELL

Donde no hay mujeres no existen los buenos modales.

JOHANN WOLFGANG VON GOETHE

El mejor accesorio de una mujer es un hombre bien vestido.

ALBERT CAPRATO

El que quiere casar con mujer muy honrada
promete y habla mucho, y al tenerla lograda,
de cuanto le promete da poco o no da nada;
hace como la tierra, cuando estaba preñada.

JUAN RUIZ, ARCIPRESTE DE HITA

El hombre caza y lucha. La mujer intriga y sueña; es la madre de la fantasía, de los dioses. Posee la segunda visión, las alas que le permiten volar hacia el infinito del deseo y de la imaginación... Los dioses son como los hombres: nacen y mueren sobre el pecho de una mujer...

JULES MICHELET

[...] en cada país, en cada ciudad, en cada rincón del mundo, vive una mujer que es la representante de tiempos futuros.

GIBRÁN JALIL GIBRÁN

En la mujer, se conjugan cualidades únicas. La mujer es fuerte y sensible, apasionada y tierna, dócil y graciosa cuando quiere.
La mujer debe renovarse y "revelarse" es decir mostrar su verdadera esencia. Debe ser complemento importantísimo del hombre no enemiga o rival.
Ser mujer es un privilegio ya que somos "socias" en el proceso divino de la creación.

HELEN HERNÁNDEZ

En nuestro mundo el amor es una experiencia casi inaccesible. Todo se opone a él: moral, clases, leyes, razas y los mismos enamorados. La mujer siempre ha sido para el hombre "lo otro", su contrario y complemento. Si una parte de nuestro ser anhela fundirse a ella, otra, no menos imperiosamente, la aparta y excluye. La mujer es un objeto, alternativamente precioso o nocivo, mas siempre diferente. Al convertirla en objeto, en ser aparte, y al someterla a todas las deformaciones que su interés, su vanidad, su angustia y su mismo amor le dictan, el hombre la convierte en instrumento. Medio para obtener el conocimiento y el placer, vía para alcanzar la supervivencia, la mujer es ídolo, diosa, madre, hechicera o musa, según muestra Simone de

Beauvoir, pero jamás puede ser ella misma. De ahí que nuestras relaciones eróticas estén viciadas en su origen, manchadas en su raíz. Entre la mujer y nosotros se interpone un fantasma: el de su imagen, el de la imagen que nosotros nos hacemos de ella y con la que ella se reviste. Ni siquiera podemos tocarla como carne que se ignora a sí misma, pues entre nosotros y ella se desliza esa visión dócil y servil de un cuerpo que se entrega. Y a la mujer le ocurre lo mismo: no se siente ni se concibe sino como objeto, como "otro". Nunca es dueña de sí. Su ser se escinde entre lo que es realmente y la imagen que ella se hace de sí. Una imagen que le ha sido dictada por familia, clase, escuela, amigas, religión y amante. Su feminidad jamás se expresa, porque se manifiesta a través de formas inventadas por el hombre. El amor no es un acto natural. Es algo humano y, por definición, lo *más humano*, es decir, una creación, algo que nosotros hemos hecho y que no se da en la naturaleza. Algo que hemos hecho, que hacemos todos los días y que todos los días deshacemos.

OCTAVIO PAZ

El eterno femenino nos impulsa hacia arriba.

JOHANN WOLFGANG VON GOETHE

Entre el sí y el no de la mujer no me atrevería yo a poner una punta de alfiler, porque no cabría.

MIGUEL DE CERVANTES SAAVEDRA

Hasta cuando la mujer tiene menos inteligencia, tiene más sentido común que el hombre.

MIGUEL DE UNAMUNO

Es la mujer del hombre lo más bueno,
y locura decir que lo más malo;
su vida suele ser y su regalo,
su muerte suele ser y su veneno.

LOPE DE VEGA

Hase de usar con la honesta mujer el estilo que con las reliquias: adorarlas y no tocarlas.

MIGUEL DE CERVANTES SAAVEDRA

Hay mujeres que dejan el mundo y se llevan la luz al dejarlo.

CRISTÓBAL DE CASTRO

Joven o vieja, bella o fea, frívola o austera, la mujer sabe siempre el secreto de Dios.

AMADO NERVO

La buena mujer no alcanza la buena fama solamente con ser buena, sino con parecerlo.

MIGUEL DE CERVANTES SAAVEDRA

La certeza de ser necesarias prolonga la vida de las mujeres viejas. Muchas mueren por la desesperación de no servir ya.

FRANÇOIS MAURIAC

La curiosidad es una de las formas de la valentía femenina.

VÍCTOR HUGO

La educación que se da a las señoritas de la alta sociedad tiene algo de monstruoso que pasma; no hay cosa más paradójica. Todo el mundo conviene en educarlas en completa ignorancia de los negocios de amor, en inculcarles un extremado pudor y en infundir en su alma temor y recelo ante la menor alusión a estas cosas. Se trata de la *honra* de la mujer y no se les perdonaría ser de otro modo. En eso deben ser completamente ignorantes; no deben tener ojos, ni oídos, ni palabras, ni pensamientos para aquello que deben considerar como *el mal*; saberlo todo es malo. Mas, ¿y luego? Verse lanzada como por un rayo al terreno de la realidad y del conocimiento cuando llega el matrimonio, y ser el iniciador la persona a quien deben amar y venerar más; coger en contradicción al amor y la vergüenza; deber sentir en una misma cosa encanto, sacrificio, deber, lástima, miedo, por la inesperada concurrencia de Dios y la bestia. Así se ha creado una confusión de alma que no tiene igual. Ni siquiera la curiosidad compasiva del sabio más entendido en almas basta para adivinar cómo esta o aquella mujer acierta a conformarse con esa solución del enigma, o ese enigma de la solución. ¡Cuán espantosas y múltiples dudas surgirán por fuerza en esa pobre alma sacada de quicio, y cómo la filosofía última y el último escepticismo de la mujer tendrán que echar el ancla en este paraje.

FRIEDRICH WILHELM NIETZSCHE

La excelencia varonil radica, pues, en un *hacer*; la de la mujer en un *ser* y en un *estar*; o con otras palabras: el hombre vale por lo que *hace*; la mujer, por lo que *es*.

ORTEGA Y GASSET

Desprendida de su pasado infantil, el presente aparece ante ella como una transición y no descubre en él ningún fin valedero, sino una serie de ocupaciones. De manera más o menos disfrazada, su juventud se consume en la espera. Ella espera al Hombre.

SIMONE DE BEAUVOIR

La mujer es distinta del varón y debe afirmar su diferencia, en vez de aspirar a igualarse.

ANTONIETA RIVAS MERCADO

La mujer hermosa, cuando pule el acero y contempla su imagen, se deleita en sí misma; pero al cabo busca otros ojos donde fijar los suyos, y si no los encuentra, se aburre.

GUSTAVO ADOLFO BÉCQUER

La mujer más afortunada siente en sí misma una voz que le dice: "Sé bella, si puedes; sensata, si quieres; pero sé respetada, lo necesitas".

PIERRE AUGUSTIN CARON DE BEAUMARCHAIS

La mujer más virtuosa siempre tiene algo dentro de ella que no es completamente casto.

HONORÉ DE BALZAC

La mujer narcisista, dominadora y posesiva puede llegar a ser una madre "amante" mientras el niño es pequeño. Sólo la mujer que realmente ama, la mujer que es más feliz dando que tomando, que está firmemente arraigada en su propia existencia, puede ser una madre amante cuando el niño está en el proceso de la separación.

ERICH FROMM

La mujer no nace: se hace.

SIMONE DE BEAUVOIR

La mujer se resiste a seguir las buenas reglas de la vida. Se empeña en darnos a los hombres lo que no le pedimos, y así, nos ofrece su alma cuando queremos su cuerpo, o su cuerpo cuando queremos su alma.

RODOLFO USIGLI

La mujer no necesita como el hombre hacer la filosofía de la vida; le basta con saberla y vivirla; la vida desde siempre ha revelado a la madre su insondable misterio.

JOSÉ ROMANO MUÑOZ

La mujer sería más encantadora si fuera posible caer en sus brazos sin caer en sus manos.

AMBROSE G. BIERCE

La mujer tiene un poder único, que se compone de la realidad de la fuerza y de la apariencia de la debilidad.

VÍCTOR HUGO

La mujer tiene un solo camino para superar en méritos al hombre: ser cada vez más mujer.

ÁNGEL GANIVET

La mujer vive presa en la imagen que la sociedad masculina le impone; por lo tanto, sólo puede elegir rompiendo consigo misma. "El amor la ha transformado, la ha hecho otra persona", suelen decir de las enamoradas. Y es verdad: el amor hace otra a la mujer, pues si se atreve a amar, a elegir, si se atreve a ser ella misma, debe romper esa imagen con que el mundo encarcela su ser.

OCTAVIO PAZ

La mujer, con su psicología tan particular, es y ha sido siempre una fuente de información sobre aspectos que pasan inadvertidos al hombre. Puede ser su inspiración; su capacidad intuitiva, que con frecuencia es superior a la del hombre..., puede revelar a éste posibilidades que nunca hubiese descubierto su sensibilidad, no tan aguda... He aquí, sin lugar a dudas,

una de las principales cualidades femeninas. Ningún hombre es tan exclusivamente masculino como para no haber en él nada femenino..., no existe experiencia humana —ni cabe concebir experiencia alguna— en la que no intervenga una aptitud subjetiva... Así, pues, la naturaleza entera del hombre necesita a la mujer, tanto física como espiritualmente. Su organismo está, desde que nace, adaptado a la mujer, así como está preparado para un mundo físico determinado, donde haya agua, luz, aire, sal, hidratos de carbono, etcétera..., el inconsciente del hombre contiene una imagen colectiva innata de la mujer.

CARL GUSTAV JUNG

La mujer, en el Paraíso, mordió la manzana diez minutos antes que el hombre; y siempre ha mantenido después esos diez minutos de ventaja.

ALFONSO KARR

La niña de 15 años guarda generalmente más secretos que un anciano, y la mujer de 30, más misterios que un jefe de Estado.

JOSÉ ORTEGA Y GASSET

La situación de las mujeres se ve determinada por extrañas condiciones: sometidas y protegidas a la vez, débiles y todopoderosas, son demasiado despreciadas y demasiado respetadas.

MARGUERITE YOURCENAR

Las mujeres son falsas en los países donde los hombres son tiranos. En cualquier parte, la violencia engendra la astucia.

JACQUES-HENRI BERNARDIN
DE SAINT-PIERRE

Las complacemos a los veinte años; las abandonamos a los cuarenta.

STENDHAL

Las mujeres fieles son todas iguales: sólo piensan en su fidelidad y nunca en su marido.

JEAN GIRAUDOUX

Las mujeres no están del todo equivocadas cuando rechazan las reglas de vida que son introducidas en la sociedad, puesto que son los hombres los que las han hecho sin contar con ellas.

MICHEL DE MONTAIGNE

Las mujeres son siempre mucho mejores o mucho peores que los hombres.

NAPOLEÓN BONAPARTE

[...] las mujeres sólo se entregan a los hombres de ánimo resuelto, porque les infunden la seguridad que tanto ansían para enfrentarse a la vida.

GABRIEL GARCÍA MÁRQUEZ

Las mujeres toman la forma del sueño que las contiene.

JUAN JOSÉ ARREOLA

Las mujeres y la música nunca deben tener fecha.

OLIVER GOLDSMITH

Las mujeres, como los príncipes, encuentran pocos amigos verdaderos: todos los que se acercan a ellas persiguen sus propios fines.

BARÓN DE LYTTELTON

Las mujeres, ocupadas continuamente en educar a sus hijos y concretadas a los cuidados domésticos, están excluidas de esas profesiones que pervierten la naturaleza humana y la hacen perversa; en todas partes son menos bárbaras que los hombres.

VOLTAIRE

Llamar a la mujer sexo débil es una difamación; es una injusticia que comete el hombre con ella. Si por fuerza entendemos la fuerza bruta, entonces es cierto que la mujer es menos brutal que el hombre. Si por fuerza entendemos firmeza moral, la mujer es inconmensurablemente superior al hombre. ¿No tiene ella más intuición? ¿No está más presta al sacrificio? ¿No posee más poder de resistencia? ¿No tiene más valor? Sin ella, el hombre no existiría. Si la no violencia es la ley del ser, el futuro pertenece a las mujeres.

MAHATMA GANDHI

Lo que hace que la mayoría de las mujeres sean tan poco sensibles a la amistad es que la encuentran insípida una vez que han probado el gusto del amor.

FRANÇOIS, VI DUQUE DE LA ROCHEFOUCAULD

Mal haces Sancho —dijo don Quijote—, en decir mal de tu mujer, que, en efecto, es madre de tus hijos.

MIGUEL DE CERVANTES SAAVEDRA

[...] mas no hay quien finja artificiosos remedios en desgracias repentinas, como la mujer.

JUAN RUIZ DE ALARCÓN

Mujer: la más desnuda de las carnes vivientes y la que brilla con más dulce resplandor.

ANTOINE DE SAINT-EXUPÉRY

Mira que no hay joya en el mundo que tanto valga como la mujer casta y honrada, y que todo el honor de las mujeres consiste en la opinión buena que de ellas se tiene.

MIGUEL DE CERVANTES SAAVEDRA

Mucho más dañan a las honras de las mujeres las desenvolturas y libertades públicas que las maldades secretas.

MIGUEL DE CERVANTES SAAVEDRA

Mujer: no eres sólo la obra maestra de Dios, sino también la de los hombres, que te adornan con la belleza de sus corazones.
Los poetas bordan tus velos con el hilo de oro de su fantasía, y los pintores inmortalizan la forma de tu cuerpo.
El mar da sus perlas, las minas su oro y el jardín de verano sus flores para embellecerte.
El deseo del hombre glorifica tu juventud.
Eres mitad mujer y mitad sueño.

RABINDRANATH TAGORE

Mujeres hay que se ganan con riqueza, otras a fuerza de palos y algunas con ternezas.

GEOFFREY CHAUCER

Nada conmueve tanto a las mujeres como la posibilidad de salvar a un hombre.

OCTAVIO PAZ

Ninguno que llegase a conocerlas, podrá vivir con ellas ni sin ellas.

MELCHOR GASPAR DE JOVELLANOS

Opinión fue de no sé que sabio que no había en todo el mundo sino una sola mujer buena, y daba por consejo que cada uno pensase y creyese que aquella sola buena era la suya, y así viviría contento.

MIGUEL DE CERVANTES SAAVEDRA

No existe censor más terrible para una mujer, que otra mujer.

MARÍA ELVIRA BERMÚDEZ

No existe la mujer vieja. Cualquier mujer, de cualquier edad, si ama, si es buena, da al hombre el instante de la infinitud.

JULES MICHELET

No existe ninguna mujer imposible: ni siquiera la propia.

ENRIQUE JARDIEL PONCELA

No hay mujeres duras; sólo hay hombres blandos.

RAQUEL WELSH

Nunca se debe confiar en una mujer que le dice a uno su verdadera edad. La mujer que dice eso sería capaz de decir cualquier cosa.

OSCAR WILDE

La mujer acostumbra rechazar aquello que más desea... Si se os muestra seria, no significa que os rechace: es únicamente para aumentar vuestro amor. Si os habla despectivamente, tampoco es para librarse de vuestra presencia, pues nada aborrecen tanto las mujeres como la soledad, que es lo que las vuelve locas. Así, no toméis sus palabras en sentido literal. Pues "salid", en sus labios, no quiere decir "marchaos". Adulad, alabad, rogad, exaltad sus encantos, y aunque fuera negra, decid que es rubia como un ángel. El hombre que tiene lengua no es hombre, a mi juicio, si no puede con ella conquistar a una mujer.

WILLIAM SHAKESPEARE

[...] desde que nace una mujer la educación trabaja sobre el material dado para adaptarlo a su destino y convertirlo en un ente moralmente aceptable, es decir, socialmente útil. Así se le despoja de la espontaneidad para actuar; se le prohíbe la iniciativa de decidir; se le enseña a obedecer los mandamientos de una ética que le es absolutamente ajena y que no tiene más justificación ni fundamentación que la de servir a los intereses, a los propósitos y a los fines de los demás.
Sacrificada, como Ifigenia en los altares patriarcales, la mujer tampoco muere: aguarda.

ROSARIO CASTELLANOS

Realizarse como mujer no consiste necesariamente en ser esposa y madre. Una mujer se realiza siendo lo que es, del modo propio que es.

EMMA GODOY

Sentirnos incapaces de tener secretos para una mujer es haber empezado a amarla.

PAUL GÉRALDY

Si las mujeres hermosas supieran cuánto las hace más hermosas el enojo, el rigor, desdén y ultraje, en su vida gastarían más afeite que enojarse.

PEDRO CALDERÓN DE LA BARCA

Tal es la doctrina que extraigo de los ojos de las mujeres, que centellean siempre como el fuego de Prometeo. Ellas son los libros, las artes, las academias, que enseñan, contienen y nutren al Universo entero. Sin ellas nadie puede sobresalir en nada.

WILLIAM SHAKESPEARE

Si una mujer te dice: "No aspiro a tu corazón. Tan sólo quiero tu cuerpo y tus caricias", témela pues es hábil. Sabe, como el buen cazador, atraer el león a la trampa.
Otra quizás te diga: "Sólo aspiro a tu corazón". Témela también. Sin duda sabe que la mayor parte de los hombres cree que el corazón es una golosina.

MUCHARRID-AL-DIN SAAD

Sin la mujer la vida es pura prosa.

RUBÉN DARÍO

Sin la mujer, al comienzo de nuestra vida nos hallaríamos desvalidos; a la mitad de ella, sin placer, y al final, sin consuelo.

VÍCTOR DE JOUY

Sospecho que cuando las mujeres envejecen, hasta en los más recónditos repliegues de su corazón se tornan más escépticas que todos los hombres juntos.

FRIEDRICH WILHELM NIETZSCHE

Tanto las mujeres bien formadas como las bien informadas son sumamente peligrosas.

MARCO ANTONIO ALMAZÁN

Todas las mujeres son habilísimas cuando quieren exagerar su debilidad y hasta se ingenian admirablemente para inventar debilidades que les den el aspecto de frágiles adornos a quienes un grano de polvo daña. Así se defienden de la fuerza y del derecho del más fuerte.

FRIEDRICH WILHELM NIETZSCHE

Una mujer bella con las cualidades de un hombre discreto es lo más delicioso que hay en cualquier trato.

JEAN DE LA BRUYÈRE

Un cabello de mujer puede tirar más que cien yuntas de bueyes.

JAMES HOWELL

Un defecto es diez veces peor en una mujer. Pero las hace corteses.

JAMES JOYCE

Un día se hastiaron las sirenas de los crepúsculos marinos y de la agonía de los erráticos nautas. Y se convirtieron en mujeres las terribles enemigas de los hombres.

JULIO TORRI

Una mujer buena es un tesoro oculto. Aquel que la descubra hará bien en no vanagloriarse de ello.

FRANÇOIS, VI DUQUE DE LA ROCHEFOUCAULD

Una mujer inteligente es una mujer con la cual podemos ser tan tontos como queramos.

PAUL VALÉRY

Una mujer que ama transforma el mundo.

JACQUES DE BOURBON-BUSSET

Una mujer, cuando es joven, es más sensible al placer de inspirar pasiones que al de sentirlas.

PROSPER JOLYOT DE CRÉBILLON

Una señora decente no tiene ningún motivo para ser feliz... y si lo tiene, lo disimula.

ROSARIO CASTELLANOS

¡Cuánto trabajo le cuesta a la mujer mantenerse bella! Maquillarse cuesta tanto trabajo como pintar un buen cuadro figurativo todos los días. Mantener la línea da más lata que cultivar un campo de trigo.

MARÍA FÉLIX

Vosotras las mujeres creéis poseerlo todo cuando vuestro lecho nupcial queda a salvo; pero si sufrís algo en esta parte, miráis como lo más adverso lo mejor y más útil.

EURÍPIDES

Yo aconsejaría a las mujeres, cuando llegan a preguntarse cuál es el efecto de los años sobre su encanto, que consultasen más la cara de sus coetáneos que el espejo.

MARIE D'AGOULT

Yo tengo que yo soy hembra y, como tierra labrada, rejuvenezco en mis hijos, me eternizo en mis entrañas.

ROSARIO CASTELLANOS

¿Qué hay mejor que la sabiduría? La mujer. Y ¿qué hay mejor que una buena mujer? Nada.

GEOFFREY CHAUCER

¡Dejemos las mujeres bonitas para los hombres sin imaginación!

MARCEL PROUST

¡Oh, las mujeres! Mucho debemos perdonarlas, porque aman mucho, y a muchos. Su odio, en realidad, sólo es amor vuelto del revés.

HEINRICH HEINE

¡Oh fe de dioses y de hombres! ¿Y qué gente es ésta? ¿o qué conjuración? ¿Que sea posible que todas las mujeres por igual quieran unas mismas cosas, y aborrezcan unas mismas? ¿Y que no halléis una que discrepe un punto de la condición de las otras? Y así veréis que todas las suegras de una misma manera aborrecen a sus nueras. Pues en contradecir a sus maridos, todas son de una misma condición, todas tienen una misma terquedad, todas parece que han aprendido en una misma escuela cómo han de hacer maldades.

TERENCIO

¡Qué desgracia ser mujer! Y cuando se es mujer, sin embargo, la peor desgracia, en el fondo, es no comprender que es una desgracia.

SÖREN KIERKEGAARD

¡Respetemos lo que Dios ha hecho! A unas mujeres las hizo para ser fecundadas, a otras para fecundar el mundo.

EMMA GODOY

Una mujer encolerizada semeja una fuente turbia, fangosa, de mal aspecto y privada de encanto. En tanto sea así nadie habrá tan sediento o ansioso que se digne acercar a ella sus labios o beber una gota.

WILLIAM SHAKESPEARE

Dos cosas quiere el hombre auténtico: peligro y juego. Por ello quiere a la mujer: el más peligroso de los juegos.
[...]
La mujer comprende al niño mejor que el hombre, mas el hombre es más niño que la mujer. En el hombre auténtico se oculta siempre un niño. ¡Adelante, mujeres! ¡Descubrid ese niño que hay en todo hombre!

FRIEDRICH WILHELM NIETZSCHE

¡Oh vana ciencia de los agüeros! ¿De qué sirven los votos, qué valen los templos a la mujer que arde en amor?

VIRGILIO

El hombre

Nada más ofensivo para un hombre de nuestro tiempo y de nuestra raza que decirle que su carácter es débil, que es vulgar y que no se distingue para nada de los demás hombres.

FEDOR DOSTOIEVSKI

Consejo a una joven: No busques un hombre viril, busca un hombro viril.

CHABUCA GRANDA

Contra cuerdos y contra locos está obligado cualquier caballero... a volver por la honra de las mujeres, cualesquiera que sean.

MIGUEL DE CERVANTES SAAVEDRA

Cuando un hombre pega a su amante infringe una herida; cuando pega a su esposa comete un suicidio.

HONORÉ DE BALZAC

De los males de que el hombre se ha hecho responsable, el más abyecto, vergonzoso y brutal es su manera de abusar de lo que yo considero como la mejor mitad de la humanidad: el sexo femenino, no el sexo débil.

MAHATMA GANDHI

El hombre es un león con cuello planchado.

ENRIQUE JARDIEL PONCELA

Mientras tú
llegas a la casa,
abres una cerveza
observas la televisión
mientras tú
te acomodas en tu sillón de siempre
comentas lo duro que se pasa en la oficina

ocultas las veces que le propusiste a
la secretaria una cita
las veces que con tus compañeros en
el café piropeaste a las mujeres
mientras tú decides a cuál bar irás
hoy o te sumerges en el comercial y
esperas la cena
ella trata de olvidarse de los piropos
de mal gusto que soportó camino al
trabajo
de las proposiciones del jefe y los
clientes
ella trata de preparar la cena
arreglar la casa
sonreír a los niños y pretender que
tus escapadas son un juego pasajero
que tus caprichos son un juego
pasajero y que a pesar de todo
ella es una Señora feliz.

BESSY REYNA

El hombre famoso tiene la
amargura de llevar el pecho frío y
traspasado por linternas sordas que
dirigen sobre él los otros.

FEDERICO GARCÍA LORCA

No hay amante más villano que el
hombre que os desea más de lo que
os ama.

PIERRE DE CHAMBLAIN DE MARIVAUX

Para ser completamente hombre,
es preciso ser algo más y algo menos
que hombre.

MAURICE MERLEAU-PONTY

Pues tales los hombres son:
cuando nos han menester
somos su vida, su ser,
su alma, su corazón;
pero pasadas las ascuas,
las tías somos judías,
y en vez de llamarnos tías,
anda el nombre de las pascuas.

LOPE DE VEGA

Sin duda, es más fácil embaucar a
toda una multitud que a un solo
hombre.

HERODOTO

Tú me quieres blanca
Tú me quieres alba;
me quieres de espumas;
me quieres de nácar.
Que sea azucena,
sobre todas, casta.
De perfume tenue.
corola cerrada.
Ni un rayo de luna
filtrado me haya
ni una margarita
se diga mi hermana;
tú me quieres blanca;
tú me quieres nívea;
tú me quieres casta.
Tú que hubiste todas
las copas a mano,
de frutos y mieles
los labios morados.
Tú, que en el banquete,
cubierto de pámpanos,
dejaste las carnes
festejando a Baco.
Tú, que en los jardines
negros del engaño,
vestido de rojo,
corriste al Estrago.
Tú, que el esqueleto
conservas intacto,
no sé todavía
por cuáles milagros
(Dios te lo perdone),
me pretendes casta
(Dios te lo perdone),
me pretendes alba.
Huye hacia los bosques;
vete a la montaña;
límpiate la boca;
vive en las cabañas;
toca con las manos
la tierra mojada...

ALFONSINA STORNI

Juana de Arco

La heroína francesa que liberó una parte de Francia del dominio inglés durante la guerra de los cien años, nació el 6 de enero de 1412 en Domrémy, un pequeño pueblo situado en el valle del río Mosa, en Lorena. La historia la pinta como una pastora de ovejas que, en 1425, comenzó a tener visiones y escuchar voces, en las que reconoció a San Miguel Arcángel, a Santa Catalina y a Santa Margarita. Estas voces le aconsejaban restaurar en el trono a Carlos VII, el Delfín, y liberar a Francia de los ingleses que, apoyados por la reina Isabel de Baviera y el duque de Burgundia, ambicionaban el trono de Francia para el rey de Inglaterra, tal y como se había decidido en el tratado de Troyes, en 1420.

Juana de Arco fue llevada a la corte francesa de Chinon en marzo de 1429 y, tras pasar varias pruebas, logró ganarse la confianza del rey, quien le entregó una rica armadura y el mando de un ejército. Liberó Orleans de los ingleses, sin experiencia militar alguna, y durante algunos meses ganó otras batallas, coronó al Delfín en Reims y gozó de una fama excepcional. Poco después comenzó a sufrir algunas derrotas, hasta que cayó prisionera y, debido a que Carlos VII no la apoyaba, fue entregada a los ingleses. La Inquisición la condenó por herejía y fue quemada el 31 de mayo de 1431, a los diecinueve años de edad, en la plaza de Rouen. Se convirtió pronto en una figura legendaria; en 1456 se revisó el proceso y se reconoció su inocencia. En 1920 fue canonizada.

Juana de Arco fue una mujer excepcional. Sin embargo, se han cometido muchos errores de apreciación histórica. Su gran personalidad y la importancia de su actuación en la guerra, ha motivado a muchos autores —Voltaire, Schiller, Bernard Shaw— a escribir sobre ella. Ha sido representada en varios grabados y pinturas como una mujer hermosa, lo cual no es cierto. Lo más probable es que se tratara de una mujer tosca y robusta, de baja estatura, rechoncha, de facciones vulgares debido a su origen racial, y musculosa. Debió de haber sido bastante fuerte para soportar el peso de la armadura, y sus compañeros de armas la admiraban por su fortaleza y arrojo, pero nunca por su belleza. De hecho, parece que nadie se sintió atraído por ella, y eso le sirvió para sobrevivir y luchar en un mundo de hombres.

Se consideraba a sí misma un guerrero, más que una santa, pero le gustaba lo suntuoso y decorativo; era sobria en cuanto a comida y bebida, pero excéntrica en lo que se refería al vestuario, y prefería los trajes vistosos y las armaduras brillantes; era sentimental y lloraba con facilidad. Se decía que: "tan pronto como atacaba al enemigo, lloraba al verlo herido".

Juana de Arco no fue realmente una pastora de ovejas. Era hija de unos humildes campesinos de Domrémy, aunque su padre, Jacques d'Arc, tenía una posición ligeramente superior a la del campesino corriente. Era gente decente, enérgica y respetable. La niña ayudaba a su madre en las tareas domésticas: limpiaba el polvo, cosía e hilaba, y si los días que pasó con su familia fueron de incomodidades, fue por el tipo de vida que se llevaba en aquella zona de Europa.

A los doce años escuchó por primera vez las voces, pero nunca reveló su secreto hasta que lo creyó conveniente, lo cual ocurrió cuatro años después. A partir de entonces, las visiones y las voces nunca la abandonaron. Veía a los ángeles y lloraba cuando se alejaban, porque quería ir con ellos. Estaba convencida de que veía, oía, tocaba e incluso olía a los santos cientos de veces, durante siete años.

Era sincera, y tenía la fe puesta en su relación con las voces. Éstas la ayudaron a reconocer al Delfín entre una multitud, cuando visitó la corte de Chinon por primera vez, después de convencer a los caballeros de su región de que la llevaran frente a él. Carlos VII trató de engañarla, escondiéndose entre la concurrencia, disfrazado, pero Juana lo reconoció de inmediato, se dirigió a él ante el asombro general, y le dijo que Dios la había enviado para ayudarlo a ungirse y coronarse en Reims como rey de Francia; pronto se ganó su

confianza y la de los príncipes de la corte, a quienes asombraba tanto por su sinceridad, como por su arrogancia y su inteligencia. Seis semanas después de su llegada a la corte, tenía todo bajo control.

Dicen que cuando Juana de Arco comenzó a vestirse de hombre, se rapó y se quitó la falda roja típica de las mujeres de Lorena. Su primo Durand Lassois le prestó sus primeras prendas masculinas. Él mismo contó en el proceso inquisitorial que ella se la arrebató, pero devolvió la ropa al primo después de convencer a los habitantes de Vaucouleurs, la ciudad más cercana a Domrémy, de que le compraran un traje completo, de hombre, con botas incluidas.

Otra historia refiere que, cuando entró en el ejército, dormía al lado de sus compañeros de armas, como si fuera uno más de los soldados. Despreciaba a las mujeres que seguían al ejército por motivos diferentes al suyo, y cuando se encontraba con alguna de ellas, le partía la espada en la espalda.

Juana había sido educada en un ambiente familiar conservador, y cuentan que cuando no hacía la guerra se ponía a hilar y a coser. Parece que cuando aún era niña y sus visiones comenzaron, su padre sufría los más angustiosos sueños sobre ella: soñaba que se marchaba con unos hombres armados en lugar de contraer el conveniente matrimonio que él le tenía preparado. Pero las sospechas del padre, aunque se cumplieron, no fueron lo que él esperaba: su hija se convirtió en la heroína nacional, y treinta años después de su muerte, el ejército francés ganó la guerra, impulsado por el valor de la joven.

La naturaleza humana

Se precisan veinte años para llevar al hombre
del estado de planta en que se encuentra en el
vientre de su madre y del estado puro animal
—que es la condición de su primera
infancia— hasta el estado en que empieza a
manifestarse la madurez de la razón.
Han sido precisos treinta siglos para conocer
un poco su estructura.
Sería precisa la eternidad misma para conocer
algo de su alma.
No es preciso sino un instante para matarlo.

VOLTAIRE

El inconveniente de la humanidad es doble: es incapaz de aprender verdades que sean muy complicadas y se olvida las que son demasiado sencillas.

REBECCA WEST

—Represéntate ahora el estado de la naturaleza humana respecto de la ciencia y de la ignorancia, según el cuadro que de él voy a trazarte. Imagina un antro subterráneo que tiene todo a lo largo una abertura que deja libre a la luz el paso, y, en ese antro, unos hombres encadenados desde su infancia, de suerte que no puedan cambiar de lugar ni volver la cabeza, por causa de las cadenas que les sujetan las piernas y el cuello, pudiendo solamente ver los objetos que tengan delante. A su espalda, a cierta distancia y a cierta altura, hay un fuego cuyo fulgor les alumbra, y entre ese fuego y los cautivos se halla un camino escarpado. A lo largo de ese camino, imagina un muro semejante a esas vallas que los charlatanes ponen entre ellos y los espectadores, para ocultar a éstos el juego y los secretos trucos de las maravillas que les muestran. —Todo eso me represento. —Figúrate unos hombres que pasan a lo largo de ese muro, porteando objetos de todas clases, figuras de hombres y de animales de madera o de piedra, de suerte que todo ello se aparezca por encima del muro. —Los que los portean, unos hablan entre sí, otros pasan sin decir nada. —¡Extraño cuadro y extraños prisioneros! —Sin embargo, se nos parecen punto por punto. Y, ante todo, ¿crees que verán otra cosa, de sí mismos y de los que se hallan a su lado, más que las sombras que van a producirse frente a ellos al fondo de la caverna? —¿Qué más pueden ver, puesto que desde su nacimiento se hallan forzados a tener siempre inmóvil la cabeza? —¿Verán, asimismo, otra cosa que las sombras de los objetos que pasen por detrás de ellos? —No. —Si pudiesen conversar entre sí, ¿no convendrían en dar a las sombras que ven los nombres de esas mismas cosas? —Indudablemente. —Y si al fondo de su prisión hubiese un eco que repitiese las palabras de los que pasan, ¿no se figurarían que oían hablar a las sombras mismas que pasan por delante de sus ojos? —Sí. —Finalmente, no creerían que existiese nada real fuera de las sombras. —Sin duda. —Mira ahora lo que naturalmente habrá de sucederles, si son libertados de sus hierros y se les cura de su error. Desátese a uno de esos cautivos y oblíguesele inmediatamente a levantarse, a volver la cabeza, a caminar y a mirar hacia la luz; nada de eso hará sin infinito trabajo; la luz le abrasará los ojos, y el deslumbramiento que le produzca le impedirá distinguir los objetos cuyas sombras veía antes. ¿Qué crees que respondería si se dijesen que hasta entonces no ha visto más que fantasmas, que ahora tiene ante los ojos objetos más reales y más próximos a la verdad? Si se le muestran luego las cosas a medida que vayan presentándose, y se le obliga, en fuerza de preguntas, a decir qué es cada una de ellas, ¿no se le sumirá en perplejidad, y no se persuadirá a que lo que antes veía era más real de lo que ahora se le muestra? —Sin duda. —Y si se le obligase a mira al fuego, ¿no enfermaría de los ojos? ¿No desviaría sus miradas para dirigirlas a la sombra, que afronta sin esfuerzo? ¿No estimaría que esa sombra posee algo más claro y distinto que todo lo que se le hace ver? —Seguramente. —Si ahora se le arranca de la caverna, y se le arrastra, por el sendero áspero y escarpado, hasta la claridad del sol, ¡qué suplicio no será para él ser así arrastrado!, ¡qué furor el suyo! Y cuando haya llegado a la luz libre, ofuscados con su fulgor los ojos, ¿podría ver nada de la multitud de objetos que llamamos seres reales? —Le sería imposible, al primer pronto. —Necesitaría tiempo, sin duda, para acostumbrarse a ello. Lo que mejor distinguiría sería, primero, las sombras; luego, las imágenes de los hombres y de los demás objetos, pintadas en la superficie de las aguas; finalmente, los objetos mismos. De ahí dirigiría sus miradas al cielo, cuya vista sostendría con mayor facilidad durante la noche, al claror de la luna y de las estrellas, que por el día y a la luz del sol. —Sin duda. —Finalmente, se hallaría en condiciones, no sólo de ver la imagen del sol en las aguas y en todo aquello en que se refleja, sino de fijar en ,l la mirada, de contemplar al verdadero sol en verdadero lugar. —Sí. —Después de esto, dándose a razonar, llegará a concluir que el sol es quien hace las estaciones y los años, quien lo rige todo en el mundo visible, y que es en cierto modo causa de lo que se veía en la caverna. —Es evidente que llegaría por grados hasta hacerse esas reflexiones. —Si llegase entonces a recordar su primera morada, la idea que en ella se tiene la sabiduría, y a sus compañeros de esclavitud, ¿no se alborozaría de su mudanza, y no tendría compasión de la desdicha de aquellos? —Seguramente. —¿Crees que sintiese todavía celos de los honores, de las alabanzas y recompensas allí otorgados al que más rápidamente captase las sombras a su paso, al que recordase con mayor seguridad las que iban delante, detrás o juntas, y que por tal razón sería el más hábil en adivinar su aparición, o que envidiase la condición de los que en la prisión eran más poderosos y más honrados? ¿No preferiría, como Aquiles en Homero, pasarse la vida al servicio de un pobre labrador y sufrirlo todo, antes que volver a su primer estado y a sus ilusiones primeras?

—No dudo que estaría dispuesto a soportar todos los males del mundo, mejor que vivir de tal suerte. —Pues pon atención a esto otro: Si de nuevo tornase a su prisión, para volver a ocupar en ella su antiguo puesto, ¿no se encontraría como enceguecido, en el súbito tránsito de la luz del día a la oscuridad? —Sí. —Y si mientras aún no distingue nada, y antes de que sus ojos se hayan repuesto, cosa que no podría suceder sino después de pasado bastante tiempo, tuviese que discutir con los demás prisioneros sobre esas sombras, ¿no daría qué reír a los demás, que dirían de él que, por haber subido a lo alto, ha perdido la vista, añadiendo que sería una locura que ellos quisiesen salir del lugar en que se hallan, y que si a alguien se le ocurriese querer sacarlos de allí y llevarlos a la región superior, habría que apoderarse de él y darle muerte? —Indiscutiblemente. Pues ésa es precisamente, mi querido Glaucón, la imagen de la condición humana. El antro subterráneo es este mundo visible; el fuego que lo ilumina, la luz del sol; el cautivo que sube a la región superior y la contempla, es el alma que se eleva hasta la esfera inteligible. He aquí, a lo menos, mi pensamiento, puesto que quieres saberlo. Dios sabe si es cierto. Por mi parte, la cosa me parece tal como voy a decir. En los últimos límites del mundo inteligible está la idea del bien, que se percibe con trabajo, pero que no puede ser percibida sin concluir que ella es la causa primera de cuanto hay de bueno y de bello en el universo; que ella, en este mundo visible, produce la luz y el astro de quien la luz viene directamente; que, en el mundo invisible, engendra la verdad y la inteligencia; que es preciso, en fin, tener puestos los ojos en esa idea, si queremos conducirnos cuerdamente en la vida pública y privada. —Soy de tu parecer, en cuanto puedo comprender tu pensamiento. —Consiente, pues, asimismo, en no extrañarte de que los que han llegado a esa sublime contemplación desdeñen la intervención de los asuntos humanos, y que sus almas aspiren sin tregua a establecerse en ese eminente lugar. La cosa debe ser así, si es conforme a la pintura alegórica que de ella he trazado. —Así debe ser.

PLATÓN

La humanidad, que debería tener seis mil años de sabiduría, retrocede a la infancia con cada nueva generación.

TRISTÁN BERNARD

A los veinte años un hombre es un pavo real; a los treinta, un león; a los cuarenta, un camello; a los cincuenta, una serpiente; a los sesenta, un perro; a los setenta, un mono, y a los ochenta, nada.

BALTASAR GRACIÁN

Y sin duda, hacemos mal al creer que el cumplimiento de nuestro deseo sea poca cosa, ya que en cuanto creemos que puede no realizarse nos interesa de nuevo y sólo nos parece que no valía la pena proseguirlo cuando estamos muy seguros de que no fallará.

MARCEL PROUST

[...] culpa al que de sus vecinos se querella, no advirtiendo que nunca los tiene malos el que los merece buenos...

JUAN RUIZ DE ALARCÓN

A lo que yo imagino —dijo don Quijote—, no hay historia humana en el mundo que no tenga sus altibajos.

MIGUEL DE CERVANTES SAAVEDRA

[...] a todos nos gusta hacer ... papel, y nadie es el que es, sino el que le hacen los demás.

MIGUEL DE UNAMUNO

A veces nuestros comerciantes son nuestros mejores geógrafos y astrónomos, nuestros naturalistas más sabios. Los banqueros se cuentan entre los mejores conocedores de hombres.

MARGUERITE YOURCENAR

A veces pienso que los hombres hemos venido al mundo a no entendernos.

JOSÉ ORTEGA Y GASSET

Acabamos siempre por despreciar a los que están demasiado fácilmente de acuerdo con nosotros.

JULES RENARD

Advierte que el fin del desear es obtener lo que se desea, y el fin de la aversión es huir de lo que se pretende evitar. Y como es desdichado el que se ve frustrado de lo que desea, así es miserable el que cae en lo que más piensa evitar. Por lo cual, si tienes aversión solamente de lo que depende de ti (como las falsas opiniones), no dudes que serás miserable, asegúrate que no caerás jamás en lo que aborreces. Pero si tienes aversión de lo que no depende de ti (como son las enfermedades, la muerte y la pobreza), pues que no las puedes evitar, y que has de caer infaliblemente en ellas.

EPICTETO

Acusar a los tiempos no es otra cosa que excusarnos a nosotros mismos.

THOMAS FULLER

Algo en la naturaleza humana hace que aflojemos el paso en el momento de mayor triunfo. Cuando logramos el éxito, necesitamos mucha disciplina para no perder el equilibrio, la humildad y la dedicación.

ROSS PEROT

Apenas comenzamos a pensar que hemos logrado hacernos de una vida confortable, encontramos alguna pieza de nuestro ser que no se acomoda a ella.

G.S.

Aquel que en el orden civil quiere conservar la primacía de los sentimientos de la naturaleza, sabe lo que quiere. Siempre en contradicción consigo mismo, siempre oscilando entre sus inclinaciones y sus deberes, no será nunca ni hombre ni ciudadano; no será bueno ni para él ni para los demás. Será uno de esos hombres de nuestros días, un francés, un inglés, un burgués; no será nada.

JEAN-JACQUES ROUSSEAU

Aquellos hombres que se desprecian mutuamente, se lisonjean los unos a los otros y los que, quieren recíprocamente disputarse la preeminencia, esos mismos se humillan los unos a los otros.

MARCO AURELIO

[...] así como ninguno quiere ser menos que otro, así ninguno confiesa que otro entiende más: porque es consecuencia del ser más.

SOR JUANA INÉS DE LA CRUZ

Bienaventurado el hombre que se conoce bien y conserva el equilibrio entre lo que puede adquirir y lo que puede usar.

PETER LATHAM

Cada hombre ... es hechura de su propia vida. El hombre nace, y la naturaleza y la vida lo hacen.

BENITO PÉREZ GALDÓS

Cada león piensa que son todos de su condición.

ARISTÓFANES

[...] cada pueblo habla su propio lenguaje del bien y del mal, que el vecino no entiende.

FRIEDRICH NIETZSCHE

Cada uno es como Dios le hizo, y aun peor muchas veces.

MIGUEL DE CERVANTES SAAVEDRA

Como las grandes obras, los sentimientos profundos declaran siempre más de lo que dicen conscientemente.

ALBERT CAMUS

Cuando el hombre se mira mucho a sí mismo, llega a no saber cuál es su rostro y cuál es su máscara.

PÍO BAROJA

Cuando no se encuentra descanso en uno mismo, es inútil buscarlo en otra parte.

LA ROCHEFOUCAULD

Cuanto más amo a la humanidad en general, menos amo a las personas en particular, como individuos.

FEDOR DOSTOIEVSKI

Cuanto más impresionante la diferencia entre el hombre vivo y su mundo cultural y el animal vivo y su mundo natural, tanto más impresionante la igualdad entre el cadáver humano y el cadáver animal y el "sin mundo" de ambos. La conclusión correcta parece ser que el hombre sólo se diferencia del animal mientras está vivo.

JOSÉ GAOS

De la medicina aprendemos que el hombre físico prospera mejor cuando se lava, toma el aire y el sol como es debido. De las artes aprendemos que el hombre es caprichoso, que un hombre difiere de otro. Que los hombres difieren entre sí como las hojas de los árboles. Que no se parecen los unos a los otros como los botones que hace una máquina.

EZRA POUND

De niña me quedaba estupefacta y hasta me angustiaba cuando imaginaba que un día había de transformarme en persona mayor. Pero el deseo de seguir siendo uno mismo generalmente queda compensado a esa tierna edad por

las ventajas considerables de la condición de adulto. En tanto que la vejez aparece como una desgracia: aun entre las gentes a las que se considera bien conservadas, la decadencia física que entraña salta a los ojos. Porque la especie humana es aquella en que los cambios debidos a los años son más espectaculares. Los animales se consumen, se descarnan, se debilitan, no se metamorfosean. Nosotros sí. Se nos aprieta el corazón cuando al lado de una joven hermosa vemos su reflejo en el espejo de los años futuros: su madre.

SIMONE DE BEAUVOIR

De lo que llaman los hombres
virtud, justicia y bondad,
una mitad es envidia,
y la otra no es caridad.

ANTONIO MACHADO

De todo llega el hombre a saciarse: del sueño, del amor, del dulce canto y de la agradable danza...

HOMERO

Desde el nacimiento hasta la muerte, de lunes a lunes, de la mañana a la noche: todas las actividades están rutinizadas y prefabricadas. ¿Cómo puede un hombre preso en esa red de actividades rutinarias recordar que es un hombre, un individuo único, al que sólo le ha sido otorgada una única oportunidad de vivir, con esperanzas y desilusiones, con dolor y temor, con el anhelo de amar y el miedo a la nada y a la separatidad?

ERICH FROMM

Desde los remotos tiempos en que el hombre empezó a arar la tierra y aprendió a no comerse la semilla, sino a sembrarla y esperar la época de la cosecha, posponer el disfrute de los bienes ha sido la base de un mejor nivel de vida y de la civilización.

S.I. HAYAKAWA

Desde mi punto de vista, sólo puede ser llamado notable el hombre que se distingue de los demás por los recursos de su espíritu y que sabe contener las manifestaciones provenientes de su naturaleza, mostrándose al mismo tiempo justo e indulgente hacia las debilidades de los demás.

G.J. GURDJIEFF

Deshacerse de las sombras que se llevan con uno mismo, impedir que el vaho de un aliento empañe la superficie del espejo; atender sólo a lo más duradero, a lo más esencial que hay en nosotros, en las emociones de los sentidos o en las operaciones del espíritu, como puntos de contacto con esos hombres que, como nosotros, comieron aceitunas, bebieron vino, se embadurnaron los dedos con miel, lucharon contra el viento despiadado y la lluvia enceguecedora y buscaron en verano la sombra de un plátano y gozaron, pensaron, envejecieron y murieron.

MARGUERITE YOURCENAR

Diez años de enemistad enconada une a veces a los hombres con mayor intensidad que una amistad mediocre.

STEFAN ZWEIG

El "conócete a ti mismo" de Sócrates vale tanto como el "sé virtuoso" de nuestros confesionarios.

ALBERT CAMUS

El animal estaba en el Universo, era el Universo. Evolucionó de mamífero a primate, de éste a homoideo y finalmente a hombre. Al llegar, o mejor, para llegar a hombre, fue necesario aprender a simbolizar, salirse del Universo. Al simbolizar y al aparecer el inconsciente para cubrir la necesidad de convertir las verdades existenciales en símbolos, y viceversa, el hombre se salió del Universo y se transformó en el ser que lo nombra, comprende, califica, clasifica y desgraciadamente domina.

ANICETO ARAMONI

El animal simplemente ocupa el sitio que le corresponde; sin embargo, el hombre luchará toda su vida por ocupar el lugar que piensa, anhela, desea que le corresponda. Pensar, ambicionar, desear, implican una nueva dimensión de índole psicológica que, por esa misma razón, puede convertirse en insatisfactible, interminable, inalcanzable.

ANICETO ARAMONI

El camino de un hombre superior tiene tres condiciones: la virtud, que le permitirá vivir libre de ansiedades; la sabiduría, que le permitirá vivir libre de perplejidades; la audacia, que le permitirá vivir libre de temores.

CONFUCIO

El cielo nunca ayuda al hombre que no está dispuesto a actuar.

SÓFOCLES

El cielo y la tierra son maravillosos, pero el hombre hasta en ellos descubre imperfecciones y deficiencias.

CONFUCIO

El cuchillo

Un derviche errante corrió hacia donde estaba un sufí, sentado en profunda contemplación, y dijo:

—Rápido, debemos hacer algo. Un mono acababa de coger un cuchillo.

—No te preocupes, a menos que haya sido un hombre —dijo el sufí. Cuando el derviche vio nuevamente al mono, vio que en efecto ya había tirado el cuchillo.

KARDAN

El hombre deja todo tipo de huellas a su paso por la vida. Algunas, como sus hijos y su hogar, pueden verse. Otras no, como las improntas que va dejando en la vida de los demás, la ayuda que les prodiga y cuanto les dice: bromas, hirientes murmuraciones, palabras de aliento. El ser humano nunca reflexiona en esto, pero por doquiera que pasa deja alguna huella. La suma de todas sus huellas es lo que da significado a la humanidad.

MARGARET LEE RUNBECK

El hombre ensaya una forma de vida —por ejemplo, el ser listo—, la desarrolla durante unas cuantas generaciones, la lleva a sus últimas consecuencias y así descubre que aun en el mejor caso, esa forma de vida es insuficiente, que es un error. Entonces la abandona, es una experiencia hecha que se conserva para el futuro, pero que queda ya inscrita en el pasado. El hombre se ha debilitado y entontecido, tras dos siglos de listeza, y ahora, entre las ruinas de ésta, comienza a redescubrir la ingenuidad.

JOSÉ ORTEGA Y GASSET

El hombre es como un árbol. Si uno se para frente a un árbol y lo mira sin pausa para ver cómo crece y cuánto ha crecido, no verá nada. Pero si se lo atiende en todo momento, se lo poda y se lo protege de los insectos, a su debido tiempo alcanzará su desarrollo. Ocurre lo mismo con el hombre: todo lo que necesita es superar los obstáculos, y entonces progresará y crecerá. Pero no es correcto examinarlo a cada hora para ver cuánto se ha agregado a su crecimiento.

RABÍ URI DE STRELISK

El hombre es algo que debe ser superado.

FRIEDRICH NIETZSCHE

El hombre es el animal que más se parece al hombre.

ENRIQUE JARDIEL PONCELA

El hombre es el más cruel enemigo del hombre.

J.G. FICHTE

El hombre es el sueño de una sombra.

PÍNDARO

El hombre es el único animal que hace daño a su pareja.

ARIOSTO

El hombre es el único animal que ríe y llora, porque es el único que percibe la diferencia entre lo que las cosas son y lo que deben ser.

WILLIAM HAZLITT

El hombre es en el fondo un animal salvaje y terrible. Le conocemos solamente tal como ha sido domesticado y educado por lo que llamamos civilización. De ahí que nos alarmemos cuando alguna vez sale a luz su verdadera naturaleza.

Pero siempre que desaparecen los frenos y las cadenas de la ley del orden dando paso a la anarquía, se presenta como realmente es.

ARTHUR SCHOPENHAUER

El hombre es la medida de todas las cosas.

PLATÓN

El hombre es su propio fin. Y es su único fin. Si quiere ser algo, tiene que serlo en esta vida.

ALBERT CAMUS

El hombre es un animal político y es un animal metafísico. Por ser lo uno y lo otro es un animal poético, una metáfora andante.

OCTAVIO PAZ

El hombre es un fin, no un medio. La civilización toda se endereza al hombre, a cada hombre, a cada yo.

MIGUEL DE UNAMUNO

El hombre es un ser falible. No puede estar nunca seguro de no equivocarse.

MAHATMA GANDHI

El hombre es un ser realmente complejo: hace que los desiertos florezcan... y que los lagos mueran.

G.S.

El hombre es un átomo, pero un átomo que no sólo refleja el universo, sino que piensa.

JUSTO SIERRA

El hombre está hecho para dar y recibir, ayudar y aceptar la ayuda.

ELIE WIESEL

El hombre está continuamente fuera de sí mismo; es proyectándose

y perdiéndose fuera de sí mismo como hace existir al hombre y, por otra parte, es persiguiendo fines trascendentales como puede existir.

JEAN PAUL SARTRE

El hombre está dispuesto a creer en todo, con tal de que se lo digamos con misterio. El que pretende ser creído, debe hablar bajo.

MALCOLM DE CHAZAL

El hombre ha nacido, no para resolver los problemas del universo, sino para descubrir dónde empiezan los problemas, y mantenerse después dentro de los límites de lo comprensible.

JOHANN WOLFGANG VON GOETHE

El mayor bien que hacemos a los demás hombres no es comunicarles nuestra riqueza, sino descubrirles la suya.

LOUIS LAVELLE

El hombre moderno se ha transformado en un artículo; experimenta su energía vital como una inversión de la que debe obtener el máximo beneficio, teniendo en cuenta su posición y la situación del mercado de la personalidad. Está enajenado de sí mismo, de sus semejantes y de la naturaleza. Su finalidad principal es el intercambio ventajoso de sus aptitudes, su conocimiento de sí mismo, de su "bagaje de personalidad" con otros individuos igualmente ansiosos de lograr un intercambio conveniente y equitativo. La vida carece de finalidad, salvo la de seguir adelante; de principios, excepto el del intercambio equitativo; de satisfacción, excepto la de consumir.

ERICH FROMM

El hombre natural es todo para sí; él es la unidad numérica, el entero absoluto, que no tiene otra relación que consigo mismo o con su semejante. El hombre civil sólo es una unidad fraccionaria que posee un denominador y cuyo valor está en relación con el entero, que es el cuerpo social. Las buenas instituciones sociales son las que mejor saben desnaturalizar al hombre, quitarle su existencia absoluta para darle una relativa, y transportar el *yo* a la unidad común; de suerte que cada particular no se cree ya uno, sino parte de la unidad, y no es ya sensible sino en el conjunto.

JEAN-JACQUES ROUSSEAU

El hombre honrado procura hacerse útil; el intrigante, hacerse necesario.

VÍCTOR HUGO

El hombre no es dueño de su entendimiento; no puede elegir otra inteligencia de las cosas, distinta de la que su razón le presenta; somete y cautiva la debilidad de su talento a la verdad revelada, porque se la dice un Dios, que no le puede engañar; pero en las decisiones puramente humanas, en que no habla ningún oráculo infalible, ¿quién hay autorizado para esclavizar sus opiniones, cuando todos están igualmente expuestos al error?

FÉLIX JOSÉ REINOSO

El hombre no es más que una caña, la más débil de la naturaleza, pero es una caña que piensa.

PASCAL

[...] el hombre no es nada más que su proyecto, no existe más que en la

medida en que se realiza, no es por lo tanto más que el conjunto de sus actos, nada más que su vida.

JEAN PAUL SARTRE

[...] el hombre no está hecho para la derrota... Un hombre puede ser destruido, pero no derrotado.

ERNEST HEMINGWAY

El hombre no está terminado, no lo estará nunca quizá. El inconsciente lleva toda la memoria de la especie y la del individuo; sus atisbos se alcanzan a vislumbrar en los mitos, en los sueños, en los cuentos, en la neurosis, en la psicosis, en el arte, en la literatura y en al religión.

ANICETO ARAMONI

El hombre no ha sido elaborado con un barro más valioso que las demás especies de animales; la naturaleza utilizó una sola y misma mezcla; sólo varió el fermento.

JEAN ROSTAND

[...] el hombre no hace sino buscar en los sucesos, en las vicisitudes de la suerte, alimento para su tristeza o su alegría nativas. Un mismo caso es triste o alegre según nuestra disposición innata.

MIGUEL DE UNAMUNO

El hombre no puede vivir sin fuego, y no se consigue fuego sin quemar algo.

RENÉ DAUMAL

El hombre progresa hacia más de un fin, vive sobre más de un plano, ama y se desespera de más de una manera, por más de una razón; ignora si sus actos se insertan en la línea principal o accesoria, si su yo es libre o condenado, si la conciencia es gracia o maldición. La condición humana, hecha de interrogantes, es traducida por su mismo estallido. Cada fragmento contiene la totalidad y la amenaza; cada rotura presta testimonio a lo que hace al ser humano, a la vez la más frágil y la más tenaz de las criaturas.

ELIE WIESEL

El hombre que se va de este mundo sin saber quién es ni dónde estuvo, es como un tonto en vísperas, aunque sea un tonto loco, desesperado y genial. Cada uno está obligado a comprender el mundo y a comprenderse a sí mismo simultáneamente.

JUAN JOSÉ ARREOLA

El hombre se conoce a sí mismo sólo en tanto que conoce el mundo; conoce al mundo sólo dentro de sí mismo y tiene conciencia de sí mismo sólo dentro del mundo. Cada nuevo objeto verdaderamente reconocido abre un nuevo órgano en nosotros mismos.

JOHANN WOLFGANG VON GOETHE

El hombre se descubre a sí mismo cuando se enfrenta a los obstáculos.

ANTOINE DE SAINT-EXUPÉRY

El hombre solitario, o es un santo, o es un demonio.

ROBERT BURTON

El hombre suele evitar atribuir ingenio a otro... a menos que sea un enemigo.

ALBERT EINSTEIN

El hombre verdaderamente discreto es el que no presume de nada.

LA ROCHEFOUCAULD

El hombre vulgar dice: Lo mío es tuyo y lo tuyo, mío.
El hombre villano dice: Lo mío es mío y lo tuyo, tuyo.
El hombre piadoso dice: Lo tuyo es tuyo y lo mío, tuyo.
El hombre malvado dice: Lo mío es mío y lo tuyo, mío.

ÁNGEL MARÍA GARIBAY

El hombre y sus obras son dos cosas diferentes. A pesar de que una buena acción debe suscitar aprobación y la mala, condena, aquel que realiza una obra, buena o mala, se hace siempre acreedor de respeto o de piedad, según los casos.

MAHATMA GANDHI

El hombre, para sí mismo, es el objeto más prodigioso de la naturaleza.

PASCAL

El mejor metal es el hierro; el mejor cereal, el trigo; pero el peor animal es el hombre.

THOMAS FULLER

El mundo comprende al hombre, es su morada, es su estuche. Pero es legítimo poner al hombre aquí y al mundo allá, a la manera de una ventana frente a un paisaje.

ALFONSO REYES

El mundo tiene diarrea de hombres célebres: los produce todos los días y a todas horas.

AMADO NERVO

El optimista y el pesimista, el hombre que cree que todo se arregla y el hombre que cree que todo acaba mal se pasean argumentando sobre el emplazamiento de un campo de batalla. Ambos se enredan en peroratas, enronquecen, gesticulan. Ambos extraen del paisaje pruebas que apoyen sus tesis. Y en efecto, durante ese tiempo, la hierba sigue creciendo sobre las tumbas y los muertos pudriéndose bajo la hierba.

MARGUERITE YOURCENAR

El patetismo del drama humano reside en la contradicción fundamental entre ser hombre y aspirar a ser Dios.

RAÚL CARDIEL REYES

El planeta está, al parecer, fabricado para que el hombre medio reine siempre. Por eso lo importante es que el nivel medio sea lo más elevado posible. Y lo que hace magníficos a los pueblos no es primariamente sus grandes hombres, sino la altura de los innumerables mediocres. Claro es que, a mi juicio, el nivel medio no se elevará nunca sin la existencia de ejemplares superiores, modelos que atraigan hacia lo alto la inercia de las muchedumbres.

JOSÉ ORTEGA Y GASSET

El primer deber de un hombre es pensar por sí mismo.

JOSÉ MARTÍ

El ser humano ama la compañía, así sea la de una velita encendida.

GEORG CHRISTOPH LICHTENBERG

El ser humano comienza a vivir por los sentidos, duplica su vida por el sentimiento, aumenta la intensidad de la vida por la fantasía. Siente que vive, imagina su vivir como lo siente, y es feliz. La vida sería una explosión de alegría, si el ser humano pudiera detenerse en ese estado. Pero no puede, porque la

unidad del espíritu es compleja y cada ser se realiza según la mayor o menor intensidad de algunas de sus facultades.

EUGENIO MARÍA DE HOSTOS

El único que tal vez no sea el hombre es el que no se parece a los otros. El que rebasa o no alcanza a los demás. El que crece o se disminuye hasta quedar fuera de las estaturas normales. Ese no, porque pierde la medida cordial de la semejanza.

JOSEFINA VICENS

En cada hombre hay un poco de todos los hombres.

GEORG CHRISTOPH LICHTENBERG

En cierto sentido, a fuerza de estudiar al hombre nos hemos privado de conocerlo.

JEAN-JACQUES ROUSSEAU

En el hombre no has de ver
su hermosura o gentileza;
su hermosura es la nobleza;
su gentileza el saber.

JUAN RUIZ DE ALARCÓN

En las cosas grandes los hombres se muestran como les conviene; en las cosas pequeñas se muestran tales como son.

SÉBASTIEN ROCH NICOLAS CHAMFORT

[...] en los hombres, como en el reino vegetal de los musgos, los líquenes y tantos otros, existen especies que no cambian al llegar el invierno.

MARCEL PROUST

En suma, la historia podrá esclarecer el origen de muchos de nuestros fantasmas, pero no los disipará. Sólo nosotros podemos enfrentarnos a ellos. O dicho de otro modo: la historia nos ayuda a comprender ciertos rasgos de nuestro carácter, a condición de que seamos capaces de aislarlos y denunciarlos previamente. Nosotros somos los únicos que podemos contestar a las preguntas que nos hacen la realidad y nuestro propio ser.

OCTAVIO PAZ

En un congreso en que trabajé, el organizador, un hombre genial, teniendo en cuenta sus limitadas capacidades, hizo que cada participante escribiera en una hoja, no sus datos biográficos, sino las *distinciones* de que había sido objeto. Los señores participantes se pasaron un rato mesándose los cabellos, tratando de recordar algo en su vida que pudiera dar, como se dice vulgarmente, el gatazo. Pero cuando llenaron sus respectivas hojas y las entregaron, todos estaban transfigurados, convencidos de que eran célebres y de que estaban entre celebridades.
Esta disciplina, que me parece admirable, la he aplicado yo a mis datos biográficos con excelentes resultados. Ahora no sólo tengo un buen curriculum, sino la impresión de que mi vida ha sido una serie de éxitos.

JORGE IBARGÜENGOITIA

Entre todas las criaturas que se arrastran y respiran sobre la tierra, no hay ninguna más desdichada que el hombre.

HOMERO

Es cosa admirable que todos los grandes hombres tengan siempre

alguna ventolera, algún granito de locura mezclado con su ciencia.

MOLIÈRE

Es mucha el agua fría que se ha echado sobre los ideales de la humanidad con el jarro donde se lee: "Es imposible cambiar la naturaleza del hombre".

DR. RALPH SOCKMAN

Escasos, como los montes, son los hombres que saben mirar desde ellos, y sienten con entrañas de nación, o de humanidad.

JOSÉ MARTÍ

Fuera de la sociedad, el hombre es una bestia o un dios.

ARISTÓTELES

Hay personas que hacen dificilísima la tarea de describirlas con sus rasgos más característicos y típicos. Y son ellas las que solemos llamar gentes vulgares, comunes, las que constituyen, en efecto, la inmensa mayoría de la sociedad. Todos los escritores, en sus novelas y relatos, se esfuerzan por elegir tipos sociales determinados, representándolos en la forma más pintoresca y estética. Pero en la vida, tales tipos suelen darse sólo como excepción, lo que no les impide ser casi más reales que la realidad misma ... en la vida real, los relieves característicos de tales personajes se diluyen; pero existen, se mueven, viven ante nuestros ojos, aunque bajo formas atenuadas.

FEDOR DOSTOIEVSKI

Hay tres géneros de hombres en el mundo. Los unos que, por hallarse ignorantes, no escriben, y éstos merecen disculpa por haber callado y alabanza por haberse conocido. Otros, que no comunican lo que saben; a éstos se les ha de tener lástima de la condición y envidia del ingenio, pidiendo a Dios que les perdone lo pasado y les enmiende lo por venir. Los últimos ni escriben de miedo de las malas lenguas; éstos merecen reprensión, pues, si la obra llega a manos de hombres sabios, no saben decir mal de nadie; si de ignorantes, ¿cómo pueden decir mal, sabiendo que si lo dicen de lo malo lo dicen de sí mismos? Y si del bueno, no importa, que ya saben todos que no lo entienden.

FRANCISCO DE QUEVEDO Y VILLEGAS

Hay una creencia india según la cual cada uno de nosotros es una casa de cuatro habitaciones: la física, la mental, la emocional y la espiritual. Solemos pasar la mayor parte del tiempo en una sola de ellas, pero si no visitamos las cuatro todos los días, aunque sea para ventilarlas, algo nos falta.

RUMER GODDEN

Hombre sin fama en su tierra resulta un rey en la ajena.

ÁNGEL MARÍA GARIBAY

Hombre soy, y nada humano me es ajeno.

TERENCIO

Hombres bajos hay que revientan por parecer caballeros, y caballeros altos hay que parece que aposta mueren por parecer hombres bajos: aquellos se levantan, o con la ambición, o con la virtud; éstos se bajan, o con la flojedad, o con el vicio; y es menester aprovecharnos del conocimiento discreto para distinguir estas dos maneras de caballeros, tan parecidos en los nombres y tan distantes en las acciones.

MIGUEL DE CERVANTES SAAVEDRA

Humano es lamentarse, humano es llorar con quien llora, pero creer es más grande y contemplar al creyente es más exaltante.

SÖREN KIERKEGAARD

Idea del hombre
Preguntamos qué es el hombre, y nos llegan de la historia innumerables respuestas. El hombre expresa su ser, y lo transforma al expresarlo. En cada momento es capaz de ofrecer alguna peculiaridad que, siendo inesperada, es al mismo tiempo congruente con su ser. Ninguna definición o idea del hombre es completa, pero tampoco es completamente errónea: todas son de alguna manera definitivas, pues cada una realzo un cierto rasgo distintivo.

EDUARDO NICOL

La antropóloga Ethel Alpenfels me relató un día la anécdota del leñador que paseaba a pie en compañía de un amigo por la Quinta Avenida de la Ciudad de Nueva York. De pronto, el leñador se detuvo y exclamó:
—¡Vaya! ¡Oigo el canto de un grillo!
Su acompañante, oriundo de la ciudad, le replicó:
—¡Bah! ¿En medio de este estruendo? ¡Imposible!
El leñador insistió:
—Te aseguro que oigo el canto de un grillo. Te lo demostraré.
Al decir esto, se sacó del bolsillo una moneda y la arrojó al pavimento de la acera. En un instante, varios peatones que iban a diez metros de ellos dieron media vuelta y miraron al suelo para ver a quién se le había

caído la moneda. El leñador concluyó: "¿Te das cuenta? La gente oye aquello con lo que están sintonizados sus oídos. Da la casualidad de que los míos están sintonizados con los grillos".

A. Purnell Bailey

La desgracia de los hombres proviene siempre de que colocan mal su precaución y su confianza.

Epicteto

La gema no puede pulirse sin fricción, ni el hombre perfeccionarse sin pruebas.

Proverbio Chino

La gente se divide en dos categorías: unos buscan y no encuentran; otros encuentran y no están contentos.

Mihail Eminescu

[...] la gente, por pereza, juzga al prójimo a la ligera y lo encasilla, y así no es posible entenderse...

Fedor Dostoievski

La humanidad se puede dividir entre una multitud que detesta que la hagan esperar, porque eso la aburre, y unos cuantos seres dichosos a quienes les gusta, porque les da tiempo para pensar.

Abate Ernest Dimnet

La mayoría de los hombres emplean la primera parte de la vida en hacer miserable el resto de ella.

La Bruyère

La mayoría de los hombres persiguen el placer con tal apresuramiento, que, en su prisa, lo pasan de largo.

Sören Kierkegaard

La medida del hombre es el Universo.

Lao Tse

La ocupación más propia del hombre civilizado es la de no hacer nada.

Teófilo Gautier

La pasión de la vanidad es tan pronta, que surge con la más mínima ocasión, mientras que la humildad requiere un impulso más fuerte para desarrollarse.

David Hume

La persona común puede fácilmente ver ambos lados de un problema, si no están involucrados su bolsillo ni sus prejuicios.

C.C.P.

La raza de los hombres es como la raza de las hojas. Cuando una generación florece, otra declina.

Homero

Del corazón del hombre
He mirado a estas horas muchas cosas sobre la tierra
y sólo me ha dolido el corazón del hombre.
Sueña y no descansa.
No tiene casa sobre el mundo.
Es solo.
Se apoya en Dios o cae sobre la muerte
pero no descansa.
El corazón del hombre sueña
y anda solo en la tierra
a lo largo de los días, perpetuamente.
Es una mala jugada.

Jaime Sabines

La suprema facultad del hombre no es la razón, sino la imaginación.

Edmundo O'Gorman

La tierra tiene una piel, y esa piel tiene enfermedades. Una de esas enfermedades se llama hombre.

FRIEDRICH WILHELM NIETZSCHE

La verdad es que el rasgo dominante de la historia y la vida diaria, desde las carnicerías multitudinarias hasta los más sutiles y secretos sadismos y masoquismos, el rasgo dominante del hombre, es la crueldad, la maldad. Hay que caracterizar al hombre tanto por el demonio como por Dios. Y aun parece el demonio una invención del hombre indulgente consigo mismo; pues comparado en maldad con el hombre, no es el demonio más que un pobre diablo.

JOSÉ GAOS

La vida de los hombres es como juego de tablas: que si en el lance no sale lo que era menester, lo que por azar salió se ha de enmendar con la prudencia.

TERENCIO

[...] la vida del hombre es una guerra continuada, y para salir victorioso de la guerra es muy preciso el esfuerzo en el soldado. Es verdad que no siempre está en nuestra mano el conseguir este esfuerzo. Nuestra naturaleza es muy débil y nuestro corazón muy pequeño; poco peso nos rinde, cualquier violencia nos avasalla y abate; pero sí está en nuestra mano el suplicar al cielo que nos imparta este esfuerzo y que avalore nuestro espíritu desmayado.

JOSÉ JOAQUÍN FERNÁNDEZ DE LIZARDI

Lo único bueno en el hombre son sus jóvenes sentimientos y sus viejos pensamientos.

JOSEPH JOUBERT

Las manos de las personas que me presentan son elocuentes para mí aunque no digan palabras. El contacto con algunas me resulta molesto. He conocido a personas tan tristes que al estrechar sus fríos dedos me parecía estar dando la mano a una tormenta. Hay otros que trasmiten rayos de sol a través de sus manos; y el tomar esas manos me alegra el alma.

HELEN KELLER

Leemos mal el mundo, y decimos luego que nos engaña.

RABINDRANATH TAGORE

Leer, leer, leer, vivir la vida
que otros soñaron.
Leer, leer, leer, el alma olvida
las cosas que pasaron.
Se quedan las que quedan, las ficciones,
las flores de la pluma,
las olas, las humanas creaciones,
el poso de la espuma.
Leer, leer, leer, ¿seré lectura
mañana también yo?
¿Seré mi creador, mi criatura,
seré lo que pasó?

MIGUEL DE UNAMUNO

Lo cierto es que nos da placer hacernos de cosas viejas, como si las rescatáramos de algún olvido doloroso o al tocarlas les diéramos nueva vida o al buscarles el sitio, la luz y el ambiente adecuados en la casa, en realidad nos estuviéramos defendiendo contra un olvido semejante en el futuro.

CARLOS FUENTES

Lo difícil no es subir, sino, habiendo subido, seguir siendo el mismo.

JULES MICHELET

Las grandes hazañas para los grandes hombres están guardadas.

MIGUEL DE CERVANTES SAAVEDRA

Lo extraordinario es que en realidad amamos al prójimo como a nosotros mismos y hacemos a otros lo que hacemos para con nosotros mismos. Odiamos al prójimo cuando nos aborrecemos a nosotros mismos. Toleramos a otros cuando nosotros mismos nos toleramos. Perdonamos a nuestros semejantes cuando nosotros mismos nos perdonamos. No es el amor sino el odio de sí mismo lo que está en la raíz de todos los males que aquejan al mundo.

ERIC HOFFER

[...] lo que a mí me conmueve, puede apenas tocarte a ti, y viceversa; lo que en tu caso es inocencia puede ser culpa en el mío, y viceversa; lo que queda sin consecuencia para ti, puede ser la tapa de mi ataúd.

FRANZ KAFKA

Lo que tiene de grande el hombre es el ser puente y no fin.

FRIEDRICH WILHELM NIETZSCHE

Lo útil y lo inútil, como, por regla general, el bien y el mal, van necesariamente a la par y es el hombre quien debe elegir.

MAHATMA GANDHI

Los buenos psicoterapeutas son como astrónomos que se pasan la vida estudiando las estrellas, tratando de saber por qué algunos sistemas estelares se comportan de cierta manera y por qué existen los agujeros negros. Al final, se pasman ante la grandeza de todo ello. Existen un vasto misterio y una gran belleza en torno al alma humana.

Sería muy presuntuoso de mi parte si tratara de examinar cabalmente ese sistema, como si el astrónomo quisiera rehacer el sistema solar. Si puedo ayudar a mis pacientes a que comprendan lo que Dios los hizo, y luego ayudarlos a ser esos hombres y esas mujeres, con eso me basta.

ALAN LOY MCGINNIS

Los grandes hombres se agrandan aún más en el recuerdo. Lo que vemos en ellos es, a la vez, lo mejor de ellos y lo mejor de nosotros.

ALAIN

Los hombres caminan durante mucho tiempo juntos, encerrados en su propio silencio, o intercambian palabras que no conducen a nada. Mas, cuando llega la hora del peligro, entonces nos ayudamos unos a otros. Comprendemos que formamos parte de la misma comunidad. Nos ensanchamos al descubrir otras conciencias. Nos miramos y sonreímos.

ANTOINE DE SAINT-EXUPÉRY

Los hombres despiertos sólo tienen un mundo, pero los hombres dormidos tienen cada uno el suyo.

HERÁCLITO DE ÉFESO

Los hombres más capacitados son los que nacen dotados de una gran inteligencia. A continuación de éstos vienen los que han adquirido extensos conocimientos mediante el esfuerzo y el estudio. En tercer lugar están los que también se han entregado con constancia al estudio, pero que por sus escasas dotes no han podido avanzar mucho en sus conocimientos. Finalmente, ocupan el último lugar entre los hombres los que, careciendo de inteligencia y no habiéndose esforzado en estudiar, permanecen toda su vida en la más absoluta ignorancia.

CONFUCIO

Los hombres más opacos emiten algún resplandor: este asesino toca bien la flauta, ese contramaestre que desgarra a latigazos la espalda de los esclavos es quizá un buen hijo; ese idiota compartiría conmigo su último mendrugo. Y pocos hay que no puedan enseñarnos alguna cosa. Nuestro gran error está en tratar de obtener de cada uno en particular las virtudes que no posee, descuidando cultivar aquellas que posee.

MARGUERITE YOURCENAR

Los hombres necesitan quien les mueva a menudo la compasión en el pecho, y las lágrimas en los ojos, y les haga el supremo bien de sentirse generosos.

JOSÉ MARTÍ

Los hombres no vivirían mucho tiempo en sociedad si no se engañaran unos a otros.

LA ROCHEFOUCAULD

Los hombres ofenden por miedo o por odio.

NICOLÁS MAQUIAVELO

Los hombres que son desgraciados, como los que duermen mal, se enorgullecen siempre del hecho.

BERTRAND RUSSELL

Los hombres son criaturas muy raras: la mitad censura lo que ellos practican, la otra mitad practica lo que ellos censuran; el resto siempre dice y hace lo que debe.

BENJAMIN FRANKLIN

Los hombres que vivieron durante mucho tiempo un gran amor y después fueron privados de él, a veces se cansan de su noble soledad, se acercan humildemente a la vida y encuentran su felicidad en un amor mediocre.

ANTOINE DE SAINT-EXUPÉRY

Los hombres se distinguen por lo que muestran y se parecen por lo que ocultan.

PAUL VALÉRY

Los más poderosos resortes que obran sobre el corazón del hombre son la esperanza de un gran bien y el temor de un gran mal, la aversión al dolor y el amor del placer.

FRANCISCO SEVERO MALDONADO

Los que viven en sociedad han aprendido a mirarse en los espejos, tal como los ven sus amigos.

JEAN PAUL SARTRE

Los seres a los que servimos de sostén son para nosotros un apoyo en la vida.

MARIE VON EBNER ESCHENBACH

El hombre es un lobo para el hombre.

PLAUTO

Mientras yo intento liberarme del dominio del prójimo, el prójimo intenta liberarse del mío; mientras procuro someter al prójimo, el prójimo procura someterme.

JEAN PAUL SARTRE

Cuando el joven príncipe, que había sido discípulo del ilustre doctor Zif, sucedió a su padre en el trono de Persia, mandó llamar a todos los sabios de sus dominios, y una vez que los vio reunidos les habló de esta manera:

—El doctor Zif, mi maestro, me dijo más de una vez que los soberanos que estuviesen enterados de cuanto había ocurrido en los tiempos pasados, cometerían de seguro menos errores. Por esta razón quiero estudiar los anales de los diferentes pueblos y, en consecuencia, ordeno y mando que os pongáis a escribir una historia universal, procurando que resulte lo más completa posible.

Retiráronse los sabios después de prometer al monarca que cumplirían fielmente su encargo; sin perder tiempo, pusieron mano a la obra. Al cabo de treinta años presentáronse ante el rey seguidos de una caravana de doce camellos, cada uno de estos camellos llevaba encima quinientos volúmenes.

El decano de los historiadores hincóse de rodillas en las gradas del trono y habló en estos términos:

—Señor: los académicos de vuestro reino tienen el honor de poner a vuestras reales plantas la Historia Universal que han escrito obedeciendo las ordenes de Vuestra Majestad. Consta de seis mil tomos y encierran ellos cuanto nos ha sido posible reunir respecto de las costumbres de los pueblos y de las vicisitudes de los imperios. En ellos hemos insertado las antiguas crónicas que pudieron perpetuarse a través de las edades, habiéndolas completado e ilustrado con copiosas anotaciones geográficas y cronológicas.

El rey contestó a este breve discurso, diciendo:

—Señores: en mucho tengo y agradezco el penoso trabajo que os habéis impuesto. Pero las tareas gubernamentales me tienen muy ocupado. Por otra parte, mientras vosotros trabajábais en esta obra, yo envejecía. Aun suponiendo que yo llegue a morir cargado de años, no puedo razonablemente esperar que me queden los necesarios para estudiar una historia tan voluminosa y extensa cual la que me ofrecéis, y quedará depositada en los archivos de la Corona. Pero, como no desisto de mi propósito, tened la bondad de escribirme un compendio histórico más en armonía con la brevedad de la vida humana.

Los académicos de Persia se retiraron y emprendieron su nueva tarea, para lo cual necesitaron veinte años más, hasta que se presentaron otra vez ante el soberano, seguidos de tres camellos conduciendo mil quinientos tomos.

—Señores —murmuró el decano, con acento debilitado por la edad y el trabajo—, aquí tenéis nuestra nueva obra; creemos no haber omitido nada de lo esencial.

—Así será —repuso el monarca—; pero no la leeré. Soy viejo y largas tareas no convienen a mi edad; abreviad más aún; abreviad y daos prisa. Tanto cedieron los historiadores, que al cabo de diez años volvían al palacio, seguidos de un solo camello portador de quinientos volúmenes.

—Tengo la seguridad de haber compendiado la historia universal todo lo posible— dijo el decano.

—Pero no lo suficiente—dijo el rey—. Estoy tocando el término de mi vida y si queréis que sepa antes de morir la historia de los hombres, tendréis que abreviar más.

Esta vez no necesitó la Academia más que cinco años para cumplir su cometido; y el decano, que apenas podía andar, se presentó sosteniéndose con un brazo en una muleta y llevando del cabestro a un borriquito sobre cuyos lomos veíase un grueso volumen, uno solo.

—Daos prisa —dijo el centinela—, el rey se muere.

En efecto, el monarca yacía sobre su lecho de muerte; al penetrar en la estancia el decano llevando el enorme volumen, volvió hacia él sus apagados ojos y dijo con voz expirante:

—Es ya demasiado tarde, y veo que es preciso morir sin haber sabido la historia de los hombres.

—Señor —pronunció el sabio, que estaba casi moribundo como el monarca—, tal historia os la reuniré en tres palabras: Nacieron, sufrieron y murieron.

Así fue como el rey de Persia aprendió la historia universal en el momento de pasar de esta vida a la otra.

ANATOLE FRANCE

Nadie se disfraza de algo peor que de sí mismo.

SALVADOR ELIZONDO

Ningún hombre es una isla. Cada uno es una pieza del continente, una parte de lo esencial.

JOHN DONNE

No debemos perder la fe en la humanidad, que es como un océano: no se ensucia porque algunas de sus gotas estén sucias.

MAHATMA GANDHI

No hacemos sino representar cada uno su papel. ¡Todos personas, todos caretas, todos cómicos! Nadie sufre ni goza lo que dice y expresa, y acaso cree que goza y sufre; si no, no se

podría vivir. En el fondo estamos tan tranquilos. Como yo ahora aquí, representando a solas mi comedia, hecho actor y espectador a la vez.

MIGUEL DE UNAMUNO

No hay nada cómico fuera de lo que es propiamente *humano*. Un paisaje podrá ser hermoso, agradable, sublime, insignificante o feo; pero jamás será risible. Nos reiremos de un animal, pero porque en él habremos sorprendido una actitud propia del hombre o una expresión humana. Nos reiremos de un sombrero; pero lo que entonces provoca nuestra risa no es el trozo de fieltro o de paja, sino la forma que unos hombres le han dado, el capricho humano que lo moldeó.

HENRI BERGSON

No sabemos quiénes somos hasta que vemos lo que somos capaces de hacer.

MARTHA GRIMES

[...] no se puede concebir ni asimilar una cosa tan bien cuando se aprende de otro, como cuando se ha inventado por sí mismo.

DESCARTES

[...] no todos tenemos fuerzas para corregirnos a nosotros mismos y procurar mejorarnos incesantemente a lo largo de nuestra existencia; pero esto sería lo deseable. Si ello fuera siempre posible, el progreso humano no sufriría esos estancamientos y retrocesos que hallamos en la historia...

ALFONSO REYES

Obrando sobre sí mismo, el hombre obra sobre los demás.

ELIE WIESEL

Nuestra gran tarea no consiste en ver lo que está borrosamente en la distancia, sino en hacer lo que está claramente a nuestro alcance.

THOMAS CARLYLE

Nuestra opinión de la gente depende menos de lo que en ellos vemos que de lo que ellos nos hacen ver de nosotros.

SARAH GRAND

[...] nuestra personalidad social es una creación del pensamiento de los demás.

MARCEL PROUST

Para nosotros existir no basta. Nos es necesario existir para los demás.

GASTON BACHELARD

Parece que el hombre, por decreto del destino, empieza muchas cosas y pocas concluye. La vida es lo único que está bien cierto de acabar. Creemos haber terminado una obra, un libro, y al releerlo hallamos que nuestro entendimiento ha caminado algunos pasos adelante, y que el libro, como la sombra de los que marchan siempre de cara al sol, se queda atrás.

MANUEL GUTIÉRREZ NÁJERA

Podemos tener en poco a un aldeano o a un criado; pero cuando la miseria de un mendigo parece ser muy grande o nos es pintada con colores muy vivos, simpatizamos con él en todas sus aflicciones y sentimos en nuestro corazón emociones evidentes de piedad y benevolencia.

DAVID HUME

Podría decir con Séneca que cuantas veces me entrometí con los hombres volví de ellos a mí mismo más inhumano.

MIGUEL DE UNAMUNO

Por lo regular, sólo vemos lo que queremos ver; tan es así, que a veces lo vemos donde no está.

ERIC HOFFER

Todo está dicho, llegamos demasiado tarde: hace más de siete mil años que hay hombres y que piensan.

JEAN DE LA BRUYÈRE

Preferimos hablar mal de nosotros mismos a no decir nada de nosotros.

LA ROCHEFOUCAULD

Pues eres hombre, no digas nunca qué habrá mañana,
ni viendo un hombre feliz, por cuánto tiempo ha de serlo.
Porque ni el cambio de la mosca de alas tendidas
es tan veloz.

SIMÓNIDES DE CEOS

Sé que la historia es la misma, la misma siempre, que pasa
desde una tierra a otra tierra, desde una raza a otra raza,
como pasan
esas tormentas de estío desde ésta a aquella comarca.

LEÓN FELIPE

*Romancillo del niño que
todo lo quería ser*
El niño quiso ser pez;
metió los pies en el río.
...Estaba tan frío el río
que ya no quiso ser pez.
El niño quiso ser pájaro.
Se asomó al balcón del aire.
Estaba tan alto el aire
que ya no quiso ser pájaro.

El niño quiso ser perro;
se puso a ladrar a un gato.
Le trató tan mal el gato
que ya no quiso ser perro.
El niño quiso ser hombre.
Le estaban tan mal los años
que ya no quiso ser hombre,
y ya no quiso crecer:
no quería crecer el niño
se estaba tan bien de niño.
Pero tuvo que crecer
Y en una tarde, al volver
a su placita de niño
el hombre quiso ser niño
pero ya no pudo ser.

MANUEL BENÍTEZ CARRASCO

Sabremos quiénes somos cuando
veamos lo que hemos hecho.

PIERRE DRIEU LA ROCHELLE

Se diría que el hombre puede
soportarlo todo ..., incluso la idea de
que no puede soportar más.

WILLIAM FAULKNER.

Se le acaban los nervios a una
persona cuando tiene que ser amable
todos los días con el mismo ser
humano.

BENJAMIN DISRAELI

Ser hombre significa,
precisamente, ser responsable.
Supone conocer la vergüenza frente a
una calamidad que no parecía
depender de uno. Supone sentirse
orgulloso de una victoria que los
compañeros han conseguido. Supone
sentir, al colocar su grano de arena,
que se contribuye a construir el
mundo.

ANTOINE DE SAINT-EXUPÉRY

[...] si somos algo, somos
esperanza de algo.

OCTAVIO PAZ

Somos criaturas tan volubles, que
acabamos experimentando los
sentimientos que fingimos.

BENJAMIN CONSTANT

Somos los hombres, generalmente
hablando, tan enemigos de estudiar,
como amigos de saber.

FRANCISCO ALVARADO

Supongo que pocas personas se
atreverán a afirmar que la belleza de
la vida no exista. Y sin embargo, los
pueblos más civilizados proceden
como si no existiese, y haciéndolo así
se dañan a sí mismos y a los que
vengan después de ellos. Porque esta
belleza, que se encierra en el arte, no
es un simple accidente de la vida
humana que pueda tomarse y dejarse
a capricho, sino una necesidad
positiva de la vida si hemos de vivir
como la naturaleza nos lo ordena, es
decir, si nos resignamos a ser menos
que hombres.

OSCAR WILDE

Tenemos las aspiraciones de
creadores y las inclinaciones de
cuadrúpedos.

W. WINWOOD READE

Toda criatura humana es un ser
diferente para cada uno de los que la
ven.

ANATOLE FRANCE

[...] todo consiste en saber o no
saber cómo se hacen las cosas y que
el toro no atrapa nunca al hombre,
sino que es el hombre quien se deja
atrapar entre los cuernos del toro!

ERNEST HEMINGWAY

Todo hombre es un tren en el que
viajan sus antepasados.

DIARIO *Clarín* DE BUENOS AIRES

Todo hombre tiene de sí mismo un concepto más alto que de los demás; pero la opinión que los demás tienen acerca de él le parece más estimable que la suya propia.

MARCO AURELIO

Todos llevamos en nosotros un gran señor de altivos pensamientos, capaz de todo lo grande y de todo lo bello... Y a su lado, el servidor humilde, el de las ruines obras, el que ha de emplearse en las bajas acciones a que obliga la vida... Todo el arte está en separarlos de tal modo, que cuando caemos en alguna bajeza podamos decir siempre; no fue mía, no fui yo, fue mi criado.

JACINTO BENAVENTE

Todos los hombres se asemejan en las palabras y no son sino los actos los que los muestran diferentes.

MOLIÈRE

Tomemos a los hombres como son, no como deben ser.

SCHUBERT

Un hombre competente es un hombre que se equivoca según las reglas.

PAUL VALÉRY

Un hombre de carácter no tiene buen carácter.

JULES RENARD

Un hombre es la suma de sus propias desgracias.

WILLIAM FAULKNER

Un hombre que sonríe mucho es quizás porque ha renunciado a muchas cosas.

ALFONSO REYES

Un ser no se considera independiente si no es dueño de sí mismo y sólo es dueño de sí mismo cuando su existencia se debe a sí mismo.

KARL MARX

Unas veces pienso, y otras existo.

PAUL VALÉRY

Uno no se baña dos veces en el mismo río.

HERÁCLITO DE ÉFESO

Vivir, es separarnos del que fuimos para internarnos en el que vamos a ser, futuro extraño siempre. La soledad es el fondo último de la condición humana. El hombre es el único ser que se siente solo y el único que es búsqueda de otro.

OCTAVIO PAZ

Yo podía mirar hacia Santa María, volver a pensar que todos los hombres que la habitaban habían nacido de mí y que era capaz de hacerles concebir el amor como un absoluto, reconocerse a sí mismos en el acto de amor y aceptar para siempre esta imagen, transformarla en un cauce por el que habría de correr el tiempo y su carga, desde la definitiva revelación hasta la muerte; que, en último caso, era capaz de proporcionar a cada uno de ellos una agonía lúcida y sin dolor para que comprendieran el sentido de lo que habían vivido. Los imaginaba jadeantes pero en paz, rodeados por el contradictorio afán de empujar y de retener que reflejaban las caras húmedas de los deudos, llenos de generosidad y humildes, sabiendo, no obstante, que la vida es uno mismo y uno mismo son los demás. Si alguno de los hombres que yo había hecho no lograba —por alguna sorprendente perversión— reconocerse en el amor, lo haría en la muerte, sabría que cada instante vivido era él mismo, tan suyo e intransferible como su cuerpo, renunciaría a buscar cuentas y a las eficaces consolaciones, a la fe y a la duda.

JUAN CARLOS ONETTI

[...] yo soy para mí como un pequeño sitio visitado anteriormente, conocido, repasado, caminado hasta la última fatiga. No obstante, es allí, es a mí mismo a donde llego siempre y me detengo para hablar.

JOSEFINA VICENS

Yo vengo de todas partes,
Y hacia todas partes voy:
Arte soy entre las artes,
En los montes, monte soy.

JOSÉ MARTÍ

¿Por qué el hombre se come a los animales?

Los Creadores formaron los animales en el primer intento de formar al ser que los mantendría vivos cuando los invocase y adorase como a sus Padres y Madres. Los animales intentaron saludar y alabar a los Creadores y Formadores, pero no pudieron articular palabra, por lo que fueron condenados a ser muertos y comidas sus carnes.

ANÓNIMO, DEL Popol Vuh

¿Quién es el hombre? Aquel que debe mostrar lo que es.

MARTIN HEIDEGGER

¿Qué importa la casualidad geográfica si, precisamente, el hombre ha venido a igualar el mundo, a reducir el estorbo de las distancias y las diferencias de altitudes y climas? ¿Qué importan las proporciones de mezclas de sangre y mestizajes, si una civilización se establece tanto sobre el suelo neutro de la biología o de la raza, como en el fundamento de sus tradiciones espirituales, en los potentes resortes de la lengua, en la filosofía especial que ha de valorar los dolores y los regocijos, en todo aquello que conduce a una interpretación semejante de la vida y de la muerte?

ALFONSO REYES

¿Qué otra cosa es el hombre, sino memoria de sí mismo?

JUAN JOSÉ ARREOLA

¡El hombre... débil vibración sonora
que dura apenas un instante. ¡El hombre!...
¡Ídolo torpe que el iluso adora!
¡Última y triste vanidad del hombre!

MANUEL GUTIÉRREZ NÁJERA

¡Oh, hombre, quienquiera que seas! Si quieres salir con tus designios, considera primeramente lo que deseas hacer, y mira si lo que emprendes es conforme a tu naturaleza, y si ella podrá resistir. Si tienes gana de ser luchador, advierte si tus brazos son harto fuertes, si tus muslos y tus lomos son propios para ello, porque los unos nacieron para una cosa y los otros para otra.

EPICTETO

¡Qué obra maestra es el hombre! ¡Cuán noble por su razón! ¡Cuán infinito en facultades! En su forma y movimiento, ¡cuán expresivo y maravilloso! En sus acciones, ¡qué parecido a un ángel! En su inteligencia, ¡qué semejante a un dios! ¡La maravilla del mundo! ¡El arquetipo de los seres! Y, sin embargo, ¿qué es para mí esa quinta esencia del polvo?

WILLIAM SHAKESPEARE

¿Qué es el hombre? Una mota de polvo, cargado de pecados, lanzado a la nada. Y sin embargo capaz de dirigirse a Dios y tutearlo.

EL MAGUID DE KOZHENITZ

¿Qué hubieran hecho los hombres, Dios mío, durante tres mil años de historia, si no hubiesen tenido sus sentidos para gozar de la vida y su cerebro para complicarla?

MARGUERITE YOURCENAR

¡Cuán falible es del hombre la cautela,
que penetrar pretende lo imprevisto,
cuando otra mente su pensar devela!

DANTE ALIGHIERI

¡Oh, soberanos dioses! ¡Y es posible que sea tal la condición natural de todos los hombres, que vean y juzguen mejor las cosas ajenas que las propias! ¿Es, por ventura, porque en nuestras cosas, o el mucho contento o la mucha tristeza nos lo estorba?

TERENCIO

¡Qué ceguedad de hombres: prometer dádivas al que pedís, con ser la suma riqueza! Pedisteis a Dios por merced lo que El suele dar por castigo, y, si os lo da, os pesa de haberlo tenido cuando morís, y, si no os lo da, cuando vivís, y así de puro necios, siempre tenéis quejas.

FRANCISCO DE QUEVEDO Y VILLEGAS

¡Qué extraña y difícil de anular resulta la naturaleza humana! Si luchando con ella logramos extirparla, queda una cicatriz, por supuesto; pero pronto se cura.

HENRIK IBSEN

El hombre no posee el poder de crear, no posee, pues, el poder de destruir.

MAHATMA GANDHI

Busca dentro de ti la solución de todos los problemas, hasta de aquéllos que creas más exteriores y materiales.
Dentro de ti está siempre el secreto: dentro de ti están todos los secretos.

AMADO NERVO

Busca en tu interior. Dentro de ti está la fuente del bien, que puede manar de continuo si la profundizas siempre.

MARCO AURELIO

Ciertos espíritus amigos del misterio quieren creer que los objetos conservan algo de los ojos que los miraron, que los monumentos y los cuadros los vemos únicamente bajo el velo sensible que les han tejido durante siglos el amor y la contemplación de tantos adoradores. Esta quimera resultaría cierta si la transpusieran al plano de la única realidad de cada uno, al plano de su propia sensibilidad. Si, en este sentido, sólo en este sentido (pero es mucho más grande), una cosa que hemos mirado en otro tiempo, si volvemos a verla, nos devuelve, con la mirada que pusimos en ella, todas las imágenes que entonces la llenaban. Y es que las cosas —un libro bajo su cubierta roja, como los demás—, en cuanto las percibimos pasan a ser en nosotros algo inmaterial, de la misma naturaleza que todas nuestras preocupaciones o nuestras sensaciones de aquel tiempo, y se mezclan indisolublemente con ellas. Un nombre leído antaño en un libro contiene entre sus sílabas el viento rápido y el sol brillante que hacía cuando lo leíamos.

MARCEL PROUST

Conocerse a sí mismo no es sólo lo más difícil, sino también lo más molesto.

J.B.

Conozco todas las caras, porque las veo a través de la trama que mis ojos van tejiendo, y miro la verdad que se encuentra detrás del tejido.

GIBRÁN JALIL GIBRÁN

Cuando estamos en un sitio y anhelamos estar en otro, la solución no es tan sencilla como tomar un barco. Lo que en realidad anhelamos entonces no es ir a otro país, sino algo que está en nosotros mismos, y que hasta ese momento no poseemos, o que no hemos sido capaces de encontrar.

JOHN CHEEVER

Dos monjes budistas viajaban por un camino lodoso, bajo una fuerte lluvia. Al doblar un recodo se encontraron con una hermosa doncella ataviada con quimono y ceñidor de seda, que no podía cruzar. "Ven, niña", le dijo uno de ellos. Tomándola en brazos, la llevó hasta el otro lado.
El otro monje no habló en toda la noche, hasta que llegaron a un templo. Entonces no pudo contenerse, y comentó:
—Nosotros, los monjes, no debemos acercarnos a las mujeres, especialmente a las jóvenes bellas. ¿Por qué hiciste eso?
—Dejé a la muchacha allá, junto al camino —contestó el primer monje—. Tú, ¿aún la traes contigo?

PAUL REPS

El camino recto o norma de conducta moral debemos buscarla en nuestro interior. No es verdadera norma de conducta la que se descubre fuera del hombre, es decir, la que no deriva directamente de la propia naturaleza humana.

CONFUCIO

Él es su palabra. En el momento de la creación, aflora a la conciencia la parte más secreta de nosotros mismos. La creación consiste en un sacar a luz ciertas palabras inseparables de nuestro ser. Esas y no otras.

OCTAVIO PAZ

El hombre es el ser que no puede salir de sí mismo, que sólo conoce a los demás en sí y miente al decir lo contrario.

MARCEL PROUST

El que no lleva belleza dentro del alma no la encontrará en ninguna parte.

JORGE NAVARRO

"En cada uno hay algo precioso que no existe en nadie más. Por eso se dijo: 'No menosprecies a hombre alguno'".

RABÍ PINJAS

Lo puro y lo impuro
"Nada hay fuera del hombre que, por entrar en él, pueda mancharle. Lo que sale del hombre, eso es lo que le mancha. El que tenga oídos para oír

que oiga". Cuando dejó a la gente y entró en casa, los discípulos le preguntaron el sentido de la parábola. Él les dijo:

"¿También vosotros estáis sin entendimiento? ¿No comprendéis que nada de lo que de fuera entra en el hombre puede mancharle, porque no entra en su corazón, sino en el vientre, y va a parar al estercolero?"

—Así declaraba puros todos los alimentos—. "Lo que sale del hombre —proseguía—, eso es lo que mancha al hombre. Porque de dentro, del corazón del hombre, proceden los malos pensamientos, las fornicaciones, los robos, los homicidios, los adulterios, las codicias, las maldades, las mentiras, las intemperancias, la envidia, la blasfemia, la soberbia, la insensatez: todas estas cosas malas salen de dentro, y manchan al hombre.

MARCOS 7:15-23

[...] lo que por tantos años fue el tormento de mi espíritu: el engaño de la comprensión recíproca, fundado irremediablemente en la hueca abstracción de las palabras; la múltiple personalidad de cada uno según todas las posibilidades de ser que se encuentran en cada uno de nosotros; y por último el trágico conflicto inseparable entre la vida que de continuo se mueve y cambia y la forma que la fija, inmutable.

LUIGI PIRANDELLO

Los interrogantes más sencillos de nuestra vida son los más profundos. ¿Dónde has nacido? ¿Dónde está tu hogar? ¿A dónde vas? ¿Qué haces? Plantéatelos de tiempo en tiempo, y observa cómo cambian tus respuestas.

RICHARD BACH

La piedra más firme de la estructura está en la parte inferior de los cimientos.

GIBRÁN JALIL GIBRÁN

Las proyecciones hacen del mundo la réplica de nuestra propia faz desconocida.

CARL GUSTAV JUNG

Muy a menudo es más necesario cambiar de manera de ser que cambiar de escenario.

A.C. BENSON

[...] nada hay más molesto para el hombre que seguir el camino que le conduce a sí mismo.

HERMANN HESSE

Nadie sabe la sed con que otro bebe.

REFRÁN COLOMBIANO

No es la montaña lo que conquistamos, sino a nosotros mismos.

EDMUND HILLARY

No hay cristales de más aumento que los propios ojos del hombre cuando miran su propia persona.

ALEJANDRO POPE

Nunca temas decir lo que guardas en el pecho. Así librarás una chispa que a veces se convierte en llama, a la cual algún ser querido, o un extraño, podrá calentarse las manos por mucho tiempo.

FAITH BALDWIN

Para satisfacer sus necesidades y atender a la conservación del individuo y de la especie, tiene el hombre sensaciones y sentimientos; pero al lado de esas afecciones, limitadas a la esfera en que se halla circunscrito, experimenta sentimientos más elevados que le arrojan fuera de su órbita, y que, por decirlo así, absorben su individualidad en el piélago de lo infinito.

JAIME BALMES

Si tienes algo en realidad valioso para aportar al mundo, ello se expresará a través de tu propia personalidad... esa chispa única de divinidad que te separa y diferencia de los demás seres vivientes.

BRUCE BARTON

Socrática
¿Cuál es la hora más anhelosa?
La que precede a la primera cita.
¿Cuál es la luz más cruda?
La que sigue al primer desengaño.
¿Cuál es el verso más bello?
El que nos aclara un enigma interior.
¿Cuál es el benefactor más alto?
El que, al otorgar una merced, todavía encuentra la manera de que el favorecido se crea favorecedor.
¿Cuál es el carácter más mezquino?
El que os recuerda los beneficios hechos.
¿Cuál es el mayor sosiego?
El del hombre que ya no espera nada de los hombres.
¿Cuál es el bien más saboreado?
Aquel que, después de cansar a la Esperanza, creíamos ya inaccesible.
¿Cuál es la más sublime sorpresa?
La del que encuentra a Dios dentro de sí mismo.

AMADO NERVO

¡Caramba con ese subconsciente! ¡Qué molesto es tener dentro de nosotros mismos a ese testigo insobornable!

EMMA GODOY

Tosemos para aclararnos la garganta. Suspiramos para aclararnos el corazón.

T.S. MATTHEWS

[...] una cosa que vimos en cierta época, un libro que leímos, no sólo permanece unido para siempre a lo que había en torno nuestro; queda también fielmente unido a lo que nosotros éramos entonces, y ya no puede se releído sino por la sensibilidad, por la persona que entonces éramos.

MARCEL PROUST

Uno tiende siempre a pensar en el rostro que las máscaras esconden, pero en realidad lo que cuenta es la máscara, que sea esa y no otra. Dime qué máscara usas y te diré qué cara tienes.

JULIO CORTÁZAR

¿No has escuchado a veces dentro de ti impulsos generosísimos, sugerencias de empresas extraordinarias, de proyectos sublimes? ¡Es él Es el héroe que grita desde el calabozo donde lo tienes aherrojado. ¡Escúchalo! Ponle atención. No lo calles, como has hecho hasta hoy. Deja por fin que él sea el que tome tus decisiones. No imaginas siquiera las cosas sorprendentes que realizarás; aunque ahora, si te las dijeran, te harían sonreír creyéndolas imposibles para ti. Para ti son imposibles, mas no para el titán que clama por lo heroico dentro de tu pecho.

EMMA GODOY

Hay muchas maravillas en este mundo; ninguna más grande que el hombre.

SÓFOCLES

Pero yo, para mí... ¿qué soy? Una especie de afirmación absoluta, de afirmación de loco... una intensidad más grande que la de todo el resto. Para los demás, yo soy lo que he hecho.

ANDRÉ MALRAUX

Buscaba lo que había en aquel hombre de profundo, de singular. Pero lo que hay de más profundo en un hombre, rara vez es aquello por lo cual se le puede hacer obrar inmediatamente...

ANDRÉ MALRAUX

El hombre es el único ser que consume sin producir. No da leche, no pone huevos, es demasiado débil para tirar del arado y su velocidad ni siquiera le permite atrapar conejos. Sin embargo, es dueño y señor de todos los animales. Los hace trabajar, les da el mínimo necesario para mantenerlos y lo demás se lo guarda para él.

GEORGE ORWELL

El hombre no sirve los intereses de ningún ser exceptuando los suyos propios.

GEORGE ORWELL

[...] hay ciudades y países donde las gentes tienen, de cuando en cuando, la sospecha de que existe otra cosa. En general, esto no hace cambiar sus vidas, pero siquiera han tenido la sospecha y eso salen ganando.

ALBERT CAMUS

[...] le gustaban los animales, como a todos aquellos cuyo orgullo es demasiado grande para acomodarse a los hombres.

ANDRÉ MALRAUX

[...] hay en los hombres más cosas dignas de admiración que de desprecio.

ALBERT CAMUS

La raza humana así es constituida;
aun cuando perfeccione a ciertos hombres
la educación, no puede, sin embargo,
borrar ella los rasgos dominantes
que en el alma grabó la misma mano
de la naturaleza: no es posible
de ella arrancar el germen de los vicios;
de vehemente cólera arrastrado
éste se precipita, aquél tentado
es de la timidez, y aquel tercero
se compadece más de lo que debe.

LUCRECIO

[...] me siento más solidario con los vencidos que con los santos. No tengo afición al heroísmo ni a la santidad. Lo que me interesa es ser hombre.

ALBERT CAMUS

"Todo hombre es un loco —pensó—; pero ¿qué es un destino humano, sino una vida de esfuerzo para unir a ese loco con el universo...?"

ANDRÉ MALRAUX

Anuncio de una verdad nueva
Aplícate ahora la sabiduría
pues deseo que entiendas las verdades
nuevas que va a exponer ante tus ojos
con nuevo orden de cosas; sin embargo,
como tan fácil opinión no haya
que no sea difícil adoptarla
al principio, y nada hay tan admirable
y tan extraordinario en sus principios
que con el tiempo deje de admirarse:

si el color puro y claro de los cielos,
y el que contienen los errantes
astros,
de sol y luna el brillo luminoso,
si fuera todo junto presentado
a los mortales por la vez primera,
como si lo pusieran de repente
y de un golpe a su vista, ¿qué podría
decirse comparable a estos objetos?
¿O qué nación osara la primera
creer posibles cuadros tan
grandiosos?
Ninguna a mi entender: ¿más quién
podría
sentir ahora admiración tamaña?
De la hartura de ver ya fatigados
nadie se digna levantar su ojos
a la luciente bóveda del cielo.
Deja de desechar, despavorido
de aquesta novedad, la razón misma;
pésalo tú con juicio más delgado,
abraza mis verdades si son ciertas,
o ármate contra ellas, si son falsas;
con la razón el ánimo examina
lo que hay del otro lado de los muros
del orbe, en los espacios infinitos,
hasta do quiera penetrar la mente,
y el espíritu libre remontarse.

LUCRECIO

Nada pesa tanto como el corazón
cuando está cansado.

JUAN ZORRILLA DE SAN MARTÍN

No son las montañas que tenemos
enfrente las que nos cansan; es el
grano de arena que llevamos dentro
del zapato.

ROGER PATRÓN LUJÁN

El carácter es más importante que
la reputación.

EPICTETO

Los hombres de carácter, son
infinitamente más raros que los de
talento. El talento puede no ser más

que un don de la naturaleza. El
carácter, es el resultado de mil
victorias logradas por el hombre
sobre sí mismo.

FRANÇOIS DE SALIGNAC
DE LA MOTHE-FÉNELON

Las personas de gran carácter,
como los planetas, llevan consigo su
propia atmósfera dentro de su propia
órbita.

THOMAS HARDY

No te espantes
de mis pareceres rudos,
que escudos vencen escudos,
diamantes tallan diamantes.

JUAN RUIZ DE ALARCÓN

El modo más cómodo de conocer
una ciudad es averiguar cómo se
trabaja en ella, cómo se ama y cómo
se muere.

ALBERT CAMUS

La costumbre nos ha quitado la
emoción. Hay que ver de nuevo,
aprender a mirar. El mundo se vuelve
apasionante.

EMMA GODOY

[...] más que un conocimiento
verdadero y cierto, es la costumbre y
el ejemplo lo que nos persuade.

RENÉ DESCARTES

No nos deshacemos de una
costumbre tirándola por la ventana;
hay que hacerle bajar la escalera
peldaño a peldaño.

MARK TWAIN

Si la vara no ha podido,
en tiempo que tierna ha sido,
enderezarse ¿Qué hará
siendo ya tronco robusto?

JUAN RUIZ DE ALARCÓN

La costumbre es una segunda naturaleza.

SAN AGUSTÍN

Las costumbres más escrupulosas tienen la cortesía de ceder ante los grandes reyes.

WILLIAM SHAKESPEARE

Los oficios mudan las costumbres.

MIGUEL DE CERVANTES SAAVEDRA

Tradición no significa ataduras que nos liguen al pasado: es algo bello que nosotros conservamos.

EZRA POUND

No hay más que dos especies de seres humanos: los que han matado y los que no han matado.

SIDONIE GABRIELLE CLAUDINE COLETTE

Lo que los hombres llaman civilización es el estado actual de las costumbres, y lo que llaman barbarie son los estados anteriores.

ANATOLE FRANCE

Los crímenes de la extrema civilización son, sin duda alguna, más atroces que los de la extrema barbarie.

JULES BARBEY D'AUREVILLY

El progreso empieza con la creencia de que lo necesario es posible.

NORMAN COUSINS

La civilización moderna adora a la bestia que llevamos dentro, adora a la materia; es materialismo puro.

MAHATMA GANDHI

La civilización moderna, tal y como la representa hoy Occidente, ha dado, a mi entender, a la materia el puesto que le correspondía, por derecho, al espíritu. Y, al dárselo, ha colocado a la violencia en un trono victorioso manteniendo en esclavitud a la verdad y a la inocencia.

MAHATMA GANDHI

La curiosidad demuestra una deliberada, orgullosa, vehemente confesión de ignorancia.

S. LEONARD RUBINSTEIN

El hombre vil siempre está pronto a ver las faltas de los demás, aunque sean del tamaño de la semilla de mostaza, y de continuo permanece ciego a los suyos, aunque sean tan grandes como un árbol.

KRISHNA

El clavo se queja del martillo porque no ve la mano... ¡Cuántas quejas tenemos de los demás tan ilógicas como ésta!

AMADO NERVO

Demos al hombre de bien y al malvado el mismo poder de hacer cuanto les venga en gana; sigámosles luego, y veamos adónde conducirá al uno y al otro la pasión. No tardaremos en sorprender al hombre de bien caminando sobre las huellas del malvado, arrastrado como este por el deseo de adquirir incesantemente más, deseo cuyo cumplimiento persigue toda naturaleza, como el de una cosa buena en sí, pero que la ley reprime y reduce por la fuerza al respecto de la igualdad. En cuanto al poder que se les concede de hacer todo aquello que se les antoje, que sea tan extenso como el de Gyges, uno de los antepasados del lidio. Gyges era pastor del rey de Lidia. Después de una tormenta seguida de violentas sacudidas, la tierra se hendió en el preciso lugar en que Gyges apacentaba sus rebaños. Atónito de pasmo ante semejante cosa, Gyges bajó por aquella abertura, y vio, entre otras muchas cosas sorprendentes que se cuentan, un caballo de bronce, en cuyos flancos se abrían unas puertecillas, y que como Gyges introdujese por ellas la cabeza para ver qué había dentro del caballo, vio un cadáver de estatura superior a la humana. El cadáver estaba desnudo, sin más que un anillo de oro en uno de sus dedos. Gyges se apoderó del anillo, y se retiró de allí. Habiéndose reunido luego los pastores como tenían por costumbre a fines de cada mes, para dar cuenta al rey del estado de sus rebaños, acudió Gyges a esa asamblea, llevando su anillo en el dedo, y se sentó entre los pastores. Ocurrió, que, como casualmente diese vuelta a la piedra de la sortija hacia la palma de la mano, inmediatamente se hizo invisible para sus compañeros, de suerte que estos hablaban de él como si estuviera ausente. Asombrado ante aquel prodigio, volvió a poner hacia la parte de afuera la piedra de la sortija, y tornó a ser visible. Habiendo observado esta virtud del anillo, quiso asegurarse de ella por medio de diversas experiencias, y comprobó reiteradamente que se tornaba invisible cada vez que volvía la piedra hacia dentro, y visible cuando la volvía hacia fuera. Seguro ya del caso, se hizo incluir entre los pastores que habían de ir a dar cuenta al rey. Llega a palacio, corrompe a la reina y, con ayuda de ella, se deshace del rey y se apodera del trono. Ahora bien, si existiesen dos anillos de esa especie y diésemos uno al hombre de bien, y

otro al malvado, probablemente no se hallaría un hombre de carácter suficientemente firme para perseverar en la justicia y abstenerse de tocar los bienes ajenos, pudiendo impunemente llevarse de la plaza pública todo lo que quisiera, entrar en las casas, abusar de todo género de personas, matar a unos, sacar a otros de prisiones y cadenas, y hacer cuanto le apeteciese, con un poder igual al de los dioses. No haría más que seguir en eso el ejemplo del malvado; tenderían entrambos al mismo fin, y nada probaría mejor que no se es justo espontáneamente, sino por necesidad, y que serlo no es un bien en sí, puesto que el hombre se convierte en injusto desde el momento en que cree poder serlo sin temor alguno. Porque todo hombre cree, en el fondo de su alma, y con razón, dirán los partidarios de la injusticia, que esta es más ventajosa que la justicia; de suerte que si alguien, habiendo recibido ese poder, no quisiese hacer daño a nadie, ni tocar a los bienes ajenos, sería considerado como el más desdichado e insensato de los hombres; no obstante lo cual, todos harían en público elogios de su virtud, más con el propósito de engañarse mutuamente, y con temor, por lo tanto, de sufrir ellos mismos alguna injusticia.

Platón

Nuestras buenas acciones son con frecuencia más turbias que nuestros pecados.

Marchel Aymé

Un santo es un pecador muerto, corregido y aumentado.

Ambrose Bierce

Aristóteles

El filósofo que más influencia ha tenido en la historia de la filosofía no nació en Atenas, como su maestro y predecesor Platón, sino en la pequeña ciudad macedónica de Estagira, cerca del actual monte Athos, al norte de Grecia, en el año 384 a.C. A su padre, Nicómaco, se lo consideraba uno de los hombres más destacados de la corte del rey Amintas II, abuelo de Alejandro Magno, de quien era médico y amigo. Aristóteles aprendió de Nicómaco conocimientos médicos, y heredó su interés por las ciencias naturales. Pero Nicómaco murió cuando Aristóteles era todavía un niño, así que se encargó de su educación su tío Proxeno. Sin duda Aristóteles recibió el tipo de educación literaria y gimnástica que correspondía a un griego de buena cuna.

A los diecisiete años de edad, Aristóteles se trasladó a Atenas e ingresó en la Academia de Platón, donde rápidamente se distinguió como discípulo sobresaliente.

Permaneció ahí veinte años, hasta la muerte de su maestro, ocurrida en el año 347, y tuvo que salir de Atenas por razones políticas, aunque algunos historiadores consideran que se enojó porque Platón no lo nombró su sucesor en la Academia. Demóstenes y sus aliados antimacedonios subieron al poder en la ciudad, y veían con recelo el origen del filósofo, quien ya gozaba de gran fama. Aristóteles viajó a Atarneo y fungió como consejero político del rey Hermias, amante de la filosofía. El rey otorgó a Aristóteles y a sus amigos Teofrasto y Jenócrates, que viajaban con él, la ciudad de Assos, para que se establecieran y filosofaran; fue ahí donde Aristóteles realizó parte de la obra en la que se basa su prestigio científico; permaneció tres años en la corte de Hermias, y se casó con la sobrina de éste, Pitias, quien le dio dos hijos: Pitias y Nicómaco.

Filipo, hijo de Amintias y rey de Macedonia, llamó al filósofo en el año 343 para que se encargara de la educación de su hijo Alejandro, de trece años. Aristóteles accedió y se trasladó a Pela, donde durante ocho años se encargó de instruir al futuro rey y le infundió un gran amor por la cultura griega y la poesía homérica. Durante ese lapso, el filósofo recibió de Alejandro incontables recursos para la realización de sus trabajos e investigaciones. Un año después de la muerte de Filipo, siendo ya Alejandro rey de Macedonia, Aristóteles regresó a Atenas y fundó el Liceo, en las afueras de la ciudad, donde pasó trece años enseñando, pues consideraba que la educación era la manifestación apropiada del conocimiento. El Liceo de Aristóteles se convirtió en el centro educativo más importante de Grecia, pues promovió el avance de las diversas ciencias sin perder nunca su carácter filosófico, además de incrementar la calidad de la educación para los jóvenes. Una vieja historia cuenta que daba conferencias por las mañanas a algunos alumnos escogidos, las cuales trataban minuciosamente las diversas disciplinas filosóficas, y por las tardes dictaba otras de carácter más popular, dirigidas a un público más joven, que comprendían estudios de retórica, filosofía, política y ciencias naturales. Fue en esta época cuando Aristóteles escribió la mayor parte de su obra, de la que hoy conservamos sólo la quinta parte, pues el resto desapareció al incendiarse la Biblioteca de Alejandría. Su labor intelectual fue colosal: se interesó por las grandes disciplinas del saber humano y marcó los lineamientos que seguiría el saber durante casi 1.800 años después de su fallecimiento. Se le considera el fundador de varias materias: ética, poética, lógica, metafísica, psicología, historia, política e historia natural, y su labor filosófica sólo puede ser comparada con la de su maestro Platón. Lo más importante de su vida fue el deseo de saber. Su preocupación principal fue fomentar el descubrimiento de la verdad e incrementar el conocimiento.

Su personalidad fue controvertida, pues aunque no participaba en los asuntos atenienses, sus opiniones se respetaban porque era una figura pública. Pero Aristóteles no era ateniense y su cercanía con la corte macedonia y Alejandro Magno le granjeó la enemistad de un buen sector de políticos atenienses. Se le reconocía como buen orador, sus conferencias eran claras, su conversación persuasiva e irónica y, aunque sus numerosos enemigos lo describen como altanero y arrogante, su testamento lo muestra como generoso y atento; sus escritos nos permiten saber que apreciaba la amistad y la autosuficiencia, y que estaba orgulloso de sus logros. Era más admirado que amado.

Alejandro Magno murió en el año 323, y poco tiempo después en Atenas se levantó una rebelión antimacedónica. Como se relacionaba a Aristóteles con Macedonia, estuvo a punto de ser acusado, pero abandonó la ciudad y se trasladó a Calcis, en la isla de Eubea, donde la familia de su madre tenía propiedades. Temía que "los atenienses cometieran un nuevo crimen contra la filosofía", recordando la tragedia de Sócrates.

Permaneció un año en la isla, pues la muerte lo alcanzó pronto, cuando tenía 63 años, en el 322. Sintió en esa última etapa el rigor de la soledad, pues se lamentaba de su aislamiento y de haberse alejado de todo. En su testamento, que conocemos gracias a Diógenes Laercio, encargó a Antípater, lugarteniente de Alejandro, que se hiciera cargo de su familia. También designó a Teofrasto, su discípulo y amigo más allegado, como director del Liceo, y pidió que sus esclavos fueran liberados cuando hubieren llegado a la edad conveniente. Su fallecimiento provocó que la filosofía griega comenzara su proceso de decadencia, pues nunca más volvió a producir un tipo de pensamiento que se igualara al platónico o al aristotélico. Se ha dicho, por ello, que la filosofía occidental sería incomprensible sin las obras de estos dos filósofos.

La paz y la guerra

"Perdimos la guerra", dijo el vencido; y el vencedor respondió: "Peor fue cuando perdimos la paz".

SERGIO OLARTE

Entre los individuos, como entre las naciones, el respeto al derecho ajeno es la paz.

BENITO JUÁREZ

El método no violento es eficaz porque desarma a los adversarios. Pone al descubierto su defensa espiritual, debilita su moral al tiempo que intranquiliza sus conciencias.

MARTIN LUTHER KING

Martin Luther King hijo, en *su Carta desde la cárcel de Birmingham*, incluyó una anécdota para ilustrar las recompensas de la perseverancia en la tradición no violenta. Escribió acerca de una anciana negra de 72 años que todos los días andaba a pie un largo trecho durante un boicoteo de autobuses. Estaba cansada y físicamente debilitada, y alguien le preguntó por qué se empeñaba en apoyar la protesta no violenta. Su respuesta siempre podrá ser guardada como un tesoro: "Mis pies están cansados pero mi alma está en reposo".

BAYARD RUSTIN

La paz no es un estado natural ni paradisíaco ni una forma de convivencia por mutuo acuerdo. La paz es algo que no conocemos; sólo podemos sentirla, desearla y buscarla. La paz es sólo un ideal. Es infinitamente compleja, inestable y frágil —un leve soplo la destruye. La paz verdadera es más difícil e insólita que cualquier otro logro intelectual —incluso para dos personas que vivan juntas y se necesiten mutuamente.

HERMANN HESSE

Mi mujer es la que me ha enseñado la no violencia cuando he intentado plegarla a mi voluntad. La resistencia obstinada que me oponía, y su tranquila sumisión al sufrimiento que le infligía mi estupidez, hicieron que me avergonzase, curándome de la absurda creencia de que yo había nacido con derecho a dominarla. Y acabó por convertirse en mi profesor de no violencia.

MAHATMA GANDHI

La paz es el bien que los hombres pueden desear en esta vida.

MIGUEL DE CERVANTES SAAVEDRA

Al fin de cuentas, ¿qué es la paz, sino la sensación de afrontar lo que la vida le pone a uno por delante, dilatando la propia perspectiva para aceptar lo bueno y rechazar lo malo? Contemplar el mundo desde arriba quizá signifique aquietar el espíritu y ver a través de las cosas la paz interior.

JANE YODER RUSSELL

Si trabaja conforme a la ley de nuestra alma —es decir, la no violencia, que en su forma din mica significa sufrir conscientemente—, un único individuo puede desafiar al poderío de un imperio injusto para salvaguardar su honor, su religión y su alma, y poner las bases sobre las que se derrumbará o se regenerará ese imperio.

MAHATMA GANDHI

La aparente tranquilidad que produce a veces la tiranía, no es paz, es la quietud de los sepulcros; porque la paz es hija de la libertad, que es la vida, el progreso, el agente divino del perfeccionamiento.

JUAN N. MIRAFUENTES

La paz no es una temporada; es una forma de vida.

A.P.

Para conseguir la paz interior hay que renunciar al puesto de gerente general del Universo.

L.E.

Si usted se une a la naturaleza y a lo que en ella hay de simple, de pequeño, a lo que casi nadie presta atención, a lo que de golpe se convierte en infinitamente grande, a lo inconmensurable; si usted extiende su amor a todo aquello que existe; si modestamente trata usted de ganar la confianza de aquello que parece miserable; entonces, todo le parecerá más fácil, le parecerá más armonioso y, por así decir, mas conciliador. Su entendimiento, posiblemente, quedará rezagado, sorprendido; pero su más profunda conciencia se levantará y sabrá.

RAINER MARIA RILKE

Subo a la Colina del Sur a arrancar helechos sin ver a un hombre y el corazón me quema por la subida, pero si al regresar veo a un hombre, tranquilo, apacible, sereno, quieto en su sitio, ya no me disgusta el camino.

CONFUCIO

Todo hombre puede edificar, en lo más hondo de su pensamiento, un abrigo que desafíe los más pesados proyectiles y las palabras más sabiamente envenenadas. ¿Qué puede temer una alma que se halla en paz consigo misma?

ANDRÉ MAUROIS

¿Qué esperanza podemos tener de hallar sosiego en otras cosas, pues en las propias no podemos sosegar?

SANTA TERESA DE JESÚS

La guerra

Cuando estalla una guerra, las gentes se dicen: "Esto no puede durar, es demasiado estúpido." Y sin duda una guerra es evidentemente demasiado estúpida, pero eso no impide que dure. La estupidez insiste siempre, uno se daría cuenta de ello si uno no pensara siempre en sí mismo. Nuestros conciudadanos, a este respecto, eran como todo el mundo, pensaban en ellos mismos; dicho de otro modo, eran humanidad: no creían en las plagas. La plaga no está hecha a la medida del hombre; por lo tanto, el hombre se dice que la plaga es irreal, es un mal sueño que tiene que pasar. Pero no siempre pasa, y de mal sueño en mal sueño son los hombres los que pasan, y los humanistas en primer lugar, porque no han tomado precauciones. Nuestros conciudadanos no eran más culpables que otros, se olvidaban de ser modestos, eso es todo, y pensaban que todavía todo era posible para ellos, lo cual daba por supuesto que las plagas eran imposibles. Continuaban haciendo negocios, planeando viajes y teniendo opiniones. ¿Cómo hubieran podido pensar en la peste que suprime el porvenir, los desplazamientos y las discusiones? Se creían libres y nadie será libre mientras haya plagas.

ALBERT CAMUS

¿Para qué voy a emprender una batalla que quiero ganar, si de antemano sé que no emprendiéndola es como la gano?

JOSEFINA VICENS

La palabra "peste" acababa de ser pronunciada por primera vez. Las plagas en efecto, son una cosa común, pero es difícil creer en las plagas cuando las ve uno caer sobre su cabeza. Ha habido en el mundo tantas pestes como guerras y, sin embargo, pestes y guerras cogen a las gentes siempre desprevenidas.

ALBERT CAMUS

Espera de órdenes

El soldado en servicio actúa sólo por orden. Puede que tenga ganas de esto o de aquello; puesto que es soldado eso no cuenta, debe privarse de ello. No puede hallarse ante una encrucijada: aun si se hallare ante ella no es él quien decide cuál de los caminos tomar. Su vida activa está restringida por todos lados. Hace lo que todos los demás soldados hacen *con él*; y hace lo que le es ordenado. La pérdida de todas las demás acciones, que los demás hombres, según creen, ejecutan libremente, lo vuelve ávido de las acciones que *tiene* que ejecutar.

Un centinela que permanece durante horas inmóvil en su puesto, es la mejor expresión de la constitución psíquica del soldado. No debe alejarse; no debe dormirse; no debe moverse, a no ser que le estén prescritos ciertos movimientos, exactamente fijados. Su servicio propiamente dicho es la resistencia a cualquier tentación de abandonar su puesto, sea cual fuere la forma en que ésta se el presente. Este *negativismo* del soldado, como muy bien se le puede llamar, es su espinazo. Todas las causas corrientes para la acción, como las ganas, el temor, la inquietud, de las que tan esencialmente consiste la vida del hombre, las reprime dentro de sí. Las combate mejor ni siquiera confesándoselas.

Todo acto que entonces realmente ejecuta debe estar sancionado: por una orden. Puesto que es difícil para un hombre no emprender *nada*, se acumula en él una gran expectativa por aquello que le está permitido emprender. El deseo de acción se restaña y crece hasta lo desmedido. Pero porque antes de la acción hay una orden, la expectativa se vuelve a ésta: el buen soldado está siempre en un estado de consciente *espera de órdenes*.

ELÍAS CANETTI

La violencia

Un cetro arrebatado por una mano que no conoce ley ha de mantenerse tan violentamente como se ha conseguido...

WILLIAM SHAKESPEARE

Los que tienen a su cargo el provocar transformaciones radicales en la condición y en el medio en que se desenvuelven, no lo consiguen si no es haciendo actuar un fermento en la sociedad. Y para esto solo hay dos medios: el violento y el no violento. La presión violenta actúa sobre el cuerpo físico; degrada al que la emplea y deprime al que la padece. La presión no violenta ejercida por el mismo que padece el sufrimiento, como ocurre con el ayuno, actúa de manera completamente diferente. No afecta al cuerpo físico, sino que afecta y fortalece a la fibra moral de aquellos contra quienes se dirige.

MAHATMA GANDHI

No obliguéis nunca a vuestros súbditos a cambiar de religión. La violencia no sirve nunca para persuadir a los hombres: sólo sirve para hacerles hipócritas.

FRANÇOIS DE SALIGNAC DE LA MOTHE-
FÉNELON

León Tolstoi

El conde León Nikoláievich Tolstoi nació el 28 de agosto de 1828 en la población de Yasnaia Poliana. Tenía dos años cuando quedó huérfano de madre, así que él y sus hermanos quedaron a cargo de su tía Tatiana. Años más tarde, su padre, el conde Nicolai Ílich, se trasladó a Moscú con toda la familia, para que sus hijos recibieran una buena educación, pero poco tiempo después murió. León y sus hermanos quedaron al cuidado de tías y sirvientes.

Ingresó en la Facultad de Lenguas Orientales en 1843; pero perdió el interés y decidió inscribirse en la Facultad de Derecho de San Petersburgo. Sus calificaciones fueron mediocres debido a su falta de disciplina y a su carácter orgulloso e inestable, pero comenzó a leer con pasión a Gogol, Pushkin, Sterne, Schiller, los Evangelios, y a su autor favorito: Rousseau.

En Moscú prefirió la vida mundana y frívola de los salones artísticos de la época, pero se aburrió pronto y decidió cambiar su vida: volvió a su tierra natal y se dedicó a la vida campestre, ayudando a los campesinos y tratando de modernizar su hacienda: abrió una escuela e intentó enseñar a los agricultores nuevas técnicas. Pero la gente no lo aceptaba y le mostraba hostilidad. Tolstoi abandonó poco a poco sus proyectos; se dedicó a cazar en los bosques y a beber vodka con sus amigos. Viajaba con frecuencia a Moscú, donde lo absorbían las mujeres y los juegos de azar.

En 1851, su hermano Nicolás, oficial de artillería en el Cáucaso, lo convenció de que abandonara esa "vida estúpida" y se incorporara al ejército. Aceptó, y se trasladó al Cáucaso; lo que más le atrajo al principio fue la vida rústica.

Comenzó a escribir novelas, siguiendo el consejo que le había dado su tía Tatiana, e inmediatamente adquirió las manías de escritor: llenaba su cuaderno de notas con observaciones para futuros textos y, cuando terminaba un capítulo, se lo leía a sus amigos. Después de haber corregido siete veces su primer relato, llamado *Infancia*, lo envió a la revista literaria más importante de la época: *El contemporáneo*. Las críticas fueron muy elogiosas y Tolstoi confirmó su talento; reconoció su vocación literaria, redactó varios textos y descubrió que lo más importante para un escritor era escribir, "salga bien o mal".

Dos años en el ejército le bastaron para decepcionarse de la vida militar. Solicitó su retiro pero se lo negaron, y entonces pidió que lo enviaran al frente en Crimea; poco tiempo después su petición fue aceptada y lo enviaron a Sebastopol. Ahí se enfrentó a los verdaderos horrores de la guerra. El director de *El contemporáneo* le encargó unos artículos sobre el frente de batalla, tarea que aceptó emocionado: así surgieron los *Cuentos de Sebastopol*.

Abandonó la vida militar por la labor literaria y se trasladó a San Petersburgo. Turgueniev lo invitó a alojarse en su casa, experiencia que no fue muy agradable para ninguno debido a que sus personalidades eran totalmente distintas. Tiempo después Tolstoi emprendió un viaje por Europa y gastó mucho dinero. Regresó a Rusia y se recluyó en su pueblo, ayudando a mejorar la calidad de vida de los campesinos. En esa época fundó una revista pedagógica y continuó escribiendo.

En 1860, su hermano Nicolás enfermó y los médicos le aconsejaron vivir en un clima más benigno. Por consejo de Turgueniev, lo llevó a la ciudad alemana de Soden. León se dedicó a viajar por Alemania, mientras la salud de su hermano empeoraba, y cuando regresó a Soden, Nicolás murió en sus brazos. A partir de entonces se desarrolló en él la obsesión por la muerte.

En la primavera de 1862, Tolstoi se sintió enfermo y acudió a Moscú. Ahí se enamoró de Sofía Andréievna Bers, una muchacha de buena posición, mucho más joven que él, con un gran carácter. Convenció a Tolstoi de dedicarse por completo a la literatura, y lo ayudó a organizar sus escritos. En 1869, León Tolstoi terminó de escribir su primera gran obra, *La guerra y la paz*, y su vida se convirtió en un continuo sufrimiento: murieron sus ancianas tías, a las que siempre estuvo muy apegado, y tres de sus hijos. Su mujer enfermó, debilitada por tantos partos, y el temperamento del escritor pasó por grandes crisis. Comenzó ese mismo año la escritura de *Ana Karenina*, pero el trabajo se le dificultaba y la terminó en 1877.

El año 1881 fue el más importante en la vida de Tolstoi, pues fue el año de su "conversión". Abandonó a su familia y viajó a pie, vestido de campesino, hacia el monasterio, acompañado por un criado fiel. Él mismo relató esta etapa en su libro *Una confesión*. Compartía con mendigos y vagabundos la comida y el suelo donde dormían, con el objetivo de sentirse un cristiano verdadero, cercano a los que nada poseen. Pero fue reconocido por los monjes y regresó a su casa, donde se dedicó a escribir con fervor *Los Evangelios*, sobre el amor al prójimo y el desprecio a la riqueza. Predicó con el ejemplo y entregó todos sus bienes a su esposa. Su familia se trasladó a Moscú y él se dedicó a trabajar con los leñadores. Colaboró en obras sociales y conoció la miseria ancestral en la que estaba sumido el pueblo ruso. Entonces escribió un libro que lo lanzó a la fama como educador social y espiritual, yespiritual, y comenzó a seguirlo un grupo de discípulos. En 1891 renunció a sus derechos de autor por las obras escritas después de su transformación, lo cual lo alejó de su mujer y sus hijos. Escribió obras de teatro de contenido didáctico, que contenían su ideología. En 1901 fue excomulgado por la Iglesia ortodoxa por su novela *Resurrección*.

A los ochenta años, estaba muy fatigado, y en 1910 abandonó su casa, acompañado de su médico y de Sacha, su hija menor, y se dirigió al Cáucaso. Pero en Astapovo detuvo el viaje debido a una pulmonía. Murió en la casa del jefe de estación, el 7 de noviembre de ese año.

La política

[...] el mayor castigo para el hombre de bien,
cuando se niega a gobernar a los demás, consiste
en ser gobernado por otro hombre peor que él.

PLATÓN

El gobierno

[...] los mayores criminales se forman de los que tienen en su mano la autoridad. No es decir que entre ellos no se encuentren hombres virtuosos, y los que lo son, no hay palabras con qué ponderarlos. Porque es muy difícil, Callicles, y digno de los mayores elogios, el no salir de la justicia, cuando se tiene una plena libertad de obrar mal, y son bien pocos los que se encuentran en estas condiciones.

PLATÓN

Amad a los que gobernáis. Pero sin decírselo.

ANTOINE DE SAINT-EXUPÉRY

Cuando reprendas a otro, procura ser intachable, pues el ejemplo es más elocuente que la exhortación.

GEORGE WASHINGTON

Cuando un gobierno dura mucho tiempo se descompone poco a poco y sin notarlo.

CHARLES DE SECONDAT, BARÓN DE
MONTESQUIEU

Dejad pensar al pueblo que gobierna y se dejará gobernar.

WILLIAM PENN

El coyote y su hijo
Muy formal y circunspecto,
dijo un coyote a su hijo:
Jamás a robar aprendas,
que es un execrable vicio;
nunca extraigas las mazorcas
de la milpa del vecino,
ni sus gallinas atrapes,
ni le comas los pollitos;
ni, en fin, con malas acciones
causes a nadie perjuicios.
Haz con todos lo que quieras
que todos hagan contigo,

pues sólo de esta manera
vive un coyote bien quisto.
Así lo haré, señor padre,
contesta dócil el chico.
El coyote, satisfecho
de sus consejos prolijos,
fuese... ¿A dónde? A un gallinero,
y en él su feroz instinto
destroza a los animales:
ni uno solo deja vivo.
Al amanecer regresa,
relamiéndose el hocico;
mas con tan mala fortuna,
que su vil gallinicidio
y todas sus fechorías
tuvieron como testigo
al hijo aquel a quien daba
sus consejos de continuo.
Tal hijo siguió los pasos
de su padre, llegó al sitio
de la matanza; y vio todo,
de las sombras al abrigo.
Por ese ejemplo animado,
nuestro joven coyotito,
imita los procederes
del señor coyote viejo.
Cuélese a un corral, de noche
y consuma un sacrificio,
si no de pavos y patos
sí de rechonchos pollitos.
Sábelo el padre, y, airado,
estas palabras le dijo:
Bribón, olvidas muy pronto
mis advertencias y avisos.
¿No te recomiendo siempre
que a nadie le hagas perjuicio?
Es cierto, mi señor padre
—el joven clama contrito—;
mas como vi cierta noche,
en que os seguí con sigilo,
que vos matábais gallinas,
yo, a mi vez, maté pollitos;
creyendo que con tal acto
no incurría en un delito.
Vos comisteis a las madres
y yo devoré a los hijos.
Nada respondió el coyote;

quedóse mustio y corrido;
y comprendió que un consejo
aun dado con mucho tino,
no es eficaz, sino al lado
de un buen ejemplo continuo.

José Joaquín Fernández de Lizardi

El fin de un gobierno no es dar a los hombres la felicidad, sino dar a los hombres la posibilidad de buscarla.

William E. Channing

El gobierno es como todas las cosas del mundo: para conservarlo hay que amarlo.

Charles de Secondat, barón de Montesquieu

El gobierno mundial no será democrático: será tiránico. Mientras más amplias se hacen las cosas, más corremos el riesgo de perdernos.

Ikram Antaki

El que no sabe gobernarse a sí, ¿cómo sabrá gobernar a otros?

Miguel de Cervantes Saavedra

El sujeto que mereciere el empleo de primer ministro o secretario, que es su propio nombre, debe primeramente apetecer el lado del rey para hacer bien a todos, no para causar mal a ninguno.
El que corre tras la fortuna, cuando la alcanza, de cansado no la logra.
Ejercitar con los inferiores el poder es casi mostrar temor a los iguales, pues parece se quiere castigar en los primeros lo que no se puede ejecutar con los segundos.
No se debe tener por más glorioso el mandar; lo más plausible es mandar bien.

Melchor Rafael de Macanaz

En el momento que mis soldados comiencen a reflexionar, ninguno querrá permanecer en su puesto.

Federico II

Es preciso exigir a cada uno lo que pueda dar de sí... La autoridad reposa, ante todo, sobre la razón. Si tú ordenas a tu pueblo que vaya a arrojarse al mar, hará la revolución. Tengo el derecho de exigir obediencia porque mis órdenes son razonables.

Antoine de Saint-Exupéry

Es un derecho reconocido desde tiempo inmemorial que todo individuo puede negar su colaboración al amo que gobierna mal.

Mahatma Gandhi

Gobernar bien es cumplir honradamente lo prometido a la mayoría, respetar escrupulosamente los derechos de proselitismo pacífico de las minorías, y dar buenos palos a los violentos, sean individuos, minorías o mayoría.

José Gaos

La corrupción es una maldición que pesa sobre los gobiernos por mayoría.

Mahatma Gandhi

La gente baldía y perezosa es en la república lo mesmo que los zánganos en las colmenas, que se comen la miel que las trabajadoras abejas hacen.

Miguel de Cervantes Saavedra

La mejor defensa contra gobiernos usurpadores es una ciudadanía resuelta.

William Buckley, hijo

La primera obligación de un gobierno es hacer justicia legal y empeñarse en proteger con la justicia moral.

FRANCISCO BULNES

Los oídos y las puertas
ha de tener siempre abiertas
un rey que justicia guarda.

JUAN RUIZ DE ALARCÓN

No es justo ni acertado que se cumpla la voluntad de quien en lo que ordena va fuera de todo razonable discurso.

MIGUEL DE CERVANTES SAAVEDRA

Si hubiera sabido gobernarse, habría gobernado el mundo.

BENJAMIN CONSTANT

Un gobierno es tanto mejor cuanto menos se hace sentir.

LUIS MONTES DE OCA

No hace menos el soldado que pone en ejecución lo que su capitán le manda, que el mismo capitán que se lo ordena.

MIGUEL DE CERVANTES SAAVEDRA

Un príncipe debe, ante todas cosas, conducirse con sus gobernados de modo que ninguna casualidad, buena o mala, le haga variar, porque si acaecen tiempos penosos, no le queda ya lugar para remediar el mal, y el bien que hace entonces, no se convierte en provecho suyo.

NICOLÁS MAQUIAVELO

Uno de los mayores trabajos que los reyes tienen, entre otros muchos, es el estar obligados a escuchar a todos, y a responder a todos.

MIGUEL DE CERVANTES SAAVEDRA

Y más que ya por muchas experiencias sabemos que no es menester ni mucha habilidad ni muchas letras para ser uno gobernador, pues hay por ahí ciento que apenas saben leer y gobiernan como unos girifaltes; el toque está en que tengan buena intención y deseen acertar en todo; que nunca les faltará quien les aconseje y encamine en lo que han de hacer.

MIGUEL DE CERVANTES SAAVEDRA

En los reyes la palabra es leẏ.

JUAN RUIZ DE ALARCÓN

Mientras que las masas no reflexionen y las sigan manejando los que de momento tienen influencia en ellas, es una equivocación el que voten.

MAHATMA GANDHI

Porque has de saber que en los reinos y provincias nuevamente conquistados nunca están tan quietos los ánimos de sus naturales, ni tan de parte del nuevo señor, que no se tengan temor de que han de hacer alguna novedad para alterar de nuevo las cosas, y volver, como dicen, a probar ventura; y así, es menester que el nuevo posesor tenga entendimiento para saberse gobernar y valor para ofender y defenderse en cualquier acontecimiento.

MIGUEL DE CERVANTES SAAVEDRA

La patria

Al Director de la Facultad de Filosofía de la Universidad de Bonn:
El misterio de la palabra es grande: su responsabilidad y su pureza tienen algo de simbólico y espiritual; no sólo posee un significado artístico sino uno ético en general; es la responsabilidad en sí, la

responsabilidad humana y también la del propio país, es el deber de conservar pura la imagen a los ojos de la humanidad. En la Palabra está involucrada la unidad de la humanidad, la integridad del problema humano que no permite a nadie, y hoy menos que nunca, separar lo intelectual y artístico de lo político y social y aislarlo en una torre de marfil. Esta totalidad verdadera está ligada con la humanidad misma, y cualquiera que trate de "totalizar" un segmento de la vida humana (quiero significar la política, el Estado) atenta criminalmente contra la humanidad.

Un autor alemán, acostumbrado a esta responsabilidad de la palabra, un alemán cuyo patriotismo, aunque ingenuamente, se expresa con confianza en la enorme significación moral de todo lo que sucede en Alemania ¿puede permanecer silencioso, totalmente silencioso, ante el mal inexpiable que se infiere diariamente en mi país a los cuerpos, almas y pensamientos, a la verdad y al derecho, a los hombres y a la humanidad? ¿Y deberá permanecer silencioso ante el terrible peligro que corre el continente entero bajo este régimen de destrucción de almas? No me fue posible permanecer callado, y contrariando a mis intenciones primitivas, revelé mi modo de pensar, con el resultado absurdo de mi pérdida de nacionalidad. El mero conocimiento de quiénes son los hombres que poseen el poder para privarme de los derechos que me confiere mi nacionalidad alemana, es suficiente para que semejante acto aparezca en toda su ridiculez. ¡Se me considera haber deshonrado al Reich y a Alemania por el hecho de que me he declarado en contra de ellos!

¡Tienen la desfachatez de confundirse con Alemania! ¡Cuando tal vez no esté lejano el momento en que será de gran importancia para el pueblo alemán no ser confundido con ellos!

No he hablado por mera presunción, sino embargado por una angustia muy grande de la cual los usurpadores no se supieron librar cuando decretaron que ya no pertenecía al pueblo alemán, una angustia espiritual que durante cuatro años no me ha abandonado ni un solo momento y contra la cual he debido luchar incesantemente para cumplir con mi diaria labor creadora. La presión fue grande. Y, a pesar de ser hombre que por timidez en lo que atañe a los asuntos religiosos nunca o muy rara vez menciono el nombre de Dios, en estos momentos de profunda emoción no puedo refrenar el deseo de terminar esta carta con una breve y ardiente plegaria:

"Que Dios ayude a nuestra patria ensombrecida y profanada y le otorgue la gracia de hacer la paz con el mundo y consigo misma".

THOMAS MANN

El exiliado es un muerto sin tumba.

PUBLIO SIRIO

Es triste abandonar la patria para siempre, pero aún es peor no tener el derecho de abandonarla.

VOLODYMYR DERJAVYN

La patria de cada hombre es el país donde mejor vive.

ARISTÓFANES

Podéis arrancar al hombre de su país, pero no podéis arrancar el país del corazón del hombre.

JOHN DOS PASSOS

Carta a Florentina

Te ruego, hermana mía Florentina, por la Bienaventurada Trinidad, divinidad única, que, pues como Abraham saliste de tu tierra y de tus parientes, no mires atrás como la mujer de Loth, no hagas inútil con el mal ejemplo los buenos propósitos de otros, y no vean en ti otros lo que en sí ocultan. Nunca te atraiga el pensamiento de volver al suelo natal, de donde Dios no te hubiera arrojado, si te quisiera tener allí. Por lo demás, confieso yo mismo mi error. A menudo hablando con nuestra madre común le pregunté si quería volver a la patria. Pero ella, que conocía que había salido de allí por voluntad de Dios para su salvación, decía, poniendo a Dios por testigo, que no quería volver a ver esa patria. Y decía con mucho llanto: "El destierro me hizo conocer a Dios, desterrada moriré, y aquí tendré mi sepultura, donde recibí el conocimiento de Dios."

SAN ISIDORO DE SEVILLA

Tu prestigio provinciano, oh tierra acogedora, luce en seres y cosas: en la paloma que dibuja la espiral de sus vuelos sobre la torre blanca; en el mugido de las vacas que empañan con su vaho, cada tarde, la linfa del río; en la gallina descarriada que cacarea, dando picotazos en las baldosas de la plazuela; en el desmayo de la música del anochecer, y en la columna de humo de la choza en la limpidez natural.

Nada más puedo pedirte, oh tierra dadivosa, porque todo me lo has concedido. Me diste el perfume de égloga de tus campos, la jovialidad de tus habitantes; el ensueño de la luz de la luna sobre tu caserío, que se duerme entre el sonsonete del grillo y el ladrar de los mastines; la gracia volandera de los pájaros que rayan el cielo, con algarabía de locura feliz; la lección fértil de la escuela de tu vendimia, y también me otorgaste, como corona para mi ventura, el sonreír claro de la más hermosa de tus hijas.

Quizá vuelva a ti en los días de mi senectud, a mirar desde mi desencanto cómo crecen los niños y las ilusiones de la gente nueva; y entre tus muros patriarcales me extinguiré, oh tierra caritativa, con la nieve del último invierno.

RAMÓN LÓPEZ VELARDE

El poder

El ansia de poder no tiene sus raíces en la fuerza, sino en la debilidad.

ERICH FROMM

La espada de Damocles

Érase una vez un rey llamado Dionisio, que gobernaba Siracusa, la ciudad más rica de Sicilia. Vivía en un elegante palacio donde había muchos objetos bellos y costosos, y lo atendía una hueste de criados que siempre estaban prontos a obedecerle.

Naturalmente, como Dionisio tenía tanta riqueza y poder, había muchos en Siracusa que envidiaban su buena fortuna. Uno de ellos era Damocles. Era uno de los mejores amigos de Dionisio, y siempre le decía:

—¡Qué afortunado eres! Tienes todo lo que se puede desear. Debes de ser el hombre más feliz del mundo.

Un día Dionisio se cansó de esas palabras.

—Vamos —dijo—, ¿de veras crees que soy más feliz que los demás?

—Pues claro que sí —respondió Damocles—. Mira tus grandes

tesoros, y el poder que posees. No tienes ninguna preocupación. ¿Cómo podría la vida ser mejor?

—Tal vez desees cambiar de lugar conmigo —dijo Dionisio.

—Oh, jamás soñaría con ello. Pero si pudiera gozar de tus riquezas y placeres por un día, nunca tendría mayor felicidad.

—Muy bien. Cambiemos de lugar por sólo un día, y gozarás de ellos.

Y así, al día siguiente, Damocles fue conducido al palacio, y todos los criados recibieron instrucciones de tratarlo como a su amo. Lo vistieron con túnicas reales, le pusieron una corona de oro en la cabeza. Damocles se sentó a una mesa en la sala de banquetes, y le sirvieron sabrosos manjares. No faltaba nada que pudiera complacerlo. Había costosos vinos, y bellas flores, y raros perfumes, y música deleitable. Se apoyó en mullidos cojines, y se consideró el hombre más feliz del mundo.

—Ah, esto es vida —le suspiró a Dionisio, quien estaba sentado en el otro extremo de la larga mesa—. Nunca he disfrutado tanto.

Y al llevarse una taza a los labios, elevó los ojos al techo. ¿Qué era eso que colgaba allá arriba, un objeto filoso cuya punta casi le tocaba la cabeza?

Damocles se quedó tieso. La sonrisa se le borró de los labios, y su rostro se puso ceniciento. Le temblaron las manos. No quería más comida, ni bebida, ni más música. Sólo quería largarse del palacio, irse muy lejos. Pues sobre su cabeza pendía una espada, sujeta al techo por un mero pelo de caballo. La filosa hoja relucía mientras le apuntaba entre los ojos. Iba a levantarse y echar a correr, pero se contuvo, temiendo que cualquier movimiento brusco partiera esa delgada hebra e hiciera caer la espada. Se quedó petrificado en la silla.

—¿Qué sucede, amigo mío? —preguntó Dionisio—. Pareces haber perdido el apetito.

—¡Esa espada, esa espada! —susurró Damocles—. ¿No la ves?

—Claro que la veo —dijo Dionisio—. La veo todos los días. Siempre pende sobre mi cabeza, y siempre existe el peligro de que alguien corte esa delgada hebra. Tal vez uno de mis asesores envidie mi poder e intente asesinarme. O alguien puede propagar mentiras sobre mí, para azuzar al pueblo en mi contra. Puede ocurrir que un reino vecino envíe un ejército para capturar mi trono. O puedo tomar una decisión imprudente que provoque mi caída. Si quieres ser monarca, debes estar dispuesto a aceptar estos riesgos. Forman parte del poder, como verás.

—Sí, claro que veo —dijo Damocles—. Ahora veo que estaba equivocado, y que tienes mucho en que pensar aparte de las riquezas y la fama. Por favor, ocupa tu lugar, y déjame regresar a mi casa.

Y mientras vivió, Damocles nunca más quiso cambiar de lugar con el rey, ni siquiera por un instante.

ADAPTACIÓN DE UN TEXTO DE JAMES BALDWIN

Los poderosos sólo son poderosos porque nosotros estamos de rodillas: ¡levantémonos!

PIERRE VICTURNIEN VERGNIAUD

Me asusta la inmensa idiotez de que son culpables las personas que ostentan el poder.

HENRIK IBSEN

No os dé necia confianza
ser sus delitos dudosos,
que contra los poderosos
los indicios son probanza.

JUAN RUIZ DE ALARCÓN

Sólo es digno de su poder quien lo
justifica día tras día.

DAG HAMMARSKJÖLD

Todo poder emana de Dios, debo
reconocerlo; pero toda enfermedad
proviene de Dios también. ¿Estará
por ello prohibido recurrir al médico?
Si un bandido me sorprende en una
selva, ¿estaré, no sólo por la fuerza,
sino aun pudiendo evitarlo, obligado
en conciencia a entregarle mi bolsa?
Porque, en fin, la pistola que él tiene
es un poder.
   Convengamos, pues, que la fuerza
no hace al derecho, y que no estamos
obligados a obedecer más que a los
poderes legítimos.

JEAN JACQUES ROUSSEAU

[...] el hombre más poderoso del
mundo es el que está más solo.

HENRIK IBSEN

La política

—Hubo un tiempo en que los dioses
existían solos y no existía ningún ser
mortal. Cuando el tiempo destinado
a la creación de estos últimos se
cumplió, los dioses los formaron en
las entrañas de la tierra, mezclando
la tierra, el fuego y los otros dos
elementos que entran en la
composición de los dos primeros.
Pero antes de dejarlos salir a la luz,
mandaron los dioses a Prometeo y a
Epimeteo que los revistieran con
todas las cualidades convenientes,
distribuyéndolas entre ellos.
Epimeteo suplicó a Prometeo que le
permitiera hacer por sí solo esta

distribución, a condición, le dijo, de
que "tú la examinarás cuando yo la
hubiere hecho". Prometeo consintió
en ello; y he aquí a Epimeteo en
campaña. Distribuye a unos la fuerza
sin la velocidad, y a otros la
velocidad sin la fuerza; da armas
naturales a éstos y a aquéllos se las
rehúsa; pero les da otros medios de
conservarse y defenderse. A los que
da cuerpos pequeños les asigna las
cuevas y los subterráneos para
guarecerse, o les da alas para buscar
su salvación en los aires; los que
hace corpulentos, en su misma
magnitud tienen su defensa.
Concluyó su distribución con la
mayor igualdad que le fue posible,
tomando bien las medidas para que
ninguna de estas especies pudiese
ser destruida. Después de haberles
dado todos los medios de defensa
para libertar a los unos de la
violencia de los otros, tuvo cuidado
de guarecerles de las injurias del aire
y del rigor de las estaciones. Para
esto los vistió de un vello espeso y
una piel dura, capaz de defenderlos
de los hielos del invierno y de los
ardores del estío, y que les sirve de
abrigo cuando tienen necesidad de
dormir, y guarneció sus pies con un
casco muy firme, o con una especie
de callo espeso y una piel muy dura,
desprovista de sangre. Hecho esto,
les señaló a cada uno su alimento; a
éstos las hierbas; a aquéllos los
frutos de los árboles, a otros las
raíces; y hubo especie a la que
permitió alimentarse con la carne de
los demás animales; pero a ésta la
hizo poco fecunda, y concedió en
cambio una gran fecundidad a las
que debían alimentarlas, a fin de que
ella se conservase. Pero como
Epimeteo no era muy prudente, no se
fijó en que había distribuido todas

las cualidades entre los animales privados de razón, y que aún le quedaba la tarea de proveer al hombre. No sabía qué partido tomar, cuando Prometeo llegó para ver la distribución que había hecho. Vio todos los animales perfectamente arreglados, pero encontró al hombre desnudo, sin armas, sin calzado, sin tener con qué cubrirse. Estaba ya próximo el día destinado para aparecer el hombre sobre la tierra y mostrarse a la luz del sol, y Prometeo no sabía qué hacer, para dar al hombre los medios de conservarse. En fin, he aquí el expediente a que recurrió: robó a Hefestos y a Atenea el secreto de las artes y el fuego, porque sin el fuego, las ciencias no podían poseerse y serían inútiles, y de todo hizo un presente al hombre. He aquí de qué manera el hombre recibió la ciencia de conservar su vida; pero no recibió el conocimiento de la política, porque la política estaba en poder de Zeus, y Prometeo no tenía aún la libertad de entrar en el santuario del padre de los dioses, cuya entrada estaba defendida por guardas terribles. Pero, como estaba diciendo, se deslizó furtivamente en el taller en que Hefestos y Atenea trabajaban, y habiendo robado a este dios su arte, que se ejerce por el fuego, y a aquella diosa el suyo, se lo regaló al hombre, y por este medio se encontró en estado de proporcionarse todas las cosas necesarias para la vida. Se dice que Prometeo fue después castigado por este robo, que sólo fue hecho para reparar la falta cometida por Epimeteo. Cuando se hizo al hombre partícipe de las cualidades divinas fue el único de todos los animales que, a causa del parentesco que le unía con el ser divino, se convenció

de que existen dioses, les levantó altares y les dedicó estatuas. En igual forma creó una lengua, articuló sonidos y dio nombres a todas las cosas, construyó casas, hizo trajes, calzado, lechos y sacó sus alimentos de la tierra. Con todos estos auxilios los primeros hombres vivían dispersos, y no había aún ciudades. Se veían miserablemente devorados por las bestias, siendo en todas partes mucho más débiles que ellas. Las artes que poseían eran un medio suficiente para alimentarse, pero muy insuficiente para defenderse de los animales, porque no tenían aún ningún conocimiento de política, de la que el arte de la guerra es una parte. Creyeron que era indispensable reunirse para su mutua conservación, construyendo ciudades. Pero apenas estuvieron reunidos, se causaron los unos a los otros muchos males, porque aún no tenían ninguna idea de la política. Así es que se vieron precisados a separarse otra vez y helos aquí expuestos de nuevo al furor de las bestias. Zeus, movido de compasión y temiendo también que la raza humana se viera exterminada, envió a Hermes con orden de dar a los hombres pudor y justicia, a fin de que construyesen sus ciudades y estrechasen los lazos de una común amistad. Hermes, recibida esta orden, preguntó a Zeus cómo debía dar a los hombres el pudor y la justicia, y si los distribuiría como Epimeteo había distribuido las artes; porque he aquí cómo lo fueron éstas: el arte de la medicina, por ejemplo, fue atribuido a un hombre solo que la ejerce por una multitud de otros que no la conocen, y lo mismo sucede con todos los demás artistas. ¿Bastará, pues, que yo distribuya lo mismo el pudor y la justicia entre un pequeño número de personas, o las repartiré a todos indistintamente? A todos, sin dudar, respondió Zeus; es preciso que todos sean partícipes, porque si se entregan a un pequeño número, como se ha hecho con las demás artes, jamás habrá ni sociedades ni poblaciones. Además, publicarás de mi parte una ley, según la que todo hombre que no participe del pudor y de la justicia será exterminado y considerado como la peste de la sociedad.

"Aquí tienes, Sócrates, la razón por que los atenienses y los demás pueblos que deliberan sobre negocios concernientes a las artes, como la arquitectura o cualquier otro, sólo escuchan los consejos de pocos, es decir, de los artistas; y si otros, que no son de la profesión, se meten a dar su dictamen, no se les sufre, como has dicho muy bien, y es muy racional que así suceda. Pero cuando se trata de los negocios que corresponden puramente a la política, como la política versa siempre sobre la justicia y la templanza, entonces escuchan a todo el mundo y con razón, porque todos están obligados a tener estas virtudes, pues que de otra manera no hay sociedad. Ésta es la única razón de tal diferencia, Sócrates.

"Y para que no creas que te engaño, cuando digo que todos los hombres están verdaderamente persuadidos de que cada particular tiene un conocimiento suficiente de la justicia y de todas las demás virtudes políticas, aquí tienes una prueba que no te permita dudar. En las demás artes, como dijiste muy bien, si alguno se alaba de sobresalir en una de ellas, por ejemplo, en la de tocar la flauta, sin saber tocar, todo el mundo le silba y se levanta contra

él y sus parientes hacen que se retire como si fuera un hombre que ha perdido el juicio. Por el contrario, cuando se ve a un hombre que, hablando de la justicia y de las demás virtudes políticas, dice delante de todo el mundo, atestiguando contra sí mismo, que no es justo ni virtuoso, aunque en todas las demás ocasiones sea loable decir la verdad, en este caso se califica de locura y se dice, con razón, que todos los hombres están obligados a afirmar de sí mismos que son justos, aunque no lo sean, y que el que no sabe, por lo menos, fingir lo justo, es enteramente un loco, porque no hay nadie que no esté obligado a participar de la justicia de cualquier manera, a menos que deje de ser hombre. He aquí por qué he sostenido que es justo oír indistintamente a todo el mundo, cuando se trata de la política, en concepto de que no hay nadie que no tenga algún conocimiento de ella.

'Es preciso que todos se persuadan de que estas virtudes no son, ni un presente de la naturaleza ni un resultado del azar, sino fruto de reflexiones y de preceptos que constituyen una ciencia que puede ser enseñada, que es lo que ahora me propongo demostraros.

"¿No es cierto que, respecto a los defectos que nos son naturales o que nos vienen de la fortuna, nadie se irrita contra nosotros, nadie nos lo advierte, nadie nos reprende, en una palabra, no se nos castiga para que seamos distintos de lo que somos? Antes, por lo contrario, se tiene compasión de nosotros, porque ¿quién podría ser tan insensato que intentara corregir a un hombre raquítico, a un hombre feo, a un valetudinario? ¿No está todo el mundo persuadido de que los defectos del cuerpo, lo mismo que sus bellezas, son obras de la naturaleza y de la fortuna? No sucede lo mismo con todas las demás cosas que pasan en verdad por fruto de la aplicación y del estudio. Cuando se encuentra a alguno que no las tiene o que tiene los vicios contrarios a estas virtudes que debería tener, todo el mundo se irrita contra él; se le advierte, se le corrige y se le castiga. En el número de estos vicios entran la injusticia y la impiedad, y todo lo que se opone a las virtudes políticas y sociales. Como todas estas virtudes pueden ser adquiridas por el estudio y por el trabajo, todos se sublevan contra los que han despreciado el aprenderlas. Es esto tan cierto, Sócrates, que si quieres tomar el trabajo de examinar lo que significa esta expresión: *castigar a los malos*, la fuerza que tiene y el fin que nos proponemos con este castigo; esto sólo basta para probarte que los hombres todos están persuadidos de que la virtud puede ser adquirida. Porque nadie castiga a un hombre malo sólo porque ha sido malo, a no ser que se trate de alguna bestia feroz que castigue para saciar su crueldad. Pero el que castiga con razón, castiga, no por las faltas pasadas, porque ya no es posible que lo que ya ha sucedido deje de suceder, sino por las faltas que puedan sobrevenir, para que el culpable no reincida y sirva de ejemplo a los demás su castigo. Todo hombre que se propone este objeto, está necesariamente persuadido de que la virtud puede ser enseñada, porque sólo castiga respecto al provenir. Es constante que todos los hombres que hacen castigar a los malos, sea privadamente, sea en

público, lo hacen con esta idea, y lo mismo los atenienses que todos los demás pueblos. De donde se sigue necesariamente, que los atenienses están tan persuadidos como los demás pueblos de que la virtud puede ser adquirida y enseñada. Así es, que con razón oyen en sus consejos al albañil, al herrero, al zapatero, porque están persuadidos de que se puede enseñar la virtud, y me parece que esto está suficientemente probado.

"La única duda que queda en pie es la relativa a los hombres virtuosos. Preguntas de dónde nace que estos grandes personajes hacen que sus hijos aprendan todo lo que puede ser enseñado por maestros, haciéndolos muy hábiles en todas estas artes, mientras que son impotentes para enseñarles sus propias virtudes, lo mismo que a los demás ciudadanos. Para responder a esto, Sócrates, no recurriré a la fábula como antes, sino que te daré razones muy sencillas, y para ello me basto solo. ¿No crees que hay una cosa, a la que todos los ciudadanos están obligados igualmente, y sin la que no se concibe ni la sociedad ni la ciudad? La solución de la dificultad depende de este solo punto. Porque si esta cosa única existe, y no es el arte del carpintero ni del herrero ni del alfarero, sino la justicia, la templanza, la santidad, y, en una palabra, todo lo que está comprendido bajo el nombre de virtud; si esta cosa existe, y todos los hombres están obligados a participar de ella, de manera que cada particular que quiere instruirse o hacer alguna cosa, esté obligado a conducirse según sus reglas o renunciar a todo lo que quería; que todos aquellos que no participen de esta cosa, hombres, mujeres y niños, sean contenidos, reprimidos y penados hasta que la instrucción y el castigo los corrijan; y que los que no se enmienden sean castigados con la muerte o arrojados de la ciudad; si todo esto sucede, como tú no lo puedes negar, por más que esos hombres grandes, de que hablas, hagan aprender a sus hijos todas las demás cosas, si no pueden enseñarles esta cosa única, quiero decir, la virtud, es preciso un milagro para que sean hombres de bien. Ya te he probado que todo el mundo está persuadido de que la virtud puede ser enseñada en público y en particular. Puesto que puede ser enseñada, ¿te imaginas que haya padres que instruyan a sus hijos en todas las cosas, que impunemente se pueden ignorar, sin incurrir en la pena de muerte ni en la menor pena pecuniaria, y que desprecien enseñarles las cosas cuya ignorancia va ordinariamente seguida de la muerte, de la prisión, del destierro, de la confiscación de bienes, y para decirlo en una sola palabra, de la ruina entera de las familias? ¿No se advierte que todos emplean sus cuidados en la enseñanza de estas cosas? Sí, sin duda, Sócrates, y debemos pensar que estos padres, tomando a sus hijos desde la más tierna edad, es decir, desde que se hallan en estado de entender lo que se les dice, no cesan toda su vida de instruirlos y reprenderlos, y no sólo los padres, sino también las madres, las nodrizas y los preceptores.

Todos trabajan únicamente para hacer a los hijos virtuosos, enseñándoles, con motivo de cada acción, de cada palabra, que tal cosa es justa, que tal otra injusta, que esto es bello, aquello vergonzoso, que lo uno es santo, que lo otro impío, que es preciso hacer esto y evitar aquello. Si los hijos obedecen voluntariamente estos preceptos, se les alaba, se les recompensa; si no obedecen, se les amenaza, se les castiga, y también se les endereza como a los árboles que se tuercen. Cuando se los envía a la escuela, se recomienda a los maestros que no pongan tanto esmero en enseñarles a leer bien y tocar instrumentos, como el enseñarles las buenas costumbres. Así es que los maestros en este punto tienen el mayor cuidado. Cuando saben leer y pueden entender lo que leen, en lugar de preceptos a viva voz, los obligan a leer en los bancos los mejores poetas, y a aprenderlos de memoria. Allí encuentran preceptos excelentes y relaciones en que están consignados elogios de los hombres más grandes de la antigüedad, para que estos niños, inflamados con una noble emulación, los imiten y procuren parecérseles. Los maestros de música hacen lo mismo, y procuran que sus discípulos no hagan nada que pueda abochornarles. Cuando saben la música y tocan bien los instrumentos, ponen en sus manos composiciones de los poetas líricos, obligándolos a que las canten acompañándose con la lira, para que de esta manera el número y la armonía se insinúen en su alma, aún muy tierna, y para que haciéndose por lo mismo más dulces, más tratables, más cultos, más delicados, y por decirlo así, más armoniosos y más de acuerdo, se encuentren los niños en disposición de hablar bien y de obrar bien, porque toda la vida del hombre tiene necesidad de número y de armonía.

No contentos con esto, se los envía además a los maestros de gimnasia, con el objeto de que, teniendo el cuerpo sano y robusto, puedan ejecutar mejor las órdenes de un espíritu varonil y sano, y que la debilidad de su temperamento no les obligue rehusar el servir a su patria, sea en la guerra, sea en las demás funciones. Los que tienen más recursos son los que comúnmente ponen sus hijos al cuidado de maestros, de manera que los hijos de los más ricos son los que comienzan pronto sus ejercicios, y los continúan por más tiempo, porque desde su más tierna edad, concurren a estas enseñanzas, y no cesan de concurrir hasta que son hombres hechos. Apenas han salido de manos de sus maestros, cuando la patria les obliga a aprender las leyes y a vivir según las reglas que ella prescribe, para que cuanto hagan, sea según principios de razón y nada por capricho o fantasía; y a la manera que los maestros de escribir dan a los discípulos, que no tienen firmeza en la mano, una reglilla para colocar bajo del papel, a fin de que, copiando las muestras, sigan siempre las líneas marcadas; en la misma forma la patria da a los hombres las leyes que han sido inventadas y establecidas por los antiguos legisladores. Ella los obliga a gobernar y a dejarse gobernar según sus reglas, y si alguno se separa le castiga, y a esto llamáis comúnmente vosotros, valiéndoos de una palabra muy propia, enderezar, que es la función misma de la ley. Después de tantos cuidados como se toman en público y en particular para inspirar la virtud, ¿extrañarás, Sócrates, y dudarás ni un solo momento que la virtud puede ser enseñada? Lejos de extrañarlo, debería sorprenderte más, si lo contrario fuese lo cierto.

"¿Pero de dónde nace que muchos hijos de hombres virtuosísimos se hacen muy malos? La razón es muy clara, y no puede causar sorpresa, si lo que yo he dicho es exacto. Si es cierto que todo hombre está obligado a ser virtuoso, para que la sociedad subsista, como lo es sin la menor duda, escoge, entre todas las demás ciencias y profesiones que ocupan a los hombres, la que te agrade. Supongamos, por ejemplo, que esta ciudad no puede subsistir, si no somos todos tocadores de flauta. ¿No es claro que en este caso todos nos entregaríamos a este ejercicio, que en público y en particular nos enseñaríamos los unos a los otros a tocar, que reprenderíamos y castigaríamos a los que no quisiesen aprender, y que no haríamos de esta ciencia más misterio que el que ahora hacemos de la ciencia, de la justicia y de las leyes? ¿Rehúsa nadie enseñar a los demás lo que es justo? ¿Se guarda el secreto de esta ciencia, como se practica con todas las demás? No, sin duda, y la razón es porque la virtud y la justicia de cada particular son útiles a toda la sociedad. He aquí por qué todo el mundo se siente inclinado a enseñar a los demás todo lo relativo a las leyes y a la justicia. Si sucediese lo mismo en el arte de tocar la flauta, y estuviésemos todos igualmente inclinados a enseñar a los demás sin ninguna reserva lo que supiésemos, ¿crees tú, Sócrates, que los hijos de los mejores tocadores de flauta se harían siempre mejores en este arte, que los hijos de los medianos tocadores? Estoy persuadido de que tú no lo crees. Los hijos que tengan las más felices disposiciones para el ejercicio de este arte serían los que harían los mayores progresos, mientras que se fatigarían en vano los demás y no adquirirían jamás nombradía, y veríamos todos los días el hijo de un famoso tocador de flauta no ser más que una medianía, y por el contrario, el hijo de un ignorante hacerse muy hábil: pero mirando el conjunto, todos serán buenos, si los comparas con los que jamás han manejado una flauta.

"En la misma forma, ten por cierto que el más injusto de todos los que están nutridos en el conocimiento de las leyes y de la sociedad sería un hombre justo, y hasta capaz de enseñar la justicia, si le comparas con gentes que no tienen educación, ni leyes, ni tribunales, ni jueces; que no están forzados por ninguna necesidad a rendir homenaje a la virtud, y que, en una palabra, se parecen a esos salvajes que Ferecrates nos presentó el año pasado en las fiestas de Leneo. Créeme, si hubieras de vivir con hombres semejantes a los misántropos que este poeta introduce en su pieza dramática, te tendrías por muy dichoso cayendo en manos de un Euribate y de un Frinondas, y suspirarías por la maldad de nuestras gentes, contra la que declamas hoy tanto. Tu mala creencia no tiene otro origen que la facilidad con que todo esto se verifica, y como ves que todo el mundo enseña la virtud como puede, te place el decir que no hay un solo maestro que la enseñe. Esto es, como si buscaras en la Hélade un maestro que enseñase la lengua griega; no le encontrarías; ¿por qué? Porque todo el mundo la enseña. Verdaderamente si buscaseis alguno que pudiese enseñar a los hijos de

los artesanos el oficio de sus padres, con la misma capacidad que podrían hacerlo estos mismos o los maestros jurados, te confieso, Sócrates, con más razón, que semejante maestro no sería fácil encontrarle; pero encontrar a los que pueden instruir a los ignorantes es cosa sencilla. Lo mismo sucede con la virtud y con todas las demás cosas semejantes a ella. Por pequeña que sea la ventaja que otro hombre tenga sobre nosotros para impulsarnos y encarrilarnos por el camino de la virtud, es cosa con la que debemos envanecernos y darnos por dichosos. Creo ser yo del número de éstos, porque sé mejor que nadie todo lo que debe practicarse para hacer a uno hombre de bien, y puedo decir que no robo el dinero que tomo, pues aún merezco más según el voto mismo de mis discípulos. He aquí mi modo ordinario de proceder en este caso: cuando alguno ha aprendido de mí lo que deseaba saber, si quiere, me paga lo que hay costumbre de darme, y si no, puede ir a un templo, y después de jurar que lo que le he enseñado vale tanto o cuanto, depositar la suma que me detiene.

"He aquí, Sócrates, cuál es la fábula y cuáles son las razones de que he querido valerme, para probarte que la virtud puede ser enseñada y que están persuadidos de ello todos los atenienses; y para hacerte ver igualmente que no hay que extrañar que los hijos de los padres más virtuosos sean las más veces poca cosa, y que los de los ignorantes salgan mejores, puesto que aquí mismo vemos que los hijos de Policleto, que son de la misma edad que Jantipo y Paralos, no son nada si se les compara con su padre, y lo mismo sucede con otros muchos hijos de nuestros más grandes artistas. Pero con respecto a los hijos de Pericles, que acabo de nombrar, no es tiempo de juzgarlos, porque da espera su tierna juventud."

PLATÓN

Apenas son suficientes mil años para formar un Estado; pero puede bastar una hora para reducirlo a polvo.

LORD BYRON

Aquel fermento de optimismo que sólo rebulle al subir a cierto nivel de bienestar parece indispensable para que se revelen y prosperen algunas virtudes de los pueblos. Cuando la lucha es elemental y áspera, cuando el poco dinero está en manos de los gobiernos, y los hombres se disputan ansiosamente los cargos públicos como único medio de tener comida y respeto, ¿adónde irán las cualidades latentes? Se desarrollan la garra y los colmillos, no la inteligencia ni la conducta.

ALFONSO REYES

De los signos de un buen gobierno
Los súbditos exaltan la tranquilidad pública; los ciudadanos, la libertad intelectual; el uno prefiere la seguridad de la posesión; el otro la de las personas; éste dice que el mejor gobierno debe ser el más severo; aquél sostiene que el más suave; cuál quiere el castigo del crimen, cuál su prevención; el uno considera que es conveniente hacerse temer de sus vecinos; el otro, que es preferible vivir ignorado; quién se contenta con que el dinero corra, quién exige que el pueblo tenga pan. Pero, aun cuando se llegase a un acuerdo sobre estos puntos y otros parecidos, ¿en qué se habría

avanzado? Las cualidades morales carecen de medida precisa; por consiguiente, aun estando de acuerdo respecto del signo, ¿cómo estarlo sobre su estimación?

En cuanto a mí, me sorprende que se desconozca un signo tan sencillo o que se tenga la mala fe de no querer reconocerlo. ¿Cuál es el fin de la asociación política? La conservación y la prosperidad de sus miembros. ¿Y cuál es el signo más seguro de que se conservan y prosperan? El número y la población. No vayáis, pues, a otra parte a buscar signo tan discutido. El gobierno bajo el cual, sin medios extraños ni colonias, los ciudadanos se multiplican, es infaliblemente el mejor. Aquel bajo el cual un pueblo disminuye y decae, es el peor. Calculadores: éste es vuestro asunto; contad, medid, comparad.

JEAN JACQUES ROUSSEAU

El esclavo se vende de una vez y en su totalidad. El proletario tiene que venderse por días y por horas. El esclavo es propiedad de su señor, y el interés de este le garantiza ya una existencia segura, por mísera que ella sea. El proletario, perteneciente, por así decirlo, a toda la clase burguesa, a quien sólo se compra su trabajo cuando alguien lo necesita, no goza de existencia segura. La única que está asegurada es la existencia de la clase obrera en bloque.

FRIEDRICH ENGELS

El mejor gobierno es el que desea hacer feliz al pueblo y sabe cómo lograrlo.

THOMAS BABINGTON MACAULAY

El primer arte que deben aprender los que aspiran al poder es el de ser capaces de soportar el odio.

SÉNECA

En la misma medida en que sea abolida la explotación de un individuo por otro, será abolida la explotación de una nación por otra.

KARL MARX

En los países más ricos, es la ganancia, o su cuota, más moderada, y resulta más excesiva conforme va aproximándose el país a su ruina.

ADAM SMITH

Hay dos clases de hombres políticos: los que usan la lengua para disimular sus pensamientos, y los que la usan para disimular su falta de pensamientos.

JAN GRESHOFF

La descomposición de todo gobierno comienza por la decadencia de los principios sobre los cuales fue fundado.

CHARLES DE SECONDAT, BARÓN DE MONTESQUIEU

La máquina en sí, es una victoria del hombre sobre las fuerzas de la naturaleza: en manos del capitalismo acrecienta la riqueza de los fabricantes y empobrece a los que la sirven.

MAHATMA GANDHI

La voz del pueblo es la voz de Dios.

FRASE LATINA

Las razones de Ashavero

En un país cuyo nombre no recuerdo, y que probablemente no aparece en ninguna de las cartas geográficas conocidas, quisieron los habitantes darse la mejor forma de gobierno. Fueron tan cuerdos que, para mejor obrar aunque había en el país muchos sabios ancianos y políticos ilustres, se dirigieron a consultar con un poeta, el cual les contestó:

—No obstante de que estoy gravemente ocupado, pues tengo entre manos el epitalamio de un jazmín, la salutación a una ninfa y un epigrama para la estatua de un silvano, pensaré y os aconsejaré lo que debéis hacer. Pero os pido el plazo de tres días para daros mi respuesta.

Y como era ese poeta más poeta que el rey Salomón, hablaba y comprendía la lengua de los astros, de las plantas, de los animales y de todos los seres de la naturaleza. Fuese, pues, el primer día al campo, meditando en cuál sería la mejor forma de gobierno. Bajo un frondoso roble halló echado a un león, como Carlomagno bajo el pino de la gesta.

—Señor rey —le dijo—, bien sé que vuestra majestad pudiera ser una especie de don Pedro de Braganza con melena, ¿querría decirme cuál es para un pueblo la mejor forma de gobierno?

—Ingrato —le contestó el león—. ¡Nunca pensé que, desde que Platón os arrojó cruelmente de su república, pudieseis poner en duda las ventajas de la monarquía, vosotros, los poetas! Sin la pompa de las grandezas reales no tendríais para realzar vuestros versos ni púrpura, ni oro, ni armiño. A menos que prefirieseis el rojo de la sangre de las revoluciones, el dublé constitucional, y el blanco de la pechera de la camisa del señor Carnot, por ejemplo. El crinado Numen ha prohibido que se pronuncie la palabra "democracia" en su imperio. La república es burguesa; y alguien ha hecho observar que la democracia huele mal. Monsieur Thiers por su sequedad pondría en fuga a todas las abejas del Himeto. El honorable·

Jorge Washington o el honorable Abraham Lincoln sólo pueden ser cantados propiamente por un espléndido salvaje como Walt Whitman. Víctor Hugo, que tanto halagó esa inmensa y terrible hidra que se llama pueblo, ha sido, sin embargo, el espíritu más aristocrático de este siglo. Por lo que a mí toca os diré que los pueblos más felices son aquellos que son respetuosos con la tradición; y que desde que existe el mundo, no hay nada que dé mayor majestad a las florestas que el rugido de los leones. Así, pues, ya conocéis mi opinión: monarquía absoluta.

A poco rato encontró el poeta pensativo, un tigre, sobre los huesos de un buey, cuya carne acababa de engullirse.

—Yo —dijo el tigre—, os aconsejo la dictadura militar. Se agazapa uno sobre la rama de un árbol o tras una abrupta peña; cuando pasa un tropel de búfalos libres, o un rebaño de carneros, se grita ¡viva la Libertad! y se cae sobre la más rica presa, empleando lo mejor que sea posible los dientes y las uñas.

A poco vino un cuervo y se puso a despiltrafar la osamenta que había dejado el felino.

—A mí me gusta la República —exclamó—, y sobre todo la República Americana, porque es la que nos da mayor número de cadáveres en los campos de batalla. Estos festines son tan frecuentes que para nosotros no hay nada mejor, a no ser las carnicerías de las tribus bárbaras. Y a fe de "Maître Corbeau", que digo palabra de verdad.

Del ramaje de un laurel dijo una paloma, interrogada por el poeta:

—Yo soy teocrática. Encarnado en mi cuerpo, el Santo Espíritu desciende sobre el Pontífice que es sumo sacerdote y tres veces rey, bajo la luz de Dios. El pueblo más feliz sería aquel que tuviese por guía y cabeza, como en tiempos bíblicos, al mismo Creador de todas las cosas.

La zorra contestó:

—Mi querido señor, si el pueblo elige un presidente habrá hecho muy bien. Y si proclama y corona a un monarca, merecerá mis aplausos. Tened la bondad de dar mis mejores saludos a uno u otro; y, decidle que si se me envía una gallina gorda el día de la fiesta la aceptaré con gusto y me la comeré con plumas y todo.

Una abeja contestó:

—Nosotros en una ocasión quisimos derrocar a la reina del enjambre, que es algo así como la Reina Victoria, pues debéis de saber que una colmena se parece mucho a la Inglaterra de hoy en su forma gubernativa. Pero diónos tan mal resultado el solo intento, que toda la miel de esa cosecha nos salió inservible. Otrosí, que tuvimos un aumento de zánganos y pasamos el rato peor de toda nuestra vida. Desde esa vez resolvimos ser cuerdas: nuestro alvéolo es siempre sexangular y nuestro jefe una hembra.

—¡Viva la república! —gritó un gorrión, picando las frutas del árbol en que estaba—. ¡Ciudadanos del bosque, atención! ¡Pido la palabra! ¿Es posible que desde el día de la creación estéis sujetos a la más abominable tiranía? ¡Animales! La hora ha llegado; el progreso os señala el derrotero que debéis seguir. Yo vengo de las ciudades que habitan los bípedos pensantes, y allí he visto las ventajas del sufragio universal y del parlamentarismo. Yo conozco un receptáculo que se llama urna electoral y puedo disertar sobre el *habeas corpus*. ¿Quién de vosotros negará las ventajas del *self government* y del *home-rule*? Los leones y las águilas son sujetos que deben desaparecer. ¡Abajo las águilas! ¡Especie de pajarraco, ve! Proclamemos la república de los Estados Unidos de la montaña y del aire, proclamemos la libertad, la igualdad y la fraternidad. Establezcamos el gobierno propio, del animal y por el animal. Yo, vamos al decir, puedo ser elegido mañana primer magistrado; lo propio que el respetable señor oso, o el distinguido señor zorro. ¡Por de pronto, a las armas! ¡Guerra, guerra, guerra! y después habrá paz.

—Poeta —dijo el águila—, ¿has escuchado a este demagogo? Yo soy monárquica, ¿y cómo no, siendo reina, y habiendo siempre acompañado a los coronados conquistadores como César y Bonaparte? He visto la grandeza de los imperios de Roma y de Francia. Mi efigie está en las armas de Rusia y del grande imperio de los alemanes. *Ave Caesar*, es mi mejor salutación.

A lo cual objetó el poeta que, como el ave de Júpiter, si hablaba latín en la tierra del yankee, era para exclamar: E *pluribus unum*.

—La mejor forma de gobierno —dijo el buey—, es aquella que no imponga el yugo ni la mutilación.

Y el gorila:

—¿Forma de Gobierno? Ninguna. Aconsejad a ese pueblo, que vuelva al seno de la naturaleza; que abandone eso que llama civilización y retroceda a la primitiva vida salvaje, en la cual creo poder encontrar la verdadera libertad. Yo, en cuanto a mí, protesto de la calumnia de Darwin, pues no encuentro bueno

nada de lo que hace y piensa el animal humano.

El segundo día el poeta oyó otras opiniones.

La rosa. —Nosotros no sabemos de política nada más que lo que murmura don Diego de noche y el girasol de día. Yo, emperatriz, tengo mi corte, mis esplendores y mis poetas que me celebran. Admiro tanto a Nerón como a Luis XIV. Amo ese hermoso apellido: Pompadour. No tengo más opinión que ésta: la Belleza está sobre todo.

La flor de lis. —¡Paso a S.M. Cristianísima!

El olivo. —Francamente, yo os aconsejo la república. Una buena república, he allí el ideal. Mas también he de deciros que en la mayor parte de vuestros países republicanos no hay año en que no me dejen sin ramas, para adornar con ellas el templo de la paz... después de la guerra anual.

El café. —Hágase la comparación entre los millones de quintales que se exportaban en el Brasil en tiempo de Don Pedro, y los que hoy se exportan; y el resultado será mi respuesta.

La caña de azúcar. —Os aconsejo la república, y os pido trabajéis por la libertad de Cuba.

El clavel. —¿Y el general Boulanger?

El pensamiento. —Según el traje que visto, según el color que tengo, así es mi opinión.

El maíz. —República.

La fresa. —Monarquía.

Por la noche consultó el poeta a las estrellas, entre las cuales existe la más luminosa de las jerarquías. Venus dijo lo mismo que la rosa.

Marte reconoció la autocracia del Sol; tan solamente turbaba la majestad de los profundos cielos la fugitiva demagogia de los aerolitos.

Al tercer día dirigióse a la ciudad a dar su respuesta a los habitantes; y en el camino iba pensando en cuál de todas aquellas distintas opiniones que había escuchado estaría más en razón y sería más a propósito para hacer la felicidad de un pueblo.

De repente vio venir un viejo encorvado como un arco, que tenía largas barbas, semejantes a un chorro de nieve, y sobre los blancos bigotes una curva nariz semítica, parecida a un perico rojo que quisiera picarle la boca.

—¡Ashavero! —exclamó el poeta.

El anciano, que venía de prisa, apoyado en un grueso bastón, se detuvo. Y al explicar el poeta el caso en que se encontraba, comenzó a decir Ashavero de la manera siguiente:

—Sabes que es verdad conocida que el diablo no sabe tanto por diablo cuanto por viejo. Yo no soy el diablo y he de entrar algún día al reino de Dios; mas he vivido tanto que mi experiencia es mayor que el caudal de agua del océano. ¡Así también es de amarga! Mas he de decirte que en lo que respecta al modo mejor de regir las naciones, no sabría con toda exactitud señalarte éste o el otro. Porque desde que recorro la tierra he visto los mismos males en repúblicas, imperios y reinados, cuando los hombres que han estado en el trono, o en el poder por elección del pueblo no se han guiado por principios sanos de justicia y de bien. He visto reyes buenos, como padres de sus súbditos y presidentes que han sido para el Estado suma de todas las plagas. El lugar común de que cada pueblo tiene el gobierno que merece, no

dejará siempre de hacer meditar. Cierto es que cuando Atila pasa, los pueblos tiemblan como pobres rebaños de corderos. Viene a veces Harún-al-Raschid, a veces Luis XI. Repúblicas hay muchas, desde la de Platón hasta la de Boulanger, y desde la de Venecia hasta la de Haití... El pueblo tiene mucho de niño y de mujer. Un día amará la monarquía por la corona de oro; otro día adorará la república por el gorro colorado.

Los hombres se abren el vientre y se destrozan el cerebro a bayonetazos y balazos; hoy colocan en una silla superior a alguien que dirija los asuntos comunes. A poco se le hace descender y se coloca a otro, por el mismo procedimiento. O se realizan ceremonias de engaños y simulacros de democracias, y se lleva en triunfo al elegido a son de tambores y clarines pacíficos. En verdad te digo que la humanidad no sabe lo que hace. Advierte en la naturaleza el orden y la justicia de la eterna y divina inteligencia. No así en las obras de los humanos, donde la razón que les ilumina parece que les hiciese caer cada día en un abismo nuevo. Por eso debo decirte que no está en la forma de gobierno la felicidad de un país, antes bien en la elección de aquellos que dirijan sus destinos, sean jefes republicanos o majestades de derecho divino.

Más habló el judío viejo, con palabras que ya parecían de Salomón, ya de Pero Grullo. Y tal fue su elocuencia en los asuntos políticos del mundo, que el poeta repitió punto por punto sus largas oraciones delante de los ciudadanos congregados que aguardaban su respuesta.

No bien había acabado de hablar alzóse en torno suyo una tempestad de protestas y de gritos. Un ciudadano rojo que había leído libros de los clásicos griegos púsole sobre la frente una corona de rosas, después de lo cual aquellas gentes tan discretas que consultaban sus asuntos públicos con un maestro de poesía le echaron del lugar, con grande algazara, entre la sonrisa de las flores, el escándalo de los pájaros, y el asombro de las teorías resplandecientes que recorren el azul de los astros.

RUBÉN DARÍO

Los mercaderes y los fabricantes son las dos especies de ciudadanos que emplean caudales más considerables, y quienes con sus riquezas atraen la mayor parte de la consideración pública hacia sí. Como toda su vida la ocupan en proyectos y especulaciones, tienen mayor agudeza y talento que la mayor parte de sus paisanos o compatriotas.

ADAM SMITH

Ningún hombre es lo bastante bueno para gobernar a otro sin su consentimiento.

ABRAHAM LINCOLN

Si nuestros ciudadanos son debidamente educados y llegan a ser perfectos hombres de bien, fácilmente verán por sí mismos la importancia de todos estos puntos y de otros muchos que aquí omitimos, como son los concernientes a las mujeres, al matrimonio y a la procreación de los hijos; verán, digo, que, como dice el proverbio, todas esas cosas deben ser comunes entre amigos. —Lo cual estará muy bien.
—En un Estado, todo depende de los comienzos. Si ha comenzado bien, irá aumentando siempre, como el círculo. Una buena educación

forma naturales hermosos; los hijos siguen primeramente las huellas de sus padres, hácense bien pronto mejores que quienes les precedieron, y, entre otras ventajas, cuentan con la de traer a vida hijos que les superen también a ellos en mérito, como ocurre con los animales.

PLATÓN

Un diplomático es un hombre que recuerda la fecha de nacimiento de una dama, pero olvida la edad que ésta tiene.

ANÓNIMO

Un estadista que ignora la forma en que se originan los acontecimientos es como un médico que no conoce las causas de las enfermedades que se propone curar.

POLIBIO

Un político piensa en las próximas elecciones; un estadista, en la próxima generación.

JAMES FREEMAN CLARKE

[...] el lisonjear a la plebe por mandar es cosa indecente; pero el dominar haciéndose temible, vejando y oprimiendo, sobre indecente es además injusto.

PLUTARCO

Las revoluciones no se hacen: llegan. Una revolución es un desarrollo tan natural como el de un roble. Proviene del pasado, sus raíces llegan a tiempos muy remotos.

WENDELL PHILLIPS

Un rey es una persona que no teme nada ni desea nada.

SÉNECA

Dolencia es natural de los tiranos no poner su confianza en los amigos.

ESQUILO

Pablo Neruda

Pablo Neruda, una de las voces poéticas más importantes de este siglo, nació en Parral, Chile, el 12 de julio de 1904, y lo llamaron Neftalí Ricardo Reyes Basoalto. Su madre murió casi inmediatamente después de su nacimiento, y un par de años más tarde él salió de Parral hacia Temuco, una población ferroviaria, donde su padre había sido conductor de trenes y se casó por segunda vez con Trinidad Valverde, a quien Neruda aprendió a amar como a una segunda madre.

Una anécdota que contaba una tía suya describe el talento poético del niño: en una reunión familiar había "un corro de amigas íntimas que Pablo miraba con ojos enormes. Estábamos jugando a las adivinanzas. 'Tú no dices nada', le dijeron. Y con su voz lenta, mirando hacia el patio, Pablo dijo: '¡Tiene lana y no es oveja! Tiene garra y no agarra'. Nadie adivinó. Entonces Pablo se para y señala: 'Ese cuero que está ahí'. Era el cuero de la oveja recién muerta para comer. Ninguno de nosotros lo había visto aunque lo mirábamos colgando de las parras. Pero él sí. Porque él es poeta."

Fue un niño introvertido, soñador, reservado y solitario, cuya capacidad poética se desarrolló aun en un ambiente hostil. Sus compañeros de escuela no "conocían ni respetaban la condición de poeta", y en el seno familiar tampoco encontró apoyo. Su padre fue indiferente a los primeros poemas, y se negó rotundamente a tener un hijo poeta cuando el niño creció y determinó su vocación. Pero Neruda persistió en su decisión, y para seguir publicando sin que esto atrajera problemas, cambió de nombre y utilizó el seudónimo que, en 1946, ocho años después de la muerte del padre, una sentencia judicial declararía legal, convirtiéndose en nombre propio: Pablo (quizás en honor al poeta francés Paul Verlaine) Neruda. El poeta, pues, aprendió duramente lo que cuesta aferrarse a una vocación en un medio poco propicio. Al crear a Pablo Neruda, el joven Ricardo Reyes creó un hombre seguro de su talento y combativo. Un extracto del poema "Significa sombras" del libro *Residencia en la tierra* (1935), aclara este sentimiento:

Ay, que lo que soy siga existiendo, y cesando de existir
y que mi obediencia se ordene con tales condiciones de hierro
que el temblor de las muertes y los nacimientos no conmueva
el profundo sitio que quiero reservar para mí eternamente.
Sea, pues, lo que soy, en alguna parte y en todo tiempo,
establecido y asegurado y ardiente testigo
cuidadosamente destruyéndose y

*preservándose
incesantemente,
evidentemente empeñado en su deber
original.*

Neruda comenzó muy joven a relacionarse con el medio literario. Tenía trece años cuando publicó su primer artículo, en el diario *La mañana* de Temuco. Su primer libro, *Crepusculario*, se publicó a sus diecinueve años, y al año siguiente apareció su obra más popular, *Veinte poemas de amor y una canción desesperada*. La fama no se hizo esperar, y de 1927 a 1931 Neruda desempeñó cargos diplomáticos representando a Chile en países asiáticos. En 1933, mientras fue cónsul en Buenos Aires, conoció a Federico García Lorca, con quien estableció una relación muy cercana. Al año siguiente, viajó a España como representante diplomático, y vivió el inicio de la Guerra Civil, hecho que marcó su vida. Lorca fue asesinado en 1936, y la vida de Neruda dio un giro importante hacia el campo de la política, del que nunca se separó. A partir de esa terrible experiencia, Neruda rechazó su vida anterior, repudió los poemas escritos hasta ese momento, y tomó como bandera el comunismo.

Desempeñó labores consulares en Rangún (1927), Colombo (1930), Batavia (1930), Madrid (1934), y fue embajador de Chile en Francia entre 1970 y 1972.

En 1940 fue cónsul en México. En 1945 fue elegido senador de la República chilena y obtuvo el Premio Nacional de Literatura de su patria. Durante tres años mantuvo un debate abierto con el gobierno chileno, pero en 1947 se inició un juicio político en su contra y en 1948 fue expulsado del foro por su discurso *Yo acuso*, en el que mostraba sus diferencias con el presidente Gabriel González Videla. Algunas versiones dicen que salió de Chile y encontró refugio en casa de unos amigos en Río de la Plata; otras, declaran que permaneció dentro de su patria en la clandestinidad, donde terminó de escribir el *Canto general*, acosado por la policía y protegido por la solidaridad del pueblo.

En 1950 recibió el Premio Stalin de la Paz, y el Premio Lenin de la Paz en 1953. En sus viajes por el mundo continuó con su labor poética, siempre vinculada a su personalidad, de la cual no se separó jamás la lucha política. Por su gran popularidad como poeta y figura política internacional, perdió su vida privada. Poesía y vida se confunden, y es imposible acercarse a la vida del poeta sin tomar en cuenta los cambios interiores que se vieron reflejados en sus poemas. Incluso él mismo no aceptó nunca que se hiciera distinción alguna entre vida y poesía. Cada una de sus obras refleja las etapas de cambio interior que sufrió: del joven perdido en una ciudad hostil hasta el hombre que, llegada la vejez, conversa sobre la vida, la muerte y el amor.

Las obras de Neruda se tradujeron casi a todos los idiomas. En 1970 fue nombrado embajador en Francia, y en 1971 recibió el premio Nobel de literatura. Un año después renunció a la embajada y volvió a su país para contribuir en la campaña electoral de ese año. Murió el 23 de septiembre de 1973 en Santiago de Chile.

Sobre su poesía, Federico García Lorca dijo alguna vez que era "un poeta más cerca de la muerte que de la filosofía, más cerca del dolor que de la inteligencia...

La salud y la enfermedad

El hombre más pobre no se separaría
de su salud a cambio de dinero, pero
el hombre más rico daría con gusto
toda su fortuna a cambio de la salud.

C.C. Col

La salud

Alguien ha dicho que quienes tienen buena salud mental y emocional son los que han aprendido cuándo decir "Sí", cuándo decir "No", y cuándo "¡Hurra!"

W.S.K.

El arte de la medicina consiste en mantener al paciente de buen humor, mientras la naturaleza hace la curación.

VOLTAIRE

Come poco, y cena más poco; que la salud de todo el cuerpo se fragua en la oficina del estómago.

MIGUEL DE CERVANTES

El hombre que goza de buena salud siempre está lleno de consejos para los enfermos.

MENANDRO

El sentimiento de salud se adquiere solamente por la enfermedad.

G.C. LICHTENBERG

Gran parte de la salud es desearla.

FERNANDO DE ROJAS

La preocupación por la salud, la quita.

JOSÉ GAOS

La salud es tan contagiosa como la enfermedad. La medicina ha estado tan ocupada en reconocer en la enfermedad el acaecer individual y singular de una posibilidad general, que no ha adquirido todavía capacidad para entender que, así como un enfermo es capaz de enfermar a toda su familia, un sano es capaz de mantenerla con salud e incólume.

FLORENCIO ESCARDO

Lo poético ... es que las cosas salgan bien. Nuestra digestión, por ejemplo, que camina con una normalidad muda y sagrada: he ahí el fundamento de toda poesía. No hay duda: lo más poético, más poético que las flores y más que las estrellas, es no enfermar.

GILBERT KEITH CHESTERTON

Ley de salud mental: no sufras por cosas imaginarias.

JULIO TORRI

Porque te hago saber, Sancho, que la boca sin muelas es como molino sin piedra, y en mucho más se ha de estimar un diente que un diamante.

MIGUEL DE CERVANTES SAAVEDRA

Esto de la higiene es arte capcioso pero necesario, arte que si bien debe usarse con cautela para no caer en sus garras, fieras como las del vicio, tampoco es prudente huirlo ni despreciarlo.

CAMILO JOSÉ CELA

Y es cierto que son diablos los médicos, pues unos y otros andan tras los malos y huyen de los buenos, y todo su fin es que los buenos sean malos y que los malos no sean buenos jamás.

FRANCISCO DE QUEVEDO Y VILLEGAS

Los médicos son los más felices de los hombres: los éxitos que puedan tener son proclamados por el mundo mientras que sus errores los cubre la tierra.

FRANCIS QUARLES

La enfermedad

Las enfermedades son los intereses que se pagan por los placeres.

JOHN RAY

[...] consultar a un médico es como aceptar que estamos enfermos, autorizar a la enfermedad a instalarse y progresar.

JUAN CARLOS ONETTI

Cuanto más cerca está alguno y sirve más fielmente a un enfermo, más de prisa viene a su parte de muerte.

PUBLIO OVIDIO NASÓN

Di siempre que estás saludable. Ya está muy trillado el cuento interminable de que tienes enfermedades mortales. No puedes interesar, complacer o agradar con la cantaleta de que sientes malestar. Di, pues, que estás bien y gozas de comodidad, que Dios oirá tus palabras y hará que sean verdad.

ELLA WHEELER WIKOX

El médico debe ser el auxiliar de la naturaleza, no su enemigo.

PARACELSO

Sueño con un método para curar todas las enfermedades, cuando menos las psicológicas.

SALVADOR DALÍ

Plegaria del enfermo

Oh dios del Sol, cuando bajes al ocaso y entres en el reino de los dioses no olvides recordar al dios que me tutela su ayuda y su favor.
Oh dios, desde que mi madre me dio a luz,
mi guía has sido tú.
Oh dios, tú eres mi refugio y mi ancla,
el lazo que me ata a la ribera.
Oh dios, tú me pusiste entre los hombres que viven practicando la justicia.
Oh dios, tú me has llevado de la mano,

en el tiempo en que reina la desdicha.
No hay poder como el poder de mi dios:
yo desde niño lo tengo conocido.
Cuando yo en próspera fortuna me hallo,
en mi dios pienso: no hay poder como el suyo.
Bien sabido lo tengo desde mi niñez.
Nunca juré vanamente en su nombre,
ni jamás quebranté mi juramento.
Lo que para mi dios no es puro,
jamás a mi boca lo he llevado.
En mi cuerpo no tengo impureza
con que pueda desagradar a mi dios.
Nunca sustraje del aprisco una oveja,
ni del establo hice salir a un novillo.
Cuando yo iba a comer, jamás comí sin discreción;
cuando yo iba a beber, nunca bebí sin cordura.
Y ahora que me hallo enfermo,
¿no es tu voz la que me ha de sanar?
¿Dónde recupero mi brío y en dónde mi fuerza hallo,
si no en ti, mi dios antiguo?
Y si he de sanar ahora, ¿no será por palabra tuya?
Si restauro mi fuerza, ¿no será por tu poder?
La vida está atada a la muerte,
y la muerte atada a la vida.
No puede el hombre vivir para siempre:
contados son los días de su vida.
¿Qué ganara con vivir siempre,
si cargado está de males?
Abre ahora tu corazón:
ponme patente tu alma y di cuáles son mis culpas.
Eso será mi enseñanza: háblame, aunque en sueño sea,
o que la sibila me las declare,
o que la diga el dios Sol, por medio de las entrañas de un cordero.

PLEGARIA HITITA

Séneca

Lucio Anneo Séneca nació entre el año 4 a.C y el 1 d.C., en Córdoba, España. Su padre llevó en el año 4 d.C. a sus tres hijos a Roma para que recibieran la mejor educación en la carrera política. Séneca fue educado por los más reconocidos maestros de las escuelas estoica, cínica y pitagórica, algunos de los cuales lo introdujeron en el ascetismo. Se cuenta que su padre le aconsejó abandonar esta actividad, ya que en esos años, los primeros del reinado de Tiberio, resultaba sospechoso todo lo que pareciera culto extranjero, secta mágica o astrológica, y entre los indicios de estos cultos estaba la abstinencia de carnes, hábito de los ascetas. Además, la salud del joven Séneca se había visto fuertemente mermada. Para reponerse, a los 28 años viajó a Egipto, y permaneció cinco años en Alejandría, el centro cultural de Grecia, donde se dedicó al estudio, la reflexión y la redacción de sus primeros escritos. A su regreso a Roma, Séneca consiguió algunos puestos políticos de segundo orden

bajo el reinado de Tiberio (14-37 d.C.). Durante el régimen de Calígula (37-41) su carrera política decayó: su elocuencia provocó la envidia del emperador, quien ordenó ejecutarlo. Pero cuentan que él mismo anuló la condena debido a que le aseguraron que no tardaría en morir tísico. Séneca se dedicó al estudio y escribió *Consolación a Marcia* y el tratado *Sobre la ira*.

Con el asesinato de Calígula y el ascenso de Claudio, en el año 41, Séneca trató de reintegrarse a la vida política, pero Mesalina, la esposa del emperador, lo acusó de adulterio con Julia, hermana de Calígula. Fue desterrado a la isla de Córcega. Durante los ocho años que duró el exilio, se dedicó al ascetismo: soledad, disciplina y meditación. Escribió mucho, e intentó congraciarse con Claudio, hecho que más tarde lamentaría.

A la muerte de Claudio, subió al poder su hijo ilegítimo Nerón, aunque el trono correspondía a Británico, el hijo legítimo. Agripina, madre de Nerón, envió por Séneca, lo nombró pretor y le encargó la educación de su hijo junto con Afranio Burro.

Decepcionado por la innoble política de su discípulo, Séneca decidió retirarse a la vida privada, hacia el año 62. En el año 65 se forjó la conjura de Pisón contra la vida de Nerón; Séneca, junto con Lucano y Petronio, fue incriminado. Nerón, en reconocimiento a su labor educativa y en agradecimiento a su tutoría, le concedió la gracia de elegir su forma de morir. Según Tácito, Séneca bebió la cicuta a imitación de Sócrates, el 12 de abril del 65 d.C.

La soledad

... Dicen que la soledad es necesaria para alcanzar
la santidad. Se han olvidado de que en la soledad
la tentación es más grande.

CARLOS FUENTES

"Hombre del pueblo, ¡oh amigo mío!, escucha esta pequeña historia. Dos almas solitarias se encuentran en el mundo. Una de ellas se lamenta e implora consuelo a la desconocida. Y la desconocida se inclina hacia ella y murmura dulcemente: también para mí es de noche."

¿No es acaso un consuelo?

GASTON BACHELARD

[...] más dichosa es en la tierra la rosa cuya esencia destilamos, que la que, marchitándose en su tallo virgen, crece, vive y muere en bendición solitaria.

WILLIAM SHAKESPEARE

A mis soledades voy,
de mis soledades vengo,
porque para andar conmigo
me bastan mis pensamientos.

LOPE DE VEGA

Algún día lo comprobarás: aquello que hace de ti un ser excepcional —si acaso lo eres— es también, inevitablemente, aquello que te convertirá en un ser solitario.

L.H.

El deseo *de compañía* es muchas veces el deseo de vivir *en compañía* las cosas de la vida. El peso de la soledad es el de la falta de interés de las cosas de la vida no compartidas.

JOSÉ GAOS

El escritor no lo es si no pone en entredicho lo que ha heredado; si no vuelve de revés las consignas que se le imponen; si no hurga más allá de lo que los tabúes permiten. En resumen, si no se atreve a estar solo.

El hombre solo se purifica de las suciedades de la plaza pública; se aparta de la multitud, que nunca es humana, para buscar en cada uno su rostro de persona. No significa esto que el hombre solo haya vuelto la espalda a los intereses, las esperanzas, los trabajos en que se empeña la comunidad, sino que participa en ellos de otro modo. Ni como un cómplice ni como un encubridor, sino como un testigo, como un juez y como un guía.

ROSARIO CASTELLANOS

El hombre más fuerte es el que más resiste la soledad.

HENRIK IBSEN

El pasado cuenta, enriquece nuestra soledad.

RABÍ ISRAEL BAAL SHEM-TOV

En la soledad, nadie escapa a los recuerdos.

ANTOINE DE SAINT-EXUPÉRY

En mi soledad
he visto cosas muy claras,
que no son verdad.

ANTONIO MACHADO

La soledad es la senda por la que el destino se esfuerza para conducir al hombre a sí mismo. Es la senda que el hombre más teme. Está plagada de terrores, donde hay víboras y sapos en acecho.

HERMANN HESSE

Horas de junio
Junio me dio la voz, la silenciosa música de callar un sentimiento.
Junio se lleva ahora como el viento la espera más dulce y espaciosa.
Yo saqué de mi voz limpia rosa, única rosa eterna del momento.
No la tomó el amor, la llevó el viento
y el alma inútilmente fue gozosa.
Al año de morir todos los días los frutos de mi voz dijeron tanto

y tan calladamente, que unos días
vivieron a la sombra de aquel canto.
   (Aquí la voz se quiebra y el
espanto
de tanta soledad llena los días.)

CARLOS PELLICER

La ciudad no es soledad, porque la
ciudad aniquila todo lo que puebla la
soledad. La ciudad es el vacío.

PIERRE DRIEU LA ROCHELLE

La compañía de quienes no se
quieren es peor que la soledad.

JOSÉ GAOS

La soledad es un buen lugar para
visitar, pero un mal sitio para
quedarse.

JOSH BILLINGS

La soledad es un consuelo para un
alma entristecida, que aborrece a los
que lo rodean igual que un ciervo
herido abandona su rebaño, para
refugiarse en una cueva en la que
sanará o morirá.

GIBRÁN JALIL GIBRÁN

La soledad sólo es posible siendo
muy joven, cuando uno tiene por
delante todos sus sueños; o siendo
muy viejo, con todos los recuerdos
detrás.

HENRI DE RÉGNIER

La taberna es una asamblea; el
bar, una congregación de solitarios
en potencia.

JAIME GIL DE BIEDMA

[...] si alguien me acompañase, mi
confianza y mi osadía serían mayores.
Cuando van dos, uno se anticipa al
otro en advertir lo que conviene;
cuando se está solo, aunque se
piense, la inteligencia es más tarda y
la resolución más difícil.

HOMERO

Mucho se pierde en la soledad;
pero también mucho se gana.

BENITO PÉREZ GALDÓS

Nadie está tan solo como el que
está a todas horas con una mujer.

ENRIQUE JARDIEL PONCELA

No hay mayor pobreza que la
soledad.

MADRE TERESA DE CALCUTA

Nunca he encontrado un
compañero que hiciera tanta
compañía como la soledad.

HENRY DAVID THOREAU

Pienso que en este momento
tal vez nadie en el universo piensa en
mí,
que sólo yo me pienso,
y si ahora muriese,
nadie, ni yo, me pensaría.
   Y aquí empieza el abismo,
como cuando me duermo.
   Soy mi propio sostén y me lo
quito.
   Contribuyo a tapizar de ausencia
todo.
   Tal vez sea por esto
que pensar en un hombre
se parece a salvarlo.

ROBERTO JUARROZ

Podemos vivir solos, siempre que
sea esperando a alguien.

GILBERT CESBRON

Quien no tiene rey ni reina, ¿cómo
puede ser señor?

PROVERBIO ACÁDICO

Se dice en el Génesis que no es
bueno que el hombre esté solo...
pero a veces es un gran alivio.

JOHN BARRYMORE

Suaves y afelpadas son las manos
de la soledad, pero fuertes son sus

dedos que aprietan nuestro corazón como pajarillo, haciéndole lanzar un sollozo de tristeza.

Gibrán Jalil Gibrán

Todo el infierno está encerrado en esta palabra: soledad.

Víctor Hugo

Voz que soledad sonando...
Voz que soledad sonando
por todo el ámbito asola,
de tan triste, de tan sola,
todo lo que va tocando.
    Así es mi voz cuando digo
—de tan solo, de tan triste—
mi lamento, que persiste
bajo el cielo y sobre el trigo.
    —¿Qué es eso que va volando?
    —Sólo soledad sonando.

Ángel González

¿Puedes formarte una idea de cuánto dura un año cuando uno vive en la soledad? ... Imagínatelo: un solo año. Y multiplica por cinco lo espantoso. Cada sueño que se sueña es una visión real, y todas las palabras que le llegan a uno de fuera tienen un significado y una ambigüedad y diafanidad fantástica que no resiste ilusión alguna.

Jakob Wassermann

¡Qué agradable sorpresa es descubrir que, al fin y al cabo, estar solo no es necesariamente sentirse solo!

Ellen Burstyn

Leída y soñada viene a mi memoria la aventura de un príncipe que vivió en la época de que hablan los cuentos de infancia. Al buen príncipe le impuso el padre de la novia, un rey voluntarioso, como condición para entregarle la mano de su hija, que encontrara el palacio mejor de una extensa y abrupta serranía encantada desde hacía varios siglos. El príncipe vagó largos meses por las montañas, y cada vez que creía haber hallado el palacio más regio, sus habitadores le informaban que el vecino era superior.

Por fin, el príncipe se encontró con un solitario de barba luenga, de sayal y de báculo, que informándose del objeto de la excursión del enamorado, llevó al príncipe a una celda formada naturalmente por las rocas, en la cumbre más eminente de la serranía.

—He aquí, oh príncipe —dijo el solitario, señalando su pobrísima celda—, el mejor palacio de la montaña.

El príncipe, desconcertado, creía habérselas con un loco.

Y el viejo del sayal, mirando la sorpresa del joven, continuó:

—En vano buscarás palacio mejor que esta celda mía, que es el Palacio del Silencio. El ruido de las fiestas más espléndidas en cualquiera de los suntuosos palacios de la montaña vale menos, oh príncipe, que un minuto del silencio fértil de mi celda.

Concluye el cuento narrando que el rey, que era hermano del solitario, consintió en el casamiento de su hija con el príncipe y que éstos se fueron a vivir al Palacio del Silencio, lejos de los hombres y con la vecindad de las águilas del cielo.

Ramón López Velarde

Vida retirada
¡Qué descansada vida
la del que huye del mundanal ruido,
y sigue la escondida
senda por donde han ido
los pocos sabios que en el mundo
han sido!

Fray Luis de León

Dante

Dante Alighieri nació en Florencia, en 1265, probablemente entre los meses de mayo y junio. Fue hijo de Alighiero di Bellincone, dueño de algunas tierras y miembro de una estirpe noble; su madre murió cuando Dante era un niño, y su padre se volvió a casar. La vida con su madrastra y sus hermanos fue afectuosa, y nunca tuvo problema alguno con ellos. El hecho más importante de su infancia fue su primer encuentro con Bice de Folco Portinari, una niña de nueve años que se convertiría posteriormente en Beatriz, su musa.

La juventud de Dante transcurre en Florencia, aunque se dice que viajó a Colonia por una breve temporada. Fue una juventud dedicada al estudio de la gramática y de la filosofía, tal vez en el convento franciscano de Santa Cruz. Cuando tenía dieciocho años se encontró con Beatriz por segunda ocasión. Después de este encuentro, Dante comenzó a ensayar el arte de rimar, y escribió una serie de canciones que llamaron la atención de uno de los poetas más famosos de la época, Guido Cavalcanti, quien ejercería una gran influencia sobre el joven poeta. Es en esta etapa cuando establece amistad con los poetas de la ciudad, quienes además lo orientan en sus estudios. Aprendió retórica, guiado por Brunetto Latini, y en la Universidad de Bolonia tomó lecciones con los más famosos teólogos y científicos de la época.

Sus poemas de juventud nos muestran a un joven refinado, alejado de las pasiones políticas y dedicado completamente a idolatrar a su musa Beatriz.

La ciudad de Florencia vivía en esos años una intensa lucha entre facciones políticas. Estaba dividida en dos partidos: el güelfo, defensor de la burguesía y del papado, al que pertenecía la familia de Dante, que dominó la ciudad desde 1267; y el gibelino, que apoyaba a la vieja nobleza feudal y al emperador.

Dante no pudo apartarse de los acontecimientos que envolvían a su ciudad, y participó como soldado a caballo en la batalla de Campaldino en 1289, en la que los florentinos triunfaron sobre los gibelinos; luchó también contra los pisanos en la toma del castillo de Caprona.

Beatriz se casó con un hombre llamado Simón Bardi, y Dante contrajo nupcias con Gemma Donati, con la que procrearía tres hijos; pero Beatriz murió en 1290, a los veinticinco años, en el auge de su belleza. Ante la pérdida de su amada, Dante se conmueve sobremanera y escribe *La vida nueva*, un conjunto de poemas enlazados con un relato en prosa, en donde cuenta su gran amor por Beatriz, el cual lo hizo renacer a una "vida nueva". Dante nos relata que, para consolar su dolor, se dedicó al estudio de textos clásicos, pero esto no lo calmó, así que se entregó a una vida de excesos. De este periodo de extravío, salió con la convicción de participar en la política, y se unió al partido de los güelfos. Pronto se vio envuelto en las luchas que dividieron al partido güelfo en dos bandos: los Negros, partidarios de Corso Donati, de intenciones soberbias y ambiciosas; y los Blancos, partidarios de la familia Cerchi, de ricos mercaderes. Dante se inscribió en el gremio de los Farmacéuticos y de los Médicos, tuvo varios cargos políticos, perteneció al consejo de los Ciento y finalmente, en el año 1300, al de los priores, desde el cual acometió contra el papa Bonifacio VIII y los príncipes franceses.

Para encontrar una conciliación con el poder papal fue enviado en 1301 como embajador a Roma, donde el papa lo entretuvo por varios meses, pues creía que era menos peligroso ahí que en Florencia. Mientras tanto, el partido güelfo Negro tomó el mando de la ciudad. Cuando Dante regresaba, en 1302, se enteró de que lo habían acusado de malversación, y como no se presentó para aclarar las cosas, fue condenado, junto con otros miembros de la facción blanca, al exilio.

Fue el destierro el periodo más doloroso de su vida, pues nunca pudo regresar a su querida Florencia. Durante algún tiempo permaneció en los alrededores de la ciudad, participando en los intentos de los expulsados por regresar a su patria. Pero como no dieron resultado, se apartó de esas compañías y vivió en la pobreza, viajando por varias ciudades de las regiones de Lombardía, Toscana y Romania. Volvió a sus estudios favoritos y escribió algunos libros. Alrededor del año 1309 comenzó a escribir la que sería su obra capital, *La divina comedia*, en la que trabajó casi hasta su muerte.

Durante 1310, Dante recupera la esperanza de regresar a Florencia, a causa de la llegada a Italia del emperador Enrique VII, de quien se esperaba que pacificara las ciudades de Toscana, y se pensaba que impondría una era de paz y justicia; pero el emperador murió súbitamente y las ilusiones de Dante no se realizaron, por lo que se quedó algún tiempo en Verona.

En 1318 el poeta terminó su peregrinaje en Ravena, donde aceptó la hospitalidad de Guido Novello, quien le ofreció protección y estima, y lo envió como embajador suyo ante el Senado de Venecia. A su regreso fue atacado por la malaria, y su estado físico no resistió la enfermedad. Poco después murió en Ravena, en el mes de septiembre de 1321, rodeado por sus hijos y sus amigos. La ciudad de Ravena guarda los restos del poeta, en una fosa cercana a la iglesia de San Francisco.

Dante fue el más grande de los poetas italianos de la Edad Media. Su obra magna, *La divina comedia*, es un compendio de la visión del mundo y de la sabiduría medievales, que ha sido estudiado hasta nuestros días por literatos, filólogos, historiadores, teólogos y otros especialistas. En la obra dantesca se enlazan la nueva y la vieja edad, en una entidad de magníficas proporciones que une el espíritu y el arte.

El tiempo

Cada día, hijo mío, que se va para siempre, me deja preguntándome: si es huérfano el que pierde un padre, si es viudo el que ha perdido la esposa, ¿cómo se llama el que pierde un hijo?, ¿cómo, el que pierde el tiempo? Y si yo mismo soy el tiempo, ¿cómo he de llamarme, si me pierdo a mí mismo?

JAIME SABINES

La enredadera

Verde o azul, fruto del muro, crece;
divide cielo y tierra.

Con los años
se va haciendo más rígida, más verde,
costumbre de la piedra, cuerpo ávido
de entrelazadas puntas que se tocan,
llevan la misma savia, son una breve
planta
y también son un bosque;
son los años
que se anudan y rompen;
son los días
del color del incendio;
son el viento
que a través del otoño
toca el mundo,
las oscuras
raíces de la muerte
y el linaje
de sombra que se alzó en la
enredadera.

JOSÉ EMILIO PACHECO

[...] se habla mucho del famoso
transcurso del tiempo, pero nadie lo
ve. Vemos una mujer, pensamos que
será vieja, pero no la vemos
envejecer.

Ahora bien, por momentos me
parece que la *vemos* envejecer y que
nos sentimos envejecer con ella; es el
sentimiento de aventura.

JEAN PAUL SARTRE

—¿Qué es una hora astrosa? —
preguntó Momo.

—En el curso del mundo hay de
vez en cuando momentos —explicó
el maestro *Hora*— en que las cosas y
los seres, hasta lo alto de los astros,
colaboran de un modo muy especial,
de modo que puede ocurrir algo que
no habría sido posible ni antes ni
después.

MICHAEL ENDE

... Un día, ¿no le basta?, un día
como otro cualquiera, se volvió
mudo, un día me volví ciego, un día
nos volveremos sordos, un día
nacimos, un día moriremos, el mismo
día, el mismo instante, ¿no le basta?
Dan a luz a caballo sobre una tumba,
el día brilla por un instante, y,
después, de nuevo la noche.

SAMUEL BECKETT

[...] a todas partes nos acompaña
la misma y pesada carga de porvenir
y de pasado.

ALBERT CAMUS

A las personas que no hacen nada
les falta tiempo para todo.

MADAME ROLLAND

A medida que pasan los días y los
meses se van, el tiempo no se
entretiene con la gente. Es por ello
por lo que los sabios no valoran
tanto una gran gema como un poco
de tiempo. El tiempo es difícil de
encontrar y fácil de perder.

LAO TSE

A medida que tengo menos
tiempo para practicar las cosas,
menos curiosidad tengo por
aprenderlas.

CHARLES DE MARGUETEL DE SAINT-
ÉVREMOND

Aquellos que tienen más que
hacer y están dispuestos a trabajar
son los que encontrarán más tiempo.

SAMUEL SMILES

Arde el tiempo fantasma:
arde el ayer, el hoy se quema y el
mañana.

Todo lo que soñé dura un minuto
y es un minuto todo lo vivido.

Pero no importan siglos o
minutos:
también el tiempo de la estrella

es tiempo,
gota de sangre o fuego: parpadeo.

OCTAVIO PAZ

Aunque puede decirse que el tiempo sana todas las heridas, es la rutina diaria quien proporciona los vendajes.

C.S.

Aunque sea jade: también se quiebra,
aunque sea oro, también se hiende,
y aun el plumaje de quetzal se desgarra:
¡No por siempre en la tierra:
sólo breve tiempo aquí!

NEZAHUALCÓYOTL

Caminante, son tus huellas
el camino, y nada más;
caminante, no hay camino,
se hace camino al andar.
Al andar se hace camino,
y al volver la vista atrás
se ve la senda que nunca
se ha de volver a pisar.
Caminante, no hay camino,
sino estelas en la mar.

ANTONIO MACHADO

Como un índice
vago por el teclado de los días
y cada siete veces una vez
exclama el corazón un do de pecho.

SALVADOR NOVO

Con el tiempo, la máscara llega a ser el rostro mismo.

MARGUERITE YOURCENAR

Confía en el tiempo, él lo arregla todo.

FEDOR DOSTOIEVSKI

Confía en el tiempo: es el más sabio de todos los consejeros.

PLUTARCO

Desde lejos
Pasa la juventud, pasa la vida,
pasa el amor, la muerte también pasa,
el viento, la amargura que traspasa
la patria densa, inmóvil y dormida.
Dormida, en sueño para siempre, olvida.
Muertos y vivos en la misma masa
duermen común destino y dicha escasa.
Patria, profundidad, piedra perdida.

CARLOS BOUSOÑO

Desde luego, nada comienza en el momento en que usted supone que ha comenzado.

LILLIAN HELLMAN

[...] después de la muerte, el Tiempo se retira del cuerpo, y los recuerdos tan indiferentes, tan empalidecidos, se borran en la que ya no existe y pronto se borrarán en aquel a quien aún torturan, pero en el cual acabarán por perecer cuando deje de sustentarlo el deseo de un cuerpo vivo.

MARCEL PROUST

El corazón presiente y se incorpora,
mentida plenitud que nadie toca:
hoy es ayer y es siempre y es deshora.

OCTAVIO PAZ

El *enigma*

El gran mago planteó esta cuestión:
—¿Cuál es, de todas las cosas del mundo, la más larga y la más corta, la más rápida y la más lenta, la más divisible y la más extensa, la más abandonada y la más añorada, sin la cual nada se puede hacer, devora todo lo que es pequeño y vivifica todo lo que es grande?

Le tocaba hablar a Itobad. Contestó que un hombre como él no entendía nada de enigmas y que era suficiente con haber vencido a golpe de lanza. Unos dijeron que la solución del enigma era la fortuna, otros la tierra, otros la luz. Zadig consideró que era el tiempo.

—Nada es más largo, agregó, ya que es la medida de la eternidad; nada es más breve ya que nunca alcanza para dar fin a nuestros proyectos; nada es más lento para el que espera; nada es más rápido para el que goza. Se extiende hasta lo infinito, y hasta lo infinito se subdivide; todos los hombres le descuidan y lamentan su pérdida; nada se hace sin él; hace olvidar todo lo que es indigno de la posteridad, e inmortaliza las grandes cosas.

VOLTAIRE

El misterio del amor, que lo es de dolor, tiene una forma misteriosa, que es el tiempo. Atamos el ayer al mañana con eslabones de ansia, y no es el ahora, en rigor, otra cosa que el esfuerzo del antes por hacerse después; no es el presente, sino el empeño del pasado por hacerse porvenir. El ahora es un punto que no bien pronunciado se disipa, y, sin embargo, en ese punto está la eternidad toda, sustancia del tiempo.

MIGUEL DE UNAMUNO

El pulso largo y sin medida del tiempo todo lo mueve. No hay nada oculto que no pueda sacar a la luz, ni nada conocido que no pueda volver a la oscuridad.

SÓFOCLES

¡El siglo se renueva;
retorna la justicia al mundo humano,
y del cielo desciende raza nueva!

DANTE ALIGHIERI

El reloj

Reloj, deidad siniestra, espantosa, impasible,
de amenazante dedo que nos dice: ¡*Recuerda*!

Los dolores vibrantes en tu asustado pecho
se plantarán muy pronto lo mismo que en un blanco.

El placer vaporoso huirá hacia el horizonte
lo mismo que una sílfide por entre bastidores.

Cada instante devora un trozo de delicia
a cada hombre dada para toda su vida.

Tres mil seiscientas veces por hora, el Segundo
te susurra: ¡*Recuerda*! Rápido, con palabras
de insecto. Ahora, dice: Yo soy Antes, tu vida
yo te he ido absorbiendo con mi asquerosa trompa.

¡*Acuérdate*! *Remember*! Pródigo. *Esto memor*!
(Mi garganta metálica habla todas las lenguas.)

Los minutos, juguete mortal, son como gangas
que no deben dejarse sin extraer su oro.

Acuérdate que el Tiempo es un jugador ávido,
que, es la ley, gana siempre y no hace nunca trampas.

El día mengua; aumentan ya las sombras.
¡*Acuérdate*!
La vida está sedienta, la clepsidra vacíase.

Pronto dará la hora en que el Azar divino,
en que la soberana Virtud, tu esposa aun virgen,
y el Arrepentimiento (!oh el albergue postrero!)

todo te diga: Muere, viejo cobarde.
¡Es tarde!

CHARLES BAUDELAIRE

Tiempo
Sabia virtud de conocer el tiempo,
a tiempo amar y desatar a tiempo,
como dice el refrán: Dar tiempo al
tiempo
que de amor y dolor, alivia el tiempo.
   Aquel amor a quien amé a
destiempo
martirizóme tanto, tanto y tanto
tiempo
que no sentí jamás correr el tiempo
tan acremente como en ese tiempo.
   Amar queriendo como en otro
tiempo
Ignoraba yo aun que el tiempo es oro
¡Cuánto tiempo, perdí! ¡Ay, cuánto
tiempo!
   Y hoy que de amores ya no tengo
tiempo
Amor de aquellos tiempos ¡Cómo
añoro!
   La dicha inicua de perder el
tiempo.

RENATO LEDUC

   El tiempo alivia nuestro
sufrimiento. Hay épocas de tristeza.
Épocas de ira. Épocas de
tranquilidad. Épocas de esperanza.
Pero no se suceden unas a otras de
manera previsible. Por lo menos, no
para quienes están en crisis.
   En la vida de cada persona, los
inviernos y las primaveras se mezclan
en un conjunto confuso. Un día
sentimos que los nubarrones se han
despejado, pero al siguiente
volvemos a verlos. Sonreímos en un
momento dado, y horas mas tarde
nos brotan las lágrimas. Es verdad
que, así como podemos dar dos
pasos adelante durante la jornada,
también podemos dar uno o dos
hacia atrás. Sin embargo, cuando se

tiene fe èn que llegará la época del
deshielo primaveral, los vientos
invernales parecen perder ímpetu.

ROBERT VENINGA

   El tiempo cura las penas y las
injurias porque todos cambiamos y
dejamos de ser la misma persona: ni
el ofensor ni el ofendido son el
mismo.

BLAISE PASCAL

   El tiempo cura lo que la razón no
puede curar.

SÉNECA

   El tiempo es oro.
BENJAMIN FRANKLIN

   El tiempo es un modisto
especializado en cambios y arreglos.
FAITH BALDWIN

   El tiempo lo cambia todo...
excepto algo que hay en nuestro
interior y que se sorprende con cada
cambio.

THOMAS HARDY

   El tiempo muestra sus entrañas
huecas:
de su insomne vacío
surges, perdido paraíso,
sepultado secreto de este mundo.

OCTAVIO PAZ

   El tiempo revela todas las cosas:
es un charlatán y habla hasta cuando
no se le pregunta.

EURÍPIDES

   El tiempo todo lo borra, y cuando
es algo enojoso lo borrado, no deja
ni siquiera el borrón como recuerdo,
sino que se apresura a pintar sobre él
con alegres colores...

JACINTO BENAVENTE

[...] el tiempo, desde que nacemos, es una invisible herida de traición que nos vierte gota a gota el pecho, como esos vasos que tienen una grieta delgada.

GABRIELA MISTRAL

El tiempo... posee una fuerza profunda y la vejez un poder singular para quitar intensidad a los sentimientos. Vemos acercarse la muerte, su negra sombra se proyecta ante nuestros pasos, y entonces, los hechos se nos aparecen más amortiguados, no penetran tan profundamente en nuestros sentidos y pierden mucho de su peligrosa virulencia.

STEFAN ZWEIG

En ocasiones, sin tener nada, a uno le parece tenerlo todo: el espacio, el aire, el cielo, el agua, la luz. Lo que pasa es que el tener tiempo da la sensación de poseerlo todo; aquel que no cuenta con tiempo, no cuenta con nada. Y de nada puede gozar el apurado, el que va de prisa, el urgido; pues lo único que posee es su apuro, su prisa y su urgencia.

MANUEL ROJAS

Es el Tiempo un verdadero quebrado; debe más de lo que posee a su acreedora la oportunidad.

WILLIAM SHAKESPEARE

Es el tiempo que has perdido con tu rosa lo que la hace tan importante.

ANTOINE DE SAINT-EXUPÉRY

Existe una cosa muy misteriosa, pero muy cotidiana. Todo el mundo participa de ella, todo el mundo la conoce, pero muy pocos se paran a pensar en ella. Casi todos se limitan a tomarla como viene, sin hacer preguntas. Esta cosa es el tiempo.

Hay calendarios y relojes para medirlo, pero eso significa poco, porque todos sabemos que, a veces, una hora puede parecernos una eternidad, y otra, en cambio, pasa en un instante; depende de lo que hagamos durante esa hora.

Porque el tiempo es vida. Y la vida reside en el corazón.

MICHAEL ENDE

Hay un tiempo para dejar que sucedan las cosas, y un tiempo para hacer que las cosas sucedan.

HUGH PRATHER

Hubo un tiempo en el que el tiempo no era sucesión y tránsito, sino manar continuo de un presente fijo, en el que estaban contenidos todos los tiempos, el pasado y el futuro. El hombre, desprendido de esa eternidad en la que todos los tiempos son uno, ha caído en el tiempo cronométrico y se ha convertido en prisionero del reloj, del calendario y de la sucesión. Pues apenas el tiempo se divide en ayer, hoy y mañana, en horas, minutos y segundos, el hombre cesa de ser uno con el tiempo, cesa de coincidir con el fluir de la realidad.

OCTAVIO PAZ

La gente se relaciona con el tiempo en muy diversas formas. Los árbitros deportivos indican el tiempo transcurrido; los presidiarios cumplen el de su condena; los músicos lo marcan; los historiadores lo registran; los holgazanes lo matan; los peritos en estadística lo calculan. Pero cualquiera que sea la forma en que la gente se relacione con el tiempo, la verdad es que todos disponemos del mismo tiempo. El día tiene únicamente veinticuatro horas; la semana, 168. Aprovechémoslas.

DENNIS HENSLEY

La hora actual hállase enemistada con el genio; no concilia más que el número; deslustra los oficios, y hace de los fieles, sacristanes.

RAMÓN LÓPEZ VELARDE

La rueda de la Fortuna anda más lista que una rueda de molino, y los que ayer estaban en pinganitos, hoy están por el suelo.

MIGUEL DE CERVANTES SAAVEDRA

Lo que es consistente por el tiempo es destruido, y lo que es fugaz al tiempo opone resistencia.

JOACHIM DU BELLAY

[...] lo que verdaderamente cuenta es lo que no figurará en las biografías oficiales, lo que no se inscribe en las tumbas; sabe también que el transcurso del tiempo no hace sino agregar un vértigo más a la desdicha.

MARGUERITE YOURCENAR

Los informales desperdician como cosa propia el tiempo precioso de las gentes puntuales.

JULIO TORRI

Los primeros cuarenta años de vida nos han dado el texto; los treinta siguientes, el comentario.

ARTHUR SCHOPENHAUER

—Los sucesos lo dirán, Sancho —respondió don Quijote—; que el tiempo, descubridor de todas las cosas, no se deja ninguna que no la saque a la luz del sol, aunque esté escondida en los senos de la tierra.

MIGUEL DE CERVANTES SAAVEDRA

Mi corazón me recuerda...
Mi corazón me recuerda que he de llorar
por el tiempo que se ha ido, por el que se va.
Agua del tiempo que corre, muerte abajo,
tumba abajo, no volverá.

JAIME SABINES

No deplores ya lo que es irremediable, y busca remedios a lo que deploras. El tiempo es padre y creador de todo bien.

WILLIAM SHAKESPEARE

No tenéis derecho a despilfarrar ni un grano de sal ni un trozo de papel, y lo mismo ocurre con un minuto de vuestro tiempo.

MAHATMA GANDHI

Nosotros matamos al tiempo, pero él nos entierra.

JOAQUÍM MARÍA MACHADO DE ASSIS

[...] oh vida por vivir y ya vivida, tiempo que vuelve en una marejada y se retira sin volver el rostro, lo que pasó no fue pero está siendo y silenciosamente desemboca en otro instante que se desvanece.

OCTAVIO PAZ

Precisamente porque no tenemos tiempo, hay que despilfarrarlo un poco.

EMMA GODOY

Que lo pasado sea como si hubiera sucedido hace mil años.

BENITO PÉREZ GALDÓS

Si alguna vez pude creerme poeta, ahora sé que no lo soy. Acaso en la nueva parte de mi vida, tan árida, que ahora empieza, los hombres podrán inspirarme lo que ya la naturaleza no me dice. Mas los años en que quizá hubiera sido capaz de cantarla no volverán ya.

MARCEL PROUST

Si quieres que el tiempo pase de prisa firma un pagaré por noventa días.

J.B. THOMAS

Siempre se tiene tiempo suficiente cuando se emplea como es debido.

JOHANN WOLFGANG VON GOETHE

Sobre las alas del Tiempo, la tristeza vuela.

JEAN DE LA FONTAINE

Somos hijos del tiempo, y el tiempo es esperanza.

OCTAVIO PAZ

Soneto

Unge el Tiempo con mano generosa
toda virtud: la acendra y la depura.
Asciende al Sol, desde su entraña
oscura,
la oración perfumada de la Rosa.
Toda virtud, el Tiempo la madura.
Forja el tronco robusto, de la
airosa
juventud de la planta. Silenciosa,
es la más vieja la amistad más pura.
Añeja el Tiempo el odre en que
asegura
la cosecha de ayer, y la preciosa
madurez que se alcanza sin premura.
Sólo el Tiempo ennoblece.
¡Gloriosa
la vida que lo abreva en la dulzura
de una amistad antigua y venturosa!

SALVADOR NOVO

[...] sólo en el cuerpo del ser profunda y largamente amado, no percibimos el paso del tiempo, y que el envejecer juntos es una forma de no envejecer. La diaria mirada tiene un ritmo lento y piadoso. La persona que vive a nuestro lado siempre está situada en el tiempo más cercano: ayer, hoy, mañana, y a estas distancias mínimas no pueden verse, no se ven, los efectos de los años.

JOSEFINA VICENS

Toda luna, todo año, todo día, todo viento camina y pasa también. También toda sangre llega al lugar de su quietud, como llega a su poder y a su trono.

CHILAM BALAM DE CHUMAYEL

Una hora no es sólo una hora, es un vaso lleno de perfumes, de sonidos, de proyectos y de climas.

MARCEL PROUST

Utilizar el tiempo limitado de una vida para preocuparse y dolerse del caos del mundo es como llorar sobre un río para acrecentar su agua por miedo a que se seque.

LAO TSE

¡Lo que ha de ser, será! ¡El deber nos empuja a obrar en el presente! ¡Lo que ha de ser, al porvenir le toca!

SÓFOCLES

Trata de edificar sobre el presente lo que ha de ser realidad futura.

PITÁGORAS

Yo soy, yo existo; ¿cuánto tiempo? El tiempo que pienso; porque si yo cesara de pensar, en el mismo momento dejaría de existir.

RENÉ DESCARTES

Ya se dispara, como en la crisis del poema, la última flecha del arco del Arquero. La aproximación del 31 de diciembre tapa el sol con la trepidante cortina de dardos que nublaba el horizonte clásico. Paralelamente, un sector del alma enlútase al consumarse y consumirse la aljaba del año. La vejez será, en conclusión, una sombra de flechas; y los inocentes, degollados, teñirán de tragedia su arco sin estrenar. Quienes apuntamos —centauros o amazonas— a media carrera, vemos en el cielo un hemiciclo, enfrente de nosotros, cuyo azul será desflorado por el tiro que siga. Tal vez la cumbre de la vida nos da, como sensación principal, la de nuestra situación entre dos firmamentos: uno carbonizado y otro flameante, como casulla de abril.

RAMÓN LÓPEZ VELARDE

"Pregunta: ¿qué hacer para no perder el tiempo? Respuesta: sentirlo en toda su lentitud. Medios: pasarse los días en la antesala de un dentista en una silla reconfortable; vivir el domingo en el balcón, por la tarde; oír conferencias en una lengua que no se conoce, escoger los itinerarios del tren más largos y menos cómodos y viajar de pie, naturalmente; hacer la cola en las taquillas de los espectáculos, sin perder su puesto..."

ALBERT CAMUS

El tiempo todo lo lleva; hasta el espíritu cambia.

VIRGILIO

El pasado

Cuán presto se va el placer,
cómo después de acordado
da dolor,
cómo, a nuestro parecer,
cualquiera tiempo pasado
fue mejor.

JORGE MANRIQUE

El pasado debe ser un trampolín, no una hamaca.

PROVERBIO SUECO

El pasado es la única realidad humana. Todo lo que es ha pasado.

ANATOLE FRANCE

[...] la memoria del corazón elimina los malos recuerdos y magnifica los buenos, y ... gracias a ese artificio logramos sobrellevar el pasado.

GABRIEL GARCÍA MÁRQUEZ

Nadie puede cambiar su pasado, pero todo el mundo puede contarlo al revés.

NOEL CLARASÓ

Si se pudiera romper y tirar el pasado como el borrador de una carta o de un libro. Pero ahí queda siempre, manchando la copia en limpio, y yo creo que eso es el verdadero futuro.

JULIO CORTÁZAR

¿Y mañana? ¡Mañana es de Dios! ¿Y ayer, de quién es? ¿De quién es ayer? ¡Oh ayer, tesoro de los fuertes! ¡Santo ayer, sustancia de la niebla cotidiana!

MIGUEL DE UNAMUNO

El presente

Cuida lo que tienes en este momento; no hay nada que perder.

EPICTETO

[...] el presente sólo existe porque el futuro se convierte en pasado.

MICHAEL ENDE

Estoy convencida de que sólo una de cada mil personas conoce el secreto de vivir en realidad en el presente. La mayoría de nosotros pasamos 59 minutos de cada hora viviendo en el pasado; añorando alegrías perdidas, o avergonzándonos

por algo que hemos hecho mal
(ambas cosas, en extremo inútiles y
debilitantes), o en un futuro que
esperamos con ansias o al que
tememos. La única manera de vivir
plenamente consiste en aceptar cada
minuto como un milagro irrepetible,
pues es eso exactamente: un milagro
irrepetible.

MARGARET STORM JAMESON

No pases la noche temeroso del
mañana.
Cuando despunta el día, ¿qué es el
mañana?
No sabe el hombre cómo será el
mañana.
Dios está en el éxito del hombre:
el hombre está en su propio fracaso.
Una es la palabra que el hombre
dice:
otra es la realidad que Dios hace.

SABIDURÍA DE AMEM-EM-OPE

No podremos asegurar a nuestros
hijos la seguridad sobre el futuro,
aunque luchemos por ello. Pero
podemos darles el presente.

KATHLEEN NORRIS

No te deseo nada para lo porvenir.
Deseo que puedas hacerte un pasado
feliz.

JAIME SABINES

Somos el pasado del mañana.

MARY WEBB

Ya que ignoras lo que mañana te
reserva,
esfuérzate por ser feliz hoy.
Coge un cántaro de vino,
siéntate a la luz de la luna y bebe
pensando en que tal vez mañana
la luna ha de buscarte en vano.

OMAR KHAYYAM

El futuro

Una de las cosas maravillosas del
futuro es que se nos viene encima
solamente a razón de un día por vez.

ALDO CAMMAROTA

—Nunca se ha de pensar en toda
la calle de una vez, ¿entiendes? Sólo
hay que pensar en el paso siguiente,
en la inspiración siguiente, en la
siguiente barrida. Nunca nada más
que en el siguiente.
Volvió a callar y reflexionar, antes
de añadir:
—Entonces es divertido; eso es
importante, porque entonces se hace
bien la tarea. Y así ha de ser.
Después de una nueva y larga
interrupción, siguió:
—De repente se da uno cuenta de
que, paso a paso, se ha barrido toda
la calle. Uno no se da cuenta cómo
ha sido, y no se está sin aliento.

MICHAEL ENDE

Ley de Finnigan:
Entre más lejano está el futuro,
mejor nos parece.

ARTHUR BLOCH

El futuro es un lugar cómodo para
depositar en él nuestros sueños.

ANATOLE FRANCE

El hombre hoy siembra la causa,
mañana Dios hace madurar el efecto.

VÍCTOR HUGO

La verdadera generosidad, en
relación con el futuro, consiste en
dárselo todo al presente.

ALBERT CAMUS

Queremos ser dueños del futuro
tan sólo para poder cambiar el
pasado.

MILAN KUNDERA

Platón

Platón, uno de los pensadores con más influencia en la historia de la filosofía, nació en Atenas, hacia el año 427 a.C., en el seno de una familia aristocrática. Entre sus antepasados se hallaba Solón, uno de los siete sabios de Grecia, y —según parece— su padre, Aristón, era descendiente de los últimos reyes de Atenas. Platón recibió, por lo tanto, la más refinada educación de su tiempo, propia de un joven aristócrata ateniense.

Antes de conocer a Sócrates, es probable que haya tenido acceso a la doctrina de Heráclito, y dicha influencia pudo transmitirla Cratilo, discípulo de este último, a quien Platón frecuentó en su juventud. Sin embargo, el encuentro con Sócrates, en el año de 407 a.C., es decisivo en la vida del joven filósofo, pues lo aparta de sus inclinaciones poéticas para llevarlo al terreno de la investigación filosófica. Ocho años duró el aprendizaje con Sócrates, el cual marcó profundamente al filósofo. Como Sócrates no dejó ningún escrito, sus enseñanzas se conocen únicamente a través de los *Diálogos* de Platón, quien muestra

siempre un gran respeto y admiración por su maestro. Sin embargo, cuando Sócrates fue condenado a muerte, en el año 399 a.C., Platón no lo acompañó en sus últimos momentos; viajó a Megara, invitado por Euclides, asustado por las posibles represalias que los atenienses pudieran tomar contra los discípulos del maestro; tras una breve estadía en esa ciudad, Platón emprendió una serie de viajes que lo llevaron a conocer a los grandes pensadores de su tiempo: en Egipto y la Cirenaica se relaciona con el filósofo Aristipo y con el matemático Teodoro. Tiempo después, viaja a Italia y entra en contacto con la escuela de los pitagóricos, especialmente con Arquitas de Tarento y Filolao, quien le proporcionó los libros secretos de Pitágoras en los que se basó para escribir su diálogo *Timeo*.

En el año 388, el príncipe Dión de Sicilia, cuñado del rey Dionisio I el Viejo, invita a Platón a la corte. El filósofo, que tenía entonces 39 años, trató de convencer al rey de llevar a cabo algunas reformas políticas, acordes con una concepción superior del Estado. Pero estos intentos fueron vistos de manera sospechosa por el monarca, quien lo desterró a Esparta como prisionero de guerra. En el trayecto fue capturado, tal vez por órdenes del viejo tirano, y puesto en venta como esclavo. Pero un amigo suyo lo reconoció y lo rescató, comprándolo con el propósito de dejarlo en libertad.

De regreso a Atenas, a los cuarenta años de edad, Platón fundó en el jardín Academos, situado a las afueras de la ciudad en un parque arbolado, la célebre Academia, en el año 387. Ésta se convirtió en la primera escuela organizada como centro de estudios universitarios de la Antigüedad. La enseñanza se basaba en el diálogo de tipo socrático, según las preferencias de Platón, aunque también fueron ganando terreno poco a poco la exposición docente y las discusiones dirigidas entre los estudiantes. Muchas de las obras de Platón podrían bien ser un reflejo de estos ejercicios didácticos, lógicos y dialécticos que los alumnos debían practicar antes de pasar a la realización de actividades literarias y filosóficas. Se recomendaba a los alumnos el conocimiento de las matemáticas previo al estudio de la filosofía. El cartel fijado en la entrada de la Academia rezaba: "Nadie ingrese aquí si ignora la geometría". No obstante, con el tiempo fue adquiriendo mayor importancia la obra inquisitiva, creadora.

Desde la fundación de la Academia, Platón dedicó los siguientes cuarenta años de su vida a la actividad filosófica; sin embargo, la interrumpió en dos breves ocasiones, durante las cuales viajó nuevamente a Sicilia con el deseo de intervenir en la política de la isla. La primera se dio en el año 367, a la muerte del tirano Dionisio I. Nuevamente Platón acudió a petición de Dión, pero el sucesor al trono, Dionisio II el Joven, quien había recibido una pésima educación y tenía todos los vicios imaginables, no aceptó los consejos del filósofo, y supuso que su pariente Dión tramaba una intriga para despojarlo del trono. Dión fue desterrado y Platón tuvo que regresar a Atenas, pero regresó a Sicilia en 361, para pedirle a Dionisio que reconsiderara y permitiera a Dión regresar del exilio. Pero el intento de Platón no dio resultado, y tuvo que regresar a Atenas, para continuar con su carrera educativa y sus

meditaciones filosóficas. Platón no volvió a viajar nunca más. Regresó a la Academia y se dedicó a la redacción de sus diálogos finales. Durante los últimos veinte años de su vida tuvo como discípulo a Aristóteles, el más distinguido de todos, quien sin embargo basó su pensamiento en una abierta oposición a la doctrina platónica. Mucho se ha hablado del antagonismo existente entre los dos grandes filósofos, pero éste no influyó sus vidas ni su relación personal, pues Aristóteles no abandonó la Academia sino hasta la muerte de su maestro. Platón nombró a su sobrino Espeusipo como su sucesor en la dirección de la Academia, y murió a la edad de ochenta años, en el año 347 a.C., tras una larga y prolífica vida que nos legó uno de los sistemas filosóficos más importantes de la historia del pensamiento.

Platón, apasionado de la educación moral y política, siempre tuvo la esperanza de poder reformar la vida de su tiempo, utilizando el producto de la formación didáctica para conducir al hombre a una concepción religiosa del mundo.

Se ha dicho que la historia de la filosofía se basa en una serie de notas a pie de página al pensamiento de Platón, y también que en la actualidad se determina el carácter de una filosofía, cualquiera que ésta sea, por la relación que guarda con el pensamiento platónico. Estas afirmaciones parten del punto de que el pensamiento platónico, junto con el aristotélico, contienen la esencia de la filosofía y de la cultura occidental. Es, sin duda, el primer sistema congruente y elaborado que expone el idealismo como método de conocimiento.

El trabajo

Dios ha creado al hombre para que gane su
sustento trabajando. Ha dicho que aquel
que come sin trabajar es un ladrón.

MAHATMA GANDHI

A mi humilde parecer, el movimiento obrero puede vencer siempre, si está perfectamente unido y decidido a cualquier sacrificio por grande que sea la fuerza de sus opresores. Pero los que dirigen el movimiento obrero no se dan cuenta del valor de los recursos de que disponen y que el capitalismo no poseerá jamás. Si los trabajadores consiguen demostrar lo que se comprende fácilmente, a saber, que el capital es absolutamente impotente sin su colaboración, han ganado ya la partida. Pero estamos tan hipnotizados por el capital, que acabamos por creer que lo es todo en este mundo.

MAHATMA GANDHI

La templanza y el trabajo ... son los dos verdaderos médicos del hombre: el trabajo excita su apetito y la templanza le impide abusar de él.

JEAN-JACQUES ROUSSEAU

Casi no hay cosa imposible para quien sabe trabajar y esperar.

FRANÇOIS DE SALIGNAC DE LA MOTHE-FÉNELON

En la formación de todo hombre ocurre un momento en que llega a la convicción de que la envidia es ignorancia; que la imitación equivale al suicidio; que, para bien o para mal, ha de aceptarse a sí mismo como lo que es; que si bien el vasto universo abunda en cosas buenas, no podrá obtener para sí un grano de nutritivo maíz si no es por medio del trabajo empleado en el pedazo de tierra que se le ha dado a labrar...

RALPH WALDO EMERSON

En los países civilizados casi todos los hombres trabajan para ganar un salario. Para ellos el trabajo es un medio, no un fin, y por eso no se muestran delicados en la elección de trabajo, con tal de que les proporcione buena retribución. Hay algunos hombres excepcionales que prefieren perecer a trabajar en cosas que no deleitan; son minuciosos y difíciles de contentar y no les basta con ganar mucho si el trabajo no es por sí mismo la ganancia de las ganancias. A esta especie de hombres raros pertenecen los artistas y los contemplativos de todas clases, pero también los ociosos que se pasan la vida cazando en aventuras e intrigas de amor.

FRIEDRICH WILHELM NIETZSCHE

Hay algo maravilloso acerca de las vacaciones: te hacen sentir lo suficientemente bien para volver al trabajo, y te dejan lo bastante pobre para tener que hacerlo.

JAMES NIX

La energía y el trabajo obstinado superan y vencen los mayores obstáculos.

FRANÇOIS DE SALIGNAC DE LA MOTHE-FÉNELON

Las mayores alegrías de la vida no son las que se apartan de nuestro trabajo, sino las que se avienen con dicho trabajo. Los que se pierden la alegría del trabajo, de la labor bien realizada, se pierden algo muy importante.

WILLIAM J. BENNETT

Muchos de ustedes aprendieron hace tiempo, cuando eran jóvenes, que no es el trabajo lo que cansa, sino la frustración que provoca el no tener trabajo o el no cumplir con él. Uno se desilusiona de veras cuando no encuentra algo útil que hacer.

RICHARD HECKERT

Marie Curie

Marie Sklodowska nació en Varsovia, Polonia, el 7 de noviembre de 1867. Su padre fue profesor de física y matemáticas en una escuela secundaria. Puesto que los ingresos de la familia no eran suficientes, su hija, cuando era ya una adolescente, colaboró de manera clandestina en la llamada "universidad libre", donde se enseñaba a leer a mujeres trabajadoras. A los 18 años sé empleó como institutriz, para financiar los estudios que realizaba su hermana Bronia en la Escuela de Medicina de París.

En 1891, Marie se trasladó a París, donde comienza sus estudios en la Sorbona, con la ayuda de su hermana. En 1893 concluye sus estudios de física y en 1894 obtuvo el segundo lugar en sus estudios de matemáticas. Fueron tiempos duros en un principio, ya que para concluir las dos carreras tenía que trabajar el doble: estudiaba por las noches en su cuarto de estudiante y vivía únicamente de pan, mantequilla y

agua. El mismo año (1894) conoció a Pierre Curie, científico de cierta fama que había descubierto, junto con su hermano, la piezoelectricidad y un nuevo aparato para medir cantidades pequeñas de electricidad. Pierre y Marie se identificaron de inmediato debido al interés por el estudio de las ciencias, y en 1895 contrajeron matrimonio. Se creó así un extraordinario equipo de trabajo que asombraría al mundo con sus descubrimientos. Su situación económica era miserable, y no tenían ninguna clase de apoyo para sus trabajos. Dos años más tarde nació su primera hija, Irene, quien más adelante se convertiría también en una famosa científica, ganadora de un premio Nobel en la década de los años treinta.

Las responsabilidades domésticas no impidieron que Marie Curie continuara con su interés científico. En 1895, Wilhelm Roentgen descubrió los rayos X, y en 1896 Henri Becquerel observó que los minerales contenidos en el uranio proyectaban unos rayos, los rayos gamma. Siguiendo estos estudios, Marie eligió el tema de sus tesis doctoral y comenzó su investigación, tratando de averiguar si las propiedades descubiertas en el uranio servían también para explicar otros fenómenos.

Marie Curie utilizó los instrumentos que medían la electricidad inventados por su marido, para detectar las radiaciones producidas por el uranio. A esta característica del uranio, descubierta por Becquerel, la llamó *radiactividad*, es decir, la propiedad que tienen algunos elementos en transformarse en emisores de energía. Marie se propuso determinar si esta propiedad aparecía en otros elementos. En condiciones bastante precarias, la científica realizó sus trabajos en un pequeño laboratorio y estudió todos los elementos conocidos. Comprobó que, además del uranio, el torio también era radiactivo. Continuó su labor analizando una gran cantidad de minerales, para detectar la radiactividad, y descubrió que la pecblenda contenía elementos radiactivos muy similares a los del uranio, incluso superiores. La radiactividad de este mineral únicamente podía ser explicada por la presencia de pequeñas cantidades de una sustancia desconocida. Aquí comenzó la parte más dura de la investigación: aislar el nuevo elemento. El matrimonio Curie trabajó en equipo, y cuatro años más tarde lograron aislar dos nuevos elementos radiactivos: el polonio, nombrado así en honor a Polonia, y el radio. Mientras Pierre estudiaba los efectos físicos de las nuevas radiaciones, Marie, ayudada por uno de los discípulos de Pierre, se esforzó por obtener radio puro en su estado mineral. Éste constituía únicamente una millonésima parte de la pecblenda, pero sus emanaciones radiactivas eran medio millón más altas que las del uranio. Como resultado de estas investigaciones, Marie Curie se doctoró en ciencias en 1903. Ese mismo año, el matrimonio Curie compartió con Henri Becquerel el premio Nobel de física por el descubrimiento de la radiactividad.

A pesar de sus obligaciones domésticas como esposa y madre, y de sus intensas investigaciones científicas, Marie Curie no abandonó su actividad docente. Fue nombrada catedrática de la materia de física de la Escuela Normal Superior para señoritas en Sèvres, en 1900, donde introdujo un método de enseñanza

basado en demostraciones experimentales. En diciembre de 1904 fue nombrada jefe asistente en el laboratorio dirigido por Pierre Curie, en la Sorbona —la única universidad que admitía mujeres.

Un año triste para Marie fue 1906, debido a la repentina muerte de su marido, a causa de un accidente. Pero este hecho, aunque fue un fuerte golpe para ella, no provocó que abandonara su carrera; al contrario, la fortaleció para finalizar los experimentos que había iniciado con su marido. Ese mismo año fue nombrada titular de la cátedra de Pierre en la Sorbona, lo cual la convirtió en la primera mujer que impartió clases en esa Universidad. En 1910 se publicó su *Tratado fundamental sobre radiactividad*, y en 1911 recibió nuevamente el premio Nobel, esta vez de química, por el aislamiento del radio puro y el establecimiento de su peso atómico. En 1912, el gobierno francés creó el Instituto Curie del Radio, en la Universidad de París, del cual Marie fue directora.

De su generación, fue la persona más célebre del mundo. Recibió unas veinte distinciones honoríficas del más alto nivel, y sus investigaciones aportaron métodos de estudio para la constitución del átomo y la teoría atómica. Una de sus más grandes contribuciones fue el haber entendido la necesidad de acumular fuentes de radiación, no sólo para el tratamiento de enfermedades —la llamada "curieterapia", o quimioterapia, basada en cirugía y rayos X, que aporta medios para la lucha contra el cáncer—, sino también para la investigación de la física nuclear. Marie Curie murió en 1934, de leucemia, a consecuencia de su cercanía a la radiación.

La verdad y la mentira

Y advertid que es baja acción,
que sólo a una fiera toca,
madre de engaño y traición,
el halagar con la boca
y matar con la intención.

PEDRO CALDERÓN DE LA BARCA

Aún más que con los labios
hablamos con los ojos;
con los labios hablamos de la tierra;
con los ojos, del cielo y de nosotros.

MANUEL ACUÑA

Canek habló a Guy:

—Mira el cielo; cuenta las estrellas.

—No se pueden contar.

Canek volvió a decir:

—Mira la tierra; cuenta los granos de arena.

—No se pueden contar.

Canek dijo entonces:

—Aunque no se conozca, existe el número de las estrellas y el número de los granos de arena. Pero lo que existe y no se puede contar y se siente aquí dentro, exige una palabra para decirlo. Esta palabra, en este caso, sería inmensidad. Es como una palabra húmeda de misterio. Con ella no se necesita contar ni las estrellas ni los granos de arena. Hemos cambiado el *conocimiento* por la *emoción*: que es también una manera de penetrar en la verdad de las cosas.

ERMILO ABREU GÓMEZ

Desde que me cansé de buscar
he aprendido a hallar.

FRIEDRICH WILHELM NIETZSCHE

[...] el entendimiento es la conciencia de la verdad, y el que llega a perderla entre las mentiras de su vida, es como si se perdiera a sí propio, porque ya nunca volverá a encontrarse no a conocerse, y él mismo vendrá a ser otra mentira.

JACINTO BENAVENTE

El *hijo ilegítimo*

Ya el sol se había puesto entre el enredo del bosque, sobre el río. Los niños de la ermita habían vuelto con el ganado, y estaban sentados al fuego, oyendo a su maestro Gautama, cuando llegó un niño desconocido y le saludó con flores y frutos. Luego tras una profunda reverencia, le dijo con voz de pájaro:

—Señor Gautama: vengo a que me guíes por el sendero de la Verdad. Me llamo Satyakama.

—Bendito seas —dijo el Maestro—. ¿Y de qué casta eres, hijo mío? Porque sólo un bramán puede aspirar a la suprema sabiduría.

Contestó el niño:

—No sé de qué casta soy, Maestro; pero voy a preguntárselo a mi madre.

Se despidió Satyakama, cruzó el río por lo más estrecho, y volvió a la choza de su madre, que estaba al fin de un arenal, fuera de la aldea, ya dormida.

La lámpara iluminaba débilmente la puerta, y la madre estaba fuera, de pie en la sombra, esperando la vuelta de su hijo.

Lo cogió contra su pecho, lo besó en la cabeza y le preguntó qué le había dicho el Maestro.

—¿Cómo se llama mi padre? —dijo el niño—. Porque me ha dicho el señor Gautama que sólo un bramán puede aspirar a la suprema sabiduría.

La mujer bajó los ojos y le habló dulcemente:

—Cuando joven, yo era pobre y conocí muchos amos. Sólo puedo decirte que tú viniste a los brazos de tu madre Jabbala, que no tuvo marido.

Los primeros rayos del sol ardían en la copa de los árboles de la ermita del bosque. Los niños, aún mojado el revuelto pelo del baño de la mañana, estaban sentados ante su Maestro, bajo un árbol viejo.

Llegó Satyakama, le hizo una profunda reverencia al Maestro, y se quedó de pie en silencio.

—Dime —le preguntó el Maestro—: ¿sabes ya de qué casta eres?

—Señor —contestó Satyakama—, no sé. Mi madre me dijo: "Yo conocí muchos amos cuando joven, y tú viniste a los brazos de tu madre Jabbala, que no tuvo marido".

Entonces se levantó un rumor como el zumbido iracundo de las abejas hostigadas en su colmena. Y los estudiantes murmuraban entre dientes de la desvergonzada insolencia del niño sin padre.

Pero el Maestro Gautama se levantó, trajo al niño con sus brazos hasta su pecho, y le dijo:

—Tú eres el mejor de todos los bramanes, hijo mío, porque tienes la herencia más noble, que es la de la Verdad.

RABINDRANATH TAGORE

El rumor se propaga con rapidez, pero no dura tanto como la verdad.

WILL ROGERS

El sueño comienza casi siempre con el maestro que, confiando en nosotros, nos impulsa y atrae al escalón siguiente, estimulándonos a veces con una vara puntiaguda llamada verdad.

DAN RATHER

El tiempo, cuyos dientes roen todas las demás cosas, es impotente contra la verdad.

T.E. HUXLEY

Feliz a quien meces,
mentira en tus sueños;
tú sola halagüeños
placeres nos das.
¡Ay! ¡nunca busquemos

la triste verdad!
La más escondida
tal vez, ¿qué traerá?
¡Traerá un desengaño!
¡Con él un pesar!

JOSÉ DE ESPRONCEDA

Hay un cúmulo de verdades esenciales que caben en el ala de un colibrí, y son, sin embargo, la clave de la paz pública, la elevación espiritual y la grandeza patria.

JOSÉ MARTÍ

La lengua en su auténtica realidad nace y vive y es como un perpetuo combate y compromiso entre el querer decir y el tener que callar.

JOSÉ ORTEGA Y GASSET

La mayor parte de los hombres son de las dos clases siguientes: unos, creyéndose superiores a los demás, juzgan de todo con mucha precipitación, y no son dueños de la suficiente paciencia para ordenar sus pensamientos e investigaciones: si dudan de los principios que ya les dieron formados y se apartan del camino vulgar, nunca podrán encontrar la senda que los conduzca a la verdad, y permanecerán toda su vida alejados de ella; otros, modestos hasta el punto de creer que no son capaces de distinguir lo verdadero de lo falso y que hombres superiores a ellos les indicarán el verdadero camino, se limitan a seguir las opiniones de sus maestros.

RENÉ DESCARTES

La primera cualidad de un historiador es ser veraz e imparcial; la segunda, ser interesante.

DAVID HUME

La posesión de la verdad no es más que la lucha entre las

revelaciones impuestas de los hombres. Unos sucumben y son meras voces de otro espíritu. Otros triunfan, y añaden nueva voz a la de la naturaleza.

JOSÉ MARTÍ

La verdad existe. Sólo se inventa la mentira.

GEORGES BRAQUE

La verdad puede hacer más daño a veces que la calumnia.

JOSÉ GAOS

¡La verdad se revela mejor a los pobres y a los que padecen! ¡Un pedazo de pan y un vaso de agua no engañan nunca!

JOSÉ MARTÍ

Las verdades que acepta la mayoría no son otras que las que defendían los pensadores de vanguardia en tiempo de nuestros tatarabuelos. Ya no las compartimos. No nos sirven. La única verdad evidente es que un cuerpo social no puede desarrollarse saludablemente si no se alimenta más que de verdades disecadas.

HENRIK IBSEN

Las verdades son frutos que tan sólo deben ser recogidos muy maduros.

VOLTAIRE

No permanezcas en la tierra baja, no subas demasiado alto: el mundo es más hermoso visto desde mediana altura.

FRIEDRICH WILHELM NIETZSCHE

No quiero convencer a nadie de nada. Tratar de convencer a otra persona es indecoroso, es atentar contra su libertad de pensar o de creer o de hacer lo que le dé la gana.

Yo quiero sólo enseñar, dar a conocer, mostrar, no demostrar. Que cada uno llegue a la verdad por sus propios pasos, y que nadie le llame equivocado o limitado. (¿Quién es quién para decir "esto es así", si la historia de la humanidad no es más que una historia de contradicciones y de tanteos y de búsquedas?)

JAIME SABINES

No se siente la verdad cuando está dentro de una misma, pero ¡qué grande y cómo grita cuando se pone fuera y levanta los brazos!

FEDERICO GARCÍA LORCA

No te es dado aclarar tan gran secreto;
disipa toda duda y sólo fía
en la verdad que alumbra el intelecto.

DANTE ALIGHIERI

Nunca encontraremos la verdad si nos conformamos con lo que ya ha sido encontrado.

GILBERT DE TOURNAI

Observación de Gagirol:
Los sabios están satisfechos cuando descubren la verdad; los necios, cuando descubren la falsedad.

ARTHUR BLOCH

Cierto joven acudió a un venerable maestro.
—¿Cuánto tiempo necesito para alcanzar la sabiduría?
—Diez años.
—¿Tanto?
—Dije mal. Te llevará cuatro lustros.
¿Por qué agregaste tiempo? —se molestó el muchacho.
—Pensándolo bien, unos treinta.

PHILIP KAPTEAU

Por boca de los inocentes habla la verdad.

ROSARIO CASTELLANOS

Preferible un error preciso a una verdad vaga.

JOSÉ GAOS

Que en este mundo traidor
nada es verdad ni es mentira;
todo es según el color
del cristal con que se mira.

CAMPOAMOR

Que es mi barco mi tesoro,
que es mi Dios la libertad,
mi ley la fuerza y el viento,
mi única patria la mar.

JOSÉ DE ESPRONCEDA

Quien confía ciegamente en la verdad y siente un desinteresado amor hacia el estudio, alcanza la virtud y la conserva hasta la muerte.

CONFUCIO

Quien dice verdá tiene la boca fresca como si masticara hojitas de hierbabuena, y tiene los dientes limpios, blancos, porque no hay lodo en su corazón.

ERACLIO ZEPEDA

Si tu intención es describir la verdad, déjale la elegancia al sastre.

ALBERT EINSTEIN

Sólo dos cosas puede haber —a mi juicio— que sean necesarias para estar siempre dispuestos a juzgar bien; una es el conocimiento de la verdad, y otra el hábito que hace que se recuerde y se dé aquiescencia a ese conocimiento siempre que la ocasión lo requiera; pero puesto que sólo Dios sabe perfectamente todas las cosas, es necesario que nos contentemos con saber las que están más en nuestro uso; entre las cuales la primera y principal es que hay un Dios de quien dependen todas las cosas, cuyas perfecciones son infinitas, cuyo poder es inmenso y cuyos decretos son infalibles; porque esto nos enseña a admitir de buen grado todo lo que llega a nosotros como expresamente enviado por Dios. Y puesto que el verdadero objeto del amor es la perfección cuando elevamos nuestro espíritu a considerarle tal como es, nos encontramos naturalmente tan inclinados a amarle, que llegamos hasta a sacar de nuestras aflicciones alegría pensando que su voluntad se ejerce en lo que nosotros recibimos.

RENÉ DESCARTES

Todo paso de un reino a otro entraña operaciones de limpieza.

MARGUERITE YOURCENAR

Tuve una horrible pesadilla. Soñé que se sabían todas las verdades.

J.K.F.

¿Qué sirven falsas excusas,
qué quimeras, qué invenciones,
donde la misma verdad
acusa tu lengua torpe?

JUAN RUIZ DE ALARCÓN

...La verdad es el principio de toda perfección, y la belleza, el gusto, la gracia, no pueden existir fuera de ella.

GASPAR MELCHOR DE JOVELLANOS

La mentira

La más recatada doncella resulta demasiado pródiga si descubre sus hechizos a la luna. La virtud misma no escapa a los golpes de la calumnia.

WILLIAM SHAKESPEARE

Un microbio puede empujar una calumnia. Y un gigante no puede detenerla.

JOSÉ NAROSKY

—Queridísimas señoras, con frecuencia ocurre que las artimañas con artimañas son burladas, y por ello poco cuerdo es deleitarse en burlar al prójimo.

GIOVANNI BOCCACCIO

Al embustero no se le da crédito ni siquiera cuando dice la verdad.

CICERÓN

¡Cuántas veces resulta de un engaño, contra el engañador el mayor daño!

FÉLIX MARÍA SAMANIEGO

Cuanto menos creíble parece una calumnia,
en la mente de los necios tanto más perdura.

CASIMIR DELAVIGNE

El engañar a otro por su propio bien es una responsabilidad que sólo corresponde a los dioses.

H.S.H.

El hacer una cosa por otra lo mesmo es que mentir.

MIGUEL DE CERVANTES SAAVEDRA

El hombre que no teme a las verdades nada tiene que temer de las mentiras.

THOMAS JEFFERSON

El que miente ha menester gran ingenio y gran memoria.

JUAN RUIZ DE ALARCÓN

Es más fácil engañar que desengañar.

NAPOLEÓN BONAPARTE

La mentira más común es aquella mediante la cual uno se engaña a sí mismo; engañar a los demás es más raro.

FRIEDRICH WILHELM NIETZSCHE

Las mentiras más crueles son dichas muchas veces en silencio.

ROBERT LOUIS BALFORD STEVENSON

Lo que me molesta no es que me hayas mentido, sino que, de aquí en adelante, ya no podré creer en ti.

FRIEDRICH WILHELM NIETZSCHE

Pasar por donaire puede,
cuando no daña, el mentir;
mas no se puede sufrir
cuando ese límite excede.

JUAN RUIZ DE ALARCÓN

Que la boca mentirosa
incurre en tan torpe mengua
que solamente en su lengua
es *la verdad sospechosa*.

JUAN RUIZ DE ALARCÓN

Una gran mentira es como un gran pez puesto en tierra; ya podrá agitarse y azotar y dar de cabezadas, que no llegará a hacernos daño. No tenemos más que conservar la calma y acabará por morirse.

G.C.

Y aquí verás, cuán dañosa
es la mentira; y verá
el senado que en la boca
del que mentir acostumbra,
es *la verdad sospechosa*.

JUAN RUIZ DE ALARCÓN

¿En qué consiste una hermosa mentira? En que se sostiene por sí sola. Si un hombre tiene que presentar pruebas en apoyo de una mentira, más vale que diga la verdad...

OSCAR WILDE

Cuauhtémoc

El último héroe de la resistencia indígena mexicana durante la Conquista, Cuauhtémoc —cuyo nombre significa "Águila que cae"—, nació entre los años 1495 y 1503. Fue el último hijo de Ahuízotl, soberano de México, y de Tiyacapantzin.

Muerto Ahuízotl, en 1502, su hermano Moctezuma hereda el trono. Cuauhtémoc quedó al cuidado de su madre, quien lo educó en "la obediencia, la laboriosidad, la devoción a los dioses y la sobriedad..." A los quince años, Cuauhtémoc ingresa al Calmécac, el colegio de la nobleza azteca. En él los jóvenes aprendían las ciencias, las artes y los misterios de la religión, y se les preparaba para una vida rigurosa. El joven príncipe, debido a su condición de caballero águila, se educó en el culto a Huitzilopochtli, dios del sol y de la guerra; aprendió también la historia de su pueblo, enseñanza que se convertiría en la lección más importante y trascendental de su vida: haría todo lo posible por mantener su vigencia.

Cuauhtémoc participó como guerrero en las luchas de pacificación de los territorios oaxaqueños, emprendida por su tío Moctezuma, así como en las llamadas "guerras floridas" contra Tlaxcala, cuyo objetivo era tomar prisioneros de guerra para sacrificarlos. Estas guerras fueron provocadas por la efervescencia religiosa vinculada a los presagios de cambio y las noticias de la presencia de hombres extraños, los conquistadores. Por sus méritos guerreros, Cuauhtémoc fue ascendido por Moctezuma a *tecuhtli*, es decir, señor de Tlatelolco, en 1515.

El 8 de noviembre de 1519, Hernán Cortés llegó a la ciudad de México-Tenochtitlan; Moctezuma estaba convencido de que los conquistadores eran dioses, pero Cuauhtémoc supo desde el principio que se trataba de hombres a quienes debía combatir. Su primera hazaña como caudillo del pueblo ocurrió durante la fiesta al dios Tezcatlipoca, en la cual el conquistador Pedro de Alvarado ordenó la matanza del pueblo indígena; pero esta acción fracasó, ya que los aztecas sitiaron a los españoles en el palacio de Axayácatl. Cuauhtémoc, junto con su tío Cuitláhuac, fue uno de los príncipes que se rebelaron contra la debilidad de Moctezuma y echaron de Tenochtitlan a los conquistadores.

Cuitláhuac fue nombrado señor de México, pero al poco tiempo murió, víctima de la viruela, una epidemia llevada a Mesoamérica por los españoles. Su sucesor fue Cuauhtémoc, quien gobernó desde septiembre de 1520. Bernal Díaz del Castillo lo describe como un "... bien gentilhombre para ser indio y de buena disposición y de rostro alegre [...]. De muy gentil disposición así de cuerpo como de facciones, y la cara algo larga y alegre, y los ojos más parecía que cuando miraban que era con gravedad que halagüeños... y la color tiraba su matiz algo más blanco que a la color de los indios morenos. [...] Muy esforzado y se hizo temer de tal manera que todos los suyos temblaban de él". Cuando subió al trono, Cuauhtémoc habló a su pueblo de su fe inalterable en los dioses, y de su decisión para "vencer en aquella amarga hora"; sabía que la derrota azteca encarnaría la esclavitud y la muerte de su pueblo. Por ello fortificó la ciudad y trató de convertir la isla en una fortaleza infranqueable: mandó cavar zanjas, levantó murallas y ordenó la construcción de largas lanzas para inutilizar a los caballos de los españoles; intentó establecer alianzas con los pueblos vecinos, algunos tributarios y enemigos del poderío azteca, pero esta acción no prosperó por el profundo odio que se habían ganado los mexicas tras años de guerras. A pesar de los mensajes que le envió Cortés pidiéndole la rendición, Cuauhtémoc había resuelto conseguir la libertad o morir en la lucha.

Los aztecas, debilitados por la enfermedad y tras haber sufrido un sitio de 75 días, cayeron bajo las armas de los conquistadores y sus aliados indígenas, el 13 de agosto de 1521. Cuando los españoles entraron nuevamente a la ciudad de México, Cuauhtémoc y su familia intentaron escapar en una lancha, pero fueron detenidos. Ya preso, Cuauhtémoc pidió a Cortés que lo matara, pero este último se negó, y le dijo que no tenía nada contra él, y que lo "tenía

en gran estima por haber sido tan valiente y haber defendido su ciudad, y que no tenía ninguna culpa y que descansaran su corazón y el de sus capitanes, y que 'él mandara a México y a sus provincias como de antes'". Al ser interrogado sobre el tesoro de Moctezuma, Cuauhtémoc respondió a Cortés que gran parte había sido robado; pero los oficiales españoles no creyeron las palabras del derrotado soberano. Cortés no pudo impedir que lo atormentaran: untaron sus pies y los del señor de Tacuba con aceite, y los quemaron. Una vez más, Cuauhtémoc dio prueba de su estoicismo: mientras lo torturaban comentó, irónico:

— Por ventura, ¿estoy yo en un baño de Temazcal?

Bernal Díaz cuenta que, tras una larga agonía, confesó haber echado el tesoro en la laguna de la ciudad, cuatro días antes de terminado el sitio. Los españoles buscaron en vano en el lugar señalado por Cuauhtémoc; finalmente lo encontraron en la alberca de su casa.

Cuauhtémoc estuvo en cautiverio durante algunos años, vigilado tanto por los españoles como por los suyos. Presenció la llegada de la misión de 12 franciscanos el 23 de junio de 1524, acto en el cual vio a Cortés hincarse y adorar a los religiosos; Cortés lo llevó consigo, junto con otros señores mexicas, a la expedición y conquista del territorio mesoamericano. Murió el 28 de febrero de 1525 en tierra maya, colgado por los españoles, tras intentar una última rebelión contra Cortés y sus hombres. Cuauhtémoc fue, además de una gran figura heroica, una de las pocas conciencias políticas que vislumbraron la destrucción de su cultura.

La vida y la muerte

...Porque veo al final de mi rudo camino
que yo fui el arquitecto de mi propio destino...
¡Vida, nada me debes! ¡Vida, estamos en paz!

AMADO NERVO

La vida

A los veinte años, la voluntad es reina; a los treinta, lo es el ingenio; a los cuarenta, lo es el juicio.

BENJAMIN FRANKLIN

A mí tan sólo penas y amargura
me quedan en el valle de la vida;
como un sueño pasó mi infancia pura,
se agosta ya mi juventud florida.

JOSÉ DE ESPRONCEDA

Acércate a la vida como si fuese un banquete.

EPICTETO

Advertid que la vida del hombre es guerra consigo mismo y que toda la vida nos tienen en armas los enemigos del alma, que nos amenazan más dañoso vencimiento.

FRANCISCO DE QUEVEDO Y VILLEGAS

Alegrémonos de la vida, porque nos da la oportunidad de amar, trabajar, jugar y mirar las estrellas.

HENRY VAN DYKE

Aquí estamos, entretanto. La vida no ha terminado, hay posibilidades para el olvido, podemos reconocer el olor del aire en las mañanas, podemos pasar revista a la jornada, adormecernos, ignorando los antecedentes de cada recuerdo y sonreír cuando despertamos, recién separados de la felicidad del absurdo.

JUAN CARLOS ONETTI

Aquí, en esta pobre vida, no nos cuidamos sino de servirnos de Dios; pretendemos abrirlo, como a un paraguas, para que nos proteja de toda suerte de males.

MIGUEL DE UNAMUNO

Aquel que enseña a los hombres a morir les enseña al mismo tiempo a vivir.

MICHEL DE MONTAIGNE

Armoniza tus acciones con la vida como realmente es.

EPICTETO

Aun en los mejores tiempos, nuestros días están contados. Sería un crimen contra la naturaleza que cualquier generación tomara tan a pecho la crisis mundial que dejara de disfrutar de aquellas cosas para las que en primer lugar supuestamente fuimos hechos: la oportunidad de hacer el bien, de enamorarnos, de disfrutar con los amigos, de golpear una pelota, de tomar en brazos a un bebé.

ALISTAIR COOKE

Bajo una piedra inmóvil no corre el agua.

LEÓN TOLSTOI

Bien haya la vida,
que si tanto el mar se lleva,
nos da en cambio una fe nueva
por cada fe perdida.

AMADO NERVO

Cada suspiro es como un sorbo de vida del que uno se deshace.

JUAN RULFO

¡Oh, vida! Corriente sombría de aguas arremolinadas y fangosas sobre la cual los manzanos han abatido sus flores delicadas... El pasado se deshace en el presente y el presente no vive más que para dar origen al futuro.

JAMES JOYCE

Complementariamente, nos aterra el fantasma de la vida en la abolición del ser, cuando se arrastra un

esqueleto valetudinario, un
pensamiento inhibido y un corazón
en desuso.

RAMÓN LÓPEZ VELARDE

[...] pelear por la vida de los vivos,
dar la vida a los vivos, a la vida,
y enterrar a los muertos y olvidarlos
como la tierra los olvida: en frutos...

OCTAVIO PAZ

Yo comprendo: he vivido
un año más, y eso es muy duro.
¡Mover el corazón todos los días
casi cien veces por minuto!
Para vivir un año es necesario
morirse muchas veces mucho.

ÁNGEL GONZÁLEZ

Crear es vivir dos veces.

ALBERT CAMUS

Cuando era yo niño, los días me
parecían abundantes y de poca
monta; como caramelos baratos. Los
tenía siempre a mi disposición, a
manos llenas, y los consumía con
displicencia. Ahora ha disminuido mi
dotación, por lo que su valor ha
subido muchísimo a mis ojos. Cada
uno vale lo que pesa, en oro de cada
aurora. De pronto, vivo con una
austeridad inusitada en mí,
valorando cada hora tal como los
enamorados saborean los preciosos
momentos que pasan juntos. Al fin
de cada semana, me parece haber
prodigado toda una fortuna. Un día,
para mí, ya no dura tanto como
antaño.

DEWEY GILL

Cuando es bien empleada, la vida
es suficientemente larga.

LUCIO ANNEO SÉNECA

Cuando nace, el hombre elige uno
de los tres caminos de la vida [...]:

vas a la derecha y los lobos te
comen; vas a la izquierda y eres tú el
que come a los lobos; vas todo recto
y te comes a ti mismo.

ANTON CHEJOV

Cuando un hombre dice que ha
agotado la vida, se sobrentiende
siempre que es la vida la que le ha
agotado a él.

OSCAR WILDE

Cuando el río es caudaloso no
hace ruido.

MUCHARRID-AL-DIN SAAD

De la vida humana
conoce el sentido;
sólo así
la vivirás de veras.

LI PO

De todas las glorias, la menos
engañosa es la que se vive.

ALBERT CAMUS

Debe hacerse en cada momento,
lo que en cada momento es
necesario. No debe perderse el
tiempo en intentar lo que hay
fundamento harto para creer que no
ha de ser logrado. Aplazar no es
nunca decidir —sobre todo cuando
ya, ni palpitantes memorias, ni
laboriosos rencores, ni materiales y
cercanas catástrofes, permiten nuevo
plazo. Adivinar es un deber de los
que pretenden dirigir. Para ir delante
de los demás, se necesita ver más
que ellos.

JOSÉ MARTÍ

Desde este momento hasta el fin
de los tiempos, nadie verá la vida con
mis ojos, y me propongo aprovechar
al máximo mi oportunidad.

CHRISTOPHER MORLEY

Despiertas por la mañana, y... ¡oh sorpresa!, tus arcas están colmadas con veinticuatro horas para construir el intocado tejido de tu universo vital. Te pertenecen. Es lo más valioso de cuanto posees. Nadie puede despojarte de ellas; y nadie obtiene ni más ni menos horas diarias que tú.

ARNOLD BENNET

De cuando en cuando es bueno reflexionar sobre el lado sombrío de la vida.

HENRIK IBSEN

Dormía y soñé que la vida es placer.
Desperté y vi que la vida es deber.
Trabajé y observé que el deber es placer.

FRIEDRICH WILHELM NIETZSCHE

El arte de vivir con éxito consiste en ser capaces de sostener en tensión, a un mismo tiempo, dos ideas opuestas: la primera, hacer planes a largo plazo como si fuéramos a vivir para siempre; la segunda, conducirnos diariamente como si fuésemos a morir mañana.

SYDNEY HARRIS

Muy cerca de mi ocaso
yo te bendigo, vida,
porque nunca me diste esperanza fallida,
ni trabajos injustos, ni pena inmerecida.
Porque veo al final de mi rudo camino
que yo fui el arquitecto de mi propio destino;
que si extraje la miel o la hiel de las cosas,
fue porque en ellas puse hiel o mieles sabrosas;

cuando planté rosales, coseché siempre rosas.
... Cierto, a mis lozanías va a seguir el invierno;
¡mas tú no me dijiste que Mayo fuese eterno!
Hallé sin duda largas las noches de mis penas;
mas no me prometiste tú sólo noches buenas,
y en cambio tuve algunas santamente serenas...
Amé, fui amado, el sol acarició mi faz.
¡Vida, nada me debes! ¡Vida, estamos en paz!

AMADO NERVO

La muerte

"Y dime, papá", le preguntó Nené: "¿Por qué ponen las casas de los muertos tan tristes? Si yo me muero, yo no quiero ver a nadie llorar, sino que me toquen la música, porque me voy a ir a vivir en la estrella azul."

JOSÉ MARTÍ

[...] concédaseme la gracia de morir cuando se haya extinguido el aceite de mi lámpara, antes que servir de pabilo a los flamantes ingenios mozos cuya fatuidad desdeña todo lo que no es nuevo, cuyo entendimiento no se muestra sino en la elección del vestido y cuya constancia expira antes que la moda...

WILLIAM SHAKESPEARE

A los muertos no les importa cómo son sus funerales. Las exequias suntuosas sirven para satisfacer la vanidad de los vivos.

EURÍPIDES

A veces un hombre demuestra con su muerte que era digno de vivir.

FRANCIS PONGE

[...] algunas personas no mueren cuando llega su muerte, sino desde mucho antes; y su muerte física no es sino una consecuencia natural, que produce sólo una pequeña congoja que viene a cerrar un círculo.

SERGIO GALINDO

Antes que muera un hombre nadie decir podría si fue buena su vida, o si fue desdichada.

SÓFOCLES

Aquel que enseña a los hombres a morir les enseña al mismo tiempo a vivir.

MICHEL DE MONTAIGNE

Aquel que vive más de una vida tiene que sufrir más de una muerte.

OSCAR WILDE

Como la pereza me había acostumbrado a ir aplazando mi trabajo para el día siguiente, me figuraba que podía ocurrir lo mismo con la muerte. ¿Cómo se va a tener miedo de un cañón cuando se está convencido de que ese día no nos alcanzará?

MARCEL PROUST

... Cuando los dioses crearon a los hombres
decretaron que estaban destinados a morir,
y han conservado la inmortalidad en sus manos...

ANÓNIMO, POEMA DE GILGAMESH

Despertar es morir.
No me despierten.

XAVIER VILLAURRUTIA

¿No sabes que el origen de todas las miserias del hombre no es la muerte, sino el temor a la muerte?

EPICTETO

¡Dichoso aquel que ve venir la muerte con tranquilidad, y no tiene en su alma ni en sus negocios ningún cabo suelto de que se pueda agarrar ese pillete de Satanás!...

BENITO PÉREZ GALDÓS

El amor a la vida no es en el fondo sino el temor a la muerte.

ARTHUR SCHOPENHAUER

El artista no llora lo que deja en el mundo, sino lo que se lleva.

MANUEL GUTIÉRREZ NÁJERA

El cansado de la vida
La muerte está en mis ojos como cuando un enfermo recobra la salud y sale al aire libre después de la enfermedad.
La muerte está en mis ojos como el aroma de la mirra, como el remero que descansa bajo la vela en día de brisa.
La muerte está en mis ojos como el olor de los nenúfares, como quien se sienta al borde de la embriaguez.
La muerte está en mis ojos como camino andado, como cuando los hombres vuelven a la patria después de guerrear en tierra extranjera.
Hoy está la muerte ante mis ojos como un cielo despejado, como cuando un hombre llega allí donde no sabía.
Hoy está la muerte ante mis ojos como el deseo que tiene un hombre de ver a su patria después de largos años de cautiverio.

ANÓNIMO EGIPCIO

Sócrates

Poco sabemos de la vida de este filósofo griego, pues él no escribió ni una sola línea, y las fuentes con las que contamos no son muy confiables. Se sabe, por ejemplo, que nació en el año 469 a.C., en Atenas. En su juventud frecuentó el círculo de los sofistas, y fue alumno del filósofo Anaxágoras, del cosmólogo Arquelao y del jurista Trasímaco.

Nunca fue un erudito, pero pronto se hizo famoso entre sus compatriotas por la perspicacia de sus razonamientos y por su gran facilidad de palabra, basada en una fina ironía contenida en sus preguntas. Se opuso a la oratoria de los sofistas, lo que lo llevó a la investigación del problema de la verdad y de la razón. Se consideraba a sí mismo un hombre que buscaba con vehemencia la verdad y la sabiduría, y se definía como "amigo" o "amante" de la sabiduría. Era, en todo el sentido de la palabra, un filósofo, y consciente de que ignoraba demasiadas cosas declaraba: "Yo sólo sé que no sé nada", en oposición a los sofistas, quienes, creyendo saberlo todo, no se daban cuenta de su propia ignorancia. El principio fundamental de su filosofía se basa en la introspección, es decir, en el examen de uno mismo. "Conócete a ti mismo", era su lema.

Solía pasear descalzo por el ágora, donde discutía con los sofistas sobre cuestiones humanas y divinas. Con sus preguntas sarcásticas y su actitud perspicaz, se ganó muchas enemistades. Mientras interrogaba a sus interlocutores, reía de sus propias argumentaciones y bailaba y saltaba. Por ello se le acusó de corromper a la juventud ateniense, aun cuando enseñaba y practicaba la virtud; también se le prohibió la enseñanza de la retórica.

Terminó sus días de una manera trágica. Anito, Licón y Melito lo acusaron de pervertir a la juventud ateniense y de negar la existencia plural de los dioses, acusación a la cual Sócrates respondió con los principios básicos de su doctrina: más que refutar, expuso de una manera racional su posición explicando sus enseñanzas. Pero su defensa fue infructuosa, pues se había granjeado la enemistad de la mayoría de los altos funcionarios de la aristocracia ateniense, tanto entre los conservadores como entre los liberales. Lo condenaron a muerte y afrontó su destino con resignación, sabiendo que si se fugaba daría la razón a sus enemigos.

En el año 399 a.C., mientras conversaba con sus discípulos sobre la inmortalidad, bebió la cicuta. Este acto fue una lección de valor y respeto por las leyes para quienes lo habían acusado, la prueba de su valor como hombre justo, que vivió y murió defendiendo sus principios.

No me mueve, mi Dios, para quererte,
el cielo que me tienes prometido,
ni me mueve el infierno tan temido
para dejar por eso de ofenderte.
Tú me mueves, Señor; muéveme el verte
clavado en esa cruz, y escarnecido...

SANTA TERESA DE JESÚS

El amor a Dios

El que escucha estas palabras mías y las cumple, es como el sabio que edifica su casa sobre piedra. Cae la lluvia, vienen los torrentes, soplan los vientos y se echan sobre esa casa; pero no cae, porque está cimentada sobre roca. Y el que escucha estas palabras mías y no las cumple, es como el necio, que edifica su casa sobre arena; cae la lluvia, vienen los torrentes, soplan los vientos y se echan sobre esa casa: y cae y es grande su ruina.

MATEO 7:24-27

Otra parábola les dijo: "El Reino de los cielos es como la levadura que una mujer toma y mete en tres medidas de harina, hasta que todo fermenta".

MATEO 13:33

Parábola del sembrador

Como se reunía mucha gente y de todas las ciudades venían a Él, les dijo esta parábola: "Salió un sembrador a sembrar su semilla. Al sembrar, una parte cayó a lo largo del camino; fue pisoteada y las aves del cielo se la comieron. Otra cayó en pedregal y, nada más brotar, se secó porque no tenía humedad. Otra cayó entre espinos y, al crecer con ella los espinos, la sofocaron. La otra cayó en tierra buena, y brotó, dando cien veces más". Dicho esto, exclamaba: "Quien tenga oídos para oír, que oiga".

LUCAS 8:4-8

Les propuso esta otra parábola: "El reino de los cielos es como un grano de mostaza, que toma un hombre y lo siembra en su campo. Es, sí, la más pequeña de todas las semillas; pero cuando crece, es mayor que las hortalizas, y se hace árbol, de suerte que las aves del cielo vienen y anidan en sus ramas."

MATEO 13:31-32

Y al orar, no charléis como los gentiles, que creen que por hablar mucho van a ser escuchados. No seáis como ellos porque vuestro Padre conoce vuestras necesidades antes que se lo pidáis.

MATEO 6:7-8

"Ningún esclavo puede servir a dos señores, pues odiará a uno y amará a otro, o se adherirá a uno y despreciará al otro. No podéis servir a Dios y al dinero".

LUCAS 16:13

Acerca de las vírgenes, no tengo precepto del Señor; doy, no obstante, mi consejo, como quien ha obtenido de la misericordia del Señor ser fidedigno. Creo, pues, que resulta bueno, debido a la instante necesidad; sí, es bueno para el hombre quedar así. ¿Estás ligado a una mujer? No busques la separación. ¿Estás desligado de mujer? No busques mujer. Pero si te casas, no pecas; y si la doncella se casa, no peca; todos éstos sin embargo, sufrirán tribulación de la carne que yo quisiera evitaros.

1A. CORINTIOS 7:25-28

Al llegar la tarde, bajaron sus discípulos al mar, subieron a una barca y se dirigieron a la otra orilla, a Cafarnaúm. Había ya oscurecido, y Jesús no se había reunido aún con ellos. El mar estaba agitado por un viento fuerte. Habían remado unos cinco kilómetros, cuando vieron a Jesús que caminaba sobre el mar y se acercaba a la barca; y les entró miedo. Pero Él les dijo: "Soy yo, no temáis". Iban a recibirle en la barca, pero al instante la barca tocó tierra allí donde se dirigían.

JUAN 6:16-21

El amor al prójimo

Frotando los ojos salen lágrimas, tocando el corazón se descubren los sentimientos.
Quien tira una piedra a los pájaros los ahuyenta;
quien hace reproches a su amigo rompe la amistad.

ECLESIÁSTICO 22:19-20

Hijo mío, está atento a mis palabras,
tiende tu oído a mis razones;
que no se retiren de tus ojos,
guárdalas dentro de tu corazón.
Porque son vida para quien las halla,
y salud para todo su cuerpo.
Más que toda otra cosa, vigila tu corazón,
porque de él brotan las fuentes de la vida.
Aparta de ti perversidad de boca,
falsedad de labios echa lejos.
Que tus ojos miren de frente,
y tus miradas se dirijan rectas ante ti.
Allana las veredas de tus pies,
y todos tus caminos sean rectos.
No te inclines ni a derecha ni a izquierda,
aleja de tus pies el mal.

PROVERBIOS 4:20-27

Cuidad de no hacer vuestras buenas obras delante de los hombres, para ser vistos por ellos; si no, no tendréis recompensa de vuestro Padre celestial. Por tanto, cuando des limosna, no toques la trompeta delante de ti, como hacen los hipócritas en las sinagogas y en las calles, para ser alabados por los hombres. En verdad os digo que ya recibieron su paga. Tú, cuando des limosna, que no sepa tu izquierda lo que hace tu derecha, para que tu limosna quede en secreto; y tu Padre, que ve lo secreto, te premiará.

MATEO 6:1-4

Si ves extraviado el buey o la oveja de tu prójimo, no te desentiendas de ellos; llévaselos a tu hermano. Si tu hermano no es de tu ciudad ni lo conoces, encierra el animal en tu casa y tenlo allí hasta que tu hermano venga a buscarlo, y entonces se lo entregas. Lo mismo harás con su asno, con su manto y con todo objeto perdido por tu hermano que tú encuentres. No debes desentenderte de ellos. Si ves el asno o el buey de tu hermano caídos en el camino, no te desentiendas, ayúdale a levantarlos.

DEUTERONOMIO 22:1-4

Le dijo también una parábola: "¿Puede un ciego guiar a otro ciego? ¿No caerán ambos en el hoyo? No es el discípulo superior a su maestro; pero el bien formado será como su maestro. ¿Por qué ves la paja en el ojo de tu hermano y no ves la viga que hay en el tuyo? ¿Y cómo puedes decir a tu hermano: 'Hermano, deja que saque la paja de tu ojo', cuando no ves la viga que hay en el tuyo? Hipócrita, saca primero la viga de tu ojo, y entonces verás bien para sacar la paja del ojo de tu hermano."

LUCAS 6:39-42

No hagas el mal, y el mal no te dominará,
aléjate de la injusticia, y ella se alejará de ti,

no siembres, hijo, en surcos de
injusticia,
no sea que coseches siete veces más.
No pidas al Señor el primer puesto,
ni al rey una silla de honor.
No te hagas el bueno ante el Señor,
ni el sabio en presencia del rey.
No aspires al puesto de juez,
si no te sientes con fuerzas para
suprimir la injusticia,
no sea que te achiques ante el
poderoso
y pongas en peligro tu rectitud.
No te hagas culpable ante la
asamblea de la ciudad,
no te rebajes ante el pueblo.
No te dejes llevar dos veces al
pecado,
pues ni en la primera quedarás
impune.
No digas: "Dios tendrá en cuenta la
multitud de mis ofrendas,
cuando yo se las presente al Dios
Altísimo, las recibirá."
No pierdas la confianza en tu
oración,
no descuides el hacer limosnas.
No te rías del hombre que se halla en
aflicción,
porque hay Uno que humilla y exalta.
No abrigues mentira contra tu
hermano,
ni lo hagas tampoco con tu amigo.
Guárdate de decir mentira alguna,
Porque de ello no resulta nada
bueno.
No hables mucho en la asamblea de
los ancianos,
en tu oración no multipliques las
palabras.
No rehúyas los trabajos penosos,
ni las faenas del campo por el
Altísimo instituidas.
No entres en el número de los
pecadores,
recuerda que la ira no tardará.
Humíllate profundamente,

porque el fuego y los gusanos son el
castigo de los malos.

ECLESIÁSTICO 7:1-17

El dinero

Más vale pobre sano y vigoroso
que rico cargado de achaques.
Salud y vigor valen más que todo el
oro del mundo,
un cuerpo robusto más que inmensa
fortuna.
No hay riqueza mejor que la salud,
ni bienestar superior a la alegría del
corazón.

ECLESIÁSTICO 30:14-16

No salgas fiador más allá de tus
posibilidades,
si saliste fiador, prepárate a pagar.

ECLESIÁSTICO 8:13

La caridad es paciente, la caridad
hace el bien; no es envidiosa, no es
ostentosa, no se hincha, no obra
inconvenientemente, no busca el
propio interés, no se irrita, no toma
en cuenta el mal, no se alegra de la
injusticia, se alegra con la verdad;
todo lo excusa, todo lo cree, todo lo
espera, todo lo tolera.

1A. CORINTIOS 13:4-7

Entonces les dijo una parábola:
"Era un hombre rico que cosechó
mucho de su campo; y discurría entre
sí: '¿Qué haré? Porque no tengo
dónde meter mi cosecha. Bien
—dijo—, haré esto: destruiré mis
graneros, haré otros más grandes,
meteré en ellos todas mis cosechas y
mis bienes, y diré a mi alma: Alma,
tienes muchos bienes almacenados
para muchos años; descansa, come,
bebe y pásalo bien'. Pero Dios le dijo:
'¡Insensato!; esta noche te van a
reclamar tu alma; y lo que has

acaparado ¿para quién será?' Así es el que atesora para sí en lugar de enriquecerse ante Dios."

Lucas 12:16-21

La edad

No desdeñes las palabras de los viejos,
que ellos también aprendieron de sus padres;
ellos te enseñarán la prudencia
y a responder en momento oportuno.

Eclesiástico 8:9

La luz es dulce, y agrada a los ojos ver el sol. Si el hombre vive muchos años, que disfrute de todos ellos recordando que los días de tinieblas serán numerosos; todo lo que sucede es sinrazón.
Goza, joven, en tu mocedad,
y disfruta en los días de tu juventud.
Sigue los caminos de tu corazón,
y los deseos de tus ojos;
pero sabe que por todo esto
Dios te llamará a juicio.
Aleja la tristeza de tu corazón,
aparta de tu carne el sufrimiento,
porque la adolescencia y la juventud son sinrazón.

Eclesiastés 11:7-10

La edad sabrá hablar,
los muchos años darán sabiduría.

Job 32:7

La familia

No cambies un amigo por dinero,
ni un hermano de verdad por el oro de Ofir.
No desdeñes a una mujer discreta y buena,
porque su gracia vale más que el oro.
No maltrates al siervo que trabaja lealmente,
ni al jornalero que se entrega a su tarea.
Ama como a ti mismo al siervo inteligente,
no le niegues la libertad.

Eclesiástico 7:18-21

Perseverad en el amor fraterno. No olvidéis la hospitalidad, que por ella algunos hospedaron, sin saberlo, a ángeles. Acordaos de los presos, como si vosotros estuvierais encadenados con ellos, y de los que sufren, porque vosotros también tenéis un cuerpo. Honrad mucho el matrimonio, y que el lecho conyugal no tenga mancha, porque Dios juzgará a los impuros y a los adúlteros. No seáis avariciosos en vuestra vida; contentaos con lo que tenéis, porque Dios mismo ha dicho: "No te desampararé ni te abandonaré", de suerte que podéis decir con toda confianza: "El Señor es mi ayuda, no tengo miedo; ¿qué podría hacerme un hombre?"

Hebreos 13:1-6

La humildad

Al observar cómo los invitados escogían los mejores puestos, les dijo esta parábola: "Cuando seas invitado por alguien a una boda, no te pongas en el primer sitio, no sea que haya otro invitado más importante que tú, y venga el que te invitó a ti y al otro y te diga: 'Cédele a éste tu sitio', y entonces vayas todo colorado a ocupar el último sitio. Sino que cuando seas invitado, ponte en el último sitio; así, cuando venga quien te invitó, te dirá: 'Amigo, sube más arriba, y será un honor para ti ante todos los demás convidados.' "

Lucas 14:7-11

Hijo, lleva tus asuntos con modestia,

y serás amado más que el que hace
favores.
Cuanto más grande seas, más te has
de humillar
y hallarás gracia delante del Señor.
Porque grande es el poder del Señor,
y acepta el honor de los humildes.
Lo que te venga grande para ti no
busques,
lo que supera tus fuerzas no
investigues.
Pon tu atención en lo que se te
manda,
y no te preocupes por cosas
misteriosas.
En lo que te supera no te obstines,
pues ya se te ha revelado más de lo
que alcanza el espíritu humano.
Pues a muchos extravió su
presunción,
y una torcida pretensión pervirtió su
inteligencia.

ECLESIÁSTICO 3:17-24

El pecado

Corazón obstinado mal acaba,
y el que ama el peligro en él perece.
Corazón obstinado se ve cargado de
inquietudes,
el pecador añade pecado tras pecado.
No hay medicina para el mal del
soberbio,
que la maldad echó raíz en él.

ECLESIÁSTICO 3:26-28

El corazón inteligente rumia las
sabias máximas,
un oído atento es lo que anhela el
sabio.
El agua apaga las llamas,
la limosna expía los pecados.
Quien responde con favores prepara
el porvenir,
el día de su caída encontrará un
apoyo.

ECLESIÁSTICO 3:29-31

La mentira

Hermanos, si alguno es sorprendido
en alguna falta, vosotros, los
espirituales, corregidle con espíritu
de mansedumbre, mirándote a ti
mismo, no sea que tú también seas
tentado. Sobrellevad mutuamente
vuestras cargas, y así cumpliréis la
Ley de Cristo. Porque, si alguno
piensa que es algo, no siendo nada,
se engaña a sí mismo. Que cada cual
examine sus obras, y entonces tendrá
de qué gloriarse en sí mismo, no con
relación a otro. Porque cada uno
debe llevar su propia carga.

GÁLATAS 6:1-5

La pereza

Perezoso, anda a ver la hormiga
observa sus costumbres, y hazte
sabio.
No tiene ella capataz,
ni jefe ni inspector.
En el verano hace acopio de
alimento,
durante la siega recoge su comida.
O ven a ver la abeja,
mira qué hacendosa es,
y qué hermoso su trabajo;
por todos es deseada y respetada;
aunque de escasa fuerza,
es muy apreciada por haber honrado
a la sabiduría.
¿Hasta cuándo estarás tumbado,
perezoso?,
¿cuándo de tu sueño te levantarás?
"Un poco de sueño, un poco de
modorra,
cruzar un poco los brazos para
descansar",
y, como merodeador, te viene la
miseria,
y la indigencia como salteador.

PROVERBIOS 6:6-11

Job

El *Libro de Job* es el primero de los libros sapienciales del Antiguo Testamento. Comienza con un relato en prosa en el que se narra la historia de Job, un gran servidor de Dios, bueno, justo y sensato, el cual vivía rico, poderoso y feliz. Cuando creía que sus hijos habían cometido alguna falta contra Dios, los purificaba, y siempre ofrecía sacrificios. Pero un día Dios permitió a Satanás que sondeara su fe, para comprobar si seguía siéndole fiel en la desdicha. Job comenzó a vivir un tormento tras otro: primero perdió sus bienes y a sus hijos e hijas, pero no se rindió y aceptó los infortunios. Después, Satanás lo atacó en su propio cuerpo, y Job adquirió una enfermedad repugnante, parecida a la lepra; pero siguió sometido a la voluntad divina y rechazó maldecir a Dios, aun aconsejado por su mujer. Finalmente llegan tres amigos suyos a condolerse con él —Elifaz, Bildad y Sofar—. Con estos cuatro personajes se inicia un amplio diálogo poético, el cual conforma la mayor parte del libro. En éste debaten sus concepciones de la justicia divina; los amigos de Job concuerdan: si Job sufre es porque ha cometido algún pecado a los ojos de Dios, aunque él mismo no se haya dado cuenta. Job, sin embargo, habla desde su interior y expone las injusticias que hay en el mundo desde su propia experiencia. En su discurso hay rebeldía y sumisión, alivio y sufrimiento, declaraciones de fe y de inocencia. Interviene un nuevo personaje, Elihú, quien de manera confusa intenta justificar a Dios.

Pero Dios mismo lo interrumpe, y no aclara por qué le causó tantos males a Job, pero este último entiende que no tiene derecho de juzgar a Dios, que es omnipotente y sabio, y reconoce que su discurso ha sido torpe. El libro finaliza con un epílogo en prosa: Dios reprocha las palabras de los tres amigos de Job y le devuelve a éste la felicidad que le había arrancado.

Se desconoce al autor del *Libro de Job*. En cuanto al personaje mismo, algunos piensan que se trató de un antiguo patriarca idumeo, que no pertenecía ni a la raza ni a la religión de Israel. El profeta Ezequiel (Ez. 14, 14) supone que vivió en la época patriarcal, en los confines de Arabia y del país de Edom, en una región célebre por sus hombres sabios, y lo equipara a Noé y a Daniel. La tradición lo consideraba como un hombre justo, que se mantuvo fiel a Dios en alguna prueba insólita. Sin embargo, en el siglo III d.C., un maestro talmúdico afirmó que Job no había existido nunca y que sólo se trataba de un personaje literario, el cual sólo representa una parábola. Sobre el autor, se cree que redactó el libro alrededor del v a.C. El texto lo muestra como un israelita cultivado en el conocimiento del Antiguo Testamento, sobre todo en las obras de los profetas y las enseñanzas de los sabios. Probablemente vivió en Palestina, pero debió de haber viajado y residido en el extranjero, quizás en Egipto. El tono patriarcal de la obra hizo que en algún momento los antiguos creyeran que el libro era obra de Moisés, como el *Génesis*. Sin embargo, el libro es posterior a Jeremías y Ezequiel, con los que tiene vínculos, y por la preocupación del libro, más individual que colectiva, se supone que fue escrito después del *Éxodo*.

Job personifica la justicia, la virtud y la rectitud de carácter dentro del marco de la religión, y en cierto sentido, es su expresión ideal. Es el hombre justo por excelencia pero, más allá de esto, es el hombre justo que sufre. El lector conoce la causa del sufrimiento de Job, y sabe que sus males provienen de Satanás y no de Dios. Pero ni Job ni sus amigos saben esto. Ellos se lo explican de manera convencional, argumentando que la felicidad de los malos dura poco, que la desdicha de los justos prueba su bondad, o bien que la pena sufrida por Job es un castigo de pecados cometidos por ignorancia o por debilidad. El discurso parece sostener la tesis de que el sufrimiento y el pecado personal están íntimamente conectados.

Sin embargo, la prueba impuesta por Dios, a través de Satanás, va más allá de la rectitud o la justicia de Job. Es una prueba de amor. El texto muestra la disyuntiva entre el amor humano y el amor divino. Lo que a

Dios le interesa es saber si Job lo ama por Sí mismo o por todos los beneficios que ha recibido de él. Es una prueba a la integridad moral de Job, pero también es una prueba al amor que siente por Dios. Por ello, es necesario que Satanás lo prive de los favores que ha acumulado de Dios debido a su actitud, a su buen comportamiento. Y Job acepta las aflicciones que Dios le inflige de la misma forma en que aceptó su bondad. Pero las acepta sufriendo, y he ahí su grandeza, pues no puede evitar su condición humana, y en su discurso busca desesperadamente a Dios, a quien considera bueno, de una forma desgarradora, revelando su intenso sufrimiento. Y finalmente, cuando Dios interviene, lo hace para revelarle a Job Su trascendencia y para dejarlo callado, estupefacto. Únicamente dice: "He hablado a la ligera: ¿qué voy a responder? Me taparé la boca con la mano. Hablé una vez..., no he de repetir; dos veces..., ya no insistiré".

El libro de Job ha sido muy elogiado a través del tiempo, por diversos autores. Y ha influido en muchas de las grandes obras de la literatura universal, como son *La divina comedia*, de Dante Alighieri, *El paraíso recuperado*, de John Milton, y el *Fausto*, de Goethe, por mencionar sólo algunas. Francis Bacon dijo que era un libro "lleno de filosofía natural". El filósofo inglés Carlyle lo describió como "uno de los mejores libros jamás escritos: pienso que no hay nada en la Biblia o fuera de ella de iguales méritos literarios". Y, más recientemente, el escritor norteamericano Thomas Wolfe aseguró que *El libro de Job* era "la más trágica, sublime y hermosa expresión de la soledad que jamás haya leído".

Neruda, Pablo, 37, 48-49, 59, 80, 259, 260

Nervo, Amado, 20, 35, 39, 42, 52-54, 65, 86, 104,
158, 188, 209, 223, 226, 229, 295, 296,
298

Nestell Bovee, Christian, 80

Nezahualcóyotl, 59, 273

Nicol, Eduardo, 212

Nietzsche, Friedrich Wilhelm, 11, 29, 30, 48, 54,
56, 65, 80, 82, 83, 116, 129, 144, 186,
189, 193, 195, 203, 206, 214, 215, 284,
288, 290, 292, 298

Nin, Anale, 51

niñez, 121
   y tristeza, 33

Niño pobre, El, 100

Nix, James, 284

Nolte, D., 146

Norris, Kathleen, 280

Novalis, 64

Novello, Guido, 270

Novia, La, 170

Novo, Salvador, 27, 47, 273, 278

Nuevos hermanos siameses, Los, 76

O

O'Gorman, Edmundo, 213

odio, 76
   y amor, 45

Olarte, Sergio, 91, 233

Olmstead, 104

Onetti, Juan Carlos, 222, 263, 296

Onís, Federico de, 86

Oración de un padre, 151

Ortega y Gasset, José, 7, 10, 11, 15, 27, 52, 62,
113, 127, 178, 189, 190, 202, 206, 210,
289

Orwell, George, 227

Osgood, Charles, 121

Oso y los viajeros, El, 77

Ostos, Eugenio María de, 210

Ovidio, 134

P

Pablo, San, 63

Pacheco, José Emilio, 272

padres, 151-154

Pagiola, Humberto D., 113

Palmer, Samuel, 177

Panchatantra, 84

Panero, Leopoldo, 144

Parábola del sembrador, 302

Paracelso, 263

Parménides, 11

Parry, Joseph, 79

pasado, 279

Pascal, Blaise, 45, 51, 52, 109, 160, 208, 209,
275

pasión, 120

Pastor Stokes, Rose, 171

patria, 242-244

Patrón Luján, Roger, 22, 26, 53, 88, 142, 144,
147, 149, 152, 154, 228

paz, 234-235
   y alegría, 21
   y guerra, 233-236

Paz, Octavio, 47, 50, 64, 89, 90, 92, 123, 129,
159, 161, 188, 190, 192, 207, 211, 219,
221, 273, 275-278, 297

Peale, Norman Vincent, 62

Pearce, John de, 149

pecado, 306

Pedir, 122

Peguy, Charles, 128

Pellicer, Carlos, 267

pena(s)
   infantiles, 122
   y alegría, 30
   y tiempo, 275

Peñalosa, Joaquín Antonio, 29

Penn, William, 240

Pequeño Chulak Ilustrado Novísimo Disidente, 158

Pereda Valdés, Ildefonso, 50

Pérez de Ayala, Ramón, 24, 173

Pérez Galdós, Benito, 25, 203, 267, 277, 299

Pérez Gutiérrez, Alejandro, 60

Pérez, Leonor, 183

pereza, 306

perfección y verdad, 291

Peri Rossi, Cristina, 66-67

Perón, Eva, 117-118

Perón, Juan Domingo, 117

Perot, Ross, 203

pesimismo, 31-32

Peza, Juan de Dios, 33

Phillips, Wendell, 258

Pi y Margall, Francisco, 52

Picasso, Pablo, 131

piedad, 36

Píndaro, 206

Pinjas, 224

Pirandello, Luigi, 225

Pitágoras, 278

placer, 28-29
   y mujeres, 28

Platón, 11, 14, 29, 46, 48, 74, 84, 89, 92, 106,
108, 121, 124, 125, 127, 130, 147, 163,
164, 202, 207, 230, 239, 240, 253, 258,
281, 282

Plauto, 216

Plegaria del enfermo, 263

Plinio el Joven, 22

Plotino, 11

Plutarco, 258, 273

pobreza, 100-103
   y soledad, 267

poder, 244-246

Poderoso caballero es don Dinero, 97

Poema veinte, 36-37

Bibliografía

La mayoría de las citas que aparecen en El *libro de oro de la sabiduría* son breves. Sin embargo, debido a su valor y a su belleza, se han tomado algunas que son muy extensas; las fuentes de las que fueron transcritas aparecen en esta página. Se han solicitado las respectivas autorizaciones a los poseedores de los derechos de autor.

Anónimo, *Carmina Burana*, trad. de Carlos Montemayor, Diana, México, 1992.

Bennett, William J., El *libro de las virtudes*, Javier Vergara Editor, Buenos Aires, 1995.

Boccaccio, Giovanni, El *Decamerón*, vols. I. y II, trad. de Esther Benítez, Alianza Editorial, Madrid, 1987.

Garibay, Ángel M., voces de Oriente, Porrúa, México, 1976.

Lincoln Schuster, M. (compilador), *Las mejores cartas de todos los tiempos*, Producción Editorial Dante, Mérida, México, 1990.

Platón, *Diálogos*, Porrúa, México, 1993.

Terencio, *Comedias*, Porrúa, México, 1977.

Valmiki, El *Ramayana*, Porrúa, México, 1980.

Agradecemos también la autorización para publicar los siguientes textos:

Poema veinte y *Me gustas cuando callas*, de Pablo Neruda.

Te quiero, de Mario Benedetti.

El *niño pobre*, de Juan Ramón Jiménez.

Ser hombre, de Elías M. Zacarías.